방황하는 영혼과
흩어진 그림자

중국문학의 시·협객·전설·여성·귀신

대구대학교 인문과학연구소
동아시아도시인문학총서 17

방황하는 영혼과 흩어진 그림자

중국문학의

시
협객
전설
여성
귀신

서주영 지음

보고사
BOGOSA

| 서문 |

　이 저서는 중국 고전문학에 대한 여러 생각들을 현대의 관점에서 풀어내기 위해 저술되었다. 문학과 예술은 자신의 관점을 사회 체제 안에서 얻지만, 이 관점을 체제 밖의 극한으로 몰고 가는 성격이 있다. 루쉰(魯迅)은 광인(狂人)의 눈을 통해 중국 전통 사회를 식인의 시스템으로 바라보면서 식인 사회에서 문명사회로의 도약이 바로 생명의 길이라 생각했고, 자신을 이 길 위에 피어난 작은 들풀이라 생각했다. 그래서 마치 설국열차의 주인공들처럼 자기를 포함한 모든 구체제를 폭파하고 열차 밖으로 뛰쳐나와 한 번도 가지 않은 미지의 세계로 발을 디디고자 했다. 찬양을 통해 체제의 공고화에 앞장서는 문학에서 도전의 흥분과 극복의 두근거림과 진지함을 기대할 수 있을까.
　고전문학이 기반한 봉건 이데올로기는 현대 사회와의 접점이 크지 않다. 그래서 중국 고전은 현대성을 통해 재해석될 필요가 있고, 이 과정에서 현재와 미래를 위한 것들과 과거를 위한 것들을 분리해야 한다. 이 과정이 기존의 가치와 기반을 흔든다고 하더라도 이 재정비의 과정이 없다면 고전문학은 두꺼운 먼지를 떨어내 다시 펼쳐 볼 가치 창출에 실패할 것이다.

본 저서가 주목한 키워드는 시, 협객, 여성, 귀신, 스파이 그리고 시민으로서의 우리이다. 이러한 단어들은 중국 문학의 다양한 장르 속에서 빈번히 출현하지만 서로 간의 관계는 그다지 많지 않다. 하지만 이들은 모두 어둠 속에서 자신들의 목소리를 낼 수 있는 권리가 없었던 존재들이다. 저자는 이들의 방황하는 영혼에 집을 마련해 주고 이리저리 흩어진 흔적을 주워 모으려 했다는 의미로 이 책에 '중국 문학의 방황하는 영혼과 흩어진 그림자'라는 이름을 붙였다.

1장과 2장에서는 저자가 중국시가 문학을 해석하는 방식을 설명하고자 했다. 모든 국가 혹은 지역의 문학에서 그러하겠지만, 중국에서 시(詩)는 문학의 정수이다. 그러나 중국시는 언어적 장벽으로 인해 접근이 쉽지 않다. 이에 따라, 이 장에서는 중국시의 역사적 흐름을 개괄하고, 독자들이 중국시를 쉽게 이해할 수 있도록 풍경과 감정이라는 두 가지 요소를 중심으로 접근했다.

3장은 중국의 협(俠)에 관한 이야기이다. 협은 전통적으로 가치를 공유하는 소수 혹은 평민의 이념으로서 통치 이데올로기의 억압을 받았다. 체제의 가치를 자신의 가치로 받아들이는 자들의 시각에서 협은 주류에 어긋나는 편협한 가치다. 그리고 체제의 불합리를 인지하고 있지만 체제와 싸울 의지를 버린 사람들에게는 자신들의 편안한 삶을 성가시게 만드는 이념이며 자신과 상관없는 가치다. 씨줄과 날줄로 촘촘히 얽혀있는 현대 사회의 경우 체제에 대한 반항이 불러오는 피해는 개인을 더욱 움츠러들게 한다. 하지만 기성 이데올로기의 문제점을 지적하며 자신의 가치를 보편화하는 협의 가치는 오히려 개인화된 존재와 사회적 가치를 연대하는 연결점을 제시해 줄 수 있다.

4장과 5장은 본래 하나의 장이었는데 두 장으로 분리했다. 4장은 신화와 전설에 관한 개략적인 논설이며, 5장은 본편인 맹강녀 이야기다. 맹강녀 전설에는 주류 서사와 비주류 서사가 공존하며, 귀족적 요소와 평민적 요소가 복합적으로 결합해 있다. 본래 귀족 서사적 성격이 강했던 이 이야기는 1949년 이후 민속 문학이 문학 서사의 주도권을 빼앗아 오면서, 사대전설(四大傳說)의 하나로 자리 잡았다. 이 장에서는 민간 전설이 문인의 가필을 통해 통치 이데올로기 안으로 들어오는 모습을 살펴보려고 했다.

6장과 7장은 포송령(蒲松齡)의 《요재지이(聊齋志異)》에 관한 글이다. 6장에서는 중국 문학에서 소설과 귀신의 관계를 설명하려 했고, 7장에서는 주로 《요재지이》에 등장하는 여성과 귀신의 이야기를 중점적으로 다뤘다. 이 글에서 필자는 중국 고전문학 속 여성들이 자기 모습을 온전하게 드러내지 못하고 귀신이나 요괴의 형태로 나타나는 이유를 남성 권력의 비대화와 여성의 비인간화에서 찾았다. 포송령 역시 봉건적 시각에서 여성과 귀신을 묘사했지만, 그 자신 또한 주변 문인으로서 세상의 냉대와 소외를 겪었기에 그들의 처지를 보다 깊이 이해했던 것이 아닐까라는 질문을 심화하고자 했다.

8장과 9장 역시 한 편의 글을 두 부분으로 나눈 것이다. 8장은 소설 《색계》를 쓴 장아이링의 일생을 다루고 있고, 9장은 리안(李安)의 작품을 다루었다. 영화 〈색·계〉는 일본의 지배, 그리고 중국의 대응이 만들어내는 긴장 관계 속에서 서로 다른 진영의 인물들이 사랑에 빠져드는 과정을 담담하고 충격적으로 묘사하고 있다. 본 글은 감정이 죄가 되는 시대, 이들의 사랑이 존재 해방의 서사인지, 아니면 개인주의의 극단적 선택인지에 대한 고민이다.

10장은 타이완(臺灣)의 허우샤오셴(侯孝賢) 감독의 마지막 작품인 〈자객 섭은낭〉을 분석한 글이다. 허우샤오셴 감독은 타이완에서 가족과 사회의 관계를 서정적이면서 치밀하게 탐구한 리얼리즘적 다큐에 가까운 영화를 만들어 왔다. 그는 이 작품에서 과거와 달리 무협이라는 다소 환상적 장르를 선택했는데, 필자는 이것을 외면은 무협의 옷을 입고 있지만, 내적으로는 자신의 정치 사회적인 메시지를 담고자 한다는 점을 설명하고자 했다.

본 저서를 출간하는 데 있어 연구책임자의 도움과 관심에 감사를 표하며, 본 저서를 선뜻 출간해 주신 보고사에 깊은 감사를 드린다. 또한 이런저런 핑계로 집안일은 던져버리고 잠만 자는 남편의 뒤를 원망과 포기의 굳은 표정과 걱정스러운 눈빛으로 받쳐준 아내, 그리고 일하러 간다고 하면 빨리 와서 놀아달라며 '똥 먹어라' 편지와 '출근 금지' 쪽지를 던져 준 두 아들에게는 고맙고 미안하다고 말하고 싶다. 그리고 좁은 길을 찾아보도록 격려하고 많은 조언과 말씀을 해주신 양종근 선생님께 깊은 감사를 드린다.

저자 씀.

| 목차 |

서문 ··· 5

1. 시(I), 역사적 흐름 ·· 11
2. 시(II), 풍경과 감정의 관계 ·· 74
3. 협객, 정의의 이름으로 ··· 130
4. 신화와 전설, 은유와 대립 ······································· 192
5. 맹강녀, 남편 찾아 삼만리 ······································· 227
6. 요재지이(I), 귀신의 축출과 지배 ··························· 282
7. 요재지이(II), 뒤틀린 사랑과 영혼 ························· 324
8. 색계(I), 상하이의 남과 여 ······································· 364
9. 색계(II), 불가능한 가능성의 영역 ························· 412
10. 자객 섭은낭, 우리는 누구인가 ····························· 460
마치며 ·· 515

1_

시(I), 역사적 흐름

고향은 아득한데 언제면 갈 수 있을까
내 집은 쑤저우
오랫동안 장안을 떠돌았네
5월의 어랑(漁郎)은 나를 기억할까
작은 노 저으며 가벼운 배 타고
꿈속에서 부용포를 찾아가네
故鄕遙, 何日去 家住吳門 久作長安旅
五月漁郎相回否 小楫輕舟 夢入芙蓉浦
- 주방언(周邦彦), 〈소막차(蘇幕遮)〉

중국시를 감상하기 위해서는 무엇이 필요할까? 우선 작품을 읽을 수 있어야 한다. 하지만 한자(漢字)의 음을 모른다면 시의 운율미를 느낄 수 없다. 둘째 한자를 해석할 수 없다면 직접 시어(詩語)를 해석할 수 없다. 그래서 번역에 의존하게 되는데, 아무리 훌륭한 번역이라 하더라도 그 시는 시인이 선택한 본래 언어가 아닐 뿐만 아니라, 시어가 구성하는 의미 구조까지 버리게 되어 원래의 시가 간직한 미감과 밀도 그리고 긴장 관계가 새롭게 변해버린다. 운율의 생동감

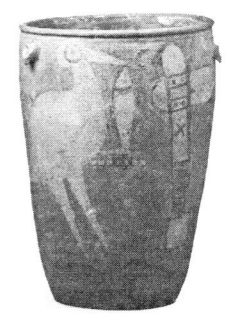

[그림 1] 관어석부도채회도항
(鸛魚石斧圖彩繪陶缸)
· 신석기

이 사라지고, 의미의 집약성이 해체되고 언어마저 변해버린 시는 마치 인공호흡기를 달고 얼굴이 초췌해진 상태로 팔다리를 축 늘어뜨리고서 힘없이 누워있는 환자처럼 보인다.

번역은 닭의 목을 비정하게 비틀고 뜨거운 물에 담가 새하얀 깃털 날개를 뽑은 다음 붉은 볏이 달린 머리를 잘라내고, 가슴과 다리 그리고 내장을 분리한 다음 다른 부속으로 재조립하는 과정과 비슷하다. 그래서 그 결과물은 종종 '프랑켄-치킨' 이상이 되기 어렵다.

그렇다면 이 프랑켄-치킨에게 새 생명을 줄 수는 없을까? 작가와 작품 세계를 이해한 결과를 프랑켄-치킨의 부모로 삼고, 문헌에 대한 선행 학습을 통해 각 부속품에 대한 대량의 설명서를 부착한 다음 부속품들을 부착하고, 최종적으로는 자신이 이해한 해석 코드를 집어넣어 이들을 움직여야 비로소 날개를 삐그덕대는 프랑켄-치킨을 볼 수 있을 것이다. 하지만 이 프랑켄-치킨으로부터 새벽을 향해 울어대는 닭의 느낌을 느낄 수 있을까?

이러한 시어의 운율이 가져오는 미감, 그리고 의미 구조와 압축이라는 형식적 파괴에도 불구하고 여전히 마멸될 수 없는 것은 시가 가진 근본적 메시지와 나의 연결점일 것이다. 즉 시의 감상은 주관적 경험의 상호 연결성과 소통 가능성을 전제한다. 시가 다루는 소재와 주제 그리고 언어적 의미는 우리의 삶과 일정한 공유 지점을 가지기 때문에 그 언어적 한계성을 뛰어넘어 우리를 만족시킬 수 있게 된다.

세계를 바라보는 섬세한 서정 작품으로서의 중국시는 중국 문학의 꽃이라고 해도 과언이 아니다. 중국시를 분석하고 있는 이 글의 내용들은 운율의 미감이나 언어 구조적 밀도와 같은 형식적 미감을 전달할 수 없다. 이것은 시를 감상하는 자가 직접 느껴야 하는

[그림 2] 상주(商周)·
증후을존반(曾侯乙尊盤)

부분이기 때문이다. 이 글에서 할 수 있는 일이란 시가 가진 직관적 의미와 감정에 접근하는 방식과 견해를 제시함으로써 독자들이 직접 그 가치에 접근해 보도록 격려하는 데 있다. 독자가 자신의 직관을 통해 시를 음미하여 획득하는 미감은 시와 독자의 상호작용 속에서 일어나는 새로운 창조일 것이다. 작자의 의도에 가깝게 시를 이해하는 것은 사실은 자신을 바라보는 것과 같다.

어떤 한 작품을 이해하는 가장 좋은 방법은 작가의 전체 작품에 대한 접근과 작가의 특징과 창작 동기를 충분히 이해하는 것이다. 이러한 것들이 충분히 이루어지지 않은 상태에서 시에 접근하게 되면 오독의 가능성이 있다. 시에 대한 충분한 배경지식이 없어도 직관적 이해가 가능하겠지만, 이 경우는 관광객이 관광지를 경험하고 나서 지역 전체를 정의하는 것과 비슷하다.

하지만 비록 관광객이 그 지역에 사는 사람의 실제 삶에서 동떨어진 혹은 어설픈 관점을 제시할 수도 있겠지만, 자신의 주관적 한계를 인지한다면 그 지역에 처음 도착한 여행자로서 그 지역이 주는

느낌과 자신의 작은 경험을 통해 새로운 통찰을 찾아낼 수도 있을 것이다.

예를 들어 일본에 대한 지식이 없는 사람이 일본 교토(京都)로 갔을 때 그는 자기 몸으로 직접 교토를 체험할 수밖에 없다. 하지만 이 과정은 그에게는 모든 것이 새롭다. 그래서 더 감각을 열려있게 하고 예민하게 만들 수 있다.

일상성을 벗어난 균열을 통해 들어오는 도시의 층차는 더욱 풍부해진 상태이다. 그래서 교토의 길을 걸으며 눈에 보이는 많은 고대 건축의 의미들이 허구적 상상을 통해 이해되었을 때 우리에게 필요한 것은 이 허구적 상상들을 합리적인 추론으로 다시 걸러내는 일이다.

교토에서 삶의 뿌리를 내리고 사는 것은 다른 문제겠지만, 교토라는 도시가 여행자에게 보내는 메시지는 읽을 수가 있다. 도시의 느긋함, 혹은 정겨움까지는 아니라 하더라도 사람을 재촉하지 않는 느긋한 운율을 느끼는 것은 작은 교감의 흔적이며 그것은 나의 진실이다.

시 역시 전문가가 아니라 하더라도 나팔꽃을 처음 본 어린아이의 신비한 느낌처럼 처음 만난 시를 이리저리 맛보는 과정에서 느껴지는 미감과 기쁨을 부정할 수는 없다. 어쩌면 이것은 시를 가까이 두는 첫걸음이면서 동시에 가장 중요한 경험일 수 있다.

아무리 지식의 깊이가 있다고 하더라도 이것이 중심이 되어 시를 재단하는 것은 매우 위험하다. 내가 가진 감각을 통해 작품과 새로운 말을 주고받는 과정은 섬세함의 결과이지 지식의 결과는 아닐 수 있다. 시를 멀리 차가운 궁전으로 보내버리지 말고 나와 계속 관계를 유지하는 과정으로서 접근해 보는 것은 시도해 볼 만한 일이다.

자하가 말했다. "배우기를 널리 하고 뜻을 독실히 하며, 절실하게 묻고 가까이 자신에게 있는 것에서부터 생각하면, 인(仁)이 이 안에 있다."
子夏曰: 博學而篤志, 切問而近思, 仁在其中矣.

- 《논어·자장(論語·子張)》

널리 배우는 것도 좋고 뜻을 견실히 하는 것도 좋다. 하지만 그 동력은 여러 사실에 대한 궁금함이다. 그리고 궁금함은 타인에 대한 사랑인 인(仁)에서 출발한다. 그래서 이 궁금함으로 인해 적절한 질문들이 생겨나고, 그 해답을 여러 과정에서 구하고, 최종적으로 자신에 의지해서 판단하는 것이 타자를 경험하는 주관적인 인식 과정이다. 외부에서 오는 것을 비판 없이 따르거나, 자기라는 구심점이 없는 의지는 결국 동력과 열정을 쉽게 상실할 것이며, 동시에 타자의 과녁도 비껴갈 가능성이 높을 것이다.

문학의 주체: 사(士)

시의 기원에 관한 이야기는 시의 감상에 있어 전체를 조망하는 관점을 제공한다. 즉 후대의 시와 최초의 시가 서로 많이 다르다 하더라도 시가의 첫 발자국은 그 이후에 나타날 다양한 발자국의 가능성을 잉태하기 때문에 한 번쯤 살펴보고 넘어가는 것은 나쁜 일이 아니다. 또한, 중국에서 문인은 사(士)에서 출발한다. 그렇다면 사라는 계급을 한 번 살펴보는 것은 필요한 일로 보이므로 아래에서는 사 계급의 시작과 변화를 한 번 살펴보겠다.

우선, 사는 본래 일반 남성을 지칭하는 단어였고,[1] 글자의 형태를 보면 도끼를 들고 일하는 사람이란 해석이 가능해서[2] 일반적으로 군인 계급으로 이해한다. 하지만 사회가 안정되면 군인의 일은 줄어든다.[3] 그래서 사는 점차 공무를 담당하는 관청에서 일하는 사람을 지칭하게 된다.

> 사(士)는 일한다는 뜻이다. …… 공자가 말했다. "열을 미루어 하나로 간약하게 결합하는 사람을 사라고 한다."
> 士, 事也……子曰: "推十合一爲士."
>
> – 동한(東漢) 허신(許愼), 《설문해자(說文解字)》

이 말에 따르면 사는 이제 군인의 능력보다 행정의 처리나 실무적 능력을 중시하게 되었다고 보인다.

그렇다면 사는 고대 사회에서 어떤 계급적 위치와 업무를 가진

---

1 공영달(孔穎達), 《시경주소·정풍(詩經注疏·鄭風)》: "사는 남자의 존칭이다(士者, 男子之大号)."
2 계욱승(季旭昇), 《설문신증(說文新證)》: "글자 형태는 도끼류의 도구이며, 이것이 이런 종류의 도구를 가진 사람으로 의미가 전환되었다(字形象斧頭類的器具, 轉爲指持這种器具的人)".
3 고힐강(顧頡剛), 《무사와 문사의 탈변(武士與文士之蛻化)》: "우리나라의 고대 사들은 모두 무사들이다. 사는 낮은 계급의 귀족이었고, 수도에 머물면서 평민들을 통솔할 권리도 있었고, 또한 무기를 들고 사직을 보위할 의무도 있었다. 그래서 그들을 국사(國士)라고 명명하여 이들의 지위가 높다는 것을 보였다(吾國古代之士, 皆武士也. 士爲低級之貴族, 居於國中(卽國都中), 有統馭平民之權利, 亦有執干戈以衛社稷之義務, 故謂之"國士"以示其地位之高)."

것일까? 아래의 서술은 사의 계급성을 확실하게 보여준다.

> 왕(王)은 공(公)을 신하로 삼고, 공은 대부(大夫)를 신하로 삼고, 대부는 사(士)를 신하로 삼고, 사(士)는 조(皂)를 신하로 삼는다.
> 王臣公, 公臣大夫, 大夫臣士, 士臣皂.
>
> -《좌전·소공7년(左傳·昭公7年)》

이 글에서 공(公)은 소종(小宗)으로 분가된 제후(諸侯)를 의미하고 대부(大夫)는 제후의 소종을 의미하며 사는 대부의 소종(小宗)이다. 그리고 사가 부하로 삼는 조(皂)는 말을 치는 노예이다. 이 글에 의하면 사는 귀족과 노예 사이에 위치하면서 노예를 부려서 귀족의 명령을 실행하는 일을 했으며, 전쟁을 수행하는 말을 관리하는 일을 총괄했음을 알 수 있다.

우리는 종종 사대부(士大夫)라는 말을 듣는다. 하지만 이 귀족 지식인이라는 말은 후대의 산물이다. 사의 귀족적 지위는 당나라 말기의 혼돈 속에서 위진과 당대를 주물렀던 귀족들이 사라지면서 생겨난 틈을 한문(寒門) 말단 관료들이 자신들의 비천한 신분을 대부 곁으로 바싹 당겨놓음으로써 세탁한 신분이다. 사대부라는 말은 사실 송대부터 보편화되기 시작했고 그 이전에는 없던 말이다.

대부와 사는 주나라 신분 제도에서 넘을 수 없는 격차가 있다. 사는 대부처럼 귀족의 핏줄이므로 신분은 세습할 권리를 가지고 있다. 하지만 사에게는 대부처럼 통치권과 조세권을 행사할 수 있는 토지인 채읍(采邑)을 가지고 있지 않다.[4] 즉, 사는 토지에 대한 지배권을 행사할 수 없어서 자신의 세력을 확장할 기반이 없는 존재다. 그래서 제후나 대부의 시각에서 사는 완전한 귀족으로 보이지는 않았다.

사가 피지배계급으로 분류되는 것은 우리에게 친숙한 사농공상(士農工商)의 사민(四民)이란 단어에서 볼 수 있다.

> 옛날에는 사민(四民)이 있었는데 사민(士民), 상민(商民), 농민(農民), 공민(工民)이다.
> 古者有四民：有士民, 有商民, 有農民, 有工民.
>
> －《춘추곡량전·성공원년(春秋穀梁傳·成公元年)》

민(民)은 노예를 뜻하는 단어다. 즉, 사는 피지배계급 가운데 가장 위에 있으면서 농·공·상을 관리하고 공·경·대부와 소통하는 데 필요한 교육을 받는다.

> 사농공상의 사민에게는 업이 있다. 배워서 관리 지위에 있는 사람을 사라고 하고, 토지를 개간하여 곡식을 심는 사람을 농(農)이라고 하고, 기술을 배워 도구를 만드는 자를 공(工)이라고 하고 재화를 운반하여 판매하는 자를 상(商)이라고 한다.
> 士農工商, 四民有業. 學以居位曰士, 闢土殖穀曰農, 作巧成器曰工, 通財鬻貨曰商.
>
> －《한서·식화지·상(漢書·食貨志·上)》

---

4 何懷宏,《世襲社會及其解体：中國曆史上的春秋時代》, 北京：生活·讀書·新知三聯書店, 1996, p.90.

위에서 언급한 사의 교육 과목은 육예(六藝)라고 알려진 예(禮)·악(樂)·사(射)·어(禦)·서(書)·수(數)이다. 사는 문화 규범이지만 법과 다를 바가 없는 예(禮), 음악이지만 신분적 문화 규범을 내재한 악(樂), 그리고 활쏘기(射)와 전차 운전면허인 어(禦)와 같은 군사훈련, 공문서를 읽고 쓸 수 있는 능력인 서(書), 그리고 사칙연산 정도로 추정되는 산수 능력(數)을 학습했다. 즉 "사"는 예악(禮樂)을 통해 귀족 체제를 학습했고 활쏘기와 전차 운전면허를 받아 군인으로서의 업무 능력을 갖추었으며, 산수를 익혀서 기본적인 공무를 볼 수 있다. 따라서 사는 귀족계급과 피지배계급의 소통을 담당하는 역할을 맡았다.

위의 논의를 종합하면, 사는 비록 혈통 때문에 신분이 세습되지만, 실질적으로 신분을 유지할 채읍이 없다. 그래서 이들은 대부의 채읍을 대신 관리하는 역할을 했다. 다시 말해서 이들은 일하는 능력이 없으면 도태되는 자들이다. 그래서 공자가 말했던 "열을 듣고 하나로 꿰는" 공부 머리가 필수적이었던 것이다.

사대부의 중간적 신분은 다음의 《예기》에 나타나는 다음 말에서 확실히 보인다.

> 형벌은 대부까지 오르지 않고, 예는 서인까지 내려가지 않는다.
> 刑不上大夫, 禮不下庶人.
>
> — 《예기·곡례(禮記·曲禮)》

우선 "예"가 서인에게 내려가지 않는다는 말은 서민들에게는 '종법의 규율'인 예를 교육하지 않는다는 것으로서, 서인 이하의 사람들은 관리로 선발하지도 않는다는 것이다.[5] 또한 "형(刑)의 제도가 대부까지 오르지 않는다"라는 말은 대부 이상의 계급에 적용되는 범죄 형벌 조항을 만들지 않았다는 것으로[6] 체제 유지에 일정한 책임이 있는 대부까지 면책의 프리미엄을 제공한다는 것이다.

이상한 것은 여기에 사인 계급을 언급하지 않는다는 것이다. 그래서 이 말을 사의 관점에서 다시 해석해 볼 필요가 있다. 형벌이 대부까지 올라오지 않는다는 것은 사인 계급까지 형벌이 적용된다는 것을 말한다. 그리고 예가 서인에게 내려가지 않는다는 것은 사 계급이 봉건제도의 관리가 될 수 있다는 의미다. 그래서 사인 계급은 귀족계급의 예법을 익힐 권리는 있지만, 자신의 관리 업무에 대한 책임 추궁을 받는 존재이다.

이러한 사의 신분은 춘추전국을 거치면서 갑자기 수직으로 상승한다. 대표적인 인물이 맹자(孟子)와 순자(荀子)이다. 맹자는 사(士)

---

[5] 《예기·곡례상(禮記·曲禮上)》 유계(游桂) 주(註): "서인(庶人)이 사당에서 제사를 지내지 않는 것은 종묘(宗廟)의 예(礼)가 적용되지 않기 때문이다. 서인이 걸어서 다니는 것은 수레와 거마의 예가 적용되지 않기 때문이다. 서인이 군자(君子, 귀족)를 만나도 공손한 태도를 취하지 않는 것은 조정(朝廷)의 예가 그에게 적용되지 않기 때문이다(庶人不廟祭, 則宗廟之礼所不及也. 庶人徒行, 則車乘之礼所不及也. 庶人見君子不爲容, 則朝廷之礼所不及也)."

[6] 공영달(孔穎達), 《예기주소(礼記注疏)》: "'형벌이 대부에게 적용되지 않는다'는 말은, 오형의 삼천여 조항 가운데 대부의 범죄를 규정한 조항이 없음을 뜻한다. 이는 대부를 반드시 덕 있는 인물로 임용하기 때문이다. 만일 대부의 형조를 미리 마련한다면, 이는 군주가 현명한 인물을 알아보지 못한다는 뜻이 되기 때문이다(原文: 刑不上大夫者, 制五刑三千之科條, 不設大夫犯罪之目也。所以然者, 大夫必用有德, 若逆設其刑, 則是君不知賢也)."

의 신분으로 양혜왕(梁惠王) 등의 제후들을 후리고 다녔고, 순자는 제나라의 직하학궁(稷下學宮)에서 좨주를 세 번 지낸다. 이렇게 보면 주나라의 신분 질서 동요로 가장 혜택을 입은 존재들이 사이다.

기존의 제후 세력이든 신진 대부 세력이든 이들은 서로를 견제하면서 권력을 다투었기 때문에, 어떻게든 지배력을 높여줄 인재가 필요했고, 이에 따라 관민을 연계하는 일에서 이론과 실무를 담당했던 사(士)의 존재가 대두되었다. 일부 "사"는 대부의 가신이 되어 승승장구하여 국정을 장악하기도 했다. 예를 들면 양호(陽虎)라는 사람은 앞에 나왔던 계평자(季平子) 계손의여(季孫意如)의 가신이자 군인이었는데 계평자가 죽은 뒤 노나라 대부가 되어 노나라의 실권자들인 삼환(三桓)을 몰아내려고도 했었다.

봉건제도의 실패는 전통 예악의 힘을 상실시켜 버린다. 이들은 시대를 안정시켜줄 새로운 해석의 필요성을 느끼고 있었지만, 이미 강력한 권력의 정점에 서 있는 제후나 대부들은 기존 신분제의 이득을 버리고 싶지는 않았다. 이들은 시대의 변화와 충돌 앞에서 부서져 가는 자신들의 힘을 보수하거나 혁신할 만한 이념을 스스로 도출하는 데에 실패한다.

이런 극한의 혼란을 안정시켜줄 사상은 기존 지배 질서의 주변에 있으면서 예악에 대한 전문 지식과 인문학적 능력, 그리고 전쟁과 사무에 관한 실무 능력을 지닌 사인 계층에게서 출현하게 된다. 현실 통제에 실패한 봉건사상의 재건을 사인 계층이 담당하고 있다는 사실은 귀족 신분제의 구성상 비귀족 계급의 반란처럼 보인다.

이 반란에는 지배계급과 피지배계급의 중간자로서의 존재 위치가 부여한 온고지신적 현실인식이 새로운 이념창조에 큰 도움이 되었을 것이다. 예를 들면 능력 위주의 등용에 관한 묵자(墨子)의 주장인 거현(擧賢), 왕을 가볍게 여기고 민을 중시하는 맹자의 민본(民本),[7] 그리고 순자의 "임금은 배이고 백성은 물(君舟民水)"과 같은 백성에 대한 중시와 평등사상은 신분제의 등급을 강조했던 기존 지배계층의 이데올로기로는 허용될 수 없는 반역과 같은 주장들이다.[8]

이처럼 천하 경영의 해석권이 천자에서 사 계급으로 옮겨간 것은 신분제의 실질적 동요가 발생시킨 사상사적 대사건이 아닐 수 없다. 주나라 봉건제도의 붕괴로 인해 느슨해진 계급 의식은 시대를 해석하는 권한을 사에게 부여하였고, 사인 계층으로서 가져야 하는 현실적 절실함과 봉건제도 아래에서 가지는 독특한 중간자적 위치, 그리고 예악에 대한 전문 지식을 통해서 사상 주도권을 장악하고 신분적 상승을 성취했다.

이 과정에서 시대의 해석에 대한 두 가지 큰 흐름인 도가와 유가의 철학이 출현했는데 유가 철학의 비조가 바로 공자다. 즉 공자는 봉건제도 안에 묶인 사인 계급을 해방해서 후대 최고 권력자보다

---

7 《맹자·진심하(孟子·盡心下)》: "백성이 가장 귀하고, 사직이 그 다음이며, 군주는 가장 가볍다(民爲貴, 社稷次之, 君爲輕)."
8 민본 사상의 기원을 《상서·태서(尙書·泰誓)》의 "백성이 하고자 하는 바를 하늘은 반드시 따른다(民之所欲, 天必從之)", "하늘은 우리 백성이 보는 것을 보고 우리 백성들이 듣는 것을 듣는다(天視自我民視, 天听自我民听)", 그리고 《상서·오자지가(尙書·五子之歌)》의 "백성은 나라의 근본(民惟邦本)"이라는 말에 두지만 《태서》와 《오자지가》는 후대에 위조된 위고문(僞古文)에 속하여 민본 사상의 근원이 되기에는 논란의 여지가 너무 많다.

더 높은 곳에 존재토록 하는 일을 가능하게 만든 인물이다. 그래서 주나라 계급의 붕괴는 사계급에게 세계를 해석하는 문학 권력을 부여한 결정적 사건이 된다.

중국시의 역사적 흐름

이제 다시 시로 돌아가자. 서양 시의 기원은 그리스·로마 시대에 출현한 호메로스의 서사시인 〈일리아스(Ilias)〉와 〈오디세이아(Odysseia)〉이다. 〈일리아스〉는 트로이 전쟁을 배경으로 한 영웅들의 용맹한 행위와 이를 돕는 신들의 개입을 다룬 서사시이며, 〈오디세이아〉는 트로이 목마를 제안했던 오디세우스(Odysseus)가 트로이 전쟁 이후 자기 고향인 이타카(Ithaca)로 귀향하는 과정에서 겪는 시련과 모험을 노래한다. 이 두 작품은 모두 영웅 서사시에 속한다.

이렇게 볼 때 서양 시의 시작은 영웅 서사시이며, 영웅은 공동체의 가치를 구현한 상징이다. 따라서 영웅 서사시는 영웅의 용맹과 신화적 요소의 결합을 통해 공동체 가치에 대한 구성원의 믿음을 조성함으로써 안정된 삶을 보장하려 했다. 이는 시가가 공동체의 역사·문화를 전승하고 강화하는 역할을 했다는 것을 말한다.

기록 매체가 빈약했던 고대 사회에서 운문이라는 형식을 통한 영웅 행적의 전파는 공동체 의식의 확대에 유리한 수단이다. 그런데 중국에는 이러한 영웅 서사시가 없다. 대신 중국인들은 산문의 형식을 통해 공동체 가치를 전승하고, 영웅의 자리에 도덕 정치가인 성인

(聖人)을 배치하고 있다. 즉 서구 공동체는 용맹함을 그 사회 가치로 삼지만, 중국의 고대 역사 문헌인 《상서(尙書)》·《사기(史記)》 등에는 고대 리더쉽의 대표로 도덕적 정치가인 요순(堯舜)을 강조한다.

이런 형태를 볼 때 중국 사회가 정복의 리더쉽보다는 사회 질서와 정치 윤리를 우선시한다고 볼 수도 있다. 물론 이것은 주나라 시대의 문헌으로 추정되는 《시경(詩經)》을 중국 문학의 발생으로 삼을 수밖에 없는 문헌적 한계 때문이기도 하다. 만일 상주(商周) 시대 청동기의 술잔인 각(角), 세 발 솥인 정(鼎) 등에 보이는 무서운 악귀의 얼굴 형상 문양인 도철(饕餮)[9]은 이러한 서술이 반드시 그렇지 않음을 보여준다. 왜냐하면 악귀를 솥과 술잔에 새겨넣은 것은 분명히 정복적 폭력을 숭배한다는 의미가 있기 때문이다.

전통적으로 도철은 음식과 재물에 대한 탐욕을 경계한다는 의미로 이해되어 왔다.[10] 그러나 이는 한대 유가의 해석일 뿐이다.[11] 고대

---

9 도철(饕餮): 고대 신화 속 동물이다. 탐식(貪食)과 탐재(貪財)의 성질을 가지고 있다. 《산해경·북산경(山海經·北山經)》: "구오(鉤吾) 산 위에는 옥이 많고 그 아래에는 동이 많다. 짐승이 사는데, 그 모습은 양의 몸에 사람의 얼굴로, 그 눈은 겨드랑이 아래에 있고, 호랑이 이빨과 사람의 손톱을 지니고 있으며, 그 목소리는 어린아이 같다. 포효(麅鴞)라고 부르며, 사람을 잡아먹는다(鉤吾之山其上多玉, 其下多銅. 有獸焉, 其狀如羊身人面, 其目在腋下, 虎齒人爪, 其音如嬰兒, 名曰麅鴞, 是食人)." 곽박(郭璞) 〈주(注)〉: "만족을 모르는 탐욕적인 동물로 사람을 끝없이 잡아먹고 자신까지 해친다. 그 모습이 하나라 정(鼎)에 있는데, 《좌전(左傳)》에서 말하는 도철(饕餮)이 이것이다(爲物貪惏, 食人未盡, 還害其身, 像在夏鼎, 《左傳》所謂饕餮是也)."
10 《여씨춘추·선식람(呂氏春秋·先識覽)》: "주나라 정에는 도철이 있는데, 머리는 있지만 몸은 없다. 이것은 도철이 사람을 잡아먹었지만 삼키지 못해 자기 몸까지 해친 것이며, 이로써 선악의 보응을 드러낸 것이다(周鼎著饕餮, 有首無身, 食人未咽, 害及其身, 以言報更也)."

[그림 3] 서주(西周)·청동도철문궤(靑銅饕餮紋簋)

문화에서 지배계급의 피지배계급에 대한 강력한 힘의 통제는 필연적인 현상이다. 따라서 도철은 정치권력의 수성(獸性)이 유가의 덕치(德治)로 변화하기 이전의 지배 권력자가 가진 사나운 권위를 표현하고 있다. 청동기 자체가 이미 거대하고 화려한 권력의 상징인데 이러한 청동의 중심에 도철이라는 괴수(怪獸) 문양을 넣은 것은 권력을 보호하고 숭배한다는 의미로 해석되는 것이 타당해 보인다. 지나침에 대한 경계와 같은 것은 일종의 유가 혹은 도가 성향의 표현이다. 어쩌면 사회 지배자들의 권력 과시를 위한 청동기에 표현된 상징에 이토록 강력한 수양의 의미를 부여하는 것 자체가 난센스일지도 모른다. 즉 이들이 마시는 술잔에 담긴 귀신의 얼굴은 사나운 군사 권력에 기반한 자신의 통치 체제에 대한 찬미이다.[12]

어쨌든 전해지는 문헌의 한계일 수는 있지만 중국 문명에서는 전쟁 영웅을 노래하는 대신 도덕적 정치가를 숭상한다. 이러한 도덕 정치가에 대한 찬양이 지배하는 고대 문학을 통해 도덕적 정치를 지향한 중국 문화의 문명성을 주장할 수도 있겠지만, 이러한 찬양에는 전쟁

---

11 容庚·張維持,《殷周靑銅器通論》, 北京: 文物出版社, 1984, p.112.
12 李澤厚,《美的歷程·靑銅饕餮》, 生活·讀書·新知三聯書店, 2009, pp.38-41.

[그림 4] 오디세우스가 사이렌(Sirens)의 유혹을 이겨내는 〈오디세이아〉 삽화. 그리스 우표(1983)

영웅의 숭배와 같은 힘에 대한 노골적 찬양이 아니라 문화적 장치로 숨겨진 통제가 지배를 절대화하고 있다는 부분을 간과할 수 없다.

그리스와 트로이 전쟁에 참여한 여러 신들은 각자 자신들이 옹호하는 군대나 영웅을 위해 적극적으로 개입한다. 하지만 중국에서는 이러한 신들의 개입이 봉쇄되어 있다. 천제(天帝)가 덕이 있는 인물에게 천하를 통치하는 권한을 부여한다는 천명(天命)은 고대 중국의 권력 유동성을 의미할 수도 있지만, 이 천명(天命)을 배분하는 상제(上帝)에게 바람의 신, 천둥의 신 등 다른 신들이 대들었다는 이야기는 들어본 적이 없다. 즉 중국 문명에서는 상제의 명령인 천명을 비판할 만한 다른 신의 권위가 부재한다.

이처럼 중국 문명에서 상제가 다른 신에 비해 절대우위를 차지하고 오직 왕들과 소통한다는 것은 지배 권력의 절대성을 의미한다. 이것은 곧 현실 정치권력이 권력 분립에 적대적이었으며, 자신에게 도전하거나 제한하는 세력을 허용하지 않았다는 것을 말해준다. 정치에 대한 개입 권한은 오직 왕의 조상신으로 제한되었다. 이들은 제사라는 형식을 통해 후손의 통치에 직접적으로 관여함으로써 권력의 배타적 절대성을 보여준다.

중국 문명에서 천명을 강조하고 이러한 천명을 받을 적절한 후보자가 도덕적 정치가여야 한다는 논리를 통해 중국 문명을 야만이 빨리 사라진 조숙한 인문학이라고 주장할 수도 있다.[13] 하지만 이는 권력의 형성과 생산 구조를 '천명'이라는 상제의 독자적 명령으로 제한하여 권력에 대한 비판 가능성을 낮춤으로써 정치적 발전에 대한 다양한 요구를 무시하는 정치 문화적 보수주의를 공고히 함으로써 변화와 진화에 실패했다는 비판도 충분히 가능하다.

제자백가(諸子百家)들 가운데 법가(法家)와 유가(儒家)의 콜라보는 강력한 중앙 집중형 왕권 시스템의 출현에 절대적 역할을 했다. 법가는 황제 중심의 국가 체제 형성을 담당했으며, 유가는 이러한 시스템의 문제를 역사서인 《춘추》와 《상서》에 입각한 역사 기반적 도덕 정치 이론으로 보수했다. 그 결과 지배자 중심의 도덕 통치 이데올로기가 생산되어 제국을 황제 중심으로 통섭했고, 유가 학술은 제왕의 학문으로서 정치집단으로부터 최고의 대우를 받았으며, 문학은 정치권력을 찬양하고 선전하는 일을 담당하는 조력자의 역할을 맡는다.

한나라 시대 문학이 권력 구조를 지탱하는 중요한 수단으로 활용되면서 《시경(詩經)》과 같은 초기의 시가는 통치자에 대한 찬양과

---

13 중국 문명 조숙론은 양수명(梁漱溟)·전목(錢穆) 등과 같은 중국 근대 문화 보수주의자들의 주장에서 비롯했고, 서구에서는 프랜시스 후쿠야마(Francis Fukuyama)·황런위(黃仁宇) 등이 이러한 주장을 이었다. 이들은 사회 발전을 경제 기초가 아니라 정치·권력으로 해석하는데, 인류의 정치제도 및 권력 구조의 진화 과정에서 볼 때 선진 중국 국가의 관료제가 대단히 치밀하고 발전된 형태였다는 것이다. 이들에 대한 간략한 소개와 비판은 徐勇, 〈中國的國家成長"早熟論"辨析──以關係疊加爲視角〉(政治學研究, 第1期, 2020)을 참조할 수 있으며 최근에 한국에 번역된 리숴(李碩)의 『상나라 정벌(剪商)』(글항아리, 2024)도 참조할 수 있다.

사회 질서를 유지하는 데 필요한 도덕적 교훈을 담은 메시지로 해석되기 시작했다. 최초의 중국 문학 이론이라 할 수 있는 《상서·우서·요전(尙書·虞書·堯典)》[14]의 글귀는 문학과 정치의 관계로 설명될 필요가 있다.

> 시[15]는 뜻을 말하는 것이며, 노래(歌)는 말을 읊조리는 것이다.
> 詩言志, 歌永言.
> — 선진, 《상서·우서·요전(尙書·虞書·堯典)》

위에 나타난 "시는 뜻을 말하는 것이다"라는 말은 공백이 너무 많아서 설명이 필요하다. 우선 《상서·우서·요전》은 요(堯)라는 도덕주의자의 통치 시대를 기록한 역사 문헌이다. 요임금의 최대 치적은 순임금을 3년을 시험한 이후 자신의 권력을 이양한 선양(禪讓)의 선례를 만든 것이다. 그를 서술하는 정치 서적에서 문학을 논한다는 것은 이 문장이 문학을 독립적으로 해석하는 것이 아니라, 정치 맥락 안에서 해석해야 한다는 뜻이다. 즉, "시가 뜻을 말한다(言志)"라는 말은 정치적 사상과 감정을 말한다는 것이고, 구체적으로는 예교 정치의 교화적 의의를 의미한다.[16] 따라서 초기의 시는 정치와 관련한 생각과 감정(志)이 담긴 말(言)이고, 이것을 운율감 있는 언어로 바꾸

---

14 《상서(尙書)》는 중국 최초의 역사 기록 문헌의 모음집이다. "상(尙)"은 "상(上)"의 뜻으로 "고대"의 의미를 지니고, "서(書)"는 "책"·"문헌"·"기록"의 의미다.
15 여기서 "시"는 북방에서 생성된 가요를 의미한다. 남방의 가요는 따로 초사(楚辭)라 칭한다.
16 朱自淸, 《詩言志辨·詩言志》, 商務印書館, 2017, pp.12-13 참고.

어 부르는(永=詠) 것이 노래(歌)다. 즉 시가(詩歌)란 정치에 대한 가송(歌頌)이며, 초기의 중국시는 정치권력에 대한 찬미였다. 따라서 이 시기의 미는 도덕적 미감이며, 그 정감은 통치자의 도덕적 인품에 대한 찬양과 그리움이다.

[그림 5] 도채회여무용(陶彩繪女舞俑)

이러한 정치적 가송은 주나라 통치 체제의 변화로 인해 변화가 발생한다. 중국의 통치 체제 변화를 살펴보면 주나라의 종법 봉건 국가에서 진한(秦漢)의 제왕 법치 국가로 이동한다. 주나라는 왕족과 혈연관계에 있는 사람을 지역의 제후로 삼았고, 이들의 지방관인 대부 역시 혈연관계가 있는 사람을 임명했다. 따라서 가족 윤리 기반인 효(孝)가 제국의 통치 윤리 체계와 일치하는 모습을 보인다. 하지만 춘추전국시대에 이르러 제후국의 권력자들이 주나라 왕족을 몰아내고 스스로 왕이 되면서 주나라의 혈연 통치를 무너뜨린다. 이것은 시가와 음악에 직접적인 영향을 주었고, 유가에서는 "예악의 붕괴(禮崩樂壞)"라는 말로 표현한다. 여기서 '예'는 종법으로 대표되는 혈연 통치 질서의 파괴이고, '악'은 이러한 통치에 대한 칭송이 불가능해진 상황을 말한다.

한고조(漢高祖) 유방(劉邦)은 시정잡배에서 황제로 오른 인물이어서 국가 통치에 대한 이해도가 크게 떨어지는 인물이었다. 초기에 그는 자신을 돕기 위해 찾아온 지식인들의 모자를 벗겨 오줌을 누면서 "이 어르신께서는 말 위에서 천하를 얻으셨다. 《시》·《서》 따위를 일삼을 게 뭐가 있는가(乃公居馬上而得之, 安事《詩》·《書》)?"라고 했다. 그러나 "말 위에서 얻은 천하를 얻었다 하더라도, 어떻게 말 위에서 다스릴 수 있겠습니까(居馬上得之, 寧可以馬上治之乎)?"[17]라는 육가(陸賈)의 말처럼, 제국의 통치란 무력적 방식으로 억누르기만 할 수는 없는 것이다. 한나라는 과거 친족 윤리를 관료제 윤리로 재구성한 경학(經學)을 탄생시킨다.

한나라는 제국 통치의 이념으로 효(孝)를 특별히 강조하면서 전통 이데올로기를 준수하는 제왕의 모습을 연출했다. 하지만, 한나라는 군현제를 도입하면서 관료 수가 급증했고, 친족들이 아닌 개국 공신을 제후와 군현의 지방관으로 임명하면서 혈연 윤리만으로 이들을 제어하는 데 한계를 보인다. 그래서 군신 관계를 앞세운 삼강오륜(三綱五倫)을 관료제 윤리 이데올로기로 생산했다.[18] 이것은 본래 혈연 중심 통치 체제의 핵심 가치인 효(孝) 앞에 관료제 이데올로기의 핵심

---

17 《사기·역생육가열전(史記·酈生陸賈列傳)》
18 삼강은 본래 가족 이데올로기를 우선한 국가 이데올로기이다. 《예기·악기(禮記·樂記)》를 보면 "성인이 나타나셔서 부자·군신을 위해서 원칙을 세운 것이다(然後聖人作, 爲父子君臣, 以爲紀綱)"라고 하여 부자(父子)라는 혈연관계가 군신(君臣)이라는 국가에 우선하여 나타난다. 그러나 주나라의 혈연 통치 체제가 붕괴하면서 가족과 국가의 일치성이 파괴되고, 중앙집권적 통치의 강화와 법치(法治)의 도입, 그리고 유교의 국가 이데올로기화가 진행되면서 국가가 가족 윤리 앞으로 나선다. 동한(東漢) 반고(班固)의 《백호통·삼강육기(白虎通·三綱六紀)》에 "군신과 부자와 부부이다(君臣、父子、夫婦也)"라고 하였고, 당(唐) 공영달(孔穎達)의 〈소(疏)〉에 서한(西漢)의 서적인 《예휘·함문가(禮緯·含文嘉)》를 인용하여 "군주는 신하의 벼리이며, 아버지는 아들의 벼리이며, 남편은 아내의 벼리이다(君爲臣綱, 父爲子綱, 夫爲妻綱)"라고 해설했다.

가치인 충(忠)을 내세운 것이다.[19] 따라서 한대 문학의 특징 가운데는 개인이 충성과 희생을 통해 국가주의적 가치관을 실현하는 부분이 있다.[20]

특히 《시경(詩經)》에 관한 해석은 이러한 모습을 강하게 반영한다. 《시경》에는 두 가지 흐름이 있다. 하나는 〈국풍〉으로 대표되는 민간에서 유래한 서정주의 문학이고, 또 하나는 〈아〉·〈송〉으로 대표되는 왕실과 귀족의 정치적·의례적 문학이다. 현대적 관점에서야 〈국풍〉에 실린 작품이 애정·전쟁·이별·가정·혼례 등을 반영한다고 하지만, 한대 해석가들은 〈국풍〉의 작품을 서정 문학이 아니라 군주의 교화 수단으로 간주했다. 이후 《시경》은 점차 글자 하나하나에 대한 이데올로기화 작업이 진행되었는데, 《시경》을 이러한 윤리적·정치적 해석의 족쇄에서 풀어내고 순수한 문학으로 바라보게 된 것은 근대에 이르러 본격적으로 시작된다.

한 제국이 무너지면서 국가주의 도덕관념이 약화되었고, 이와 동

[그림 6] 〈낙신부(洛神賦)〉·고개지·동진

---

19 《효경(孝經)》을 보면 효와 충을 결합하려는 해석이 보인다. 《효경·개종명의장(孝經·開宗明義章)》: "효는 부모를 섬기는 것에서 시작하고, 군주를 섬기는 것을 중간으로 삼고, 자기 자신을 세우는 것에서 끝난다(夫孝, 始於事親, 中於事君, 終於立身)."

20 이러한 가치들은 단순히 국가적 통제를 위한 수단으로만 기능한 것은 아니라, 이상과 윤리, 현실 비판과도 연결되어 있어서 복합적인 의미를 지니고 있다.

시에 정치·사회 윤리 안에 있던 시가(詩歌) 문학은 무너진 틈을 통해 새로운 영역으로 뛰쳐나와 다시 두 가지 흐름의 문학 형태를 이어나가는데, 이는 한대를 이은 위진남북조 문학에 반영된다.

위진남북조 시대의 문학은 다양한 흐름을 보여주지만, 시가에서는 크게 두 가지 경향을 드러낸다.

첫 번째 흐름은 삼조(三曹)[21]와 건안칠자(建安七子)[22]에서 시작하여 죽림칠현(竹林七賢)의 완적(阮籍)과 전원시(田園詩)의 개창자 도연명(陶淵明, 365·372·376~427)으로 이어지는 서정주의 문학이다. 이들은 도덕적 감화를 노래하는 구속에서 벗어나 개인의 내면을 탐구하는 방향으로 발전했다. 서정문학에서 특히 두드러진 점은 인생에 대한 회의적 태도이다. 국가주의 이데올로기를 벗어나 자연의 법칙으로 시선을 옮긴 서정성은 자연 앞에 놓인 인간의 유한성에 주목했고, 그 극점에서 인생에 대한 회의와 허무한 인생 속에서 추구해야 할 가치를 필사적으로 구했는데, 이 시대를 대표하는 작품은 완적의 〈영회시(詠懷詩)〉가 있다.

두 번째 흐름은 미적 탐구의 경향이다. 이 경향은 한대 귀족 문학이 제왕의 치적을 찬양하던 정치적 미에서 벗어나, 자연과 언어에 대한 탐미로 전환된 것을 보여준다. 초기에는 좌사(左思)의 삼도부

---

21 삼조(三曹): 조조(曹操, 155~220)와 그의 두 아들인 조비(曹丕, 187~226), 조식(曹植, 192~232)이다.
22 건안칠자(建安七子): 후한 건안(建安) 연간(196~220)에 조조의 진영에서 활동했던 공융(孔融, 153~208), 진림(陳琳, ?~217), 왕찬(王粲, 177~217), 유정(劉楨, ?~217), 완우(阮瑀, 약165~212), 응창(應瑒, ?~217), 서간(徐幹, ?~218)을 지칭한다.

(三都賦) 등과 같은 국가의 거대함이나 제왕의 업적을 찬미하는 내용이 주류였지만, 점차 노장(老莊) 철학의 영향을 받아 자연 속에서 인생 철리를 탐구하는 현언시(玄言詩)로 발전했고, 다시 자연의 미를 문학적으로 형상화하는 사령운(謝靈運)의 산수시(山水詩)로 귀결된다. 자연의 미적 탐구는 점차 감각적 쾌락으로 이어졌는데, 이는 제량(齊梁) 시기 궁정 생활의 향락적 감각을 섬세하게 표현하는 궁체시(宮體詩)로 이어진다. 이처럼 자연의 미감과 감각의 쾌락에 대한 집중은 이를 효과적으로 표현하기 위한 시의 언어와 형식에 대한 탐색으로 이어진다. 그 결과 섬세하고 아름다운 시어(詩語)가 풍부해졌고, 시의 형식을 좌우하는 음악성에 대한 고찰은 율시(律詩)의 형성으로 나아가는 기반을 마련한다.

이러한 자연에 대한 서정과 철학, 그리고 미적 감각은 동진(東晉) 말기와 유유(劉裕, 356~422)의 송(宋)나라 시대를 겹쳐 살다 간 도연명에 의해 전원시(田園詩)라는 새로운 지평을 열게 된다. 그의 전원은 단순한 자연의 공간이 아니라 세속과 대립하는 고매한 정신적 이상향으로 나타난다. 그가 경험했던 삶의 체험과 담아한 감정은 후대 은일(隱逸) 문학의 전범(典範)이 되었으며, 동아시아 문학 전통 속에서 부단히 계승된다. 그러나 그는 지방에서 은거한 문인이었기에, 남조(南朝) 시기에는 일부 문학가를 제외하고는 그의 담백한 미감을 크게 주목하지 않는다. 특히 소규모 문학 서클 형태르 이루어진 남조 문학은 이 문학 서클에서 실제 창작을 담당했던 회원인 하급 문인들이 핵심 권력자의 눈치를 보면서 문학 창작활동을 했기 때문에, 자기 생각을 표현하는 대신 권력자의 기호에 맞춰서 아름다운 대상을 아름다운 언어로 아름답게 표현하는 것에 골몰했고, 위진의 시가는 미적이고 감각적 쾌락을 추구하는 방향으로 발전한다.[23]

이러한 문학의 흐름은 북조(北朝) 국가인 수(隋)나라의 통일로 전환점을 맞이했고, 그 뒤를 이은 당(唐)나라에 의해 서정성과 미감이 하나의 흐름으로 융합되면서 화려한 언어로 표현되는 진실하고 격정적인 서정성이 출현한다.

당나라 시대는 중국 문학사에서 가장 특출한 시의 시대를 열어젖힌다. 이백(李白, 701~762)과 두보(杜甫, 712~770)를 대표로 하는 당나라 문학은 화려하고도 거침없는 표현을 통해 낭만적 서정성의 미적 극대화를 이룬다. 하지만 이러한 낭만적 서정성은 결국 안사의 난(安史之亂, 755~763)이라는 국가적 위기 속에서 철저히 부서지고 점차 시대를 바라보는 지식인의 내면에는 세계를 차갑게 바라보는 시각이 형성된다. 즉 무한한 가능성에 대한 신념으로 가득했던 당나라 문학에서 절정기가 종식되면서 낭만은 냉소를 머금은 차가운 감성으로 변화하여 자신과 사회를 자조적으로 바라보게 된 것이다.

송(宋)에 이르면 당(唐)의 귀족 문학은 새로운 문인 계층인 사대부(士大夫) 문학으로 대체된다. 당대 말기의 혼란으로 생겨난 귀족 계층의 공백을 차지했던 사대부들은 자신들의 귀족 지위로의 향상에 대한 근거로서 성인(聖人)의 도를 들고 나왔고, 스스로는 차분한 이성이 지배하는 절대 균형감을 지닌 지식인이 되기를 원했다. 이들은

---

[23] 《수서·이악전(隋書·李諤傳)》: "강좌의 제량 문학은 그 폐단이 대단히 심각했는데…… 한 운의 기이함을 경쟁하고, 한 글자의 교묘함을 다툴 정도였다(江左齊梁, 其弊弥甚 …… 競一韻之奇, 爭一字之巧)."

개인적으로는 윤리 철학자가 되기를 원했고, 사회적으로는 제왕의 충성스러운 신하가 되기를 원했다. 그래서 얼핏 보기에 송대 사대부 문학이 다시 국가주의로 복귀한 제국의 윤리 문학과 연결하는 듯하지만, 이들의 문학은 상당히 개인주의화 되어 있는데, 이것은 자신의 도덕적 자아를 강조하거나 청렴한 국가 관료의 자세를 강조하는 경향으로 드러났다. 그러나 이러한 경향이 타성에 빠지면서 문학은 다시 국가주의에 물들거나 도덕적 나르시시즘에 빠지게 된다.

송나라 이후의 문학은 전대의 문학을 답습하는 경향을 드러낸다. 비록 이민족인 몽골의 원(元)나라 그리고 만주족의 청(淸)나라가 들어서면서 복고적 경향이 출현했지만, 시가에 새로운 생명을 더하는 것이 쉽지 않았다. 하지만 이 과정에서 전통과는 다른 이질적인 문학이 등장하는데 그것은 사실과 다른 허구를 추구하는 문학의 등장이다. 원대(元代)의 희곡(戲曲)과 명대(明代)의 소설(小說)은 유례없는 성취를 이루었다. 이에 비해 시가의 성취는 주로 비평에서 이루어졌고, 시가의 창작은 이미 당시(唐詩)를 숭상할 것인가 혹은 송시(宋詩)를 숭상할 것인가와 같은 고전의 재활용 방식과 가치평가가 주된 관심사였다.

청대 말 아편전쟁(1840~1842)으로 시작된 고전 시대의 붕괴와 새로운 시대의 잉태 과정에서 발생하는 사건들과 감정들은 이미 고전 문학으로 해석될 수 없는 것이었다. 자유와 민주와 같은 이질적 이데올로기의 내용을 봉건 이데올로기의 응축물인 고전 시로 창작한다는 것은 아무래도 격이 맞지 않았다. 전화기·증기선·철도·자동차는 시대를 살아가는 개인들의 삶에 강렬한 충격을 가져다주었지만,

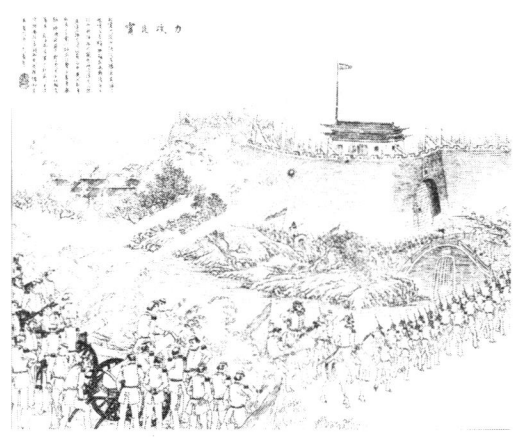

[그림 7] 〈프랑스군의 북녕성 침공〉 오우여(吳友如)

이들은 고전적 상상의 범주에서 벗어난 근대의 사물들이다. 이처럼 사건과 사물이 고전 이데올로기의 범주인 자연의 범위를 초월해 버리면서 시가의 감성도 자신의 새로워진 감각을 표현할 새로운 방식을 요구했다. 이로써 2천여 년을 지탱해 오던 중국 고전주의 문학은 일대 종말을 고하며 5·4 정신의 세례를 받은 현대소설(現代小說)이 시가를 대체했다.

현대문학은 허물어져 가는 고전주의의 공백을 어떻게 메울 것인가를 치열하게 논의했다. 그러나 이들의 갓 생겨난 힘으로는 모든 전통을 대체할 수가 없었다. 완전히 새롭게 사회를 구성하려는 논의는 마치 고전 복식을 입은 신부의 허름한 옷자락조차 벗기기 버거운 듯했고, 전통 이데올로기는 제반 문화 영역에서 여전히 완강하게 버티고 있었다.

새로운 중국의 탄생은 숨 가쁜 세계사와 중국사 속에서 잉태된다.

[그림 8] 〈공실귀영도(空室鬼影圖)〉 1946 스투차오(司徒喬)

중국은 2차 세계대전, 일본의 침략, 군벌의 등장, 그리고 국공 합작과 국공 내전이라는 혼돈의 소용돌이를 거치면서 결국 마오쩌둥의 중국으로 귀결되었다.

마오쩌둥은 문학이 공산당의 선전 활동을 위한 도구가 되기를 원했고, 이는 마치 고대 사회에서 문학이 정치의 도구라는 이념과 맥을 함께하는 듯했다. 수많은 문예가 당과 국가의 이념을 선전하고 찬양하는 역할에 유난히 충성을 보이는 역할을 자원했다.

중국 현대문학의 전환은 개혁·개방과 천안문 사건(1989.6.4)의 영향을 크게 받는다. 개혁개방 시기의 문학은 정치 선전의 대오에서 벗어나 다양한 주제와 형식으로 시장 경제의 도입에서 발생하는 각종 사회현상과 개인의 위기를 다룰 수 있기를 희망했다. 그러나 천안문 사건은 이러한 자유와 민주를 추구하던 문학을 다시 정치 검열대로 올렸고, 문학은 겉으로 드러내지 못하는 시대의 허무한 고통을 희화와 쾌락 속에 숨기면서 내면적 성찰과 고민을 이어갔다.

현재의 중국 문학이 어떤 모습으로 나타나는지에 관한 동향을 언급하는 것은 조심스럽지만, 현재 일어나는 사건들을 통해 문학과 체제의 관계를 보면 동상이몽이라는 말이 가장 어울린다. 중국 정부는 민간의 경제적 성장을 촉진하지만, 동시에 정치적 자유와 표현의 자유는 제한하는 양면성을 가진다. 중국 당대 문학에서 주목할 만한 흐름은 중국 정부가 주도하는 문학·예술에 대한 정책에 대한 갑갑함, 사회주의적 자본주의가 가져오는 변화와 시대적 모순, 그리고 이러한 사회 속에서 느껴지는 내적 공허가 될 것이지만, 부를 향한 욕망은 정부에 더욱 종속적으로 만들 것이다. 그래서 관과 민은 아직은 서로를 욕하면서 함께 사는 부부처럼 정치와 경제의 얽힘 속에서 개인과 사회의 갈등이 해소되지 않는 채로 서로 부둥켜 살아갈 것이며, 문학은 끊임없는 방황과 사색을 통해 중국 사회에 대한 문제를 부단히 그리고 은밀히 제시할 것이다.

시의 형식: 자연과 감정

아래에서는 시를 자연과 감정의 묘사라는 두 부분으로 나누어 접근하는 방식을 논의하고자 한다.

중국시는 대체로 자연과 사물이 먼저 등장하고, 그 뒤에 감정을 표현하는 '선경후정(先景後情)'의 배치 구조를 따른다. 여기서 '경(景)'은 햇빛(日光)이 비치는 공간일 뿐만 아니라 햇빛이 비치지 않는 부분인 그림자까지 포함하기 때문에 일체 자연을 포괄한다.[24] 또한 '정(情)'은 본래 '성(性)'과 동의어지만, '성(性)'이 인간의 타고난 본성을 의미한다면 '정(情)'은 인간이 외부 사물과 접촉한 후 나타나는 심리적 반응을 의미한다.[25] 그래서 감정과 자연의 관계는 '경치를 빌려 감정을 펼친다'라는 '차경서정(借景抒情)'의 관계를 맺는다. 즉 자연은 시인의 감정을 자극하는 매개체가 되고, 감정은 자연을 느끼면서 일어나는 서정적 반응이다.

요시카와 코지로(吉川幸次郎, 1904~1980)는 중국 문학은 허구를 추방하고 사실을 바탕으로 하는 서정주의 문학이라고 하였다.[26] '사실'이란 작가가 경험하는 객관 세계이며, '허구'는 이러한 경험적 세계에 대한 개인 서정이다. 따라서 중국 문학의 특징은 허구에 기반한 문학을 배격하는 사실주의적 서정성이 문학의 핵심으로 존재한다.

중국 문학에서 말하는 허구는 사회적·문화적 신념에 의한 것이지 픽션(fiction)의 개념이 아니다. 픽션이 완전한 허구에 기반한 현실 반영이라면 중국의 허구는 사실에 기반한 허구다. 춘추(春秋)시대의 역사서이자 유가의 경전 가운데 하나인 《춘추좌씨전(春秋左氏傳)》에는 귀신의 이야기와 점괘의 이야기 혹은 신비한 탄생의 이야기가 무수히 존재한다.

---

24 허신(許愼), 《설문해자(說文解字)》: "경(景)은 햇빛이다(景, 日光也)." 전국(戰國)·《묵자·경설하(墨子·經說下)》: "머리가 위쪽의 빛을 가리면 아래에서는 그림자를 만든다(首蔽上光, 故成景於下)."
25 한유(韓愈)〈원성(原性)〉: "성(性)은 태어나면서 같이 생기는 것이고, 정(情)은 사물에 기반하여 생겨난다(性也者, 與生俱生也. 情也者, 基於物而生也)."
26 (日)吉川幸次郎著, 章培恒等譯, 《中國詩史》, 上海: 夏旦大學出版社, 2012.

[그림 9] 〈고수괴석도(枯樹怪石圖)〉 소식(蘇軾)

이것은 비현실적 존재나 사건의 기록이라 하더라도 유가 경전에 포함되었을 때는 그 진실성에 대한 의심이 거부된다는 의미다. 또한 《수호전(水滸傳)》이나《삼국지연의(三國志演義)》와 같은 고전소설들은 역사적 사실과 허구가 혼합되어 있는데, 이 소설들이 지향하는 점은 사회적 신념을 강화하는 방향으로 유도한다. 따라서 사실과 허구는 사회문화적 가치 신념이라는 층차에 기반한 것이다. 따라서 중국 문학의 사실과 허구를 문화 이데올로기적 범주의 안과 밖으로 이해하고 비판적으로 접근할 필요가 있다. 이렇게 해야 독자와 작가 사이에 중국 문학에서 경험을 바탕으로 한 보편성이 세워질 수 있다.

또한 시인이 바라보는 자연의 꽃과 우리가 바라보는 꽃은 동일한 사물이지만, 객관적인 사물이 문학의 영역에 들어오는 순간, 문학적 형상화를 통해 상징적이고 은유적 의미를 지니게 된다. 따라서 우리는 이 은유가 이루어지기 전과 후의 이미지와 구조의 차이를 파악함으로써 시인의 감정과 생각을 엿볼 수 있으며, 그 안에서 미적 경험을 할 수도 있다. 마치 도연명의 〈도화원기(桃花源記)〉 속 주인공처럼 우리는 복숭아꽃을 쫓아 깊은 동굴을 통과해 시인이 창조한 세계를 찾아가는 것이다.

중국시의 형식

시의 감상에 접근한다고 할 때 시의 수단인 언어를 언급하지 않을 수는 없다. 중국어를 문학의 언어라는 기준으로 구분한다면 문언문(文言文)과 백화문(白話文)으로 구분한다. 전자는 글말로서 중국 고전문학의 문학 언어이다. 후자는 입말이며 현대문학의 언어이다.

문언문은 역사성이 강하며 동시에 배타적이고 권위적이며 권력적이다. 이것은 중국 문자의 시작인 갑골문(甲骨文)을 보면 알 수 있다. 갑골문은 전쟁·사냥·날씨·정치 등에 관한 왕의 질문에 대한 신탁의 기록이다. 이것을 귀점(龜占) 즉 거북점이라고 한다. 거북점의 방법은 거북이 껍질에 "비가 온다"와 "안 온다"라는 판단의 긍정과 부정을 각각 껍질 한쪽에 귀퉁이에 기록하고, 이것을 불에 거슬러서 수분이 말라 갈라지는 선이 어느 쪽으로 가는 지를 통해 질문에 대한 답을 구한 것이다. 중국어 "점칠 복(卜)"자는 갑골의 갈라진 선을 본뜬 글자다.

갑골문은 이처럼 신탁의 문자로서 권력자인 왕과 신이 소통하는 도구다. 이런 점은 갑골문이 신과 소통하는 신성한 문자이자 권력자의 권력 유지에 사용된 문자로서 사회의 안정적 운영에 관여하는 문자라는 것을 알 수 있다. 따라서 갑골문에서 기인한 중국 문자는 신성·권력성·보수성을 드러내는 지배계급의 문자다. 이런 점은 동시대의 언어나 구어를 문자로 받아들이는 것을 거부하고 오히려 이와 차별화된 전통적 글을 유지하는 문언문의 발전을 촉진했다.

[그림 10] 갑골문(甲骨文)

문언문의 특징은 뛰어난 압축력과 상징성이다. 문자 자체의 의미 압축력이 대단할 뿐만 아니라 문언문에 기반한 문학 텍스트의 공유는 몇 글자를 따와서 인물을 지칭하거나, 어떤 사건 전체를 지칭할 수 있도록 했다. 다음 시를 보자.

무산 열두 봉에 저녁노을이 아스라히 비치는데,	十二峰前落照微
고당궁의 어둠 속에 앉아 돌아가지 못하고 있네.	高唐宮暗坐迷歸
아침 구름과 저녁 비가 끝없이 이어지지만,	朝雲暮雨長相接
왕은 여전히 그대를 만나지 못해 한스러워하네.	猶自君王恨見稀

― 이상은(李商隱), 〈초궁(楚宮)〉

이상은(李商隱, 813~858)은 당나라 후기의 시인으로 연애 감정을 고전적 시어로 아름답게 표현했던 몇 안 되는 작가 가운데 한 명이다. 이 시는 사랑하는 연인을 만나지 못하는 그리움을 표현하고 있다. 우선 "열두 봉우리"는 무산(巫山) 십이봉을 지칭한다. 무산은 호북성(湖北省)과 중경시(重慶市) 경계에 있으며, 장강삼협(長江三峽)의 하나인 무협(巫峽)의 절경 가운데 하나이다. 따라서 무산의 열두 봉은 환상적인 경관을 지닌 열두 봉우리이므로[27] 두 사람이 함께한 아름다운 기억의 은유이다. 그리고 이러한 봉우리에 낙조가 비친다는 것은 두 사람의 사랑이 과거로 되어감을 의미한다.

이미 추억 속에서만 간직될 수 있는 사랑이지만 작가는 이 사랑을 떠나보내지 못하고 고당(高堂)에서 머뭇거린다. 고당(高堂)은 초나라에 있

[그림 11] 〈산수(山水)〉 공현(龔賢)·1869

는 건물인데, 운몽택(雲夢澤)이란 호숫가에 있고, 이곳에서 초나라 양왕은 신녀(神女)를 만나 하룻밤을 보낸다. 따라서 작가가 고당에 어둠이 깔릴 때까지 돌아가지 못한다는 것은 작가가 그녀와의 추억에서 헤어나지 못하고 있다는 말이다.

이어지는 "아침 구름 저녁 비 끝없이 서로 이어지지만(朝雲暮雨長

---

27 무산십이봉: ①망하(望霞): 노을 전망대 ②취병(翠屛): 비취 병풍 ③조운(朝雲): 아침노을 ④송만(松巒): 소나무가 길게 이어진 봉우리 ⑤집선(集仙): 신선이 모이는 봉우리 ⑥취학(聚鶴): 학이 모이는 봉우리. ⑦정단(淨壇): 깨끗한 제단. 도교에서 장수를 비는 단 ⑧상승(上升): 위로 올라가는 봉우리. 도교에서 수련하는 곳 ⑨기운(起雲): 구름이 이는 봉우리 ⑩비봉(飛鳳): 봉황이 나는 곳 ⑪등룡(登龍): 하늘을 나는 용 ⑫성천(聖泉): 성스러운 샘물.

相接)"이란 표현은 온종일이라는 시간과 다시 이러한 시간 차지하는 구름과 비와 같은 기상현상을 언급한 것이다. 하지만 전국시대 송옥(宋玉)이 〈고당부(高唐賦)〉에서 비와 구름을 무산(巫山)의 신녀(神女)라고 하고 그녀와 초나라 양왕(楚襄王)을 하룻밤 로맨스로 엮는 바람에 "아침 구름 저녁 비(朝雲暮雨)"는 남녀의 짧지만 강렬한 로맨스가 된다. 그래서 이 서술은 작가의 그녀에 대한 사랑의 감정이 마음속에서 끝없이 이어진다는 의미가 된다.

군왕이란 곧 자신을 초나라 양왕에 빗댄 것으로 이토록 그대를 그리워하는 내가 그대를 만나지 못하고 한스러운 시간을 보내고 있다는 표현이다. 이 시는 세련된 문학 언어를 통해 그리움과 애정 그리고 한스러움이 가득한 한 사람의 치정(癡情)을 표현하고 있다. 특히 "고당궁"과 "아침 구름과 저녁 비"는 작가의 그리움과 한스러움이 집약된 상징물로서 환상적인 고전의 향기를 물씬 풍기는 작품이 되게 했다.

중국어에서 한국어와 차별화되는 가장 큰 특징은 4성으로 이루어진 문자의 음악적 요소다. 중국어의 음악적 요소란 높낮이와 장단을 말하며 이것은 시의 형식에 결정적 영향을 주었다.

중국시는 문자의 음악적 규율이 엄격하게 적용된 여부에 따라 비교적 자유로운 고체시(古體詩)와 그렇지 않은 근체시(近體詩)로 구분하고, 이러한 시체를 구성하는 글자의 수에 따라 5언시와 7언시로 구분한다. 당연히 7언으로 된 시가 5언으로 된 시보다 표현이 자유롭지만, 5언시는 의미의 압축이란 면에 있어서는 강력한 힘을 발휘한다. 또한 싯구의 수에 따라 4구로 이루어진 절구(絶句), 8구로 이루어진 율시(律詩), 그리고 그 이상을 배율(排律)로 구분한다. 이 가운데 가장 형식적으로 정제된 형태는 8구로 이루어진 시다.

형식	고체시	근체시			
		율시(律诗)		절구(绝句)	
구의 수	규칙 없음	8구	10구 이상	4구	
문자 수	규칙 없음	5언	7언	배율시	5언절구	7언절구
종류	4언고시: 시경 5언고시: 악부 7언고시: 당대	5언율시 7언율시		대체로 5언	5언 절구 7언 절구	

이러한 글자 수와 구의 수에 문자의 장단과 고저와 같은 음악성 배분 규칙을 시율(詩律)이라고 한다. 시율을 구성하는 가장 기본이 되는 두 구성 요소는 평측(平仄)이다. 중국어 문자의 발음에서 높낮이의 변화가 별로 없이 고르고 긴 음이 평성(平聲)이고, 변화하며 짧은 음이 측성(仄聲)이다. 현대 중국어에서 살펴보면 음높이가 비교적 일정하게 유지되는 1성과 2성은 평성(平聲)이고, 음의 높낮이가 현격하게 변화하는 3·4성은 측성이다.

이렇게 평측으로 구분된 문자는 2음보라는 규칙에 따라 적용된다. 이것은 현대 중국어 단어가 한 개의 문자로 이루어진 단어가 아니라 두 개의 문자를 선호하는 것을 보면 쉽게 이해된다.

2음보에서는 글자가 2개씩 끊어진다는 것을 표시하는 것이 필요하므로, 두 음절 가운데 중심이 되는 것은 첫 번째 글자가 아니라 두 번째 오는 글자의 높낮이(평측)이다. 그래서 5글자 혹은 7글자로 이루어진 구에서 운율의 규칙성과 다양성을 만들기 위해서는 같은 구의 2·4·6번째 글자의 평측이 달라야 한다. 우선 다음에 나오는

"측기식 오언절구"의 평측 구성을 살펴보자.

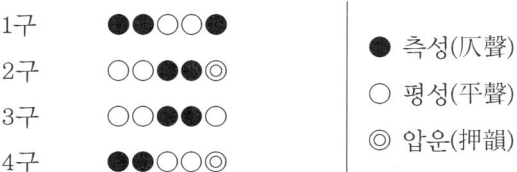

– 〈평측표〉: 측기식(仄起式) 오언절구(五言絶句)

위의 평측표를 보면 5개 문자가 4개의 구로 이루어졌으므로 오언절구를 표현한다. 또한 첫 구의 2번째 글자가 측성이 된다는 것은 곧 4번째 글자가 평성이 된다는 것이다. 여기까지가 제1구의 평측이다. 하나의 운율이 그 사람 다음 구로 이어지는 것은 단조로우므로 제2구는 제1구와 상반된 평측을 가져야 한다. 그래서 제2구의 2·4번째 글자의 평측은 제1구와 서로 반대되게 구성되어 있다.

제2구와 제3구는 2·4 번째 글자의 평측이 동일하다. 이것은 의미가 전환되는 3구를 2구의 운율과 같게 만듦으로써 전체 구조가 서로 얽히고 묶여있는 단단한 구조를 이루도록 하는 효과를 노린다. 마지막 제4구는 제3구와 2·4번째 글자의 평측을 다르게 하면 된다.

마지막으로 압운(押韻)이 필요한데, 2구와 4구의 마지막 단어에 동일한 운(韻), 즉 모음의 소리값과 높낮이가 비슷한 부류의 글자로 라임을 걸어 의미적 종결성과 전체적 연결성을 만들어서 전체 시를 일정한 음악성 아래에 이어 놓은 느낌을 주게 하는 것이다. 8구로 이루어진 율시 역시 이러한 구조의 확장이다.

이러한 구조는 제1구의 2번째 글자가 평성인지 측성인지에 따라 전체 운율이 결정되는 특징이 있다. 그래서 이 글자가 평성으로 시작하면 평기식(平起式)이 되고 측성으로 시작하면 측기식(仄起式)이 된다.

이제 시의 내용과 형식의 관계를 살펴보자. 우선 선경후정의 원칙에 따라 1구와 2구는 대체로 자연을 묘사하는데, 대체로 의미적 대응을 만드는 대우(對偶)가 많이 사용된다. 대우는 두 문장의 의미와 문법 구성, 단어의 성질 등이 서로 대칭이 되도록 한다는 것이다. 이렇게 본다면 이 두 구절은 의미와 소리, 그리고 문법이 일정한 규칙 속에서 서로 대응한다.

3·4구의 내용은 1·2구의 자연에 관한 서술을 작가의 내적 심리와 연결해야 한다. 그래서 3구에는 내용적 전환과 자연스러운 전개가 동시에 필요하며, 가장 어렵고 동시에 문학적 사고의 전환이 가장 필요한 부분이다. 4구는 시 전체를 포괄하는 작가의 주장이 깊게 새겨진다. 그래서 3·4구는 작가가 말하고자하는 실제 내용이며, 이것이 1·2구와 함께 어울어 지면서 전체 시가를 완성한다. 이처럼 시의 감상은 그림에서 작가의 의도를 읽는 것과 비슷해서 시가 그림 같고 그림이 시와 같다는 평가가 있어 왔다.[28]

이제 실제 시를 살펴보자. 중국시가 2음보로 구성된다는 말은 그 소릿값의 형태가 2음절을 중시할 뿐만 아니라, 그 의미 구조 역시 대체로 2음보 단위로 이루어진다는 것을 의미한다.

---

28 소식(蘇軾), 《동파제발·마힐의 남전연우도에 글을 쓰며(東坡題跋·書摩詰藍田烟雨圖)》: "왕유(王維)의 시를 음미하면 시 속에 그림이 있고, 그 그림을 보면 그림에 시가 있다(味摩詰之詩, 詩中有畫; 觀摩詰之畫, 畫中有詩)."

白日/依山/盡 ●●○○●,	백일은 산에 기대어 지려 하고
黃河/入海/流 ○○●●◎.	황하는 바다로 흘러들어 사라지네
欲窮/千里目 ○○○●●,	천리를 다 바라보고자
更上/一層樓 ●●●○◎.	한 층을 다시 오르네.

- 왕지환(王之渙), 〈관작루에 올라(登鸛雀樓)〉

이 시의 평측을 살펴보면 앞서 언급한 내용을 잘 지키고 있다. 이 시에서 제1구의 두 번째 글자가 '일(日)'인데 이 글자는 현대 중국어의 성조가 4성일 뿐만 아니라 한국어에서 종성이 'ㄹ'인 관계로 사성(四聲) 가운데 입성(入聲)에 해당하여 평측(平仄)이 측성(仄聲)이다. 또한 한 구가 5글자이며 모두 4개의 구로 이루어져 있어서 이 시는 형식적으로는 측기식(仄起式) 오언절구이다.

이 시는 작가가 '관작루'라는 누각에 올라서 풍경을 바라보다가 더 먼 경치를 보고 싶어서 누각을 한 층 더 올라간다는 것이 주요 내용이다. 좀 더 자세히 살펴보면, 이 시는 자연과 감정의 배치에서 1·2구는 자연을 서술하고 있고, 3·4구는 감정을 서술하고 있다.

1·2구의 의미를 살펴보자. 여기에서 서술된 자연은 제목을 통해 생각해 보면 관작루에서 바라본 풍경이다. "백일은 산에 기대어 지려 하고"는 작가가 이 누각에 올라가서 지는 해를 바라본다는 것이니 작가의 시선은 서쪽을 보고 있다. "황하는 바다로 흘러들어 사라지네"에서 작가는 다시 황하로 흘러가는 동쪽을 바라본다. 그런데 관작루가 있는 산서성(山西省) 영제현(靈蹄縣)은 중국 내륙이라 황하가 흘러 사라지는 것을 눈으로는 보지 못한다. 따라서 1·2구에 표현된

자연은 실제 눈으로 바라본 자연이 아니라 상상으로 과장된 자연경관이다. 즉 작가가 실제로 표현하고자 한 것은 서쪽에서 동쪽으로 이어지는 거대한 파노라마 같은 천하이다.

이어지는 감정에 해당하는 3·4구의 의미는 다음과 같이 풀어볼 수 있다. 작가는 이렇게 서쪽과 동쪽으로 이어진 거대한 자연을 극한으로 바라

[그림 12] 관작루(1997년 복건)

다보고 있지만, 여전히 이 세계에 대해 목마름을 느낀다. 즉 작가는 주어진 객관 현실을 초월하여 더 높은 곳에서 더 먼 곳을 바라보고 싶어 다시 한 층의 누각을 오른다. 따라서 이 시의 주제는 이미 극한에 놓여 있지만 더 높은 이상과 꿈을 향해 한 걸음 더 나아가고 싶다는 것이다. 그래서 이 시는 당나라의 진취적인 시대정신을 대표하는 작품일 뿐만 아니라, 한계를 넘어서고자 하는 예술의 본질적 성격을 그대로 드러내고 있다.

작품의 구성을 살펴보면 제2구는 제1구와 평측을 대립시키면서 동시에 내용상으로는 제1구의 내용을 확장하는 형태다. 즉 제1구가 시작이라면 제2구는 이 시작된 내용과 대우를 이루는 구성을 가진다. 구체적으로는 "빛 나는 해(白日)"·"산" 그리고 "황하"·"바다"가 자연물로서 대우를 형성하고, 서쪽과 동쪽이라는 방향성이 대치되어 있고, "진다"와 "들어간다"라는 동사 역시 자연물의 이동을 설명하고 있어서 대칭을 이루고 있다.

그리고 제3구는 제2구의 내용을 새로운 시각으로 전환한다. 즉 공간적 과장과 대우를 통해 극한의 확장을 이룬 자연 공간을 바라보면서 느끼는 감정을 "더 멀리 보고 싶다"라는 감정의 서술로 전환함으로써 전체적 시상을 외부에서 내부로 전환되어 있다. 그리고 제4구는 이러한 공간적 확장과 시상의 전환을 종합하여 "더 높이 오르고 싶다"라는 말로 마치고 있어서 주어진 한계를 극복하고 더 높은 곳을 지향하고 싶은 자신의 마음을 드러낸다. 그래서 내용의 전개 구도가 기승전결(起承轉結)의 형태로 나타난다.

다시 다른 작품 하나를 보자.

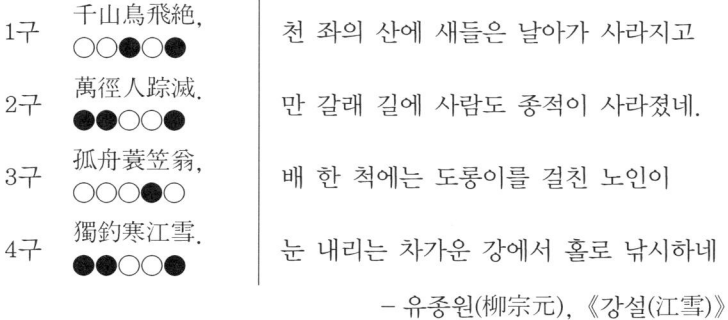

이 시는 5언으로 이루어진 절구(絶句)이다. 하지만 이 시의 평측은 앞서 살펴본 방식에서 벗어나 있다. 제1구의 2번째 4번째 글자는 모두 평성(平聲)이어서 대칭성을 벗어나 있고, 그 결과 제2구의 4번째 글자도 평측의 대칭을 잃었다.

이러한 평측의 불규칙성에도 불구하고 이 시는 정격 율시가 아니라 비정격 율시인 요체(拗體)로 분류되는데,[29] 그 이유는 다름이 아니라 읽었을 때 고체시와 다른 운율감이 있고 세련된 느낌이 있으면 율시로 구분하기 때문이다. 그래서 기계적 운율을 시에 적용한다는 것은 불가능하며,[30] 통일된 규칙성의 감각이 중요하다.

작품의 내용으로 돌아가 보자. 제1구는 시의 시작인 "기"이다. 앞의 시 〈관작루에 올라〉가 공간의 거대한 확장이라면 여기서는 공간에 대한 묘사를 통해 생성되는 공간의 감정이 중요하다.

제1구에서 작가는 천 개의 산으로 둘러싸인 곳을 바라본다. 그런데 이곳에 새들이 날아가 사라졌다고 한다. 즉 무수한 산들로 둘러싸인 곳은 이미 적막하고 고요한데 새들조차 날아가 없어졌다고 하여 매우 깊은 산 속의 고요하다 못해 적막한 공간이 묘사된다. 이러한 공간에 대한 감각은 단절성과 고립성이다.

제2구는 제1구를 확장하는 부분이다. 여기에서는 "만 개의 길", 그리고 이 길을 걸어 다니는 "사람"이 나타난다. 깊은 산속 수만 갈래로 이어진 길이 있지만 사람의 기척이 없다고 한다. 따라서 여기서 묘사하는 공간의 감정은 인간 사회와의 단절을 통해 느껴지는 외로움과 고독감이다.

---

[29] 王力, 《詩詞格律十講》〈第三章·詩的平仄〉, 〈강설(江雪)〉: "이를 통해 볼 때, 고체시 절구와 율시 절구의 경계선은 그다지 분명하지 않다(由此看來, 古絶和律絶的界限是不很清楚的)." , 四川人民出版社, 2019(ebook).

[30] 제량(齊梁)의 문학가들이 이런 정형화된 음악적 구조를 연구하기 이전의 시는 대부분 음악의 가사로서 존재했기 때문에 시의 독자적인 음악적 규칙을 적용하지 않고 대부분 노래 부르기에 적합한 단어를 경험적으로 대입했다. 이후 문자 자체의 음악 규칙이 정해지고 이를 기초로 이론이 정교해져 갔기 때문에 모든 시가를 평측 규율로 구분하여 율시의 자격을 논할 수는 없다.

1·2구에서 서술되는 자연은 작가에게 매우 불리하다. 그는 새로 상징되는 자연과의 관계가 단절되어 있고, 또 숲의 길을 오가는 사람들로 상징되는 인간 세계로부터 와도 단절되어 있다. 따라서 그가 설명하는 작가의 환경은 고립과 고독 그리고 외로움과 같은 정서가 강력하게 작가를 핍박하고 있다.

제3구는 작가의 시각을 천 개의 봉우리와 만 개의 길을 바라보는 거시적 공간에서 한 척의 배와 도롱이를 입은 노인을 향해 갑자기 확대해서 급격한 시각 전환을 이룬다. 작가는 앞서 설정한 고립무원의 공간, 그래서 깨끗하다 못해 새들조차 사라지고 없는 진공과 같은 공간에 한 척의 배와 허름한 비옷인 도롱이를 입은 노인을 등장시킴으로써 고요하고 적막한 공간을 순식간에 새로운 공간으로 전환한다.

제4구는 결론에 해당하는 "결"이다. 작가는 이 도롱이를 입은 노인이 하얗고 차가운 강 위에서 낚시한다고 묘사한다. 이 노인의 낚시 행위는 강물과 관계를 맺으며 삶과 자연을 일치시킴과 동시에 이 공간을 적막한 공간으로 만든 새와 사람을 초월한다. 즉 노인이 눈에 젖는 것을 막아주는 허름한 도롱이 하나, 그리고 특별한 것도 없는 배 한 척에서 낚시

[그림 13] 〈여산고(廬山高)〉 심주(沈周)

로 삶을 살아가고 있는 묘사는 저 산 너머에 존재하는 한 무리의 사람들이 형성할 것으로 상상되는 화려한 삶과 대비를 이루어 한적하고 깨끗한 공간의 창출을 시도하고 있을 뿐만 아니라, 앞의 두 구절에서 형성된 몹시 불리한 조건을 아무렇지도 않게 극복함으로써 적막의 공간을 다시 삶의 공간으로 전환하여 극한의 세계 속에서 자신의 삶을 열어젖힌다.

이 시는 자연의 절대적으로 적막하고 차가운 공간 배경과 그 속을 짚으로 만든 도롱이를 입고 유유자적해 고기를 잡는 동적인 서사 대상의 절묘한 결합을 통해 고기 잡는 어부를 자신에 빗댐으로써 세상과 맞서는 자신의 고아한 품격을 은연중에 전달하고 있다.

자연과 이미지

앞서 중국 문학이 경험에 바탕으로 한 서정 문학이라고 하였다. 즉 작품이 작가 경험의 미적 혹은 문학적 표현이라고 하는 것은 작품에 묘사하는 사물이 작가의 사물에 대한 순간적 인상에 그치는 것이 아니라 그 속에 작가의 인생을 녹여냈다는 것을 의미한다.

다시 〈강설〉로 돌아가서 이 시의 작가인 유종원(柳宗元, 773~819)은 당(唐)나라 시대의 문학가이자 정치가였다. 그는 당나라 순종(順宗) 시기(805~806) 왕숙문(王叔文, 753~806)의 개혁 정치[31]에 참

---
31 왕숙문(王叔文): 당나라 덕종(德宗) 시기 유종원, 유우석(劉禹錫) 등 당시 저명한

여했다. 하지만 순종이 쫓겨나고 아들 헌종(憲宗)이 등극하면서 영주사마(永州司馬)로 좌천되어 현재의 후난성(湖南省) 남부에서 10여 년을 보낸다. 이 지역은 현재의 광둥성(廣東省)과 맞닿은 부분으로 당시에는 문화적 수준이 현저히 떨어지는 오지에 속했다. 따라서 앞의 시 1·2구에서 만들어낸 적막의 자연에는 정치적으로 배척되어 고립된 작가의 삶이 아련히 녹아있다.

유종원의 시에 나타난 어부라는 존재는 중국 문학사적으로 세상의 일을 잘 알고서 어지러운 세상을 초탈한 인물이란 이미지가 축적되어 있다.

창랑의 물이 맑으면	滄浪之水淸兮
내 갓끈을 씻을 수 있고	可以濯我纓
창랑의 물이 탁하면	滄浪之水濁兮
내 발을 씻을 수 있네.	可以濯我足

- 굴원(屈原), 〈어부사(漁父詞)〉

초사(楚辭)라 불리는 이 운문은 초(楚)나라 정치가 굴원(屈原)이 정치적으로 비난을 받아 쫓겨나서 초나라 조정의 혼탁함을 비난하

문인들과 함께 비밀결사를 조직하고, 순종이 즉위하자 경제적·정치적·군사적 개혁을 단행했는데 대표적인 것이 환관의 척결이다. 하지만 이들은 신진 세력이어서 정치적 기반을 오로지 순종에 의지할 수밖에 없었고, 이들에 반대하던 기존 관료들, 특히 환관과 관계가 깊던 지방 절도사들과 마찰이 생기면서 세력의 정치적·군사적 외연 확장에 실패한다. 결국 몸이 허약했던 순종이 즉위 2년 만에 아들 헌종에게 양위한다. 결국 왕숙문은 처형되었고, 이에 참여한 유종원 등은 지방으로 쫓겨나면서 이들의 개혁은 중단된다.

고 자신의 신세를 한탄하면서 국가의 앞날에 대한 걱정으로 전전긍긍하고 있을 때 어부가 해준 말이다. 즉 어부의 말은 세상이 혼탁하면 혼탁한 대로 어울리고 깨끗하면 깨끗한 대로 어울리지 왜 혼탁한 세상에 대해서 자신의 주장을 고집하느냐는 말이며 모난 돌이 정 맞는다는 우리말처럼 세상과 부딪히지 말고 둥글게 살아가라는 것이다. 그러나 정치가는 이렇게 살아가도 될지 모르지만, 문학가는 이렇게 살 수가 없다. 문학가란 순수를 지향하는 동시에 시대의 정신과 긴밀히 연결된 존재로서 시대의 한계를 넘어 미래를 지향하는 선각자적 속성이 있어서 차마 그렇게 하지 못하는 것이다. 유종원의 〈강설〉에 나타난 인적이 끊어진 깊은 자연 풍경 속에서 낚시하는 노인에게 시대와 대립하는 고아한 인격이 부여된 것은 고대 굴원의 이야기와 맥을 잇고 있다.

    문학적 이미지인 전고(典故)는 과거 문헌의 글귀 혹은 사건을 인용하는 방식이다. 여기서 "전"은 책에 기록된 언어를 지칭하고 "고"는 고사, 즉 옛이야기를 말한다. 엄밀히 말하자면 전고는 작가가 바라보는 대상을 과거의 이미지로 표현하는 것이다. 이러한 고전주의적 경향은 과도한 경우 현재의 본질을 해치는 결과를 초래하지만, 적절히 사용된다면 세련된 정감을 고풍스럽게 표현할 수 있어서 매우 고아하고 품격 있는 이미지를 형성할 수도 있다. 이것은 굳이 고전 시가에 국한되는 내용이 아니다.

    너를 기다린다. 빗속에서.   等你, 在雨中,
    무지개를 만드는 빗속에서   在造虹的雨口

매미 소리 잦아들자 개구리가 목청을 돋우고 　　蟬聲沉落, 蛙聲升起
연못 한가득 홍련이 마치 홍염처럼 타오른다. 　　一池的紅蓮如紅焰,
빗속에서// 　　　　　　　　　　　　　　　　　　在雨中//

네가 오던 말던 마찬가지지만, 　　　　　　　　你來不來都一樣,
생각해 보니 　　　　　　　　　　　　　　　　竟感覺
연꽃 하나하나가 모두 너를 닮았다. 　　　　　　每朵蓮都像你
이 황혼을 두고서, 　　　　　　　　　　　　　　尤其隔着黃昏,
이 가느다란 비를 두고서// 　　　　　　　　　　隔着這樣的細雨//

영원, 찰나, 찰나, 영원 　　　　　　　　　　　永恒, 刹那, 刹那, 永恒
너를 기다린다 시간 밖에서 　　　　　　　　　　等你, 在時間之外
시간 안에서 그대를 기다린다. 찰라 속에서, 　　在時間之內, 等你,
　　　　　　　　　　　　　　　　　　　　　　在刹那,
영원 속에서// 　　　　　　　　　　　　　　　　在永恒//

만약 너의 손이 내 손안에 있다면, 　　　　　　如果你的手在我的手里,
지금 이 순간 　　　　　　　　　　　　　　　　此刻
만약 너의 맑은 향기가 　　　　　　　　　　　　如果你的清芬
내 콧 속에 있다면, 나는 말하리라, 　　　　　　在我的鼻孔, 我會說,
내 작은 연인이여// 　　　　　　　　　　　　　小情人//

그래, 이 손으로는 연꽃을 따야지, 　　　　　　諾, 這只手應該采蓮,
오나라 궁에서 　　　　　　　　　　　　　　　在吳宮
이 손이야말로 계수나무 노를 저어야지, 　　　　這只手應該搖一柄桂槳,
모란 배를 타고서// 　　　　　　　　　　　　　在木蘭舟中//

별 하나가 과학관의 나는 처마에	一顆星懸在科學館的飛檐
마치 귀고리처럼 걸려 있다.	耳墜子一般的懸着
스위스 시계가 7시라고 말하자	瑞士表說都七点了.
문득 너가 걸어 온다	忽然你走來//
비 내린 홍련을 밟고서,	步雨後的紅蓮.
훨훨, 네가 걸어 온다	翩翩, 你走來
마치 한 편의 시 처럼	像一首小令
사랑 이야기 속에서	從一則愛情的典故里
그대가 걸어 온다.	你走來//
강백석의 사(詞)에서	從姜白石的詞里,
운율을 타고서	有韻地,
네가 걸어 온다	你走來

- 위광중(余光中)〈너를 기다린다. 빗속에서(等你, 在雨中)〉

   이 시는 중국 현대 시인 위광중(余光中)의 시이며, 자신의 고백을 받아줄 여성의 출현을 기다리는 시다. 나는 그대를 기다리지만 그대는 아직 오지 않았다. 처음 기다릴 때는 비가 오지 않아서 매미가 시원하게 울었는데, 흐르는 시간 속에 날씨가 바뀌어서 비가 내린다. 무지개처럼 아름다운 꿈으로 한껏 부풀었던 기대는 마치 시들해진 매미 울음처럼 식을 만도 하지만, 다시 울어대는 개구리 소리처럼 아우성친다. 내 마음은 여전히 연못 가득히 피어난 붉은 연꽃처럼 불꽃이 되어 이글거린다.
   "매미 소리 잦아지면(蟬聲沈落)"이란 표현은 꺼지는 생명력의 이

[그림 14] 위광중(余光中)

미지를 지닌다.[32] 하지만 이 잦아드는 생명은 다시 개구리 소리로 활기를 되찾는다. 이 부분은 그의 마음이 실망과 기대로 뒤섞여 있다는 것을 표현하고 있다. 또 "붉은 연꽃"은 〈강남(江南)〉이라는 시의 "강남은 연꽃을 딸 수 있네, 연잎이 얼마나 무성한가(江南可採蓮, 蓮葉何田田)"에서 따온 말이라고 한다.

이 시의 "연못 한가득 붉은 연꽃"과 풍성한 연꽃을 따기에 적합한 강남의 이미지가 이 시에 사용된 "연꽃을 캐야지"·"오나라 궁전(吳宮)" 등의 이미지와 함께 시적 맥락을 함께함으로써 시의 공간적 배경이 중국 양자강 하류의 남방 도시임을 알려준다. 하지만, "연못 한가득 붉은 연꽃"은 매미소리 개구리 소리가 가진 청각적 이미지에 대비되는 시각적인 이미지로서 사실 작가의 타오르는 듯한 열망을 대변하기 때문에 이러한 강남의 연상작용과는 별개로 충분히 작가의 내적 감정을 표현하고 있다. 그래서 전고에 파묻힌다는 것은 이러한 사물의

---

32 송나라 시인 유영(劉盈)의 〈우림령(雨霖鈴)〉에 "차가워진 매미의 처량한 울음 속에서 저녁 무렵 정자에 이르자 막 폭우가 그쳤다(寒蟬凄切, 對長亭晚, 驟雨初歇)"라는 말은 가을날 이미 힘을 잃은 매미 소리를 묘사하는데 이는 사랑하는 사람과 이별한 작가의 낙담한 마음의 소리이다. 그리고 이 소리는 "다정한 사람은 예부터 이별을 슬퍼하니 어찌 견딜 수 있을까? 차갑게 시들해진 중추절, 오늘 밤은 어디에서 술에서 깨어날까(多情自古傷離別, 更那堪, 冷落清秋節! 今宵酒醒何處)?"라는 말과 이어짐으로써 실연의 감성도 들어있다.

해석에 과도하게 매달려서 시가 말하고자 하는 신선함을 해치게 된다는 것이다.

"영원, 찰나, 찰나, 영원"에서 찰나(刹那)는 짧은 순간을 의미한다. 이 말은 기다림의 순간 순간이 모두 영원한 시간처럼 느껴진다는 것이다. 그래서 "시간 밖에서"는 내면의 시간이고, "시간 안에서"라는 것은 현실의 시간이다. 이 구절은 아래에 나오는 "스위스 시계"와 맞물려서 그에게 찰나의 현실감을 주는 것이 시계의 째깍(찰나)이는 초침 소리이며, 이 초침이 끊어지는 짧은 시간 사이로 영원한 시간을 느낀다는 것이다.

"강백석"은 곧 남송의 시인 강기(姜夔, 1155~1221)를 말한다. 그는 호가 백석도인(白石道人)이어서 강백석이라고 부른다. 그는 음악에 정통했던 관계로 당시 유행가인 사(詞)라는 장르에 강점을 보였다. 그의 작품은 "고아(高華)"하면서 "맑고 깨끗한(淸空)" 느낌을 주는데 "성당(盛唐) 시대의 두보와 이백(如盛唐之有李杜)"에 비견된다는 평가를 들었다. 그래서 "강백석의 사에서 운율을 타고서 네가 걸어 온다"라는 말은 곧 비온 뒤에 찾아온 그녀의 단아하고 고풍스런 기품과 경쾌하고 깨끗한 느낌을 전달한다.

전고(典故)는 이처럼 언어가 가진 중층적 의미를 통해 대상을 정밀하게 묘사하고 동시에 이에 대한 감정을 고아하게 표현하는 방식이다. 하지만 그 내용이 독자와 단절된다면, 예를 들어 강기의 작품을 접해보지 않은 사람은 이런 의미를 획득하여 이미지를 만들지 못한다. 그래서 편협하고 너무 새로운 전고는 자신의 지식을 드러낼 뿐 정확한 이미지 전달에 실패할 확률이 높다.

전고의 문제는 과거의 이미지에 현재적 감각이 덧씌워져, 오히려 현재의 생동감이 사라질 위험을 초래한다는 점이다. 이는 마치 첫사랑을 잊지 못해 현재의 연인을 과거의 연인처럼 대하는 사람, 며느리를 딸처럼 생각하는 시어머니, 혹은 셰익스피어를 지나치게 숭배하여 모든 대화를 셰익스피어 희곡의 대사로만 하는 사람과 같다. 이들은 모두 현실과의 조화를 잃고 세상과의 소통에 실패할 가능성이 크다.

　　중국 문학에서도 이러한 문제는 여러 차례 지적되었다. 위진의 귀족주의적 경향을 띤 작품들, 앞서 살펴본 이상은의 시, 그리고 송대 이후 형성된 강서시파(江西詩派)의 작품은 복잡하고 편협한 전고의 사용으로 악명이 높다. 물론, 난해한 역사적·문학적 전고는 작가의 심오하고 고상한 문학적 입장을 드러낼 수도 있다. 그러나 지나친 전고 사용은 시어의 해석을 어렵게 만든다. 또한 이는 마치 낡은 그물로 물고기를 잡으려는 시도와 같다. 헐거워진 그물코 사이로 물고기가 유유히 빠져나가듯, 시가 지닌 생명력 또한 느슨한 전고 속에서 흩어지고 만다. 시는 과거의 유산을 담되, 현재적 감각과 조화를 이뤄야 한다. 그렇지 않으면 과거의 잔상에 사로잡혀, 오늘날의 독자와 소통할 수 없는 난해한 유물로 전락할 위험이 있다.

작가와 자연

　　중국 문학에서 자연과 작가의 관계는 중요하다. 여기서 자연은 소재를 의미하고 작가의 해석은 시에 투사된 작가의 생각이다. 즉 소재는 작가의 문학적 생각을 불러일으키는 현실 대상이지만 시의 창작 속에서 문학적 형상화를 거치면서 시의 내부에서 새로운 의미를 부여받는다. 따라서 중국시가 문학에서 자연은 창작의 보고(寶庫)로 표현되고 있다.

> 산림과 들판은 그야말로 문학적 사색을 유발하는 보물 창고이다.
> 若乃山林皐壤, 實文思之奧府.
> — 유협(劉勰), 《문심조룡(文心雕龍)》

유협(劉勰, 465?~521?)은 위진남북조(魏晉南北朝) 시대(221~589) 양(梁)나라 문학 비평가이며 그가 지은《문심조룡(文心雕龍)》은 유가 사상을 기본으로 하고 "아름다운 글쓰기"를 지향하는 중국 문학 비평서이다. 그는 자연을 문사(文思), 즉 문학적 구상의 단계에서 작가에게 끊임없는 문학창작의 영감을 일으키는 대상으로 표현한다. 이 말은 자연을 물리적 자연에 그치지 않고 작가에게 비밀스럽고 오묘한 생각을 일으키게 하는 공간으로 인식하고 있는 모습을 보여준다.

중국 최초의 문학 작품 속에서 자연은 물리적·감각적 자연이었다. 초기의 중국시가 작품에서 자연과 감정 사이의 관계는 밀접하지 않았다. 중국 최초 시가 문학이라 할 수 있는《시경》을 보면 쉽게 파악된다.

끼룩끼룩 저구새	關關雎鳩
황하의 모래톱에 있네	在河之洲

아름다운 아가씨는	窈窕淑女
귀공자의 좋은 짝일세.	君子好逑
	－《시경·관저(詩經·關雎)》

　이 〈관저〉라는 시는 《시경》의 첫 번째 작품인데, 이 시를 보면 자연과 감정의 격을 볼 수 있다. 저구새는 물새라는 정도만 알 수 있고 구체적으로 어떤 새인지는 잘 알 수 없다. 어쨌든 1·2구는 이 물새가 황하의 모래톱에서 울고 있다는 것을 묘사한다. 그런데 이어지는 구절에서 갑자기 아름다운 여성에 관해서 말함으로써 물새와 물새 소리가 만드는 이미지는 아름다운 여인 사이에 거리감이 발생한다.

　바로 앞에서 살펴본 유종원의 〈강설〉에 나타난 자연은 떠나버리고 없는 새들과 인기척조차 없는 깊은 산속, 눈 내리는 차가운 강 등의 자연이 만드는 고립적된 고독의 이미지가 일엽편주 위에서 도롱이를 입은 노인이 만드는 독립적 고결함과 함께 융합하여 세상에 초연한 인격과 고차원의 심미적 공간으로 승화됨을 볼 수 있었다. 그러나 〈관저〉에서는 자연과 인간 사이에 이와 같은 긴밀한 연관성을 찾아보기 어렵다.

　〈관저〉를 해석할 때 따뜻한 봄날[33] 황하(黃河)에서 물새 소리를 듣고 모태 솔로 탈출의 욕망이 일어나 평소 좋아하는 여성이 갑자기 생각났다고 할 수도 있을 것이다. 하지만, 작가가 이 첫 시작 부분에

33　이 구절 뒤에 "들쑥날쑥한 나물을 이리저리 캐네(參差荇菜, 左右流之)"라고 하여 물가에서 나물을 캐는 묘사가 나오기 때문에 이 시의 계절은 봄으로 추정될 수 있다.

사용한 "물새"가 그가 사랑하는 "여성"과 긴밀하게 이어지기에는 은유의 힘이 부족하다. 만일 물새의 형상이 아름다워서 여성 이미지와 연계되거나, 혹은 작가의 특수한 경험과 결합하여 여성과 이어진다고 주장할 수도 있겠지만, 이러한 해석은 2차 사고에 해당하며, 직관적인 1차 인식의 진실에서 벗어나 있다. 특히 《시경》

[그림 15] 〈매작도(梅雀圖)〉·남송

에서 "끼룩끼룩(關關)"하면서 울고 있는 저구새는 집단창작과 전승 과정을 거치면서 원작자의 의도가 부단히 소실되어 나갔기 때문에, 작가적 은유의 힘을 잃어버린 글자만 남은 저구새가 되어 버렸다.

대략 기원전 11세기에서 6세기의 시가 작품을 모은 이 《시경》은 지금에야 문학 도서로 분류되겠지만, 한무제(漢武帝) 시기(B.C.156~B.C.87) 유가 사상이 국가 이데올로기가 되면서부터 반드시 성왕(聖王)의 교화가 담긴 경전으로 해석되어야 했다. 그래서 《시경》을 전수해야 하는 경전의 스승들은 이 시를 반드시 왕의 교화와 연결해야 했다. 그래서 이들은 저구새라는 황하의 물새를 잡아서 윤리라는 마법의 상자에 집어넣은 다음 군자의 부부 생활을 상징하는 새로 변신시킨다. 대표적인 《시경》 해설서인 주희(朱熹)의 《시경집전(詩經集傳)》에서는 저구새를 이렇게 해석한다.

끼룩끼룩이라는 의성어는 수컷과 암컷이 서로 호응하는 조화로운 소리이다. 저구(雎鳩)는 물새인데 …… 나면서부터 정해진 배필이 있고, 서로 예를 어지럽히지 않는다. 두 마리가 항상 함께 노닐지만 예를 넘어서는 친밀감을 보이지 않는다.

關關, 雌雄相應之和聲也. 雎鳩, 水鳥, …… 生有定偶, 而不相亂, 偶常並遊, 而不相狎.

— 주희(朱熹), 《시경집전(詩經集傳)》

주희의 견해에 따르면, 저구새의 울음소리는 단순한 짝짓기 행위가 아니라, 윤리적 질서 속에서 조화를 이루는 군자의 부부 생활을 상징한다. 따라서 자연 속에서 짝을 구하는 본래의 생태적 특성은 필연적으로 축소되거나 감퇴시켜야 할 욕망이다.

결과적으로, 이 새는 "군자의 도덕적 결혼관"을 체현하는 존재로 변형되었다. 정해진 짝과 결혼하고, 오직 번식을 위한 교미만 허용되며, 쾌락적 성관계는 부정된다. 두 마리는 항상 함께 다니며 노닐지만, 예를 벗어난 친밀한 행위, 즉 아무 때나 껴안거나 입을 맞추는 모습은 절대로 보이지 말아야 한다. 저구는 이제 자연 속의 물새가 아니라, '군자 물새'가 되어버린 것이다. 결국, 시에 대한 해석 권력을 쥔 경학자들은 봄날 여인을 떠올리며 애환을 느끼는 남성의 감정을 경전의 영역 밖으로 추방해 버렸다.

그들은 다시 이 시의 주인공을 왕의 덕에 의해 교화된 부인인 후비(后妃)로 해석하고, 시의 내용을 여러 부인을 거느린 왕의 정부인에게 필요한 덕목으로 해석한다.

후비(后妃)가 군자의 덕에 즐겁게 설득되고 화목하며 어울리지 않음이 없고, 또 그의 기색을 음란하게 하지 않으며 유심한 곳에서 굳게

예를 지키는 것이 마치 《관저》에 분별이 있는 것과 같다. 이런 연후에야 천하를 교화하여 변화시킬 수 있다.

后妃說樂君子之德, 無不和諧, 又不淫其色, 愼固幽深, 若《關雎》之有別焉. 然後可以風化天下.

— 모형(毛亨), 《모시전(毛詩傳)》

왕의 부인은 왕의 카리스마에 감화되어 정숙한 여인으로 변화하여 뭇 여성의 모범적 존재가 됨으로써 왕의 교화에 참여한다. 그 구체적 실천은 왕의 뭇 처첩들의 질투를 관리하는 것이다.

…… 후비(后妃)의 덕이 화목하다는 것은 그윽하고 한가한 깊은 궁궐에 거처하는 오로지 한결같은 착한 여인으로서 군자를 잘 위하고 첩들의 원망을 잘 화합시킨다는 것이다. 이는 모든 처첩이 후비의 덕에 감화되어 질투하지 않음을 말한다.

言后妃之德和諧, 則幽閒處深宮貞專之善女, 能爲君子和好衆妾之怨者, 言皆化后妃之德, 不嫉妬.

— 정현(鄭玄), 《모시전(毛詩傳)》

또한 경사(經師)들은 후비라는 존재가 여성의 관리에 머물지 않고 왕을 위해 다른 여성을 추천해 줄 수 있는 대범하고 관대한 여성이 되어야 한다고 요구했다.[34] 이것이 한대 경학가들이 해석한 "왕의 부인"에게 필요한 덕목(后妃之德)이다.

---

34 공영달(孔穎達), 《시경정의(詩經正義)》: "본래 숙녀를 구하는 것을 자신의 직무라고 여겼다(本求淑女爲已職事)."

하지만 이들은 이에 만족하지 못했다. 이들은 《시경》의 첫 작품이 반드시 통치와 관련된 의미를 담아야 한다고 보았다. 이에 따라, 원래 아름다운 여인을 사랑하고 싶은 감정을 담았던 시의 주제는 현명한 인재를 찾아 등용하는 것에 대한 근심으로 재해석된다.

〈관저〉에서 현명하고 아름다운 여성을 얻어 군자와 짝하는 것을 기뻐하는 것은 걱정하는 바가 현자를 등용하는데 있지 그 용모를 지나치게 탐하는 것이 아니다. 아름다운 여성을 그리워하며 슬퍼하는 것은 현명하고 재능 있는 사람을 그리워하는 것이라서 선을 해치는 마음이 없다. 이것이 〈관저〉의 뜻이다.
是以〈關雎〉, 樂得淑女, 以配君子, 憂在進賢, 不淫其色; 哀窈窕, 思賢才, 而無傷善之心焉. 是〈關雎〉之義也.

- 〈시대서(詩大序)〉[35]

이렇게 해서 《시경(詩經)》의 감각적이고 서정적인 요소는 배제되고, 국가 통치를 위한 윤리적·정치적 해석이 남게 되었다.

이처럼 《시경》을 비롯한 여러 경전 속에서 남성과 여성의 사랑은 국가적 도덕 표준에 맞춰 거세당한다. 애정 표현을 어떻게 해도 경

---

35 한대(漢代)의 시경 해석학에는 제나라 원고(轅固)가 전한 《제시(齊詩)》·노나라 신배(申培)가 전한 《노시(魯詩)》·연나라 한영(韓嬰)이 전한 《한시(韓詩)》·조나라 모형(毛亨)이 전한 《모시(毛詩)》가 있다. 이 가운데 《모시》에는 매 작품의 첫머리에 서문이 있었고, 이것을 〈시서(詩序)〉라 칭했다. 그런데 이 〈시서〉 가운데 첫 작품인 〈관저(關雎)〉의 서문에는 전체에 대한 서문으로 해석될 수 있는 부분이 있었고, 이것을 따로 〈대서(大序)〉로 분류했다. 대서(大序)의 작자는 전통적으로 공자의 제자 자하(子夏), 또는 동한(東漢)의 경학가 위홍(衛宏)으로 간주했으나, 현재는 선진에서 진한 사이에 존재했던 여러 인물의 저술로 생각한다.

전적 윤리와 조화시킬 수 없는 경우에는 작품 자체를 "눈이 맞아 욕망을 좇아서 달아난 남녀의 노래"라는 의미의 음분시(淫奔詩)로 분류되었고, 경고의 의미로 해석되었다.

이러한 문명과 자연의 대립 개념은 이미 프로이트에 의해 연구된 적이 있다. 프로이트에 의하면 욕망의 억제는 문명의 본질적 요소이며,[36] 인간은 금욕을 통해 공동의 선을 추구한다는 것이다. 만일 문명화가 인간의 쾌락적인 성의 승화(sublimation)라고 한다면, 이 승화를 최고의 극점으로 발전시킨 존재가 바로 군자(君子)다. 그래서 군자는 쾌락과 담을 쌓아야 한다. 이를 확인해 볼 수 있는 대표적인 사례가 《논어·학이(論語·學而)》의 "현현역색(賢賢易色)"이다. 공자는 이 말을 무슨 뜻으로 했을까?

> 현현은 현인을 존중한다는 뜻이고, 역색은 색을 가볍게 여긴다는 것으로 귀중하게 여기지 않는다는 것이다.
> 賢賢, 尊上賢人; 易色, 輕略於色, 不貴之也.
>
> — 안사고(顔師古), 《한서·이심전(漢書·李尋傳)》

위의 해석을 따른다면 "어진 사람을 존중하고 색을 가볍게 여기라."라고 해석할 수 있다. 하지만 송대 주희는 이와는 조금 다른 해석을 제시한다.

---

[36] 지그문트 프로이트, 「문명적 성도덕과 현대인의 신경병」, 김석희 역, 『문명 속의 불만』, 열린책들, 1997, p.15.

남의 어짊을 어질게 여기는 것을 색(色)을 좋아하는 마음과 바꾼다면 선(善)을 좋아함에 성실함이 있다.
賢人之賢而易其好色之心, 好善有誠也.

– 주희, 《논어집주(論語集注)》

한대(漢代) 역사학자 안사고의 해석에는 성적 욕망의 억압이 보이고 송대(宋代) 주희의 해석에는 성적 욕망의 거부가 보인다. 주희는 "천리를 받들어 인욕을 멸하라(存天理, 滅人欲)"[37]라는 자연과 인간의 대립적 구도에 기반한 것이며, "여색을 좋아하듯이 현자를 좋아하라"라는 성욕의 허락은 보이지 않는다.

인간과 자연의 관계는 사람마다 다른 경험을 가지는 까닭에 세심하게 고려되어야 하며 또한 주의하여 관찰되어야 한다. 도덕적 표준이 사회적 규율로 강제될 경우, 그것은 억압적인 형태를 띨 가능성이 크다. 인간 대부분은 체제와 완전히 일치할 수 없으며, 심지어 자신과도 완전히 화해할 수 없다. 끊임없이 변화하는 욕망 속에서, 하나의 원칙으로 인간의 욕망을 조율할 수 있을까?

이러한 맥락에서 《시경·관저(詩經·關雎)》에 관한 해석을 검토해 볼 때, 오히려 공자의 해석과 프로이트의 해석이 일치하는 부분을 발견할 수 있다. 공자는 《논어·팔일(論語·八佾)》에서 〈관저〉를 다음과 같이 해석한다.

---

37 程顥·程頤, 《二程遺書》: "천리가 아니면 곧 인욕이다(不是天理, 便是人欲)." 朱熹 《朱子語類》卷十二: 성현의 수천·수만 가지 말도 단지 사람들에게 천리를 밝히고 인욕을 멸하도록 하는 말이다(聖賢千言萬語, 只是敎人明天理, 滅人欲)."

〈관저〉는 즐거워해도 지나치지 않고 슬퍼해도 상처 입지 않는다.
〈關雎〉樂而不淫, 哀而不傷.

-《논어·팔일(論語·八佾)》

여기서 "음(淫)"은 비가 지나치게 오랫동안 와서 인간에게 피해를 주는 상황을 의미하며, 상(傷)은 사회적인 예법의 파괴를 의미한다. 따라서 공자는 〈관저〉가 여성을 좋아하고 또 이 때문에 슬퍼하는 것이 자신과 사회에 해를 끼치지 않도록 표현되었다는 의미다. 이것은 자연과 인간의 조화를 의미하기 때문에, "인간의 마음은 아주 위태롭고, 도덕적 마음은 아주 희미하니, 정신을 하나로 하여 그 가운데를 잡으라(人心惟危, 道心惟微, 惟精惟一, 允執厥中)"라는 말과도 이어질 수도 있다. 하지만 송대 도덕주의자들은 도덕적 마음과 인간의 마음이 대결을 벌인다고 생각했고, 도덕적 마음의 승리를 강요한다.

만일 이 전통적 해석의 틀을 버리고 "그 가운데(厥中)"를 자연과 인간의 조화로 새롭게 해석하면 승화의 개념을 소화하기에 충분해 보인다. 즉 인간은 자신의 자연성과 문화성 사이를 부단하게 조율하는 존재로서, 체제 속에 존재하면서 동시에 자연의 삶과 균형을 잡아야 한다. 이렇게 해석한다면, 자연과 사회의 이상적 평형 지점으로서 '중화(中和)'를 고려할 수도 있다. 다만, 이를 실현하기 위해서는 기존의 도덕적 해석 구조를 완전히 해체해야 한다. 게다가 이 해석이 자연과 문명의 조화를 지향하는 관점을 제시할 수는 있지만, 실제로 실현할 수는 없다. 사람마다 자연과 문명 사이의 중심이 달라서 만병통치의 객관적 법도 존재하지 않는다.

더구나 자연과 문명은 대립적이다. 아무리 높은 문명이라 하더라도 자연이 손상된 문명은 자기 성장판 역시 손상된다. 문명은 자연을 억제함으로써 발전하지만, 지나친 억압은 오히려 문명의 발전을 저해하는 모순을 내포한다.

> 금욕적인 학자는 드물지 않다. …… 반면, 예술가의 성 경험은 예술적 성취를 강력하게 자극한다. 대체로 나는 금욕이 정력적이고 독립적인 행동가나 독창적인 사상가, 또는 대담한 해방론자나 개혁가를 키우는데 이바지한다는 인상은 받지 못했다. 금욕은 오히려 행실은 바르지만, 의지가 약한 사람, 강력한 개인의 지시에 마지못해 따르는 경향이 있는 군중 속에 파묻혀 자신의 존재를 잃어버리는 사람을 키우는 경우가 훨씬 많다.
>
> — 프로이트, 『문명 속의 불만』

프로이드는 "문명적 성도덕의 지배를 받으면 개개인의 건강과 생산력이 손상되기 쉽고 강요된 희생이 각 개인에게 초래하는 이 손상이 결국 한계치에 이르면 문화적 목표도 간접적으로 위태로워지리라 추정하기는 어렵지 않다."[38]라고 경고한다. 즉 문명 속의 성도덕은 인간이 강력하고 창조적인 문화 활동에 종사하는 것을 오히려 금지한다.

예술과 같은 창조 행위는 현실 세계에 대한 불만과 사회 체제의 한계를 초월하려는 욕망에서 출발한다. 즉 현실에서 이루지 못한 것

---

[38] 지그문트 프로이트, 『문명 속의 불만』, 김석희 역, 열린책들, 1997, p.26.

에 대한 불만이 문학적으로 형상화됨으로써 현실의 불만을 해소하기도 하고 현 체제의 불완전함을 넘어서는 방향성을 제시할 수 있다. 그러나 폭력과 성을 저 너머로 추방하여 체제를 유지하려는 사회는 이런 금기를 넘어 가는 사유를 허용하지 못한다.

예술가는 시대의 이데올로기와 사회 체제를 넘어서 사유하는 까닭에 그의 작품은 현 체제에 적응한 세속적인 존재의 이해 범주를 넘어선다. 그래서 많은 문학가들이 핍박의 대상이 되었고 지금도 그렇게 되고 있다.

우리는 체제에 포섭된 이후 자신의 천재적 예술성을 잃어버리고 범인의 작품만 생산하는 많은 예술가를 볼 수 있다. 만일 공자의 말처럼 이들이 자체의 노력으로 체제에 합일되었다면 그들은 어째서 예전과 같은 생산성을 보여주지 못하는 것일까? 과연 우리는 공자의 주장처럼 자연과 사회 사이에서 일정한 조화로운 가능성을 인정할 수 있을까? 아니면 인간은 문명 속에서 금기를 통해 점차 자연을 잃어버리고, 문명을 거스를 힘을 포기한 채 문명의 일부로서 존재하는 것에 만족하게 된 것일까? 결국, 문명은 자연을 억압함으로써 형성되지만, 문명의 창조성을 스스로 갉아먹는 역설을 낳는다. 이는 단순히 성적 금기뿐만 아니라, 인간의 본능적인 충동과 창즈적 욕구 전반에 걸쳐 적용될 수 있다. 금지된 것을 넘어설 때 비로소 창조성이 발현되며, 문명의 극점에서 다시 한 걸음을 나갈 수 있다.

공자진(龔自珍, 1792~1841)은 청나라 말기 병들어가는 국가의 위기를 감지하면서 당시 지식인의 병폐를 "병든 매화(病梅)"에 비유했다. 그는 매화를 억지로 뒤틀고, 성기게 하고, 기형적으로 구부리는 것은 단순히 돈을 벌려는 상인의 계산 때문만이 아니라, 문인과 화가들의 취향이 상업적으로 변형된 결과라고 보았다.

> 매화를 삐뚤고, 성글고, 굽게 만드는 것은 그저 돈을 벌려는 사람들이 자신들의 지혜와 힘으로 할 수 있는 것이 아니다. 누군가가 문인화가들의 이런 숨겨둔 독특한 기호를 매화를 파는 사람에게 알려주었기 때문에, 매화를 파는 사람이 단정한 가지를 자르고 곁가지를 기르며, 가득한 것을 성글게 만들고, 어린 가지를 구부리고, 곧은 것은 파버려서, 매화에 생기를 막고는 비싼 가격을 부르게 한 것이다. 그래서, 강소(江蘇)와 절강(浙江)의 매화는 모두 병들었다.
> 梅之欹、之疏、之曲, 又非蠢蠢求錢之民, 能以其智力爲也. 有以文人畫士孤癖之隱, 明告鬻梅者, 斫其正, 養其旁條, 刪其密, 夭其稚枝, 鋤其直, 遏其生氣, 以求重價; 而江、浙之梅皆病. 文人畫士之禍之烈至此哉!
>
> — 공자진(龔自珍), 《병든 매화의 집에 관하여(病梅館記)》

매화는 매년 늦겨울과 초봄 2월과 3월에 꽃이 핀다. 동양 사회에서 매화가 사군자(四君子)의 하나가 된 것은 겨울이 가고 봄이 오는 소식을 먼저 알리는 존재이기 때문이다. 즉 매화에는 고통 속에서 밝은 미래의 비전을 제시하는 존재라는 의미가 있다. 그러나 그가 바라본 시대의 지식인들은 이러한 선지자적 모습이 아니라 세속과 체제에 매몰되어 자기 모습을 잃어버리고, 이리저리 구부러지고 삐뚤어진 가지에 시든 꽃이 듬성듬성 피어있는 병든 매화다. 어쩌면 이런 병든 자태가 멸망을 향해 가는 청나라의 저녁노을 속에서 유난히 자태를 드러낸 것일지도 모른다.

  어떤 문화가 체제 유지를 최우선 가치로 삼는다면, 그 사회는 점점 더 경직된 형태로 고착될 것이다. 시간이 흐르면 체제는 자기를 정당화하기 위해 반복적으로 기존 질서를 강화하고, 이에 순응하는 인간을 양산할 것이고, 결국에는 자연성이 훼손당한 '병든 매화'를 이상적인 존재로 포장하며, 병적 상태를 정상으로 만들어 버릴 것이다. 이는 마치 〈은하철도 999〉에서 안드로메다 여왕이 약속하는 영생에 홀려서 기계 인간으로서 행성의 부품으로 살아가는 것과 같다.

  인간은 고정된 부속품이 아니라 되어가는 존재이다. 이 말은 인간이 본질적으로 유한하고 비연속적인 존재로서 끊임없는 변화 속에서 고통받으며 살아가는 존재라는 뜻이다. 문학의 본령은 어쩌면 정지된 체제 속에서 고통을 찾아 움직이는 것을 잊지 않는 노력이 아닐까?

2_

시(II), 풍경과 감정의 관계

아름답게 웃는 얼굴에 어여쁜 보조개
아름다운 눈에 맑은 눈동자
巧笑倩兮 美目盼兮
-《시경·위풍·석인(詩經·衛風·碩人)》

앞의 장에서 우리는 중국 문학사 가운데 시와 관련한 내용을 통해 중국 문학을 간략히 개괄했고, 이어서 시의 형식과 몇 편의 작품을 통해 작가의 생각이 시의 형식 속에서 어떻게 펼쳐지는 지를 살펴보았다. 그리고 마지막으로 작가와 자연의 관계를 통해 자연성과 문명성의 조화가 특정 체제에 속한 것이 아니라, 더 넓은 범위에서 이해될 수 있음을 살펴보았다.

중국 문학에서 《시경》은 중국 문학의 탄생이자 미래 발전 가능성을 품은 씨앗과도 같았다. 그래서 《시경》 작품에 대한 몇 가지 대표적인 주장을 살펴보는 것은 중국 문학의 특징을 이해하는 데 편리한 방법 가운데 하나라고 할 수 있다.

앞서 언급 했듯이 《시경》에 나타난 자연은 대체로 작가의 감정과

거리감이 있다. 그리고 이러한 거리감은 《시경》의 시가 창작된 춘추시대(B.C.7C~B.C.2C)를 한참을 지나 한나라 시대가 되면서 일정 부분 극복되는 모습이 보인다. 이 현상은 크게 문학 작품 속 자연이 시인의 감정을 매개하거나, 시인이 자연의 감정을 포착하여 문학 작품으로 드러내는 두 계열로 나뉜다.

[그림 1] 〈부용금계도(芙蓉錦雞圖)〉
조길(趙佶)·북송(北宋)

자연(自然)의 1차적 의미는 물리적 자연을 말하는 것으로 인간과 같은 감정·이성 같은 것이 없는 무정물(無情物)이다. 따라서 이러한 자연은 인간과 소통이 불가능하다. 식물들과 감정을 교류하거나 식물의 감정을 느끼는 사람은 거의 없으며, 혹은 동물의 행동에 대해서 선악을 말하는 것은 인간의 윤리로 동물의 영역을 재단하는 것이다. 또한 하늘과 땅, 산천 등과 같은 공간과 시간의 가치를 지닌 것은 인간에게 있어 무질서하게 존재하는 것으로 인식조차 어려운 세계이다.

하지만 감정과 이성을 지닌 인간은 이 사물에 대한 관찰을 통해 사물에 의미를 부여하고, 그 의미에 모종의 질서를 조직하여 언어로 표현한다. 즉 인간은 인간의 척도로 세계를 판단하는 것이다. 여기에는 이성적 판단과 감정적 판단 그리고 윤리적 판단이 존재하며, 대체로 이 세 가지에 의지해 세계를 재구성한다. 그리고 이 과정이 문학적으로 일어나는 것을 문학적 형상화라고 한다.

문학적 형상화 과정을 거친 사물은 자연의 사물이 아닌 작가의 사상과 감정이 이입된 '새로운 사물'이다. 이 '새로운 사물'은 자연 그대로가 아니라 문학적 형상화를 거쳤기 때문에 '새로운 의미'를 지닌다. 이것은 마치 사진 촬영가가 풍경을 아름다운 구도로 재단하여 카메라에 담았을 때 그 사진이 자연에서 찾기 힘든 미감을 드러내는 것과 같다. 이렇게 문학가가 창조한 사물이 주는 느낌을 중국문학 비평에서는 '의상(意象)', 즉 "의미가 있는 이미지"라고 한다.

이렇게 창조된 의상(문학적 이미지)은 다시 독자의 감정에 영향을 준다. 우리가 노래나 영화를 감상하면서 "좋다"라는 이미지를 받는다면 그 작품에는 좋은 이미지가 있는 것이다. 이렇듯 작가에 의해 창조된 이미지가 다시 독자에 이르러 영향을 주는 미감을 "정취(情趣)"라고 한다. 여기서 "취(趣)"라는 글자를 사용한 것은 이 글자에 사역의 의미가 있기 때문이다. 즉 이 "취(趣)"자는 이 감정과 생각이 들어있는 이미지가 독자에게 일으키는 미적 쾌감을 묘사하는 언어다. 의미로 보면 의상(意象)과 별 차이가 없는데, 여기서 의상(意象)과 차이를 두는 이유는 작가가 형상화한 의상이 독자에게 전달될 때 반드시 작가의 경험과 일치하지 않기 때문이다.

이미지의 미감 형성

이미지에 대한 미적 감각은 어떻게 형성될까? 외부 세계에 대한 감각의 반응은 개인마다 서로 다른 형태로 나타날 수 있다. 그래서 사람마다 미감을 느끼는 대상도 다를 수 있다. 그런데 어떤 경우는 일정한 보편성을 느낄 수 있다.

이 가운데 하나는 대자연에 대한 아름다움의 감각이다. 즉, 시인이 창작한 자연의 모습이 아니라, 특수한 자연경관 혹은 특정 사물에서 미감을 느낄 수 있다. 이때의 미감 역시 인간이 부여한 정취일 수 있으나, 개인의 경험을 초월하여 존재하는 사물이나 경관을 목격했을 때 느껴지는 놀라움은 누구나 경험할 수 있는 보편적인 감각일 수 있다. 예를 들어, 처음으로 그랜드 캐니언을 방문한 사람이 그 광경에 압도당하거나, 히말라야의 눈 덮인 풍경을 보며 감탄하는 경우를 생각해 볼 수 있다. 이러한 자연미의 감각은 칸트의 미학론을 통해 보다 체계적으로 설명될 수 있다.

이러한 논의는 칸트의 미학론을 통해 보다 질서 잡히게 할 수 있다.[1] 칸트에 의하면, 외계에 대한 인식은 외부 세계의 물자체(物自體)를 직접 파악하는 것이 아니라, 감각을 통해 수용된 자료가 선험적 시간과 공간의 형식 속에서 배열되면서 의식 속에서 표상(表象)으로 주어지고, 오성(悟性)은 이 표상을 붙잡아 12개 범주[2]의 구상적 종합

---

[1] 이하 내용은 칸트의 《판단력 비판》을 참조하였다. 칸트의 미학론은 《아름다움과 숭고함의 감정에 관한 고찰》(1764)에서 경험론적으로 탐색되는 것을 시작으로 《판단력 비판》(1790)에서 관념론 철학으로 완성된다.

[2] 1. 양(量, Quantity) 통일(統一, Unity) 다수(多數, Plurality) 전체성(全體性, Totality) 2. 질(質, Quality) 실재(實在, Reality) 부정(否定, Negation) 제한(制限, Limitation) 3. 관계(關係, Relation) 실체와 속성(Substance-Accident) 인과와 작용(Causality) 상호작용(Community) 4. 양태(樣態, Modality) 가능성(可

[그림 2] 칸트

을 통해 개념화하여 현상(現像)으로 인식한다.

하지만, 미적 판단은 오성의 개념적 분석을 통한 논리적 판단이 아니라, 감성적 직관을 기반으로 상상력과 오성이 개념 없이 자유롭게 조화를 이루는 과정에서 형성된다. 또한, 과학적·이성적·실용적 가치 판단과는 달리, 특정한 목적이나 이해관계에서 벗어난 '무관심성'을 전제로 하여 '취미판단'이라 불린다. 그러나 이는 단순한 감각적 쾌락이 아니라, 상상력과 오성이 개념적 구속 없이 조화를 이루며 경험하는 특별한 쾌감이다.

이러한 미적 판단은 개별적 감각 경험에서 출발하지만, 인간의 공통적 인식 구조가 작용하기 때문에 일정한 보편성을 가진다. 특히, 특정한 목적이나 이해관계에서 벗어난 무관심성이 전제되므로, 미적 판단은 개인적 취향을 넘어 보편적으로 공유될 가능성이 있다. 이러한 특징 때문에, 미적 판단은 단순한 개인적 선호가 아니라, 주관적이지만 보편적 타당성을 요구하는 판단으로서 '주관적 보편성'을 획득한다.

그러나 거대한 산맥, 끝없는 하늘, 거친 폭풍과 같은 인간의 감성이 감당할 수 없는 거대하거나 압도적 대상을 마주할 때, 감각은 이를 완전하게 포착할 수 없고, 이성은 이를 초월적으로 파악하려 하는데 이 과정에서 숭고미가 발동한다. 즉, 숭고란 감각과 이성이 완전

能性, Possibility) 실재성(實在性, Existence) 필연성(必然性, Necessity)

월적 자유를 성취하는 방식이다.

이러한 관점은 삶에 대한 두 가지 상이한 태도를 보여준다. 전자는 자신의 한계를 인식하고, 이성을 통해 이를 초월하려는 과정을 통해 인간 존재의 도덕적 완성을 추구한다. 반면, 후자는 인간의 한계를 인정하고 자연의 도에 순응하는 무위자연(無爲自然)의 태도를 통해 자연스러운 흐름을 따라 살아가는 조화로운 삶을 실현한다. 따라서, 우리가 중국 고전을 해석하고 현대적으로 활용할 방안을 모색할 때, 이러한 두 가지 지향점을 상호보완적으로 적용한다면 보다 다층적인 차원에서 삶을 이해하는 데 도움이 될 수 있을 것이다.

자연과 인간에 대한 묘사

중국 문학에서는 자연과 인간의 관계에 대한 표현을 세 가지로 구분하고 있다.[3] 첫 번째는 "인정생경(因情生景)"이다. 이 말을 풀어 쓰면 "인간의 정감에 의해 경(景)이 생긴다"라는 말이다. "경(景)"은 본래 햇빛을 지칭하는 언어이며, 이는 곧 햇볕 아래 드러난 경물(景物, 경치와 사물)이지만, 여기서는 이미 "인간의 정감"이라는 문학화를 거쳤기 때문에 문학적 형상화가 이루어진 풍경과 사물이 된다. 앞서 언급했듯이 이러한 경향은 한대 형성된 악부시나 고시에 보인다. 아

---

3 이하 논의는 주광잠(朱光潛)《시론(詩論)》〈제3장 시의 경계, 정취와 의상(第三章 是的境界―情趣與意像)〉을 참조하여 서술하였다.

히 포착할 수 없는 상태에서 발생하는 경험으로서, 한계·혼란·충돌과 전율, 경외와 도전의 감정으로 나타난다. 따라서 숭고미는 무한 앞에 선 유한자로서의 인간이 자신의 한계를 자각하는 경험이자, 자기 한계를 초월하려는 경험이다.

이러한 숭고미는 중국문학에서 《장자(莊子)》의 '의지하는 바 없음(無待)'에서 비롯된 '소요유(逍遙遊)'의 의미와 닮아있다. 크기를 가늠할 수 없는 거대한 물고기 곤(鯤)이 붕(鵬)이 되어 구만리를 날아 미지의 세계인 남명(南冥)으로 향하는 이야기에서 곤과 붕, 그리고 변화라는 개념은 특정한 개념적 체계로 완전히 포착될 수 없으며, 오직 상상적 형상으로만 파악될 수 있다. 또한 곤과 붕의 변화와 구만리의 비상, 그리고 남명으로의 이동은 인간 내면에 존재하는 초월에 대한 선험적 기대를 반영하는 것이다. 따라서 소요유는 인간의 인위(人爲)에서 벗어나 자연 속에서 자유롭게 움직이는 존재의 무위적(無爲的) 태도를 상징하며, 감각적 이해를 벗어나 무한성 앞에서 이성의 초월적 인식 시도 경험을 이야기하는 칸트의 숭고 개념과 일정 부분 연관될 수 있다.

다만, 칸트의 숭고미가 감성적 직관과 논리적 이성의 작용을 통해 인간의 한계를 자각하고, 이를 초월하는 가능성을 탐색하는 데 초점을 맞춘다면, 《장자》의 소요유는 무위(無爲)와 무목적성을 통해 대자연과 조화를 이루고 삶의 자유를 성취하는 과정에 중점을 둔다. 즉, 전자는 감성과 이성이 조화를 이루며 무한한 것에 대한 일별(一瞥)이 가져다주는 숭고한 감정을 경험하는 방식이라면, 후자는 인간의 인위적 노력을 내려놓음으로써 자연과 일체화하는 과정에서 초래는 《고시십구수(古詩十九首)》 가운데 〈가고 가고 다시 가고 가고(行行重行行)〉라는 작품이다. 해석을 위해 4구씩 갈라서 기술한다.

가고 가고, 계속 가고 가네	行行重行行
그대와 생이별 했네	與君生別离
서로의 거리는 만여 리	相去萬餘里
각자 하늘 끝에 있네	各在天一涯
길이 험하고 아득하니	道路阻且長
어찌 만날 날을 알 수 있을까.	會面安可知
호마는 북풍에 기대고	胡馬依北風
월조는 남쪽 가지에 깃드는데.	越鳥巢南枝
서로의 거리는 날마다 더 멀어지고	相去日已遠
허리띠는 날마다 더 느슨해져 가네.	衣帶日已緩
구름이 해를 가려	浮雲蔽白日
그대는 돌아올 수 없네.	游子不顧反
그대 생각에 늙어만 가고	思君令人老
세월(올해)도 어느새 막바지에 이르렀네.	歲月忽已晚
이제 다시 말하지 않겠으니	弃捐勿複道
밥 잘 먹고 계셔요	努力加餐飯

– 무명씨, 〈가고 가고 다시 가고 가고(行行重行行)〉

이 작품은 사랑하는 사람과의 이별과 그리움이 주제이다. 첫 4구는 이별의 순간을 노래한다. "가고, 계속 가고 가네"라며 거듭 떠나감을 강조한 것은 사랑하는 사람이 떠나가는 모습을 마치 눈이 따라가며 글자를 수놓은 듯하다. 이 시의 작가는 결국 작은 점이 되어 눈에서 사라지는 것을 보고서야 "그대와 생이별했네"라고 인정한다. 그리고 이 두 사람의 공간적 거리를 무한히 확장하여 이별의 문학 공간을 만든다.

둘째 구는 이 공간에 대한 문학적 상상이다. 작가는 자신과 대상 사이에 놓인 아득한 공간을 영원한 이별로 느끼고 절망한다. 이어지는 두 구절이 이 시에서 가장 인상 깊은 구절이다. 시에서 "북쪽의 말"을 뜻하는 "호마(胡馬)"에서 "호(胡)"자는 서북쪽 유목민족을 지칭하며 좁은 의미로는 흉노이다. 그래서 "호마"는 서북쪽에서 태어난 말이다. 또한 "남쪽 새"를 뜻하는 "월조(越鳥)"에서 "월(越)"은 중국의 남방 경계 너머에 있는 지역으로서 구체적으로는 양자강 하류 지역이다.

이 시의 자연에 관한 묘사 가운데 말이 바람을 향해 몸을 트는 것은 말이 체온을 조절하는 방법 가운데 하나이다. 한편 북반구 동아시아 새들은 대체로 바람이나 직사광선을 피하려고 남쪽 혹은 동쪽을 향해 둥지 입구를 튼다. 이러한 자연적 현상에 대해서 말이 "북풍에 기댄다"라고 하고 새가 "남쪽 가지에 둥지를 튼다"라고 하여 자신의 감정을 쏟아 넣었다. 즉 작가의 눈에 호마가 "북풍에 기댄다"라는 행위는 자신이 살던 북방을 떠나 다른 지역에 살고 있는 말이 불어오는 북쪽 바람에 실린 익숙한 느낌에 대한 그리움의 표현이며, 월조가 남쪽 가지에 둥지를 트는 것은 자신의 고향을 잊지 못해 고향이 바라보이는 쪽으로 집을 만든 것이다. 따라서 이 시에서 말과 새의 본능적 행동은 모두 작가의 그리움에 대한 감정을 투영한 것으로, 두 사람 사이에 놓인 절대적 절망 공간을 그리움으로 가득 채우고 있다.

이어지는 3구의 서술은 자연에 대한 시각을 전환하여 작가의 현재 상황을 묘사한다. 계속 멀어지는 그대와의 거리가 나의 허리띠를 느슨하게 만든다는 것은 두 사람의 계속된 이별이 나를 여위게 만들어 허리띠가 느슨해지고 있다는 것이며, 이는 떠난 그대의 생각 때문에 홀로 야위어 간다는 것이다. "구름이 해를 가리는" 자연 현

[그림 3] 《광려도(匡廬圖)》 형호(荊浩)·오대후량(五代後梁) 타이완국립고궁박물원 소장

상은 빛을 거두고 어둠을 내려 길을 잘 보지 못하게 한다. 즉 이 구절은 작가가 경험하는 이별이 외적 요인에 의한 것이며, 주체적인 행위를 통해 극복할 수 없는 운명적 이별임을 표현하는 것이다.

4구는 이 시가 지어진 시간적 배경이 한 해를 보내는 순간임을 말한다. 즉 한 해가 저물어 가는 시간은 자신을 돌아보는 시간이며 이것은 작가에게 늙어감을 자각시킨다. 즉 앞에서는 이별 공간의 거리를 절대적으로 확장했다면, 여기서는 삶에 대한 유한성의 자각이 이별한 상태로의 죽음이라는 것을 연상시킴으로써 작가의 그리움을 영원히 해소될 수 없는 고통으로 묘사한다. 하지만 마지막 구절에서

는 이러한 운명적인 이별의 절망감을 다시 삶의 의지로 채운다. "다시 말하지 않겠다(勿復道)"라는 것은 그대와의 이별에 대한 절망적 생각을 멈추겠다는 것이다. 그리고 "밥을 잘 먹으라"는 당부는 재회에 대한 의지를 통해 새로운 한 해를 계속된 기다림으로 맞이하겠다는 다짐이 보인다. 즉 이별의 절망 속에서 다시 재회의 희망을 심음으로써 절대적 이별에 대한 반성적 자각으로서 자기보존 의식을 드러내고 있다. 이러한 것은 이별의 극복이라는 일종의 숭고미를 드러내지만, 그 표현이 "밥 잘 먹고 계셔요"라는 일상의 모습으로 나타나서 담백하고 소박한 느낌을 준다.

두 번째는 "인경생정(因境生情)"이다. 이것은 곧 경치에서 감정을 일으킨다는 것인데 이것은 곧 경치 자체의 감정이 작가에게 영향을 주는 것으로 말해질 수 있다. 우리가 높은 곳에 올라가 아래를 내려다볼 때 거대한 산맥들의 굼틀거림과 높은 산의 준엄한 모습에 압도되는 경우가 있다. 이는 우리가 개별적으로 그렇게 해석하는 것일 수도 있지만 공통의 인지로 통하는 경우가 많아서 이러한 감정은 곧 보편의 감정으로서 사물 자체에 존재한다고 본다. 이를 대표하는 시가 산수시(山水詩)다.

산수시는 자연의 미를 포착한 시를 말한다. 앞서 보았듯이 전통적으로 자연은 인간의 감정과 별개의 존재이거나 혹은 자신의 감정을 기탁한 존재로서 인간의 감정 아래에 종속되어 있었지만, 산수시에서 자연은 인간과 함께 호응하는 존재이다. 이러한 변화는 중국시에 획기적인 전환을 이룩한 것이다.

산수시의 전통은 현언시(玄言詩)와 관계한다. 현언시는 동진(東晉)

시대에 유행했던 시다. 동진의 전신은 중원을 차지했던 서진(西晉)이다. 하지만 팔왕의 난으로 혼란에 빠진 서진 정권은 결국 북방 유목민족 국가에 중원의 자리를 내주고, 그 일부가 장강을 건너 지금의 남경(南京)에 도읍을 정하게 되는데 이 나라가 동진이다.

동진이 도읍한 남경은 과거 오나라 수도였기 때문에,[4] 수십 년에 걸쳐 기초가 갈고 닦여진 곳이다. 이곳에 서진의 귀족이 그대로 옮겨왔기 때문에 문화적 수준의 침체는 비교적 적었다고 할 수 있다. 하지만, 오나라 지역에 있던 토착 귀족들의 세력이 동진 중앙 정부의 세력을 억누르게 되면서, 동진 초기 문학은 침체하고, 이 지역에서 횡행하던 '현담(玄談)'이 일시를 풍미한다.[5]

동진의 문인들은 현학(玄學)에 몰두한다. 현학은 노장 철학에 기반한 우주론·생성론·윤리론 등을 다루는 학문이다. 현(玄)은 "검다"이다. 즉 인간의 인지로 알 수 없는 도의 세계를 지칭하는 말이다.

> 도의 실상은 황홀한 것이다. 황홀하지만 그 가운데 형상이 있고, 황홀하지만 그 가운데 물상이 있으며, 그윽하고 아득하지만, 그 가운데 정밀함이 있다.

---

[4] 오나라는 이 지역을 전업(建業)이라 불렀지만, 동진 조정이 이곳으로 옮겨왔을 때, 서진의 마지막 황제가 사마업(司馬業)이라서 '업(業)'을 '강(康)'으로 바꿔 건강으로 부른다. 이처럼 통치자의 이름을 사용하지 않는 것을 피휘(避諱)라고 한다.

[5] 죽림칠현 가운데 한 명인 왕융(王戎), 그리고 그의 종형(從兄)이자 서진 현담계의 영수였던 왕연(汪衍)과 왕징(王澄)과 같은 낭야(琅邪) 왕씨(王氏)와 등족인 왕도(王導) 등이 동진 초기의 귀족사회를 장악했던 맹주였다. 이들이 현학의 대가였기 때문에 동진 초기 현담 현상이 발생한 것으로 추측한다.

道之爲物, 惟恍惟惚. 惚兮恍兮, 其中有象. 恍兮惚兮, 其中有物. 窈
　　兮冥兮, 其中有精.

　　　　　　　　　　　　　　　　　　　　　　　－《노자(老子)·제21장》

　동서를 막론하고 우주와 생명을 신비로 파악하는 것은 이에 대한 인식 불가능성 때문이다. 즉 도의 형상이란 한계가 없어서 인지할 수 없지만, 그것이 없다고도 말할 수 없다. 노자는 이러한 상황을 황홀경이라는 감성으로 전달한 것이다.

　이 시대에는 이러한 도가적 형이상학을 통해 우주의 이치를 탐구했다. '우주의 이치'란 철학적 체계다. 즉, 현담이란 노장사상을 통해 우주는 무엇으로 이루어져 있는가? 사물은 어떻게 탄생하고 죽는가? 인간은 어떻게 살아야 할까 등을 토론하는 것이고, '현언시(玄言詩)'란 이런 것을 시로 표현한 것이다.

　문제는 현학이 아니라 동진 문인들이 현학을 받아들이는 태도에 있다. 동한 말기의 초기 현학은 한대(漢代) 경학(經學)에 존재하는 미신적 요소를 벗겨내고,[6] 현상의 배후에 있는 원리에 대한 이성적이며 논리적 탐구를 진행했지만, 동진에 이르면 이러한 진지함 대신

6　한대 경학 가운데 중앙 정부의 인가를 받은 금문경학의 특징은 천인감응(天人感應)과 재이설(災異說)로 설명된다. '재이'는 인간 세상의 문제점을 자연재해로 보여준다는 것이다. 혜성이 떨어지고, 가뭄이 들고, 바람이나 지진이 일어나는 것이 모두 인간 세계의 어떤 일이 일어날 조짐을 보여준다는 것이다. '천인감응'은 하늘과 인간이 서로 감응한다는 것으로, 하늘이 인간의 행동에 영향을 주고, 인간의 행위 역시 하늘의 운행에 영향을 준다는 것으로, 중요한 점은 인간의 행위를 통해 하늘을 조종한다는 것이다. 쉽게 이야기해서 무당 또는 방술가다. 제갈량의 동남풍 역시 이런 쪽에 속한다.

자신의 뛰어난 지식과 견해를 자랑하기 위한 방식이 되어, 결국 귀족들의 교양 수준과 재치를 드러내는 놀이처럼 된다.

시가 인간의 정감을 표현한 것이라고 했을 때, 현학은 이성에 치중한 활동으로, 인간의 진정과 진실이라는 감성을 표현하는 데에는 한계를 보였다. 남조의 문학비평가 종영(鍾嶸)은 8글자로 이 시기 문학의 특징을 말해준다.

이치가 문학적 미감을 넘어섰기 때문에 밋밋하여 맛이 부족하다.
理過其辭, 淡乎寡味.

— 종영, 《시품(詩品)》

여기서 "이치"란 현학이 추구하는 자연에서 발견되는 여러 도리(道理)이다. 즉 현언시가 자연 도덕적 법칙에 치중하는 바람에 문학적 미감이 부족하다는 것이다.

위대한 조물자(천지)를 우러러보고,	仰觀大造
시간에 따라 변화하는 사물을 굽어본다.	俯觀時物
심기가 지나치면 근심이 생기고,	机過患生
길흉이 서로 접촉한다.	吉凶相拂
지혜는 이익으로 어두워지고,	智以利昏
지식은 감정 때문에 왜곡된다.	識由情屈
들판에는 추위로 마른나무가 있고,	野有寒枯
아침은 더위로 답답하다.	朝有炎郁
잃어버리면 소스라치게 놀라고	失則震惊

얻으면 분수를 넘는다. 　　　　　　　　　　　　得必充詘
　　　　- 손작(孫綽), 〈허순에게 답하는 시(答許詢詩)〉

　이 시는 위진 현학의 대가라 불리는 손작(314~371)이 저명한 현학자인 허순(許詢)과 시로 문답한 작품이다. 시의 내용이 모두 소소한 이치를 설명할 뿐, 아름답다고 여겨지는 구절을 찾아보기 어렵다.
　하지만 현언시는 산수시의 탄생 직접적인 영향을 준다. 이들은 계속해서 산수의 이치를 궁구하다가 문득 산수의 미감을 발견한 것이다.
　동진(東晉) 목제(穆帝) 영화(永和) 9년(353) 3월 3일, 서예가로 유명한 왕희지(王羲之)는 당시 유명한 현학가인 사안(謝安), 손작 등 41명을 난정(蘭亭, 절강성 소흥에 있는 정자)에 초청해서 시를 지은 다음 37수의 작품들을 모아 《난정집(蘭庭集)》이라는 시집을 만든다. 이 가운데 왕희지의 시 한수를 보자.

석 달 봄기운 모든 사물을 일깨우니,	三春啓群品
이러한 생기에는 모두 그런 이유가 있네.	寄暢在所因
우러러 푸른 하늘 끝을 바라보고,	仰望碧天際
아래로 푸른 물가를 굽어보네.	俯磐綠水濱
텅 빈 마음으로 한계를 벗어나면,	寥朗無厓觀
눈에 비친 만물이 저절로 이치를 드러내네.	寓目理自陳
위대하도다, 조화주의 공업이여,	大矣造化功
만물이 서로 다르나 같지 않음이 없네.	萬殊莫不均
뭇 피리 소리 제각각이지만,	群籟雖參差

나에게는 새롭지 않음이 없네.   适我無非新

    전체적으로 보면 별 내용은 없다. 1·2구는 봄이 와서 만물이 소생하는 이유를 생각한다는 것이다. 3·4구는 작가의 행동을 묘사하고, 5·6구는 "텅 빈 마음으로 한계를 벗어나면, 눈에 비친 만물이 저절로 이치를 드러내네."라는 도심(道心)에 관한 이야기를 했고, 이어지는 구절에서는 자신이 경험한 이런 멋진 세계의 창조주와 그의 무사심성을 언급하고 있다. 여기까지는 통상적이고 시시콜콜하며 밋밋하다. 그리고 마지막 두 구도 별 내용이 없다. 여러 피리 소리는 《장자》의 이야기를 담고 있다. 장자에서는 자연의 소리를 천뢰(天籟)라고 하여 매우 기이하고 생동감 넘치는 묘사를 해놓고 있는데 왕희지는 마지막 구를 장자를 인용함으로써 봄이 오는 소리를 묘사한다. 사실 이 시를 인용한 이유는 마지막 구의 마지막 글자인 "새롭다"라는 뜻의 "신(新)"자 때문이다. 그는 자연의 이치를 궁구하다가 자연이 주는 새로움을 느낀 것이다. 이것은 이전에 이들이 찾고 다니던 자연의 이치와는 다른 미감에 속한다. 이러한 자연에 대한 감각과 표현은 사령운에 의해 산수시로 태어난다.

    사령운은 동진의 최고 귀족 가운데 하나인 사씨 집안에서 태어났다. 증조부 항렬인 사안(謝安, 사현의 숙부)은 40세 전에는 왕희지(王羲之) 같은 사람들과 교유했고, 관직에 나가지 않았다. 하지만 40세에 재상이 되어 환온(桓溫)의 황위 찬탈을 막고, 조카 사현(謝玄)과 함께 비수(淝水: 현재 안휘성)에서 북방 왕조인 전진(前秦)의 진공을 막았다. 사현은 사령운의 할아버지이며, 이 공로로 강락공(康樂公)이란 작위를 얻는다. 사현에게는 여러 자식이 있었지만, 사령운의 아버지 사환(謝瑍)은 멍청했다. 사환이 사령운을 낳았는데, 사령운은 어릴 때부터 총명한 기지를 뽐냈다. 역사서에 기록된 사현의 한 마디가 이것을 잘 설명하고 있다.

> 내가 사환 같은 아들을 낳았지만, 사환이 어떻게 사령운을 낳았을까?
> 我乃生瑍, 瑍那得生靈運?
>
> -《송서·사령운전(宋書·謝靈運傳)》

사령운의 아버지 사환은 일찍 죽었지만, 사령운은 사씨 가문의 영광을 이을 재목으로 지목받았다. 하지만 사령운은 오히려 사씨를 위기로 몰고 간다. 이 일을 말하기 위해서는 잠시 당시 동진의 정치적 상황을 설명해야 할 필요가 있다. 동진의 권력은 유의(劉毅)와 유유(劉裕)가 이분하고 있었다. 사씨 가문은 같은 귀족계급인 유의를 지지했다. 사씨 가문으로서는 총명하지만, 근본 없는 군인 출신 유유보다 문화적 교양이 높은 유의를 지지하는 편이 당연했다. 하지만, 412년 유의가 유유에게 패배하여 자살하고, 420년에 유유는 동진을 멸망시키고 송나라를 세우게 되면서 이 결정은 위기로 다가온다(이 당시 사령운은 36세였다).

송나라를 세운 유유는 사씨 가문을 그대로 두었다. 사실 유유는 몰락한 귀족 출신으로 전쟁을 통해 권력자가 된 사람이기 때문에 지지기반이 약할 수밖에 없었고, 권력을 유지하기 위해서는 대가문의 지지가 필요했다. 그래서 사령운은 강락공을 세습했고, 송나라 조정에서 요직을 차지한다. 하지만, 송 무제 유유는 황제가 된 지 2년 만에 죽고, 그의 장자 유의부(劉義符)가 422년 (사령운 38세)에 황제가 된다. 문제는 사씨 가문이 차기 황제로 현 황제인 유의부가 아니라 동생 유의진(劉義眞)을 밀었다는 점이다. 이런 두 번의 정치적으로 불리한 결정으로 인해서 사령운은 강락공(康樂公)에서 강락후(康樂侯)로 한 등급이 깎이고,[7] 중앙 관리에서 영가태수(永嘉太守)라는 지방관으로 밀려난다.

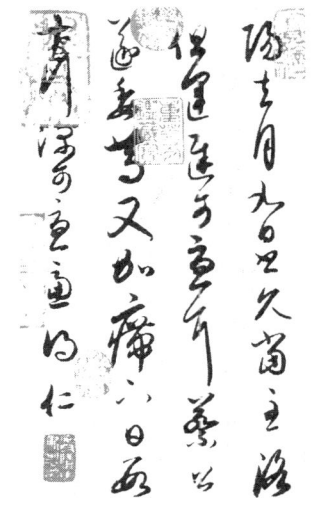

[그림 4] 〈도하첩(都下帖)〉
왕희지(王羲之)·동진(東晉)

영가태수라는 직위는 사령운의 눈에 차지 않았다. 그는 늘 중앙의 고위 관직이 자신에게 적합하다고 생각했지만, 현실은 그렇지 못했다. 그는 1년간 죽어라고 등산만 다니다가 관직을 던져버리고 사씨 가문의 본고장인 시녕(始寧)으로 되돌아갔다. 시녕은 현재 절강성으로 사씨 가문의 장원이 있다. 그는 돌아가는 도중에 아래에서 소개할 《석벽정사에서 호수로 돌아오는 길에서 짓다(石壁精舍還湖中作)》라는 작품을 짓는다.

우선, 사령운이란 사람은 산수에 약간 미친 사람이었다. 그는 엄청난 가산을 쏟아가며 등산을 다녔다. 역사서에는 다음과 같이 기록되어 있다.

---

7 작위의 순서는 공(公)·후(侯)·백(伯)·자(子)·남(男)이다.

사령운은 조상의 기업 경영으로 경제 상황이 매우 좋았다. 노복도 많았고, 의기투합한 제자들도 수백 명이나 되었다. … 산과 골짜기를 찾아다녔고, 반드시 그윽하고 준엄한 산세에 닿아야 그만두었다. 기암절벽을 빼먹지 않고 다 돌아다녔다. 등산할 때면 등산용 신발을 신고 다녔다.
　　靈運因父祖之資, 生業甚厚. 奴僮旣衆, 義故門生數百, 鑿山浚湖, 功役無已. 尋山陟嶺, 必造幽峻, 岩嶂千重, 莫不備盡.

-《송서 · 사령운전》

　　그가 신었던 등산화는 산을 오를 때 신발의 앞굽을 분리하고, 내려올 때는 뒷굽을 분리할 수 있었고, 후대에는 이런 등산화를 '사령운의 등산화란 의미로 '사공극(謝公屐)'이라 불렀다.
　　그는 산에 길이 없으면 동행하는 사람들에게 길을 만들게 했다. 사람들은 산이라 아무도 없는 줄 알고 있다가 느닷없이 닥치는 수백 명의 사람들 때문에 무척 곤혹스러웠다.

　　사령운은 …… 시녕 남산에서 나무를 베어 길을 내더니 곧장 임해(臨海)로 갔다. 따르는 무리가 수백 명이었다. 임해태수(海太守王) 왕수(王琇)는 산적이라 생각하고 깜짝 놀랐다가, 나중에 사령운인 것을 알고 비로소 마음을 놓았다. 사령운이 같이 등산하자고 했지만, 왕수는 같이 다니기를 꺼렸다.
　　運……嘗自始寧南山伐木開徑, 直至臨海, 從者數百人. 臨海太守王琇驚駭, 謂爲山賊, 徐知是靈運乃安. 又要琇更進, 琇不肯.

-《송서 · 사령운전》

사령운이 40세 때(424년) 송 소제 유의부가 폐위되고 유의륭(劉義隆)이 황제(송문제)가 된다. 송문제는 사령운의 문학적 재능을 높이 평가했던 황제였다. 그는 사령운을 다시 중앙으로 불러들여서 관직을 주었지만, 사령운은 자신의 대우에 여전히 불만스러웠다. 결국 2년 뒤인 426년에 사직하고 시녕으로 돌아가 등산만 다녔다.

사령운에게는 자아도취적 성격이 다분했다. 사령운은 당시 회계 태수였던 맹의(孟顗)라는 사람과 알력이 있었다. 아마도 지방 문벌 가족과 지방관의 충돌이었을 테지만 성격적인 부분도 크게 작용했을 것이다.

> 회계에서도 많은 무리를 이끌고 산을 탔고, 마을 사람들이 두려움에 떨었다. 태수 맹이는 불교의 독실한 신자였다. 하지만, 사령운은 그를 하찮게 여기고, 이렇게 말했다. "득도하려면 먼저 훌륭한 지식인이 되어야 하는데, (그대는) 나보다 먼저 태어났을지라도, 성불은 내 뒤일 것이다." 맹의는 이 말에 치를 떨었다.
> 在會稽亦多徒衆, 驚動縣邑. 太守孟顗事佛精懇, 而爲靈運所輕, 嘗謂顗曰: "得道應須慧業文人, 生天當在靈運前, 成佛必在靈運後." 顗深恨此言.
>
> ―《송서·사령운전》

이 일화는 사령운의 안하무인적 성격이 맹의의 자존심을 적지 않게 긁었던 것을 볼 수 있다. 실제로 맹의는 나중에 사령운을 역모로 고발하지만, 정작 송 문제는 그를 임천내사(臨川內史)에 봉한다.

하지만, 사령운은 2년 뒤에 반란을 이유로 죽음을 맞이한다. 그가 반란을 모의했음을 드러내는 시는 다음과 같다.

한나라 망하자 장자방이 분노했고	韓亡子房奮
진이 제왕이 되려 하자 노중련이 부끄러워했지.	秦帝魯連耶
본래 나는 자연을 사랑하는 사람이지만	本自江海人
충의는 군자를 감동시키는 법이지.	忠義感君子

- 사령운, 〈임천피수(臨川被收)〉

첫째 구의 장자방(張子房)은 한나라를 세운 유방의 책사인 장량(張良)이다. 장량은 본래 전국시대 한나라 귀족 출신이었고, 한나라가 진나라에 의해 패망한 이후 진시황 암살 계획을 추진했다. 둘째 구의 노중련(魯仲連)은 전국시대 진나라의 황제 칭호에 대한 야욕을 유세를 통해 저지한 전설적 인물이다. 마지막 두 구절은 본래 자신은 자연을 사랑하는 사람이고, 정치에 상관하지 않는 사람이지만, 이들(장량과 노중련)의 뜨거운 애국심과 의기가 세상의 군자를 감동을 준다는 것이니 군자의 화신인 자기도 이들처럼 시대를 바로잡는 일에 발 벗고 나서겠다는 뜻이다.

이 시의 소재는 모두 진시황에 대적하는 인물들이다. 시가 현실을 풍자한다는 것을 생각해 보면, 이 시는 그가 유씨의 송나라를 인정하지 않고, 반란을 획책하는 모습을 드러내고 있는 것으로 해석될 수 있다. 송문제는 그를 사면해 주려 했지만, 주변에서 그의 사면을 아무도 원하지 않았고, 결국 사령운은 433년 형장의 이슬로 사라진다. 이때 그는 49세였다.

공승(龔勝)[8]은 남은 생을 스스로 끊었고,	龔勝無遺生
계업(季業)[9]은 바른 죽음을 다했지	季業有終盡
혜소(嵇紹)[10]의 명분은 처절했고,	嵇公理既迫
곽원(霍原)[11]의 생명도 사라졌네.	霍生命亦殞
서리 맞은 잎은 처연하고	淒淒淩霜叶
바람 맞은 버섯은 처량하네.	惘惘沖風菌
우연히 태어나 몇 해를 살았나?	邂逅竟幾何
생이 짧은 것 근심할 바 아니네.	修短非所慨
마음을 해탈에 바쳤으니	送心正覺前
이 고통을 견딘 지 오래이네.	斯痛久已忍
한스럽구나 나의 군자의 뜻이여,	恨我君子志
바위 위에서 죽지 못하네	不獲岩上泯
바라노니 다음 생에서 태어났을 때	爲願乘來生

---

[8] 공승(龔胜, B.C.68~A.D.11): 서한(西漢) 애제(哀帝) 시대의 정치가다. 왕망이 찬탈하자 관직을 물러났는데 다시 왕망이 입조를 요청하자 거절한다. 이후 곡식을 끊고 수일 만에 죽었다.

[9] 계업(季業): 동한시대 왕망이 정권을 잡았을 때 병을 핑계로 관직에서 굴러나 산림에 은거하였다. 나중에 공손술(公孫述)이 익주에서 황제를 칭했을 때 이업을 박사로 삼으려 했으나 가지 않았다. 몇 년 이후 공손술이 독약을 들고 그에게 공후(公侯)의 지위를 요구했으나 독약을 마시고 죽었다.

[10] 혜소(嵇紹, 253~304): 죽림칠현 혜강의 아들이다. 서진의 혜제(惠帝)가 성도왕(成都王) 사마영(司馬穎)을 정벌하다 패전하자 사람들이 모두 떠났지만 오직 혜소만이 곁에서 혜제를 지키다 화살을 맞고 죽었다.

[11] 곽원(霍原, ?~313): 서진(西晋)의 은사(隱士)이다. 왕준(王浚, 252~314)이 회제(懷帝)의 지위를 찬탈하고자 곽원에게 도움을 요청했으나 곽원이 무시하였고, 왕준은 이 일을 마음에 두고 있었다. 당시 "천자는 어디에 있는가? 두전(豆田) 가까이 있네(天子在何許? 近在豆田中)"라는 가요가 유행했는데 왕준은 두전(豆田)을 곽원이라고 생각해서 그를 죽였다. '곽(霍)'이 '藿(곽, 콩잎)'으로 해석될 수 있었기 때문이다.

원수도 친구도 한마음으로 만나기를. 　　　　怨親同心脈

　　　　　　　　　　　　　　　　－ 사령운, 〈임종(臨終)〉[12]

　　1구에서 4구까지 언급한 인물들은 모두 황제의 자리를 찬탈한 자에게 죽음으로 저항하며 국가를 위했던 인물들이다. 따라서 사령운은 이 사람들에게 자기를 빗대어 자신이 모반한 것이 아니라 동진을 위한 일이었음을 주장한다.

　　이어지는 구절은 정치적 상황으로 인해 죽음을 앞둔 사람의 처연하고 처량한 마음을 드러내고 있다. 하지만 그는 이러한 생의 허약함을 불교적 관점에서 벗어나고자 한다. 즉 그는 올바른 견해라는 정각(正覺)을 이루기 위해 죽음을 늘 염두에 둔 삶을 살았기 때문에 언제 죽어도 상관이 없다는 것이다.

　　이어지는 구절에서 "군자의 뜻"이란 곧 앞의 시 〈임천피수(臨川被收)〉에 말하는 "충의(忠義)"일 것이다. 그는 자신의 충의 때문에 자연 속에서 은거하는 상태로 죽지 못함이 한스러울 뿐이라고 말한다. 이 시는 "강과 바다(江海)"를 사랑하는 은자의 길과 충의에 감동한 군자의 길 사이에서의 갈등과 현세의 바른 삶을 위해서 후자의 길을 선택했던 자신의 삶을 종합하고 있다.

　　처형을 앞둔 그가 선택한 유한한 생명의 극복은 대단히 불교적이다. 마지막 구절인 "바라건데 다음 생에서 태어났을 때 원수도 친구

12　《송서·사령운전》에 실린 작품은 마지막 두 구가 없지만, 학자들은 대체로 두 구가 본래 있었다고 판단한다.

도 나와 한마음으로 만나기를"이
라는 태도는 그가 이 세상과 화
해하는 방식일 것이다. 그는 삶
이 여기서 끝나는 것이 아니며,
현재의 은원이 후생에 이어지기
를 바라지 않고 있다. 이것은 유
한자의 삶을 불교적으로 극복하
려는 모습이다.

[그림 5] 회사루(懷謝樓)·온주(溫州)

다음에 살펴볼 사령운의 작품은 《석벽정사에서 호수로 돌아오는 길에서(石壁精舍還湖中作)》이다. 앞서 말했듯이 이 시는 그가 영가 태수직을 사임하고, 자신의 본가인 시녕으로 돌아와 살면서 지은 시다. '석벽정사'는 북산에 있는 돌벼랑에 만든 자기 공부방을 의미한다. 사씨의 장원은 남북에 있는 산 2개를 차지하고 있고, 두 산 가운데 무호(巫湖)라는 호수가 있다. 이상을 종합하면, 이날 그는 먼저 북산에 있는 자신의 공부방인 '석벽정사'에 들렀다가, 무흐를 건너 남산에 있는 본가로 가기 위해 호수에서 배를 타면서 자신이 경험한 자연의 아름다움을 묘사한 작품이 된다.

아침과 저녁으로 변화하는 날씨에,	昏旦變气候
산수가 맑은 빛 머금었네.	山水含淸暉
맑은 빛이 사람을 즐겁게 하여,	淸暉能娛人
나그네 편안하여 돌아감을 잊었네.	游子憺忘歸
계곡을 나설 때는 날이 아직 이르더니,	出谷日尙早
배에 탈 무렵 햇살은 이미 미약하네.	入舟陽已微

이 부분은 시의 도입부다. 마치 천지의 운행으로 빚어지는 날씨의 변화가 산에 아름다움(맑은 빛)을 배태하도록 한 것으로 묘사한다. 이 "맑은 빛(淸暉)"이 곧 산수의 아름다움을 의미하고 있으며 시 전체를 관통하고 있다. 즉 이 "맑은 빛"은 그에게 어디서도 얻지 못하는 편안함을 주었고, 이러한 편안하게 즐기는 마음 때문에 세속적 일을 모두 잊었다는 표현이 바로 "돌아가는 것도 잊어버렸네(忘歸)"가 된다.

여섯째 구절에서 생각해 볼 수 있는 것은 그가 도착한 시기가 해 질 무렵이란 것이다. 해 질 무렵의 산은 실로 아름답다. 수많은 시와 사진이 이 순간의 자연을 묘사하는데 아마도 사진작가들이 일출과 일몰 전 30분에서 1시간 사이의 시간을 지칭하는 '골든아워(Golden hour)' 혹은 '매직 아워(Magic hour)'일 것이다.

숲과 골짜기는 어두운 빛으로 거두어지고,	林壑斂暝色
노을 진 구름은 저녁 운무로 사라지네.	雲霞收夕霏
마름꽃과 연꽃이 한가득 어우러져 서로를 비추고	芰荷迭映蔚
부들과 피는 서로 엉겨 기대어 있네.	蒲稗相因依

그는 해 질 무렵의 신비한 자연, 아름다운 노을, 그리고 이를 배경으로 펼쳐진 호수의 모습을 마치 사진을 찍듯 묘사하고 있다. 이처럼 그가 묘사하는 자연은 자신의 감정이 투사된 자연이 아니라 자연이 가진 미감이다. 그래서 그의 시는 "산수가 정을 머금었다"라는 말로 평가된다.

이어지는 부분은 그가 집에 돌아가는 과정과 도착한 이후의 행동을 묘사하고 있다.

옷자락 떨치며 남쪽으로 난 오솔길 달려	披拂趨南徑
즐거운 마음으로 동쪽 문에서 하늘을 보며 누웠네	愉悅偃東扉
생각이 담백하면 사물은 절로 가벼워지고	慮澹物自輕
마음이 즐거우면 이치가 거스름이 없네.	意愜理無違
섭생하는 이들에게 말을 전하노라	寄言攝生客
이 도를 사용해 도를 구해보시기를.	試用此道推

그는 자연 속에서 느낀 기쁨 때문인지 약간 미친 듯이 집을 향해 달려갔고 도착해서는 대자로 뻗어 하늘을 바라보았다. 그리고 "생각이 담백하면 사물은 절로 가벼워지고, 마음이 즐거우면 이치가 거스름이 없다"라며 세상살이에 관한 금언적 표현이 나타나는데 이것은 앞서 나온 현언시(玄言詩)의 흔적을 보인다. 이런 점은 사령운의 산수시가 자연에 대한 묘사와 정감이 처음과 끝을 관통하지 못하고 완전한 자신의 형식을 아직 갖추지 못한 것이다.[13]

세 번째는 "정경합일"이다. 이것은 작가와 자연물이 시적 형상화를 거치면서 하나가 되었다는 의미이다. 즉 나와 자연이 분리되지 않고 하나의 감정과 사상을 가진다는 것이다. 이것은 작가가 자연의

---

13 다만 이런 현상은 자연을 소재로 삼고 시를 형식으로 삼아 생의 철리를 늘 고민했던 동진 시인들이 자연을 대하는 일종의 태도로서, 비주류 시인이었던 도연명에게서도 보인다. 도연명《음주》제5수: "산색이 날로 아름다워지고(山气日夕佳), 나는 새들은 서로 함께 돌아오네(飛鳥相與還). 이 속에 진실의 의미 있으나(此中有眞意), 말을 하려다 말을 잊었네(欲辨已忘言)."

사물에 자아의 이미지를 투사한 결과다. 예를 들면 왕안석(王安石)의 〈매화(梅花)〉가 있다.

담 모서리 매화 가지 몇 줄기에	牆角數枝梅
추위를 무릅쓰고 홀로 스스로 피었네.	凌寒獨自開
멀리서도 눈이 아님을 아는 것은	遙知不是雪
은은한 향기가 불어오기 때문이네.	爲有暗香來

— 왕안석, 〈매화〉

1구에서는 작가와 매화의 거리를 말하고 있다. 매화나무는 담 모서리에 심겨 있는데 작가의 위치에서는 전체적인 매화나무의 모습은 보이지 않고 단지 가지 몇 줄기만 보일 뿐이다. 왕안석은 매우 이성적인 사람이기 때문에 그는 단지 꽃이 "피었다(開)"라고 추측할 뿐 "매화꽃"이라 직접 언급하지는 않는다. 이렇게 시작한 시는 둘째 구에서 "추위를 무릅쓰고 홀로 스스로 피었구나"라고 하여 매화가 늦겨울 초봄의 쌀쌀한 날씨를 무릅쓰고 피어난 것을 찬미한다. 이어지는 3구는 시적 전환이다. "멀리서도 눈이 아님을 아는 것은"이란 말은 곧 "어떻게 이렇게 멀리서 가지 위에 쌓인 흰색들이 눈이 아님을 내가 아느냐 하면"이라는 말이다. 그리고 4구에서 그 답을 준다. "은은한 향기가 불어오기 때문이지." 즉 공간적 거리가 아무리 멀어도 시절의 혹독함을 이겨내고 피어나는 향기로 인해서 눈이 아닌 매화라고 확신할 수가 있다는 것이다.

이 시는 마치 스스로 추측하고 스스로 답을 하는 다소 단순하고 어린아이 같은 말을 하는 것 같다. 우리는 앞서 나온 〈가고. 가고 다시 가고, 가고(行行重行行)〉의 작가를 알 수가 없다. 작가 없이 전해진 시는 집단창작의 결과다. 즉 이런 작품은 여러 사람의 창작을 거치면서 원작자의 감정이 희석되고 일반화된 감정으로 변화했다는 것을 의미한다. 하지만 작가의 존재는 작품의 특수화를 의미한다.

왕안석은 북송(北宋, 960~1127) 시대 '신법(新法)'을 주도한 개혁 정치가이자 기존의 학설을 뒤집는 새로운 학설을 주장한 철학자이면서 동시에 당송팔대가(唐宋八大家)[14] 가운데 한 사람으로서 송대 문학을 대표하는 작가이다. 그는 정치가로서 찬양과 비난을 동시에 받았지만, 비난의 목소리가 더 컸다. 그런데도 그를 송대를 대표하는 문인 가운데 한 명으로 선택한 것을 보면 문인으로서의 역량과 업적을 사람들이 무시할 수 없었다는 것도 알 수 있다.

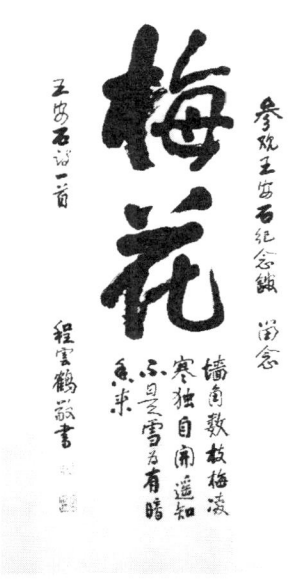

[그림 6] 매화·행서·청원펑(程雲鵬)

---

14 당송팔대가: 당대(唐代)는 ①한유(韓愈) ②유종원(柳宗元) 두 사람이고, 송대(宋代)는 ③구양수(歐陽修) ④소순(蘇洵) ⑤소식(蘇軾) ⑥소철(蘇轍) ⑦증공(曾鞏) ⑧왕안석(王安石)의 6명이다. 이들은 당말(唐末)·송초(宋初) 새로운 엘리트 계층으로 등장한 사대부(士大夫) 문학의 창도자로 추앙받는다. 이들의 문학은 성인의 도를 밝히거나 드러내는 것을 목표로 삼고, 화려한 수식보다는 이성적인 간결함과 명료함을 중시한 고문(古文)을 사용할 것을 주장한다.

그가 비판받았던 까닭은 신종(神宗)과 함께 추진했던 신법(新法) 때문이다. 신법의 태동은 송나라 인종(仁宗, 1010~1063) 시기 중국 서북쪽 서하(西夏)와의 전쟁 때문이었다. 전쟁의 피로와 외교적 압박이 송나라 재정을 파탄으로 몰고 가자 경제 문제는 송나라의 가장 큰 화두로 떠올랐다. 왕안석은 신법을 통해 국가 재정을 회복하려 했고 일정한 성취를 이루었지만, 그의 개혁이 문인 계급의 이익을 훼손함으로써 반대파를 양성했다. 결국 왕안석은 신종 희녕(熙寧) 9년(1076)에 신법의 지도자 역할을 그만두고 고향으로 돌아간다. 다시 왕안석의 시로 돌아가자.

<blockquote>
담 모서리 매화 가지 몇 줄기에 牆角數枝梅,
추위를 무릅쓰고 홀로 스스로 피었구나 淩寒獨自開.
멀리서도 눈이 아님을 아는 것은 遙知不是雪,
은은한 향기가 불어오기 때문이지. 爲有暗香來.

— 왕안석, 〈매화〉
</blockquote>

담 모서리는 송나라다. 그리고 담장에 가려 피어난 몇 줄기 가지에 핀 매화는 곧 그가 시행했던 신법들이다. 1구와 2구에서 매화와 추위는 대립하는데, 추위는 송나라를 힘들게 하는 환경이다. 즉 혹독한 겨울이 끝나고 새로운 봄이 옴을 알려주는 선성(先聲)의 의미를 지닌 매화처럼 그는 자신이 주도한 신법들이 비록 몇 가지에 불과하지만, 송나라의 어두운 상황이 종식되고 봄과 같은 따뜻한 시대를 열어젖히리라 생각한 것이다. 3구의 과연 매화가 맞느냐는 물음은 곧 신법이 과연 미래의 부국강병을 가져오는 방법인지 아니면 현재의 고난을

가중하는 것이 아닌지에 대한 물음이다. 4구는 이 질문에 대한 왕안석의 대답이다. 그는 후각을 통한 향기로 매화임을 즉각적으로 알듯이 신법의 효용성은 이미 자신을 스스로 증명하고 있다고 대답한다. 자신의 일생일대의 사업인 신법이 송나라를 더욱 힘들게 하는 것이 아니라 미래 세상을 열어젖힐 새로운 시대를 위한 방법이라는 것을 스스로 증명할 것이다. 따라서 여기서 매화는 신법이자 곧 자기 자신이다.

삼경의 혼합

우리는 앞서 중국 문학에서 정리된 자연과 인간의 세 가지 관계를 살펴보았다. 이 세 가지는 여러 서적에서 언급되는 형태인데, 그 순서는 대체로 인정생경, 인경생정, 정경합일이다. 이것은 '나'에서 출발하여 '자연'과 하나 되는 것을 지향하는 중국 문화의 특징을 드러낸다. 이와 달리 주광첸(朱光潛)과 같은 현대적 비평가는 인정생경, 정경합일, 인경생정의 순서를 선호하는데, 이는 서양 미학 전통의 영향을 받은 것으로 나와 자연의 관계에서 소통과 인지의 차원을 가장 나중에 두기 때문이다.[15]

하지만, 작품 안에서 자연에 대한 이 세 종류의 표현은 각기 장점이 있으며, 그 묘사된 결과에 있어 특별히 어느 하나가 강조된다는

---

15 이것은 앞서 언급한 칸트의 미학에서 거대한 자연에서 느껴지는 숭고미가 무사심성에 의한 취미판단보다 더 높은 수준의 것으로 여기기 때문이다. 앞의 칸트에 관한 설명을 참조.

것일 뿐이다. 더욱이 이 세 가지는 뚜렷이 구분되는 것도 아니다. 실제 작품에서는 오히려 이 세 가지가 함께 나타난다.

> 꽃은 피었으나 수많은 꽃과 함께하지 않으며,　　花開不並百花叢
> 홀로 성근 울타리에 서있어도 정취가 끝이 없네.　　獨立疏籬趣未窮
> 차라리 가지 끝에서 향기를 부둥켜안고 죽을지언정,　寧可枝頭抱香死
> 불어오는 북풍에 떨어진 적 언제 있었던가?　　　何曾吹落北風中
> － 정사초(鄭思肖), 〈국화(菊花)〉

이 시는 기승전결의 맥락을 갖춘 칠언절구(七言絶句)이다. 이 시의 본문에서 말하는 꽃은 국화이다. 1구에서는 국화의 생리적 성격을 말하는데 이는 객관적 사실이다. "꽃은 피었으나 수많은 꽃과 함께하지 않으며"라는 말은 국화가 늦가을에 피어나는 꽃으로 다른 화초들이 대부분 꽃을 피우지 않는 10월에서 11월, 늦게는 12월 초에 꽃을 피우기 때문이다.

2구에서는 국화에 대한 자신의 느낌을 이야기한다. 국화꽃이 필 때면 화단에는 국화만 덩그러니 남기 때문에 "성근 울타리"라고 했다. 이렇게 되면 화단은 여러 꽃이 함께 피어 화려한 시절보다는 볼품은 없겠지만, 이 시의 작가는 국화에서 느껴지는 정취가 끝이 없다고 이야기한다. 이는 주관적 감상 진술이다. 즉 이 시의 자연에 대한 묘사가 객관 사실에서 주관 서술로 이어진 것이다.

이어지는 3구에서 시적 전환이 일어난다. 그는 "차라리 가지 끝에서 향기 품고 죽을지언정"이라고 이야기한다. 이 표현은 마치 시들어버린 국화의 모습을 그려내는 것 같지만 '두 손으로 가슴에 안다'

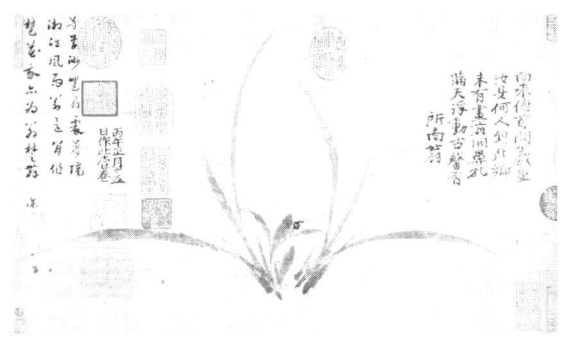

[그림 7] 묵란도(墨蘭圖)·정사초, 오사카 시립미술관

라는 뜻의 "포(抱)" 자와 '죽다'라는 '사(死)' 자에서 이 묘사가 의인화라는 것을 알아차릴 수 있다. 즉 이 시의 전환은 국화에 대한 시인의 감정이 꽃을 파고들어 꽃에 인격을 부여하는 것으로 나타나고 있다. 이 꽃이 가슴에 품은 "향기"는 무엇인지는 4구에서 드러난다.

4구의 내용은 국화가 북풍에 떨어지지 않았다는 것인데 만일 북풍을 겨울바람이라고 한다면 국가화 겨울에 시들어 죽지 않았다는 것이니 말이 안 된다. 따라서 "국화"의 "향기"와 "북풍"은 작가의 주관적 경험에 근거한 표현이다.

정사초(鄭思肖, 1241~1318)는 남송(南宋)의 시인이면서 화가이다. 그의 행적에 관해서는 많은 정보가 없다. 다만 그가 38세 때 남송이 원나라에 의해 멸망하자(1279), 쑤저우에 살면서 원나라에 대한 불복의 뜻을 보여주는 행동을 했다는 기록이 있다. 그는 묵란(墨蘭)을 잘 그렸는데 난초를 그리면서 난초가 자라난 땅은 그리지 않았다. 어떤 사람이 그 이유를 묻자, 그는 "땅을 변방의 족속들에게 빼앗겼기 때문이오(土爲番人奪去)."라고 대답한다.[16] 그래서 이 시의 향기

2. 시(II), 풍경과 감정의 관계　105

(香氣)는 곧 충(忠)이 되고 북풍(北風)은 곧 몽고(蒙古)의 원나라를 지칭하게 된다. 이 시에서 국화는 자연적·생물학적 법칙을 따르는 국화가 아니다.

이 시의 전체 시상을 말해보면, 장차 추운 겨울이 다가올 때 수많은 꽃이 화려함을 감추는 것은 마치 제 뜻을 버리고 시대의 추세를 따르는 변절자를 의미한다. 하지만 국화는 저물어가는 시대를 꿋꿋하게 버티고 자신의 꽃을 활짝 피운다. 정사초가 말했던 무궁한 정취란 이런 대비적 가치인 송나라에 대한 충절이 된다. 이러한 것은 그의 사상과 국화를 일치시킨 결과다. 따라서 이 시의 국화는 작가의 사상과 감정이 이입되어 죽음으로 충절(忠節)을 지키는 이미지로 재탄생되었고, 작가와 소통하는 자연물로서 작가 자신의 형상화이다.

이처럼 자연은 작가의 형상화를 거치면서 일정한 미감을 지니게 되고 나아가 이런 미감이 감상을 통해 다양하게 해석된다. 다만 이들의 자연이 비록 비현실의 세계로 향하는 문이 될 수 있다 하더라도 분명한 한계는 있다. 이것은 중국 문학이 체제 안을 지향하고 있기 때문일 것이다.

여론: 사무사(思無邪)

이 부분은 중국 전통 시가 이론 가운데 많이 알려진 '생각함에

---

16 장일규(蔣一葵), 《요산당외기(堯山堂外紀)》.

사악함이 없다'라는 공자의 '사무사(思無邪)'라는 평가에 관한 서술이다. 이 공자의 말은 유가 문학 이론의 근간으로서 작동했고, 아편 전쟁으로 청나라에 황혼이 지고 새로운 시대가 도래하기 전인 암흑의 시대가 되기 전까지 독보적인 지위를 누렸던 문학 관념이며, 현재에도 이 관념은 여전히 작동하고 있다. 그래서 이에 관한 설명이 없다는 것은 중국시가 문학을 다루는 글로서 충분하지 못하다고 생각되어 아래에서 이를 서술하도록 하겠다.

중국에서 시를 설명한 문헌 가운데 서한의 《모시서(毛詩序)》[17]는 중국 초기 시가 문학 이론의 강령으로서 강력한 힘을 발휘했다.

> 시란 뜻이 가는 것이다. 마음에 있으면 뜻이 되고, 말로 하면 시가 된다.
> 詩者, 志之所之也. 在心爲志, 發言爲詩.
>
> -《모시서(毛詩序)》

---

[17] 한나라 시대 《시경》 해설서 가운데 하나다. 한나라 시대 《시경》 해설어는 신배(申培)가 해석한 《노시(魯詩)》, 원고(轅固)가 해석한 《제시(齊詩)》, 한영(韓嬰)이 해석한 《한시(韓詩)》의 세 가지 종류가 있었는데 각각 노나라, 제나라, 한나라 지역에 퍼진 시경 해석이다. 한나라 무제(武帝)가 오경박사(五經博士)를 두면서 이 세 가지 해석에 국가적 공인을 부여하면서 금문(今文) "삼가시(三家詩)'라 불렸다. 금문(今文)이란 한대 공인 서체인 예서(隸書)로 기록되고 해석된 시라는 뜻이다. 이후 모형(毛亨)과 모장(毛萇)의 해석인 《모시(毛詩)》가 등장했는데 마침 이 텍스트가 과거의 문자인 고문(古文)으로 되어 있으면서, 또한 국가의 공인을 받지 못했기 때문에 금문 삼가시와 《모시》는 각각 정부와 재야의 경전 해석을 대표하게 된다. 이후 한나라 지배체제가 파괴되자 해석의 주도권이 재야로 넘어오면서 《모시(毛詩)》가 시경 해석의 헤게모니를 장악하여 오늘날에 이른다.

여기서 "뜻(志)"이란 무엇일까? 역대 해설은 정치에 영향을 받은 사람들의 생각이라 해석했다.

> 잘 다스려진 시대의 음악은 편안하고 즐거우니 그 시대의 정치가 화합했기 때문이다. 혼란한 세상의 음악은 원망하고 노여우니 그 시대의 치가 어그러졌기 때문이다. 망한 나라의 음악은 슬프고 걱정스러운데 그 백성이 곤궁하여서다. 그러므로 정치의 득실을 바로잡아 천지에 감동을 주고 귀신을 감응하게 함은 시보다 나은 것이 없다. 선왕이 이로써 부부의 도리를 바로잡고, 효도하고 공경하는 마음을 이루어주며 인륜을 두텁게 하고, 교화를 아름답게 해 나아가며 풍속을 옮겨갔다.
> 治世之音安以樂, 其政和. 亂世之音怨以怒, 其政乖. 亡國之音哀以思, 其民困. 故正得失, 動天地, 感鬼神, 莫近於詩. 先王以是經夫婦, 成孝敬, 厚人倫, 美教化, 移風俗.
> －《모시서》

《모시(毛詩)》는 서한(西漢) 시대 모형(毛亨)과 모장(毛萇)이 전한 것이다. 이 서술에 따르면 시란 정치적 득실에 대한 반응이면서 동시에 정치 체제를 안정시켜 유지는 힘이다. 따라서 한나라 시대의 문학이란 정치의 범위 안에서 해석되어야 했다.

이러한 문학에 대한 정치적 해석은 후대에 계승되고 강조되었다. 별도의 논의가 더해질 수는 있었지만 이른바 중국에서의 정통 문학이란 체제를 위한 문학이라는 속성을 벗어나기 어렵다. 송대 주희(朱熹)는 이러한 해석을 견지하면서 여기에 지식인의 가치를 덧붙였다.

시는 사람의 마음이 사물에 감응하여 언어 외적으로 표현된 것이다. 마음의 감응에는 그릇됨과 바름이 있어서 말에도 옳음과 그름이 있다. 오직 성인이 위에 계셔야 그 느낀 바가 바르지 않음이 없고, 그 말이 모두 가르침이 되기에 충분하다. 혹은 느낀 바가 썩어 있어도 그 표현에서 선택할 만한 것이 없을 수가 없는데, 바로 위에 있는 사람이라면 반드시 이것으로 스스로 반성할 생각을 하게 되고, 이에 따라 선을 권장하고 악을 징계할 수 있다.

詩者人心之感物, 而形於言之餘也. 心之所感有邪正, 故言之所形有是非, 惟聖人在上, 則其所感者無不正, 而其言皆足以爲敎. 其或感之之雜, 而所發不能無可擇者, 則上之人, 必思所以自反而因有以勸懲之.

— 주희, 《시경집전(詩經集傳)》

이 글을 보면 시라는 것이 정치의 득실에 대한 반영임을 전제로 하고 다시 수양에 필요한 선악의 구별을 더했다. 성인의 치세에는 올바르지 않은 사람이 없었으니 후대 사람은 시에 나타나는 성인의 도덕률을 통해 자신을 반성하고 개선해야 하는 의무와 책임이 있다.

따라서 시란 정치에 대한 대중 여론으로서 정부가 적극적으로 개입하여 올바른 방향으로 수정 또는 변화시켜야 하는 대상이다. 시는 곧 정치 사회적인 수단이며, 또한 성인의 도덕률이 반영된 텍스트로서 자신을 수양하는 도구이다. 시의 궁극적 가치란 지배계급의 통치를 교화나 자기 수양을 위한 도구이다. 그러나 이러한 해석은 시에 대한 문학적 가치를 논외로 두고 있다. 즉 중국 문학에서 시는 전통사회 지배자의 시각이 반영된 사회 리포트이자 사회도덕의 표현이며 따라서 문학적 쾌락을 경계하는 의미까지 확장될 수 있다.

시의 문학적 자율성은 고대에 그다지 언급되지 않지만, 음악적 표현은 미적인 것을 중시했다.

> 소리는 말의 가락에 따르며, 운율은 소리를 조화롭게 한다.
> 聲依永, 律和聲.
>
> —《상서·순전(尙書·舜典)》

> 시는 뜻과 합하는 것이고, 노래란 시를 읊는 것이다.
> 詩所以合意, 歌所以詠詩.
>
> —《국어·노어(國語·魯語)》

여기서 보면 시를 노래와 같이 두고 있다. 시는 마음과 생각 같은 것과 하나가 된다는 것이니 자기 생각을 말로 표현한 것이다. 그리고 노래란 이 말에 가락을 주는 것이다. 즉 시란 노래의 가사란 뜻이다. 여기에서도 문학의 자율성은 크게 강조되지 않지만, 음악적 형식에서는 소리(聲)와 율(律)의 수식을 중요하게 생각한다고 볼 수 있다. 소리는 곧 도레미와 같은 음계의 단위이며, 율이란 음계(音階)를 말한다.[18] 따라서 소리의 높낮이는 일정하지 않은 가락에 일정한 음을 입히는 것이고, 율이란 이러한 소리를 일정한 음악 체계로 만드는 것이다.

노래의 가사에 대한 해석을 후대에 정치적이며 도덕적으로 해석하게 된 근거는 공자(孔子)의 사무사(思無邪)이다.

---

[18] 중국의 음계 단위는 오음(五音)이며, 음계에는 12개가 있다.

시 삼백 편을 한마디로 말하면 '사무사(思無邪)'이다.
子曰: 《詩》三百, 一言以蔽之, 曰: 思無邪.

– 《논어·위정(論語·爲政)》

'사무사'는 전통적으로 '생각함에 사악함이 없다'라고 해석하지만, 후대에 공자 정치 사회적 지위가 부단히 상승하면서 결국에는 '올바른 창작 취지를 가져야 한다.'[19]라는 국가적 문학창작의 가이드라인이 된다.

무릇 《시》의 말 가운데, 선한 것은 인간의 선한 마음을 불러일으키도록 할 수 있고, 나쁜 것은 인간의 나태한 뜻을 징계할 수 있다. 시의 쓸모는 사람에게 성정의 바름을 얻도록 하는 데로 귀착한다.
凡《詩》之言, 善者可以感發人之善心, 惡者可以懲創人之逸志, 其用歸於使人得其情性之正而已.

– 주희, 《시경집전(詩經集傳)》

위의 말을 통해 주희가 바라보는 《시경》의 가치는 시에 나타난 좋고 나쁜 모습을 학습하는 과정을 통해 도덕적인 인간이 되는 데 있다. 따라서 전자에는 노래 가사라는 견해에는 미적인 관점이 있고, 후자의 정치 교육적 관점에서는 도덕적 효용론이 중심이 된다. 이 두 가지는 중국 문학을 이끄는 힘이 되었고, 대체로 도덕적 윤리가 지배하는 기본 토양에 미학적 작품이 가끔 꽃을 피우는 모습으로

---

19 하안(何晏) 《논어집해(論語集解)》: 포함(包咸)이 말했다. "(사무사는) 바름으로 돌아간다는 것이다."(包曰, "歸於正".)

나타났다.

이러한 문학에 대한 윤리적이고 정치적인 해석의 궁극적 지향 역시 공자의 《시경》에 대한 평가에서 취했다.

> 《관저》는 즐겨도 음(淫)하지 않고 슬퍼해도 상(傷)하지 않는다.
> 《關雎》樂而不淫, 哀而不傷.
>
> — 《논어·파일》

여기서 "음(淫)"은 다음과 같이 해석한다.

> 축축하게 젖어 드는 것이 결을 따른다는 것이다. 물의 의미에 종속되고 소릿값은 "음(壬)"이다. 다른 말로는 오랫동안 비가 내리는 것을 음(淫)이라고 한다.
> 浸淫隨理也. 從水, 壬聲. 一曰: 久雨曰淫.
>
> — 허신, 《설문해자》

> 오랫동안 비가 내려 그치지 않으면 물을 다스릴 수 없다.
> 淫雨不霽, 水不可治.
>
> — 사마천, 《사기·귀책열전(史記·龜策列傳)》

따라서 "음(淫)"은 비가 오랫동안 내려서 강수량이 필요 이상이 된 상태이다. 여기에서 파생되어 과도하다는 "과(過)"·"방자(放恣)하다"라는 의미가 파생된다. 따라서 "낙이불음(樂而不淫)"에서 "음"은 놀다 보니 자제력을 잃고 마치 불어난 물의 흐름을 제어하지 못하듯이 쾌락에 과도하게 탐닉하게 되는 것을 의미한다. 이것을 《관저》에서 찾아보자.

끼룩 끼룩 물수리	關關雎鳩
황하(黃河)의 모래섬(洲)에 있네	在河之州
착하고 예쁜 아가씨는	窈窕淑女
군자의 좋은 짝(述)이네	君子好逑
올망졸망 마름풀(荇菜)을	參差荇菜
왼쪽 오른쪽으로 캐네	左右流之
착하고 예쁜 아가씨를	窈窕淑女
자나 깨나 구하네	寤寐求之
구해도 얻지 못하여	求之不得
자나 깨나 마음속으로 생각하네	寤寐思服
그리워하며 그리워하며	悠哉悠哉
이리저리 뒤척이네	輾轉反側
올망졸망 마름 풀을	參差荇菜
이리 저리 캐네	左右采之
착하고 예쁜 아가씨를	窈窕淑女
금슬을 타면서 사귀네	琴瑟友之
올망졸망 마름 풀	參差荇菜
오른쪽 왼쪽으로 뜯네	左右芼之
착하고 예쁜 아가씨를	窈窕淑女

북소리 종소리로 기쁘게 하네   鍾鼓樂之

- 《시경·관저(詩經·關雎)》

이 시에서 "즐겨도 음(淫)하지 않는다."라는 가치를 도출하기에는 쉽지 않다. 유가의 학자들이 이 시에서 "즐겨도 지나치지 않다"에 적합한 가치는 이 시의 작가가 여성에 대한 열망 때문에 자유연애의 방식으로 여성과 교제하지 않았다는 점이다. 즉 이 시의 작가는 여성에 대한 그리움이 너무 깊어서 낮이고 밤이고 계속 생각하여 잠을 잘 수도 없지만, 이러한 고통 때문에 법도를 어기고 마음대로 자신의 욕망을 취하지는 않았다.

또 하나 해석해야 할 부분은 "상(傷)"이라는 글자이다. 이 글자의 의미는 '외부의 물건이 피부를 찔러 해를 입히는 것'을 뜻한다. 그렇다면 문학이 무엇에 상처를 준단 것인가?

> 슬퍼해도 상(傷)에 이르지 않는다는 것은 화합을 말한다.
> 哀不至傷, 言其和也.
>
> - 하안(何晏), 《논어집해(論語集解)》

> 상(傷)은 슬퍼함이 지나쳐서 화합을 해친다는 것이다.
> 傷者, 哀之過而害於和者也.
>
> - 주희, 《논어집주(論語集註)》

따라서 과도한 슬픔이 상처를 주는 대상은 "화(和)"이다. 그렇다면 "애이불상(哀而不傷)"의 해석은 "슬퍼해도 화합을 해치지 않는다"

가 된다. 그렇다면 "화(和)"는 무엇인가? 여기에서《중용》의 "중화(中和)"라는 말이 떠오른다. 즉 "낙이불음(樂而不淫)"이 개인의 문제를 다룬다면 "애이불상(哀而不傷)"은 사회적 문제로 소급된다.

중화(中和)는 매우 중요한 문제다. 이 글에서 출발하여 나타난 "기발(己發)"과 "이발(已發)"의 논쟁은 조선 유가 철학의 중요한 주제다. 미발(未發)을 인간 본성의 가장 순수하고 본질적 모습으로, 또 이발(已發)을 인간 감정의 표현이 하늘의 법도에 들어맞는 모습이라는 해석에서 미발(未發)이 리(理)이고 기발(己發)이 기(氣)라는 퇴계의 해석이 한국 사상사를 지배해 온 역사가 있다. 하지만 이런 논의를 하기 전에 중화(中和)가 과연 따를 만한 가치인가를 먼저 논할 필요가 있다.

> 희로애락이 드러나지 않은 것을 중(中)이라고 하고, 발해서 법도에 맞는 것을 "화(和)"고 한다.
> 喜怒哀樂之未發謂之中, 發而皆中節謂之和.
>
> -《예기 · 중용(禮記 · 中庸)》

서양 철학이라면 이러한 희로애락의 감정이 없는 상태는 이성적 상태로서 이데아의 세계를 가장 잘 인지하는 상태라고 생각하겠지만, 동양의 논의는 인식이 아닌 관계에 중점을 둔다.

> 유자가 말했다. "예의 쓰임은 화를 귀하게 여긴다. 선왕의 도는 이것을 아름답게 여기며, 크고 작은 일들이 여기에서 유래한다."
> 有子曰:"禮之用, 和爲貴. 先王之道斯爲美, 小大由之"
>
> -《논어 · 학이(論語 · 學而)》

주희는 이 글에 관하여 이렇게 해석했다.

예라는 것은 천리가 법도로 표현된 무늬이고, 인간사의 의례(행동) 법칙이다. 화(和)는 여유롭고 긴박하지 않다는 뜻이다.
禮者, 天理之節文, 人事之儀則也. 和者, 從容不迫之意.

— 주희, 《논어집주(論語集註)》

즉 "화"는 "예"를 통해 만들어진 화합하는 인간관계이다. 그렇다면 중화를 통해 이루어지는 인간의 관계는 인간의 감정을 일정한 문화적 통일 규범으로 규격화하여 집단의 화합을 도출하려는 모습을 드러내고 있다. 즉 희로애락이 나타나지 않는 상태의 인심은 도와 일치한 모습이며, 이것이 감정으로 나타난 모습은 성인의 법도에 부합한다. 따라서 중화라는 것은 인간의 감정과 사상이 법도를 준수함으로써 국가 사회의 화합을 깨뜨리지 않는 상태를 말하기 때문에 체제 종속적인 인간 감정에 관한 이론이다.

다시 사무사(思無邪)로 돌아오자. '사무사'에 관한 위의 해석을 인정한다면 시는 인간관계에서 화합을 지향하는 가치를 지닌다.

너희들은 어찌하여 시를 배우지 않느냐? 시는 감흥(感興)을 일으킬 수 있으며, 정치(政治)의 득실을 살필 수 있으며, 사람들과 어울릴 수 있으며, 원망할 수 있게 한다. 가까이는 부모를 섬길 수 있고, 멀리는 군주를 섬길 수 있으며, 새와 짐승과 초목의 이름을 많이 알 수 있다.
子曰: 小子何莫學夫詩 詩 可以興 可以觀 可以羣 可以怨 邇之事父 遠之事君 多識於鳥獸草木之名

— 《논어·양화(論語·陽貨)》

이 논의에 보이는 다양한 시의 효용을 보면 "흥(興)"이라는 인간의 감정에서 시작해서 시대 정치의 필요성을 살피고, 무리를 지어 위정자에 대한 요구로 이어짐이 보인다. 여기서 "원망"에 대한 해석을 보면 어김없이 "원망하나 분노하지 않는다(怨而不怒)"라는 중화의 모습을 보인다.[20] 이후 시가 경전이 되면서 선악을 가르치는 도덕 교과서의 효용성이 강조되어 "생각에 사악함이 없다"라는 해석은 흔들림 없는 위치를 차지했을 것이다. 즉 유가의 수호자들은 체제 유지를 위한 적극적 교육 의의를 지닌 문학을 만들어 온 것이다.

[그림 8] 공자행교상(孔子行敎像)당 · 오도자(吳道子)

도덕이란 무엇일까? 고전적 가치에서 도덕은 하늘의 가치, 보편적 가치로 주장되었다. 이는 도덕의 근거를 이쪽의 가치가 아닌 저쪽의 가치로 제시한 것이다.

고전에서 인간은 자신의 현존재 기반을 하늘·신 등과 같은 인간 영역 밖의 가치로 증명한다. 그러나 인간이 하늘·신을 인식할 수 없다는 인식은 이러한 증명이 성립될 수 없음을 보여준다. 그렇다면 인간을 구속해 온 도덕률은 인간 사회에서 이루어진 것이며, 대체로 이러한 도덕의 판단은 신과 인간 사이에 존재하는 지배계급의 전유

---

20 朱熹,《論語集注》.

물이었다. 즉 지배계급이 자신의 도덕 판단을 신에게 돌렸듯이, 피지배계급은 자신의 도덕 판단 권리를 지배계급에 넘겨주도록 강요받았다. 지금도 인간 사회의 일부 구성원이 법관으로서 현실의 문제를 판단하고 있다.

문학은 "잘못된 생각이 없는 상태"를 지향해야 하는가? 혹은 중화의 가치를 지키며 온건한 모습으로 있어야 하는가? 다시 말해서 정신이 선을 향하고 악을 지양하며, 감정이 거친 것에서 온건함을 지양하는 것이 인간의 이상적 모습인가? 이것은 선악에 대한 정의가 신의 세계를 위한 것이 아니라 인간 사회를 위한 것일 때, 그리고 사회적 합의인 예에 대한 접근이 평등한 상황에서 합리적으로 운영될 때 화의 모습을 가지는 것은 의미가 있을 것이다. 그러나 사회가 늘 정의롭고 합리적인 모습일 수 있는가? 또 온건한 감정으로 정의롭고 합리적인 사회를 이룩할 수 있었던 역사가 존재했던가?

따라서 도덕률로 문학을 재단한다면 문학은 일부 지배계급 가치에 편중된 모습으로 나타나 위로는 고개를 숙이고 아래로는 군림하는 형세를 취하면서, 시간이 점차 흘러 그 모습으로 굳어지고 말 것이며, 결국 선악과 시비를 넘어서 종횡하는 힘을 잃고 표준에 매달리는 허약한 모습으로 남게 될 것이다.

중국에서 사무사를 "감정의 진솔한 표현"이란 의미로 해석하는 경향은 근대 이후에나 가능했다.

일설에는 "무사(無邪)"를 "바로(直)"라는 말로 해석한다. 《시경》의 작가는 그가 효자·충신이든 원망하는 남자 혹은 근심하는 여성이든 모두 언어가 지극한 감정의 표출로서 마음의 곡진함을 곧장 서술하여 조금도 가식이 없다는 것이다. 이것이 이른바 '시언지(詩言志)'이며, 《삼백편》이 모두 공유하는 가치이다. 그래서 공자가 이 말을 사용해서 시의 대의를 개괄했다. 시인의 성정은 과거뿐만 아니라 지금도 같은 빛을 내기 때문에 시를 배우면 흥·관·군·원 할 수 있다는 것이다. 이 학설이 이전의 학설보다 비교적 더 나은 것 같다.

又一說, 無邪, 直義. 三百篇之作者, 無論其爲孝子忠臣, 怨男愁女, 其言皆出於至情流溢, 直寫衷曲, 毫無僞托虛假, 此卽所謂詩言志, 乃三百篇所同. 故孔子擧此言以包蓋其大義. 詩人性情千古如照. 故學於詩而可以興觀群怨. 此說似較前說爲得.

- 전목(錢穆), 《논어신해(論語新解)》

따라서 중국 문학에서 시를 도덕과 정치의 굴레에서 구출하여 인간의 진솔한 감정으로 귀의시키는 논의는 근대에 이르러 두드러졌다. 사무사에 관한 가장 인상 깊은 글은 노신의 글이다.

중국의 봉건 통치자는 자신의 통치를 유지하고 "자손을 천만년 동안 왕"으로 만들기 위해 일체 진보적인 사상을 금지하고, 옛 모습 그대로 있도록 요구하였다. 시가(詩歌)는 본래 사람의 마음을 격동시키고, 현상을 개혁하는 힘이 있다. 하지만 그들은 시가를 속박하려 하였다. 우(虞)·순(舜)은 시가 "자신의 이상을 말하는 것(言志)"이라고 하였다. 그러나 공자의 유가는 오히려 《시(詩)》삼백편(三百篇)의 기본 정신을 "무사(無邪—사악함이 없다)"라는 두 글자로 개괄하고, 시를 이용하여 사람의 성정(性情)을 구속(約束)해야 한다고 주장했다. "시는 이상을 말하는 것이다"라고 하면서 어째서 구속을 말하는가? 만약 시를 "무사(無邪)"라는 말로 구속해야만 한다면, 어떻게 '인간의 의지'를 말할 수 있는가? 이는 껍데기의 자유를 주는 것과 같지 않은가? 그러나 후세 중국 문학은 이 한계를 벗어나려 하지 않았다.

- 엽랑(葉郞), 《중국미학사(中國美學史)》

위의 논의에서 보이듯이 노신은 중국문학에 감정에 대한 제약과 지배를 통해 사회를 통치하고 유지하는 수단으로 활용한 부분이 있음을 말하고 있다. 형이상학적 가치의 최고는 하늘이고 인간 세상을 지배하는 권력은 조상이다. 그리고 중국의 최고 권력인 황제의 권한은 황제의 조상이 받은 천명(天命)에서 나온다. 천명에 대한 도전은 곧 현재 황제에 대한 도전이자 봉건 체계가 근거한 천명에 대한 도전이다. 지배계급은 신에 대한 숭배와 조상에 대한 숭배를 통해 자신의 현세 지배를 강화했고, 문학이 이러한 신의 가치와 조상의 가치를 선전하는 것이라는 생각은 문학의 목적이 명확히 권력적이란 것을 보여준다.

《시경》에 찬미와 풍자라는 "미자(美刺)"가 있지만 그 풍자의 칼끝을 권력자에게 조준할 수 있었을까? 황제 중심의 봉건제국 체제 하에서 권력 감시라는 사회의식을 통해 위정자의 악행을 담아내는 시의 총구는 걸주(桀紂)라는 이미 악으로 규정된 과거의 사람을 조준하기로 밀약되어 있었던 것은 아닐까? 이런 점에서 유가가 아니라 오히려 《사기(史記)》의 〈백이열전(伯夷列傳)〉의 도덕적 천도(天道)에 대한 회의가[21] 권력자에 대한 비판을 가능하게 했던 원동력이 아니

---

21 사마천·《사기·백이열전(史記·伯夷列傳)》: 혹자는 말하기를 "천도(天道)는 공평

었을까?

전국시대 유행한 "언지(言志)"는 유가만의 독점물이 아니었다. 그래서 "언지(言志)"는 비교적 온건한 해석의 경향을 남길 수 있었지만, 유가는 이것을 내버려두지 않았다. 그들은 언지라는 순문학을 정치로 치환하여 문학의 사회적 효용성 논리인 미자(美刺)로 확장하고 다시 이런 미자의 내용이 권력 행사의

[그림 9] 루쉰

근거가 되기를 원했던 것이다. 즉 사적 비판의 영역이 공적 비판의 영역으로 넘어오면서 미자설은 문학의 정치화로 이어지는 전통을 자아냈고, 이는 문학의 정치 해석론인 국가의 풍속을 바라본다는 '관풍(觀風)'으로 이용된다.

이러한 문학에 대한 권력화·정치화는 후대 문학의 해석에 지대한 영향을 미친다. 즉 문학의 해석은 즐거움과 기쁨이라는 삶의 해석에서 정치라는 사회적 해석으로 치환되었다. 이러한 해석적 경향에서 시는 정치를 담은 역사비평이 되어 선왕의 아름다운 정치를 통해 현재의 정치를 찬양하거나 비판하는 도구가 되었으며 나아가 정치가 곧 시가 되었다. 이렇게 문학은 권력의 화분 속에서 자양분을 먹

무사해서 항상 착한 사람을 돕는다"라고 하였다. …… 나는 이에 대해서 매우 의혹스러움을 느낀다. 만약에 이런 것이 이른바 천도라고 한다면 그 천도는 과연 맞는 것인가? 틀린 것인가?(或曰: "天道無親, 常與善人." …… 余甚惑焉, 倘所謂天道, 是邪非邪?)

으며 점차 힘과 권위를 키웠으며 점차 개인적 삶으로부터 동떨어지게 되었다.

어떤 문학 형식이 공허해지는 것은 삶을 반영하지 않기 때문이다. 중국 문학에서는 시의 정치화와 권력화 현상이 문학의 공허화에 큰 역할을 했다고 보인다.

> 오나라 공자 계찰(季札)이 빙문(聘問)하여서 노나라에서는 주나라 음악을 참관해 줄 것을 청하고, 연주자에게 〈주남(周南)〉과 〈소남(召南)〉을 연주해 줄 것을 명했다. 계찰이 말했다. "아름답도다! 주왕조의 기초가 이미 다져지기 시작했으나 아직 완성되었다고는 할 수가 없구나! 그러나 곡 중에는 백성들이 근면하며 애쓰나 원망하는 마음이 없구나!"
>
> 吳公子箚來聘, 請觀於周樂. 使工爲之歌〈周南〉、〈召南〉, 曰: "美哉!始基之矣, 猶未也, 然勤而不怨矣."
>
> -《좌전·양공29년(左傳·襄公二十九年)》

계찰(季札)은 오(吳)나라 왕 수몽(壽夢)의 네 번째 아들이다. 그는 누구나 생각하는 왕위 계승자의 적임자였고, 수몽의 장자 제번(諸樊)도 아버지의 사망 이후 그를 왕으로 세우려 하지만 계찰이 거부한다. 그는 B.C. 544년 노나라를 찾았다. '빙(聘)'이라는 말은 제후국 사이의 정식 외교활동을 의미한다. 노나라는 본래 주나라의 왕자이자 주나라 통치 문화의 설계자인 주공(周公)의 채읍(采邑)이었기 때문에 주나라의 음악을 보존하고 있었다.

〈주남(周南)〉과 〈소남(召南)〉은 《시경(詩經)》에서 15개 지역의 민가를 모은 〈국풍(國風)〉》의 첫 두 편이다. 《시경·국풍》에 수록된 각 편의 제목은 모두 특정 지역과 관련한 명칭이다. 〈주남〉은 현재 하남성 낙양인데, 이 지역은 주나라의 동쪽 수도로서, 주공이 은나라의 유민을 동원해서 건설한 성주(成周)이다. 〈소남〉은 기산(岐山)의 남쪽을 의미하여 주나라 초기 주공과 함께 주나라 권력을 양분했던 소공(召公) 석(奭)의 채읍이다. 따라서 계찰이 말했던 "아름답다"라는 말은 음악 자체의 아름다움이라기보다는 음악이 상징하는 주나라의 정치 역사를 평가한 것이다. 즉 그는 시를 독립적인 문학 혹은 음악으로 평가한 것이 아니라 작품이 관계하는 정치를 통해 문학을 평가한 것이다.

이 계찰의 언설은 중국 고대 시가에 대한 최초의 미학적 평가이다. 따라서 중국의 미학(美學)은 정치의 미학에서 시작한다. 이러한 유가의 정치 미학이 문예 비평으로 이어지면서 시가의 내용은 정치 도덕적 모습으로 해석되어야만 했다.

시와 노래 그리고 음악과 같은 문예의 힘을 정치적으로 이용한다는 것은 문학을 정치에 일치시키게 만들고, 문학가를 정치의 나팔수로 변질시키게 된다. 이런 현상은 마치 현대 사회의 자본주의가 문화산업을 지배하는 것과 동일한 논리를 보인다.

> 영화, 라디오, 잡지는 전체적으로나 개별적으로나 동일한 시스템을 구성하며, 철저히 균일한 형태를 띠고 있다. 심지어 정치적으로 대립하는 집단의 미학적 활동조차도 강철 같은 시스템의 리듬에 열정적으로 복종한다는 점에서 동일하다. 권위주의 국가들의 장식적인 산업 관리

건물과 전시 센터는 그 어디에서나 거의 같은 형태로 존재한다. 전 세계 곳곳에서 솟아오르는 거대한 빛나는 고층 건물은 국제적 기업들이 정교하게 계획한 결과물이며, 이와 대비되는 황량하고 생기 없는 도시 속 우울한 주거지와 상업 공간들은 이미 무분별한 기업가 시스템의 산물로 남아 있다. 현재도 도심의 콘크리트 중심지 바깥에 있는 오래된 주택들은 슬럼가처럼 보이며, 도시 외곽의 신축 단독주택들은 세계 박람회의 임시 건물들과 다를 바 없다. 이들은 기술 발전을 찬양하는 동시에, 빈 깡통처럼 얼마 지나지 않아 버려지도록 설계된 구조물과 하나가 된다.[22]
– 아도르노·호크하이머, 〈문화 산업: 대중 기만으로서의 계몽〉

이 글에서 저자는 종교와 같은 획일적 가치와 이를 지탱한 다양한 문화적 구조가 파괴되고 기술 혁신과 사회 분화의 발생 이후 문화적 혼란이 가중되었다는 것을 부정한다. 그는 오히려 자본주의 사회가 등장하면서 문화적 상품이 대중을 가둠으로써 이를 획일화하고, 그 정점에 자본가와 권력가들이 존재한다고 본다. 즉 과거 종교적·정치적 지배 이데올로기 하에 존재하던 문화적 획일화가 가 자본주의 이데올로기에 의해 다시 획일적으로 재편성되었다고 본다. 즉 문화란 곧 지배권력이 마련한 규칙이며, 현대 자본주의 사회의 규칙은 경제 논리에 의해 예술의 근본 의의를 파괴하고 시장 안에서 가격을 붙여 진열대에 올린 상품이다. 현대 매체인 영화·라디오·잡지는 그 다양성에도 불구하고 사실은 "강철 같은 시스템"인 자본주의에 종속된 것이다.

---

22 Theodor Adorno and Max Horkheimer, *The Culture Industry: Enlightenment as Mass Deception*, 1944. https://www.marxists.org/reference/archive/adorno/1944/culture-industry.htm

이것을 중국 문학의 정치성으로 확장해 보면, 마치 자본주의 사회에서 예술이 산업 구조의 유지를 위한 상품의 재생산을 위해서만 존재하면서 그 속에 존재했던 예술성에 훼손을 가하듯이, 정치에 종속된 문예는 중화(中和)라는 담론을 달고 나오지만, 실은 정치적 치적을 나열하고 찬양하는 문예의 재생산 활동을 하면서 변화 혹은 새로움을 억압한다. 이러한 억압은 내재화된 검열 시스템 속에서 문예의 본질을 벗어나 체제 종속적인 문예를 창도한다. 중국 문학사의 특징 가운데 하나인 정치와 문예의 밀접한 관계를 지닌 부분의 한계와 의의는 분명히 구분해야 한다. 전통의 재해석이라는 큰 의의를 새롭게 하기 위해서는 고대 윤리에서의 예(禮)는 그 체제 속에서 살았던 사람으로서 가져야할 덕목일 수는 있으나, 현재의 시각에서 문학적 감동을 발견하기란 사실상 어려운 일이다. 따라서 고전의 현재화 의의는 과거의 형태를 현재적 의의로 철저한 재해석을 가할 때 비로소 획득된다. 과거에는 왕에 대한 충절을 어떻게 표현하는지가 매우 중요했지만, 현대에는 자신의 솔직한 감성을 어떻게 표현하는지가 더 중요해졌다는 것은 분명해 보인다. 과거에서 해방되기 위해서는 과거에서 현재까지 이어진 족쇄에서 자신을 해방해야 한다.

귀족 문학에서 다시 민간 문학으로

귀족 문학은 정치에 종속되어 지배 체제를 물려받는 존재이지만 민간 문학은 지배 체제를 뒤집는 야망을 숨기고 있다. 종래의 중국 문학은 귀족 문학의 가치를 귀중하게 여겼고, 귀족 문학 내부의 흐름으로 중국 문학을 설명했다. 예를 들면 새로운 문학 장르가 민간에서 발생하고, 문인 계급이 이러한 새로운 체제를 적극 수용하면서 꽃을 피웠다는 주장이 있다. 그러나 이런 설명은 체제를 지나치게 찬양한 부분이 있다.

문인 문학은 귀족 문학이며, 귀족은 그 속성상 민간을 멀리한다. 현재 귀족계급이라 할 수 있는 중산층 이상의 사람들은 모두 자신의 주변을 사람들과 멀리 떨어진 별장으로 꾸민다. 이들에게 이러한 곳은 사람들과 멀어진 편협한 공간으로 해석되는 것이 아니라 일종의 비세속적인 고매한 품격의 가치가 지켜지는 곳이자 자신의 독자적 자유 공간으로 상상된다. 즉 귀족계급은 민간의 속성을 거부하고 자신들의 문화적 향유를 침해받지 않는 공간을 원하며, 그 공간을 고상한 문화적 가치로 채워나갈 것을 원하면서 민간의 가치를 세속적이란 이유로 배격한다.

따라서 민간 문학을 귀족 문인들이 수용했다는 말보다는 민간에 유행하는 문화의 영향력이 문인 계급으로 침투한 것으로 서술하는 것이 더 사실에 부합한다. 즉 허용의 권력을 가진 것이 아니라, 매력에 대한 끌림과 수용을 말해야 한다. 귀족계급에서 민간 문학이 유행했다는 의미는 민간 문학의 힘이 귀족계급이 지닌 거리의 파토스를 깨고 들어가 이들의 취향을 소위 세속이라는 가치로 이들의 고아함을 변질시킨 것이다. 귀족계급은 이러한 자양분을 받아서 민간의 가치를 자신의 문화적 가치로 변모시킴으로써 새로운 형식을 그 시대의 문화적 정점에 문학을 올려놓는다.

그러나 지배계층이 주도하는 주류 문학에 존재하는 체제 지향성은 시대적 한계와 체제적 한계에 부딪혀 새로운 생명력을 이어가는 데 어려움이 있고, 이것은 문학의 발전에 넘어설 수 없는 한계를 부여한다. 그들은 새로운 무언가를 만들어내기보다는 기존의 모든 가치를 하나의 체제에 집어넣으려 안간힘을 썼고, 이것은 문학에 비만 현상을 초래해서 결국 달리기를 포기하고 숨을 헐떡이며 주저앉아서 술과 달과 새 그리고 여자와 도덕을 공허한 목소리로 노래할 뿐이다.

이러한 답답한 체제를 뒤 업고 새로운 힘을 제시할 수 있는 문학은 비주류 문학이다. 제어되지 않는 힘은 늘 새로운 지평을 향해 나가는 추진력이 된다. 중국 문학의 역사에서 민간 문학의 시대 전환적 힘에 대해서 주류 문학은 다소 소극적인 해석을 부여해 왔다.

문학은 이야기다. 이야기의 힘을 두 가지로 구분한다면 유지와 혁신을 꼽고 싶다. 우리는 동서 고전 속에서 고대를 지향하고 후대가 전대에 미치지 못한다는 서술을 종종 만난다. 중국의 경우 중국의 고대 정치가들을 도덕적 정치가인 성인(聖人)으로 규정함으로써 성인에 의한 지배를 정당화했고, 현실의 군주를 성인화(聖人化)하는 이야기를 생산함으로써 지배체제를 강화했다. 그래서 전통 강화를 지향하는 문학이 보여주는 권력 종속적 속성은 비판의 힘이 아니라 복종의 힘을 강조한다.

중국 문학에서 새로운 창조의 힘은 민간 문학에서 기원하는 경우가 대부분이다. 가까이는 소설이 있고, 멀리는 《시경》에 이른다. 소설은 본래 민간 문학으로서 중국 주류 고전문학에서는 소설을 정통 문학으로 인정하지 않는다. 그러나 신해혁명 이후 문학에서 일어난

[그림 10] 후스(胡适)

혁명은 소설을 전통 시대를 넘어서려는 자신의 문학 방식으로 규정했다.

《시경》은 본래 민간의 가요다. 이러한 민간 가요가 주나라 시대 지배계급의 문학이 되었다는 것은 곧 민간 가요가 가지는 민중적 가치를 자신의 정치적 기반으로 삼았다는 것이 아닐까? 주나라 시대의 지배자들이 기원한 계층은 아마도 이러한 《시경》의 정서를 함께 나눈 계층일 가능성이 매우 크다. 이것은 한대 초기 지배계층에서 중국 남방의 노래인 초사(楚辭)가 유행했던 것과도 연계된다. 서초패왕(西楚霸王)이라 불리는 항우(項羽)는 남방 강소성(江蘇省) 숙천(宿遷) 출신이었고, 그와 대적했던 유방 역시 강소성(江蘇省)의 패현(沛縣) 출신이다.

종합적으로 본다면 주류인 귀족 문학과 비주류인 민간 문학은 중국 체제 속에서 두 가지 서로 다른 관점을 제시한다. 귀족 문학은 정제된 언어를 사용하여 지배계급의 이상과 가치를 반영한다. 이러한 문학은 정치권력과 밀접한 관련성을 가지고 있고, 기존 사회질서와 가치를 유지하고 강화한다. 따라서 귀족 문학은 전통적 윤리 가치와 미학 가치를 중시하며 지배계급의 문화적 우수성과 함께 그 정당성을 강조한다.

이에 반하여 민간 문학은 거친 언어와 직설적 표현을 통해 그 힘과 계층성을 드러내며, 피지배계급의 힘이 지배 문화를 전복시키는 서사를 통해 사회적 불합리와 현실적 불합리 속에서 정의를 호소함으로써 억눌린 욕망을 해소하여 고정된 시대 흐름을 무너뜨리는 훔학적 역량을 보여준다.

이런 점에서 두 서사는 중국 문화의 유지와 발전을 위해 일정한 역할을 담당했다고 보인다. 따라서 문학에서 귀족 문학과 긴간 문학은 체제의 유지와 발전이라는 두 가지 흐름을 이룩하고 있다.

결론적으로, 두 계급 문학의 내용과 형식은 서로에게 영향을 주었다기보다는 피지배계급의 문학이 지배계급의 문학에 준 영향이 더 크다. 지배계급의 문학은 피지배계급의 문학을 거부한다. 이들은 자신이 지배하는 계층의 문학을 쉽게 받아들이지 않는다. 설사 그 문화가 시대를 지배하더라도 귀족 계층이 가진 문화 보수성은 새로운 문화를 받아들이는 데 더디다. 어느 나라이건 미네르바 부엉이는 대체로 황혼 무렵에 날갯짓하기 마련이다. 하지만, 새로운 지배 체제의 출현은 이전의 문학 표준을 뒤엎고 새로운 문학 표준을 요구한다. 이 경우 새로운 정권의 지배자들은 종종 자신의 지배를 지지하는 피지배계급의 문학을 새로운 지배 문학으로 삼았다. 유가의 경전인 《시경(詩經)》 작품 305편 가운데 160편이 민간 문학 작품이다. 또한 한나라 시대 〈악부(樂府)〉는 한나라 시대 채집한 민간 가요에 음악을 입혀서 만든 작품들로 모두 궁중 파티나 공식 행사에 사용되었으며, 훗날 시의 발전에 있어 핵심적 동력으로 작동했다.

3_

협객, 정의의 이름으로

열 걸음에 한 명씩 죽이며
천 리 길 멈춤 없이 가누나
十步殺一人
千里不留行
- 이백(李白), 〈협객행(俠客行)〉

　무협(武俠)에 관한 이야기는 많지만, 그것이 무엇을 다루는 것인지는 깊이 논의하기 어렵다. 무협을 서구의 "기사도(Chivalry)"에 비유하고, 또한 협객을 "방랑 기사(Knight-errant)"에 빗댈 수는 있지만, 기사도는 중세 유럽의 귀족적 가치를 대변하고 방랑 기사는 신분을 유지하기 힘든 몰락한 귀족을 가리킨다. 《돈키호테》를 생각해 보면 서구의 기사가 기반한 정의·명예·용기 등의 가치들은 귀족계급의 몰락 속에서 생겨난 회고적 낭만이며, 구시대에 대한 향수를 짙게 풍긴다. 그러나 협객의 신분은 귀족이 아니며, 이들이 추구한 가치는 귀족을 위한 것이 아니라 제도적 보호를 받기 어려운 사람들에게서 발생한 가치였다. 이러한 점에서 협객의 가치관은 기사도와 계층적 차이가 있다. 특히 중앙집권적인 제국의 탄생과 발전 과정에서 중앙 권력은 협객을 탄압하고 처형했으며, 이들의 가치들은 부정적으로 묘사되어 있다.

통상 무협에서 무(武)는 협을 이루기 위한 수단으로 묘사된다. 무협을 종종 중국의 독특한 문화적 현상으로 설명하는데[1], 이러한 설명은 '무(武)'와 관련된 부분이 크다. 이는 무협을 다루는 다양한 장르에서 중국 무술에 관한 여러 환상을 확인할 수 있다. 예를 들면, 호흡

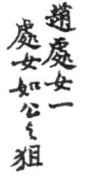

[그림 1] 삼십삼검객도·조처녀

수련을 통해 얻은 신비한 힘을 표현한 기공(氣功) 혹은 내공(內功), 손에서 특수한 에너지가 발산되는 장풍(掌風), 날아다니는 검을 조종하는 어검(御劍) 등과 같은 초현실적 무술에 대한 상상은 중국 전통문화의 상상력이 크게 투영되어 있다. 또한 소림파(小林派), 화산파(華山派), 무당파(武當派) 등과 같은 지역적 특징과 종교 신앙 등에 연결된 무술 유파, 그리고 이러한 유파 분류에 기반한 인물들의 특징과 계급적 구분에는 중국 전통 사회의 문화 의식 구조가 반영되어 있다. 또한 무협 소설에서 어떤 인물이 어느 문파와 인연을 맺고 어떤 무술을 학습하는지는 인물의 향후 사회적 지위를 결정하며 동시에 인물의

---

1 〈百度百科·武俠〉: 武俠是華人界特有的一种流行文化.
https://baike.baidu.com/item/%E6%AD%A6%E4%BE%A0/872(2024.07.12)

선악, 역할, 행동 등과 같은 운명에 절대적 영향을 준다. 이처럼 무협 작품에서 표현되는 '무'에는 중국 전통에 기반한 독특한 세계관이 반영되어 있다. 그래서 '무'는 초월적 힘에 관한 중국 민간 문화의 상상력이라고 할 수 있을 것이다.

'무'가 초월적 힘에 관한 중국적 상상이라면 '협(俠)'은 이러한 초월적 힘이 이루려는 이념적 가치이다. 일반적으로 '무'와 '협'의 관계에서 '협'을 '무'보다 우위에 둔다. 중국 무협 소설의 3대 종사(宗師)[2]로 알려진 량위성(梁羽生, 1924~2009)은 "'협'은 영혼이고, '무'는 몸이다. '협'은 목적이고, 무는 '협'을 완성하는 수단이다."라고 했다.[3] 량위성의 이 말은 무와 협의 구조적 관계를 설명한 것으로 '무'가 '협'의 도구이며 '협'이 '무'를 통해 표현된다는 것을 설명하고 있다. 하지만 무가 협의 종속적 혹은 수단적 가치만을 의미하는 것은 아니다. 우선 '무'에 부여된 각종 미사여구를 제거해 본다면 무의 본질이 '폭력'이라는 것을 알게 된다. 이 폭력이 협의 수단일 뿐인가? 이 관계는 협의 의미를 해석할 수 있을 때 정확하게 정의될 수 있을 것이다.

'협'이란 무엇일까? 저명한 중국 문학 연구자로 알려진 베이징 대학 교수 천핑위안(陳平原)은 소설에서의 '협'이란 개념을 이렇게 설명한다.

---

[2] 중국 무협을 대표하는 세 명의 작가는 금용(金庸), 고룡(古龍) 그리고 량위성(梁羽生)이다.
[3] 佟碩之: 《金庸梁羽生合論》, 《梁羽生及其武俠小說》, 香港偉青書店, 1980. (陳平原, 앞의 책)

내가 볼 때 무협 소설에서 협의 개념은 객관적 역사 속에서 존재했던 것이 아니다. 몇 마디 말로 그 실체를 설명할 수도 없다. 무협이란 역사적 기록과 문학적 상상의 융합이자 사회적 규범과 심리적 욕구의 융합이며, 현재적 시야와 문체적 특징의 융합이다. 관건은 이러한 융합의 추세와 과정의 고찰에 있지 무협에 관한 명확한 정의를 내리는데 있지 않다.[4]

그는 무협이란 역사 사건에서 비롯하는 사회 규범과 개인 욕망의 충돌을 작가의 문학적 상상을 통해 재해석함으로써 현실의 문제를 반영하는 문학장르로 생각한다. 그는 협의를 정의하기보다는 문학사적 관점에서 현실과 이상의 결합 그리고 갈등이 어떻게 결합하고 변화해 왔는지를 바라보는 것을 제안한다.

이처럼 '협'에 대한 정의는 대가들조차 다소 주저하는 모양새를 보여준다. 어렵고 조심스럽지만, 이 글 여기서는 협의 의미를 거창하게 접근하기 보다는 보다 천근하게 접근해 보기로 한다.

'협'의 사전적 의미는 "의로움을 보고 자신을 희생하고 남을 도와주는 사람의 성격,

[그림 2] 검객도·규염객

---

4   陳平原,《千古文人俠客夢》: 在我看來, 武俠小說中"俠"的觀念, 不是一個歷史上客觀存在的、可用三言兩語描述的實体, 而是一种歷史記載與文學想象的融合、社會規定與心理需求的融合, 以及當代視界與文類特征的融合. 關鍵在于考察這种"融合"的趨勢及過程, 而不在于給出一個确鑿的"定義".

기질 또는 행위"[5]이다. 이러한 해석은 단순해 보이며 일반적 통념에 매우 가까운 해석이지만, 좀 더 뜯어보면 이해하기 어려운 부분이 있다.

우선 이 정의에서 알 수 있는 것은 협이 현실 행동 윤리와 긴밀하게 밀착된 가치란 것이다. 즉 협이란 의로움 혹은 정의 실현을 위한 실천이다. 하지만, '의로움' 혹은 '정의'라는 단어를 협의 역사적 맥락에서 논의하면 다소 복잡해진다. 그 이유는 협을 정의했던 초기의 중국 문헌에서는 협을 사회 보편적 '정의'나 '의로움'으로 해석하지 않기 때문이다.

후술하겠지만, 역사적으로 협은 평민 계층에서 사회 지배 이데올로기와 대립하는 행동 윤리였다. 모든 수식어를 제거하고 현실과 무협의 관계를 바라본다면, '무'는 피지배계급의 폭력 행위이며 '협'은 이러한 폭력을 정당화하는 이념이다. 따라서 무협을 논한다는 것은 피지배층이 마주한 문제가 무엇이었고, 그 문제 해결 방식으로 왜 폭력이 사용되었는지, 그 폭력의 목적이 무엇이었는지를 논해야 한다. 이러한 접근을 통해서야 비로소 한 무협에서 말하는 '의롭다'라는 평가와 '용감하게'라는 평가가 역사 합리적인 위치에 자리할 수 있다.

천핑위안의 말처럼 무협에서 폭력과 협의 관계에 대한 역사적 실재를 부정할 수 있을까? 이러한 결단을 인간 윤리 역사에서 배제한다는 것은 일반 사람들의 사회적 정의와 윤리적 실천을 약화하는 것에 동조하는 불행한 결정이다. 아래에서는 '무'를 '협'의 수단으로 보는

---

[5] 《한어대사전(漢語大詞典)》

대신 '협'을 '무'에 대한 윤리적·철학적 해석으로 바라보고, 협의 역사에 관한 중요한 문헌인 사마천(司馬遷)의 〈유협열전(遊俠列傳)〉과 〈자객열전(刺客列傳)〉을 중심으로 무협의 문화적 의미를 해석하여 폭력을 통한 사회적 억압 극복과 정의 실현을 고찰해 보도록 한다.

협의 인물: 유협(游俠)

협객(俠客), 협사(俠士), 유협(游俠), 임협(任俠)[6] 등은 각각 협의 가치를 실현하는 인물들을 지칭하며, 인물의 신분과 협의 성격을 표현한다. 객(客)과 사(士)는 인물의 신분을 나타내고, 유(游)와 임(任)은 협의 속성을 표현하는 언어다.

우선 '협객'이라는 말에서 객(客)은 손님의 예우를 받는 자를 의미한다. 하지만 객은 외지에서 온 손님을 뜻하며, 그 신분적 가치는 그다지 높지 않다. 귀한 손님은 따로 '빈(賓)'이라는 단어를 취한다. 또한 손님이란 의미는 부양자가 존재한다는 말이다. 맹상군(孟嘗君)과 같은 춘추 시대 지배 엘리트들은 정치적 목적을 위해 이러한 객들을 받아들였고, 객들은 기꺼이 자신을 대접해 주는 정치가를 위해 봉사했다. 그래서 협객은 특정 계층의 정치적 혹은 사회적 목적을 실현하는 것을 도와주는 존재를 지칭하며, 또한 보잘것없는 존재가

---

6 《사기·유협열전(史記·游俠列傳)》: "결과를 통해 말에 신의를 내보이니 협객의 의의가 어찌 작다고 할 수 있겠는가(要以功見言信, 俠客之義又曷可少哉)!"

상위 세계의 가치를 실현하는 주인공이 된다는 의미에서 현대 히어로와 비슷하다.

'협사(俠士)'라는 칭호는 비교적 후대에 만들어진 단어다. 서주(西周)·춘추(春秋) 시대의 '사'는 비록 봉토가 없다는 결정적 한계가 있었지만, 대부(大夫)의 아래에 있는 귀족이었다. 한나라에서는 협객을 사(士)로도 부르지 않았다. '협사'라는 단어는 위진시대에 보이는 단어이므로,[7] 이것은 협의 개념이 점차 지배계층으로 흡수되어 간 것을 보여준다.

유협(游俠)이라는 단어는 서한(西漢)의 사마천(司馬遷)이 사용한 용어로, 협객의 원형에 가깝다. 여기에서 '유(游)'는 교유(交遊)를 의미한다. 즉 협객의 요소로서 교유(交遊)가 중시된다는 것이며, 동시에 신의(信義)에 대한 가치 비중이 높다는 의미다. 사마천은 아래와 같이 설명하고 있다.

> 말에는 반드시 신의(信義)가 있었으며, 행동에는 반드시 결과가 있었다. 약속한 것은 반드시 성의를 다했고, 자기 몸을 아끼지 않았다. 其言必信, 其行必果, 已諾必誠, 不愛其軀.
>
> — 사마천, 〈유협열전(游俠列傳)〉

즉 협객은 불가능해 보이는 일을 끝까지 완수한다. 그리고 이 과정에서 자기가 피해를 봐도 물러서지 않는다. 이러한 특징을 지칭하는

---

7 《진서·풍소불재기(晋書·馮素弗載記)》: "당시의 협사들 가운데 그에게 귀순하지 않는 사람이 없었다(當世俠士, 莫不歸之)."

용어가 임협(任俠)이다. "임(任)"이란 말은 《묵자(墨子)》에 보인다.

> 임(任)이란 사(士)가 자신은 손해를 보지만 타인을 위하는 행동을 한다.
> 任, 士損己而益所爲也.
>
> 임이라는 것은 자신에게는 불리한 일을 함으로써 남의 위급한 일을 이루어준다.
> 任, 爲身之所惡, 以成人之所急.
>
> -《묵자·경설상(墨子·經說上)》

따라서 임협의 임은 일을 완수하기 위해 자신의 모든 것을 모두 쏟아붓는다는 의미이다.[8] 마찬가지로 협 역시 타인을 돕는다는 의미를 지닌다. 따라서 임협(任俠)은 협객의 자기 희생을 강조하는 말이다.

이상의 용어들에서 드러나는 협객의 특징을 살펴보면, 협객은 위험을 감수하고 일을 완수한다. 이유는 후술하겠지만, 위험을 감수한다는 것은 그 일이 사회 규범에서 일탈한 위험한 일이며 여기에는 사회적 법률 또는 규범을 벗어난 것도 포함된다. 따라서 이들은 일정하게 사회적 법규에서 벗어나 있으며, 이들의 활동 공간 역시 일반적 사회로부터 떨어져 나온 비규범적 공간이다. 따라서 협객은 이

---

8 《한서·계포전(漢書·季布傳)》: "임협으로 명성이 있었다(爲任俠有名)." 안사고(顔師古) 주(注): "임(任)은 자신의 기력을 사용하는 것을 말한다. 협은 '돕는다'는 것이며, 권위와 세력으로 타인을 힘써 돕는 것을 말한다(任謂任使其气力, 俠之言挾也, 以權力俠輔人也)."

[그림 3] 검객도·승기

러한 비일상적 공간에서 비일상적 임무를 반드시 수행함으로써 자신의 가치를 입증하는 존재다.

협객 사회는 결과에 따른 확실한 보상과 처벌을 통해 강력한 사적 네트워크를 형성하고 유지했다. 《사기》에 소개된 인물들인 주가(朱家)·곽해(郭解) 등은 평판이 대단히 높았으며 그들을 따르는 무리는 자기가 좋아하는 협객들을 위해 살인도 마다하지 않았다. 게다가 한나라 대장군 위청(衛靑)이 한나라 무제에게 일개 평민에 불과한 곽해라는 협객을 비호하는 말을 하여 무제를 놀라게 했다.

사마천은 《사기》에서 유협과 유사한 부류로서 왕공 귀족의 초빙을 받아 이들을 돕는 자를 별도로 분류하여 〈자객열전(刺客列傳)〉에 실었다. 뒤에서 논의할 것이지만, 사마천이 자객과 유협을 분리하는 기준은 독립적 판단 의식의 존재 여부와 지배권력과의 관계에 있다. 자객 역시 하기 어려운 일을 반드시 실천함으로써 목표를 달성하지만, 이들이 지향하는 가치는 유협처럼 사적 네트워크에 기반한 가치가 아니라, 고용인인 지배계급의 가치에 종속되어 있어서 고대 봉건 이데올로기인 충(忠)과 그 가치를 공유한다. 즉 자객의 행동은 지배층의 이익을 보호하였고, 그 결과 이들은 지배계층에서 영웅적인 인물로 묘사된다. 그래서 후대 문인들 가운데 유협을 노래하는 자는 적고, 자객을 노래하는 자는 상대적으로 많다.

법가의 협객에 대한 비판

협객은 고대 사회에서 어떻게 이해되는 존재였을까? 진시황의 통일 문자인 소전(小篆)에 기반한 문자 해설서인 《설문해자(說文解字)》에서는 다음과 같이 설명되고 있다.

> 협(俠)은 빙(俜, 방종)의 뜻이다. 글자 형태는 인(人)을 따르고, 협(夾)으로 발음한다.
> 俠, 俜也. 從人, 夾聲.[9]
>
> – 허신, 《설문해자》

허신은 협을 "俜(빙)"으로 해석했다. 이 글자는 어떠한 태도를 방자하게 드러낸다는 의미로서 "부리다(使)"[10]는 의미이다. 즉 협객이란 방자한 행동을 하는 사람이다. 이 해석은 전국시대 법가의 관점을 반영하고 있다.

법가는 신하가 군주를 시해하는 상황과 같은 예에 의한 통치가 불가능한 시대를 위한 새로운 통치 방식으로서 법(法)·술(術)·세(勢)를 제안한다. 이들은 백성에게 잘 대해주면 "백성들이 아들처럼 와서 돕는다(庶民子來)"[11]라는 전통적 윤리 도덕적 통치 사상을 거부하

---

9 許愼, 《說文·人部》
10 許愼, 《說文·人部》: "俜, 使也." 계복(桂馥) 《의증(義證)》: "사(使)라는 것은 사주(使酒, 술주정하다)의 사(使)이다(使也者, 讀如使酒之使)."
11 《詩經·大雅·灵台》

고, 냉혹한 상벌제도인 법을 통해 신하를 관리함으로써 통치의 기틀을 마련한다.

> (전쟁에서) 다섯 사람이 대오를 조직한다. 만약 한 명이 도망가면 다른 네 명을 참수한다. 만약 포로를 잡을 수 있다면 세금을 면제한다.
> 五人束薄爲伍, 一人兆而剄其四人, 能人得一首則複.
>
> －《상군서·경내(商君書·境內)》

위의 설명은 법가가 다섯 명을 한 단위로 조직한 군인 단위를 운영하는 방식을 보여준다. 즉 전쟁 수행 중에 일어날 수 있는 사건들에 대하여 상벌 제도를 제정함으로써 병사의 대오 이탈을 막고 적을 향해 진격하도록 만들고 있다. 이러한 조치는 이익을 취하고 불이익을 거부하는 인간의 본성에 기반하고 있다. 법가는 이러한 법을 귀족들에게까지 적용해서 귀족계급이 누리던 예(禮)에 따른 관습적 자율성을 제한하고자 했다.

술(術)은 군주가 능력에 따라 관리를 선발하고 관리의 업무평가를 통해 인사권을 행사하는 권한을 말한다.

> 술이란 능력에 따라 관직을 맡기고 명칭에 따라 그 결과를 평가하며, 생사여탈의 권한을 잡고 여러 신하들의 임무 수행 능력을 평가하는 것이다. 군주는 이것을 장악해야 한다.
> 術者, 因任而授官, 循名而責實, 操殺生之柄, 課群臣之能者也. 此人主之所執也.
>
> －《한비자·수법(韓非子·守法)》

위의 말을 살펴보면, 군주는 관리의 업무 능력 평가를 통해 인사권을 장악하여 권력을 강화한다. 즉, 법이 제도적 규범과 이에 따른 상벌을 통해 제도를 유지하는 방식이라면, 술이란 고과를 통해 관료를 장악하고 통제함으로써 통치를 유지하는 방식이다.

세(勢)는 군주가 가진 통치자의 권세 혹은 권위를 말한다.

> 구름을 타고 날아다니는 용이나 안개 속을 노니는 뱀이라 하더라도 구름이 사라지고 안개가 걷히고 나면 지렁이나 개미와 다를 바 없다. 이는 탈 것을 잃었기 때문이다. 현자가 못난 사람에게 굴복하는 것은 현자의 권세가 가볍고 지위가 낮기 때문이다. 못난 사람이면서 현자를 복종시킬 수 있는 것은 권세가 강하고 지위가 높기 때문이다. 요가 필부라면 사람 셋도 다스릴 수 없다. 걸은 천자였기 때문에 천하를 어지럽힐 수 있었다.
>
> 飛龍乘雲, 騰蛇遊霧, 雲罷霧霽, 而龍蛇與蚓蟻同矣, 則失其所乘也. 賢人而詘於不肖者, 則權輕位卑也; 不肖而能服於賢者, 則權重位尊也. 堯爲匹夫, 不能治三人; 而桀爲天子, 能亂天下.
>
> －《한지바·난세(韓非子·難勢)》

법가는 군주의 무능력함을 우려한다. 이는 고대 봉건 국가에서 군주는 강력한 힘을 가졌고, 이는 군주의 우매함과 총명함이 국가가 번성하고 멸망하는 관건이었기 때문이다. 하지만 무능한 군주라 하더라도 법과 술에 의해 구축된 통치 기반이 형성되어 있다면 통치를 유지할 수 있다.

이상의 논의에서 볼 때 법가의 법·술·세는 상벌, 인사, 권위로 해석될 수 있다. 즉 왕이 상벌과 인사권을 통해 백성과 관료를 장악할 때 비로소 왕의 권위가 확립되어 왕을 중심으로 한 국가 운영이 이루어질 수 있다는 것이다. 따라서 법가의 목표는 절대 왕권이 통제하는 국가 시스템을 구축에 있다. 하지만, 법가의 이러한 시스템은 협객의 속성과 마찰을 일으킨다. 한비자가 바라보는 협객은 다음과 같다.

> 관직을 버려두고 개인적 교유 관계를 중시하는 자를 협의가 있다고 한다.
> 棄官寵交謂之有俠.
>
> －《한비자·팔설(韓非子·八說)》

협객은 법보다 사적인 자기 네트워크를 중시한다. 그래서 법가의 관점에서 협객은 법을 무시하는 존재로서 개인의 이권을 우선한다고 생각될 수밖에 없었다.

한비자는 협을 국가를 위기로 몰아넣는 여덟 가지 행위 가운데 하나로 꼽으면서 "신하면서 자기 하고 싶은 대로 하는 것을 협(俠)이라고 한다(人臣肆意陳欲曰俠)."[12]라고 기술한다. 그렇다면 협객은 어떤 방식으로 자신의 힘을 관료제에 투사하는 것일까? 《열자·황제(列子·黃帝)》에는 다음과 같은 이야기가 기록되어 있다.

> 진(晉)나라 세력가 범씨(範氏)에게는 자화(子華)라는 아들이 있었는데 개인적으로 협객을 양성하는 것을 좋아했다. 그래서 모든 나라

---

12 《한비자·팔설(韓非子·八說)》

사람이 그에게 복종했다. 그는 진나라 군주의 총애를 받았기 때문에 관직은 없었지만, 삼경의 오른쪽에 있었다. 그가 어떤 사람을 총애하여 바라보면 진나라에서는 그에게 관직을 주었고, 입으로 어떤 사람을 비난하면 진나라에서는 그 사람을 내쫓았다. 그의 집안을 드나드는 사람은 조정에 있는 것과 같았다. 자화는 그의 협객들에게 지모와 힘으로 서로 다투게 했는데, 바로 앞에서 서로 다투고 다쳐도 개의치 않았다. 밤낮 없이 이러한 행동을 즐겼는데 진나라의 거의 모든 곳에서 풍속이 되어버렸다.

　范氏有子曰子華, 善養私名, 擧國服之; 有寵于晉君, 不仕而居三卿之右. 目所偏視, 晉國爵之; 口所偏肥, 晉國黜之. 游其庭者侔于朝. 子華使其俠客以智鄙相攻, 强弱相淩. 雖傷破于前, 不用介意. 終日夜以此爲戲樂, 國殆成俗.

-《열자·황제(列子·皇帝)》

　범씨는 진(晉)나라에서 강력한 세력을 지녔던 육경(六卿) 가운데 한 집안이다.[13] 그리고 이러한 세력가 가문은 협객들을 양성함으로써 강력한 세력을 형성했고, 동시에 왕의 총애를 받음으로써 국가의 관직, 상벌제도, 그리고 풍속에까지 영향력을 행사했다. 이것은 범씨가 사적으로 양성한 협객들을 이용해서 공적인 시스템까지 영향력을 행사하였다는 것이다. 이는 분명히 국가 체제에 부정적 영향을 주었다고밖에 해석할 수 없다.

13　진평공(晋平公, 재위 B.C.557~B.C.532) 초나라와의 전쟁에서 이기고 제후국 사이에서 패자로 군림하면서 진나라의 중흥을 이끌었지만 점차 진나라 권력은 범(范)·중항(中行)·지(智)·한(韓)·조(趙)·위(魏)의 육경(六卿)이 지배한다.

3. 협객, 정의의 이름으로　143

한비자는 다시 협객의 특징 가운데 자존심과 집요함, 그리고 이러한 것을 방조하는 권력을 문제시한다.

> 절의(節義)를 표방하며 무리를 모으고, 신조를 고수하며 침범을 허용하지 않는다. 원망하는 말이 귀를 스치면 반드시 쫓아가 검을 뽑는다. 당대 군주들은 기어코 이들을 쫓아가 예를 갖추어 대우하면서 자기가 사(士)를 좋아한다고 생각한다. …… 국가가 태평하면 유사(儒士)와 협사(俠士)를 기르다가 어려움이 닥치면 비로소 올바른 무사를 등용한다.
> 立節參明, 執操不侵, 怨言過於耳, 必隨之以劍, 世主必從而禮之, 以爲自好之士. ……. 國平則養儒俠, 難至則用介士.
> ―《한비자·현학(韓非子·顯學)》

한비자가 볼 때 협객들은 일이 발생하면 신하의 책임을 다하지도 않는 데도 왕은 이들을 총애하여 이들의 권력 기반을 높여준다. 또한 협객은 자신들을 무시하거나 원망하는 사람에 대해 사적 폭력을 행사하여 자신들의 위세를 드러내는 행동을 했다. 따라서 협객은 법가가 구상한 통치 체계의 근간인 법을 무시하고 자신들의 자존심과 사적 신의를 우선시하는 존재로서 국가에 큰 해로움을 입히는 무리다.

협객의 사적 정의 실천은 실제로 사회에 막대한 손해를 입히는 경우가 많았을 것이다. 《열자·설부(列子·說符)》에 나오는 이야기는 협객들이 지역사회에서 일으켰던 일화를 우화적으로 기록하고 있다.

> 우씨(虞氏)는 양(梁)나라의 부자였다. 집안은 번성하는 기운으로 충만했고, 돈과 재산은 헤아릴 수 없을 정도로 많았다. 어느 날 누각에

올라 큰길을 바라보면서 음악을 연주하고, 술판을 벌였다. 누각 위에는 도박판을 벌였다. 당시 한 무리의 협객들이 길을 가고 있었는데, 누각 위에서 도박하던 어떤 사람이 주사위를 던져 높은 점수가 나와 2판을 내리 이기자 사람들이 크게 웃었다. 이때 날아가던 솔개가 물고 있던 썩은 쥐를 떨어뜨렸고 협객 가운데 한 사람이 이것을 맞았다. 협객들은 서로 이렇게 말했다. "우씨가 부자로 즐겁게 산 지 오래되더니 사람들을 업신여기는 마음이 생겼소. 우리가 그를 침범하지도 않았는데도 썩은 쥐로 우리를 욕보였으니 보복하지 않는다면 우리의 용기를 천하에 세울 수 없을 것이오. 그대들에게 한뜻으로 힘을 합쳐 무리를 이끌고 그놈의 집을 멸망시켜 공평함을 이루어줄 것을 청하오." 모두 그 말에 응낙했다. 약속한 날 밤이 되어 무리를 규합하고 무기를 마련한 뒤 우씨를 공격해서 집안을 완전히 멸망시켰다.

[그림 4] 검객도·거중여자

虞氏者, 梁之富人也, 家充殷盛, 錢帛無量, 財貨無訾. 登高樓, 臨大路, 設樂陳酒, 擊博樓上. 俠客相隨而行. 樓上博者射, 明瓊張中, 反兩榻魚而笑. 飛鳶適墜其腐鼠而中之, 俠客相與言曰: "虞氏富樂之日久矣, 而常有輕易人之志. 吾不侵犯之, 而乃辱我以腐鼠. 此而不報, 無以立懻於天下. 請與若等戮力一志, 率徒屬必滅其家爲等倫." 皆許諾. 至期日之夜, 聚衆積兵以攻虞氏, 大滅其家.

-《열자·설부(列子·說符)》

《열자》의 이 글은 양나라 부자였던 우씨가 사소한 사건으로 협객들에 의해 멸문지화를 당하는 모습을 통해 부귀의 무상함을 드러내고 있다. 이 협객들의 행위에는 명백한 문제가 있다. 그들은 우씨가 자신들을 무시했다고 말하지만, 그 기저에는 상인에 대한 질투와 적개심이 담겨 있다. 이 이야기만 보더라도 협객들의 행동은 전혀 정의롭거나 용감하지 않으며, 그저 사적 감정에 치우친 무분별한 폭력에 불과해 보인다.

서한 초기 회남왕(淮南王) 유안(劉晏)이 편찬한 《회남자(淮南子)》에도 비슷한 이야기가 있다.

> 초(楚)나라 북쪽에 한 임협이 있었는데 그의 자식들이 그만두라고 수 차례 간언했지만, 말을 듣지 않았다. 마침 현에 살인 사건이 생기자, 그의 집을 대대적으로 수색했고, 사건과 관계되는 사실이 발각되어 그는 야밤에 도주했다. 관부의 사람들이 그를 추격하였고 도로에서 마주치게 되는데, 그가 은혜를 베푼 사람들이 그를 위해 싸워주었고, 그는 간신히 죽음을 피해서 결국 집으로 돌아올 수 있었다. 그는 아들에게 "네가 여러 번 내게 임협 행동을 그만두라고 했지만, 지금 어려움이 발생하자 친구들의 도움으로 체포를 피할 수 있었다. 그러니 나에게 간언하는 것은 소용없다."라고 했다. 그는 난을 피하는 방법은 알았지만, 난을 없애는 방법은 알지 못했다.
> 北楚有任俠者, 其子孫數諫而止之, 不聽也. 縣有賊, 大搜其廬, 事果發覺, 夜驚而走. 追, 道及之. 其所施德者皆爲之戰, 得免而遂反. 語其子曰: "汝數止吾爲俠, 今有難, 果賴而免身, 而諫我, 不可用也." 知所以免於難, 而知所以無難.
>
> - 유안(劉晏), 《회남자·범론훈(淮南子·氾論訓)》

《회남자》의 이야기 역시 초나라 협객을 통해 무위의 도를 말하고 있지만, 여기에 묘사된 협객들은 사적 정의를 위해서 살인과 도주 그리고 국가의 체포령에 저항한다.

한비자가 보기에 협객들은 칼을 들고 다니며 자신의 무력을 과시하지만, 정작 국가가 이들을 필요로 하는 생산력 증진이나 실제 전쟁에는 참여하지 않는 괘씸한 행동을 한다.

> 유가의 복식을 입고 검을 차고 다니는 무리는 많지만, 농사를 짓고 전쟁을 수행하는 사람은 적다.
> 是以儒服, 帶劍者衆, 而耕戰之士寡.
> ―《한비자·문변(韓非子·文辯)》

또한 이들은 왕공 귀족의 비호를 받아 존귀하게 되어 세도를 부리기도 하고, 자신들만의 협의를 주창하면서 사적 조직을 구축함으로써 자신들의 세력을 과시한다.[14]

> 검을 찬 사람들은 무리를 이루어 절개를 표방하면서 자신의 이름을 드러내려 한다.
> 其帶劍者, 聚徒屬, 立節操, 以顯其名.
> ―《한비자·오두(韓非子·五蠹)》

이렇듯 한비자의 눈에 협객이란 국가적으로 부여된 임무는 하지 않고 자신들의 세력 확장에만 관심을 두는 존재로서 강력한 중앙집

---

14 《한비자·오두(韓非子·五蠹)》: 검을 찬 사람들은 무리를 이루어 절개를 표방하면서 자신의 이름을 드러내려 한다(其帶劍者, 聚徒屬, 立節操, 以顯其名).

권화를 통해 천하를 통일하고 경경하는 데 쓸모가 없을 뿐만 아니라 해롭기까지 한 존재였다.

> 나무 인형이 백만 개 있는 것을 강하다고 할 수 없다. …… 나무 인형은 적을 막게 할 수 없기 때문이다. …… 유사와 협사가 군공(軍功)을 세우지 않았는데도 존귀하고 영예롭게 된다면 그 백성들은 부리지 못하는 백성들이니 마치 나무 인형과도 같다.
> 象人百萬, 不可謂强. …… 象人不可使距敵也. …… 儒俠毋軍勞, 顯而榮者, 則民不使, 與象人同事也.
>
> -《한비자·현학(韓非子·顯學)》

한비자는 이러한 협객의 문제점을 비유하는 말로 법가가 구상하는 중앙집권 체제를 좀먹는 존재들인 두(蠹, 좀벌레)라는 글자로 규명했다.

> 유사(儒士)는 글로 법을 어지럽히고, 협객(俠客)은 폭력으로 금령을 범한다. 하지만 군주들이 이들을 모두 예를 갖춰서 대우한다. 이것이 정치가 어지러워지는 이유다. …… 금령을 범한 자는 죽여야 하지만, 여러 협사를 개인 검객으로 양성한다. ……. 법과 등용, 윗사람과 아랫사람, 이 네 가지가 서로 모순을 발생시켜도 다스리지 않는다면 열 명의 황제라도 통치할 수 없다.
> 儒以文亂法, 俠以武犯禁, 而人主兼禮之, 此所以亂也. 夫離法者罪, 而諸先生, 以文學取; 犯禁者誅, 而群俠以私劍養. ……. 法、趣、上、下, 四相反也, 而無所定, 雖有十黃帝不能治也.
>
> -《한비자·오두(韓非子·五蠹)》

한비자가 이 글에서 협사를 비판하는 지점은 협객들이 사적 교유 관계를 중시하여 법의 통제를 벗어나지만, 군주가 오히려 이들을 비호함으로써 이들의 처벌을 면해주게 되어 결과적으로는 법령의 위엄을 갉아먹고 사적 폭력을 조장하게 된다는 점이다. 협객은 군주의 사검(私劍)으로 양성되어 축적된 사적 폭력을 통해 범법적 행위를 함으로써 자기 권력을 확대한다. 이는 마치 유가의 인물들이 다양한 각도에서

[그림 5] 검객도·여주승

법의 의미를 재해석함으로써 현실을 왜곡하는 것과 같다.[15] 협객들은 전쟁에 참여하여 군공을 세우는 것이 아니라 검을 차고 무리를 지어 다니면서 법에 저촉되는 폭력을 통해 사적 네트워크를 강화한다. 그래서 이들의 행위는 국가적 법령 시스템을 파괴하는 것으로 결국 군주의 통치에 장애를 발생시킨다.[16]

이상의 논의를 종합한다면, 법가는 황제 권력을 중심으로 국가의

---

15 한비자는 양을 훔친 아버지를 고발한 직궁(直躬)을 비윤리적이라고 판단한 초나라 영윤, 그리고 나이 많은 부모의 봉양을 이유로 전쟁에서 세 번이나 도망친 자를 칭찬하는 공자를 예로 들면서 "부모에게 효도하는 자식은 군주를 버린 신하다(父之孝子, 君之背臣也)."라고 판단하고 유가(儒家)를 국가를 좀먹는 다섯 부류에 넣었다.

16 《육도·문도·상현(六韜·文韜·上賢)》, "여섯 종류의 도적이란 …… 둘째, 백성 가운데 농업에 종사하지 않으면서 멋대로 협객질을 하면서 금령을 범하고 관리의 교도를 따르지 않는 자는 왕의 교화에 상처를 입힌다(夫六賊者 …… 二曰, 民有不事農桑, 任气游俠, 犯曆法禁, 不從吏教者, 傷王之化)."

모든 구성원이 종적 질서가 잡힌 강력한 국가를 상상했다. 하지만 협객은 자신의 사적 관계를 위해서 폭력을 사용해 자기 권력을 강화함으로써 법가가 구축하려는 황제 중심의 권력 시스템에서 사라져야 할 존재이지만 군왕의 비호아래 기생하는 기생충같은 존재였다.

사마천의 눈에 비친 협객

한나라 역시 진나라처럼 천하를 경영하기 위해서 끊임없이 중앙집권화를 실시했다.[17] 이 시대의 협객들도 협의라는 다소 모호한 구호 아래 형성된 다소 엉성한 지역 조직이라고 할 수 있지만, 진한제국의 황제가 파견한 지방관들과 마찰을 발생시켰다.[18] 그래서 협객의 지역적 명성과 폭력성은 타도의 대상이 된다. 한문제와 한무제시기 곽해(郭解) 부자는 합당한 법률적 근거도 없이 협객이라는 이유로 처형당한다. 이처럼 협에 대한 제국의 탄압이 발동되던 시대에 사마천은 이와는 반대 목소리를 냈다. 어쩌면 그는 제도권 속에서 협의에 대한 긍정적 가치를 공적으로 인정했던 최초의 그리고 유일한 인물로 보인다. 사마천의 뛰어난 면모는 그가 이러한 중앙집권적 관

---

17 한나라의 중앙집권화를 대표하는 정책은 추은령(推恩令)과 군현제다. 군현제는 지방관 인사권을 황제가 직접 가지는 것을 통해 지역에 대한 황제 권력을 강화하는 방식이며, 추은령은 본래 장자에게만 물려주는 봉토를 장자가 아닌 다른 아들들에게도 나누어주도록 함으로써 지방 제후들의 힘을 분산시키는 제도다.
18 사마천의 〈유협열전〉 가운데 곽해(郭解)를 참고.

점에 종속되어 있지 않고 과감하게 자신의 서술 관점을 유지하고 있다는 점이며, 후대 역사가가 미칠 수 없는 그의 강점이다.

사마천은 협객을 다룬 〈유협열전〉에서 첫 시작을 "유자(儒者)는 유가 경전으로 법을 어지럽히고, 협객은 무력으로 금령(禁令)을 위반한다"라는 한비자의 언어로 시작하면서, 협객에 대한 전통적인 그리고 당시 주류적 시각을 제시하고, 이어서 그는 이렇게 말한다.

> 지금 유협(游俠)은 행동이 정의(正義)를 따르지 않지만, 말에는 반드시 신의(信義)가 있고, 행동에는 반드시 결과가 있다. 하기로 약속한 것은 반드시 성의를 다해 실천하며, 이 과정에서 자신을 아끼지 않는다. 그들은 남의 어려움에 뛰어들면서 자신의 생사를 도외시하면서도 자기 능력을 과시하지 않으며, 덕을 자랑하는 것을 수치로 여긴다. 이런 점에서 협객은 찬미할 점이 충분하다.
> 今遊俠, 其行雖不軌於正義, 然其言必信, 其行必果, 已諾必誠, 不愛其軀, 赴士之厄困, 旣已存亡死生矣, 而不矜其能, 羞伐其德, 蓋亦有足多者焉.
>
> – 사마천, 《사기·유협열전(史記·遊俠列傳)》

사마천은 우선 협객이 "정의(正義)를 따르지 않는다"라는 부분을 분명히 한다. 여기서 "정(正)"은 도덕적 올바름이 아니라 서한 제국 성립 이후 형성된 중앙집권화된 황제 권력을 형용하는 말로서 황제의 명령과 국가의 법이다.

한나라 초기에는 여러 지역에 왕들을 봉함으로써 권력이 분산되었다면, 경제(景帝) 시기 7개 지방 제후의 연합 반란 세력인 오초칠국(吳楚七國)의 난을 거치면서 지방 제후들의 세력을 성공적으로 제압했고, 무제에 이르면 강력한 중앙집권화가 이루어진다. 즉 '정의(正義)'라는 말은 곧 국가 법령이자 황제 권력을 의미한다.

따라서 협객의 행위가 정의를 벗어난다는 의미는 제국 통치 체제를 위배한다는 의미이다. 이것은 한비자의 논의와 같은 맥락이다. 그러나 사마천은 협객의 이러한 현격한 체제 위배성에도 불구하고 그들의 언행에 대한 찬사를 이어간다. 그는 협객이 어떠한 어려움이 있더라도 심지어 자신에게 피해가 가더라도 승낙한 일을 완수하는 과감성과 성실함, 그리고 그 결과를 도출할 수 있는 능력에 대해서도 높이 평가했으며, 겸손하고 겸양하는 태도 역시 높이 샀다.

그렇다면 협객이 자기희생을 통해 타인을 위하는 행위의 가치 지향점이 문제가 된다. 즉 협객이 협의를 수행하는 과정에서 보여주는 폭력이 권력자의 세력 확장을 위해서, 혹은 자신에 대한 무시가 발단이 된 폭력이라면 그 가치가 사회지배 이념에 의해 쉽게 상실된다는 점 때문에 '무엇을 위해서'라는 지향성 부분은 협객의 긍정적 평가 근거로서 대단히 중요하다.

우선, 협의 가치를 발생시켰던 계층은 제국의 권력 형성에 참여할 수 없으며, 동시에 이러한 권력과 가장 멀리 떨어진 존재인 평민 백성이다. 사마천은 유협을 수식하는 단어로 '향곡지협(鄉曲之俠)', '여항지협(閭巷之俠)', '포의지협(布衣之俠)', '필부지협(匹夫之俠)' 등을 사용한다. 이 단어들은 지리적 의미를 지닌 '향곡(鄉曲)'과 '여항(閭巷)', 그리고 계층을 의미하는 '포의(布衣)'와 '필부(匹夫)'의 두 종류로 구분되어 있다. '향곡'은 중앙에서 떨어진 "편벽한 시골"[19]이란 뜻이 있고,

'여항(閭巷)'은 민간이란 뜻이다. 또한 '포의(布衣)'란 당시 평민들이 입던 옷을 의미하는 것으로 관직이 없음을 말하고, '필부(匹夫)'란 평범한 한 사람이란 뜻이다. 이 단어들을 종합한다면 협객은 신분적으로는 관료 집단 혹은 귀족 계층에 속하지 않은 평민이며, 협의가 이루어지는 장소가 정부 관사가 아니라 민간 영역에 속한다고 보인다. 또한 협행(俠行)이란 평민 계층의 사람이 공권력이 포용하거나 해결할 수 없는 사회적 문제를 지역 네트워크에 존재하는 힘을 통해 해결하는 과정에서 도출된 평민적 자치 의식이다.

[그림 6] 검객도·경서노인

이러한 가치는 제국의 통치가 들어서기 전에는 분명히 지역사회를 유지하는 공적 폭력이었을 테지만, 중앙집권형 제국이 등장하면서 이러한 공간의 민간 자율성을 해체하고 공권력을 표준으로 정하면서 사적 폭력의 실천인 협은 설 자리를 잃는다. 여기서 사마천은 우선 이들의 신분이 미천하다는 점을 통해 협의 가치가 이들의 자기 보호적 가치였음을 천명한다.

　　태사공은 말한다. 옛날 우순(虞舜)은 창고에서 우물을 파다가 매장될 뻔했고, 이윤은 솥과 도마를 가지고 다녔으며, 부열(傅說)은 부험

---

19 《한어대사전(漢語大詞典)》: 鄉曲, 偏僻的村野。

(傅險)에 숨어 살았고, 강태공(姜太公)은 극진(棘津)에서 곤궁하게 지냈고, 관중(管仲)은 족쇄와 수갑을 찼었고, 백리해(百里奚)는 소에게 꼴을 먹였고, 공자는 광에서 고난을 겪었으며 진과 채에서 식량이 떨어졌다. 이들은 모두 지식인들이 도가 있고 어진 사람이라고 칭송하는 자임에도 오히려 이러한 고난을 겪었다. 하물며 평범한 재능으로 난세를 살아가는 하층의 부류임에랴? 이들이 당한 곤궁함을 어찌 다 말할 수 있으리오!

太史公曰: 昔者虞舜窘於井廩, 伊尹負於鼎俎, 傅說匿於傅險, 呂尙困於棘津, 夷吾桎梏, 百里飯牛, 仲尼畏匡, 菜色陳, 蔡. 此皆學士所謂有道仁人也, 猶然遭此菑, 況以中材而涉亂世之末流乎? 其遇害何可勝道哉!

— 사마천, 《사기·유협열전》

유가에서 성인으로 받드는 순임금, 은나라 탕왕의 천하 평정을 도왔던 재상 이윤(伊尹), 은나라 고종의 중흥을 이끌었던 부열(傅說), 주나라 문왕을 도와 천하를 평정했던 강태공(姜太公), 춘추시대 제(濟)나라 환공(桓公)을 천하의 패자로 만들었던 관중(管仲), 진(秦)나라 목공(穆公)을 패자로 만들었던 백리해(白里奚), 그리고 대성인 공자(孔子)는 한때 곤궁한 삶을 살았던 존재들이지만 대부분 자신이 살았던 시대를 지배했거나 대표했던 지식인 혹은 정치가들이다. 사마천은 이러한 현자와 성인 같은 뛰어난 인물조차 인생의 고난을 피할 수가 없었으니 일반 사람이야 말할 것도 없다는 것이다. 이 말은 사회적 지위 그리고 뛰어난 자질이 없는 일반 사람들에게도 인생의 고난을 해결할 수 있는 수단과 가치를 허용해야 한다는 것이다.

사마천의 이어지는 서술은 인의(仁義)와 같은 사회 보편적 가치에 대한 회의를 보여준다.

시골 사람들은 "인의(仁義)를 알아야 할까? 내게 이익을 누리게 해주는 사람이 덕이 있는 사람이다."라고 한다. 그래서 백이(伯夷)와 숙제(叔齊)는 주(周)나라를 더럽게 여기고 수양산(首陽山)에서 굶어 죽었지만, 문왕(文王)과 무왕(武王)은 이 때문에 왕이 된 업적을 세상으로부터 비판받지 않았다. 또한 도척(盜跖)[20], 장교(莊蹻)[21]는 흉포하였으나 그 일당들은 그들의 의기(義氣)를 한없이 칭송하였다.
鄙人有言曰: "何知仁義, 已饗其利者爲有德." 故伯夷醜周, 餓死首陽山, 而文武不以其故貶王; 蹠、蹻暴戾, 其徒誦義無窮.

– 사마천, 《사기·유협열전》

"내게 이익을 누리게 해주는 사람이 덕이 있는 사람이다(已饗其利者爲有德)."라는 말은 사회 보편적 가치를 부정하고 집단의 이익이 인의(仁義)라는 것이다. 인의에 대한 이러한 도발적인 이야기는 백이(伯夷)·숙제(叔弟), 그리고 도척·장교(莊蹻)의 이야기로 논증된다.

백이와 숙제는 고죽국(孤竹國)의 왕자들이다. 그들은 하극상이라

---

20 도척(盜跖): 도척(盜跖): 춘추시대 노(魯) 나라의 도둑이다. 도척의 '드(盜)'는 도적이란 뜻이다. 노 나라의 재상 유하혜(柳下惠)의 동생이다. 선진시대 대부분의 저서에 등장하는데, 《장자(庄子)》에는 "도척은 따르는 무리가 구천 명이었고 천하를 횡행하며 제후들을 공격하고 침략했다."라고 되어 있다. 또한 《순자(荀子)》에도 "순임금과 우임금과 함께 명성이 해와 달처럼 끊임없이 전해진다(名聲若日月, 與舜禹俱傳而不息)."라고 하였다.
21 장교(庄礄): 초(楚)나라 장왕(庄王)의 후예이다. 초나라 경양왕(頃襄王) 때 병사를 이끌고 파군(巴郡)과 검중군(黔中郡) 지역을 탈취하고 전(滇) 땅을 점령했는데 진나라가 초나라를 공격하자 전(滇)에서 왕이 되어 전국(滇國)을 세웠다.

[그림 7] 검객도·난릉노인

는 방식으로 천하를 탈취한 주나라 무왕(武王)의 정권을 인정하지 않고 단식으로 저항하다 굶어 죽는다. 이런 이상주의자로서 고통받는 백이와 숙제 같은 사람들이 있지만 도척·장교와 같은 무리는 평생 부도덕한 일을 하며 살아도 세상 사람들의 칭송까지 받는다.

백이·숙제는 분명히 울분과 고통 속에서 죽었을 것이지만, 공자까지 이들을 "옛 원한을 생각하지 않았으니 원망함이 적었을 것이다(不念舊惡, 怨是用希)", "인을 구하였는데 인을 얻었으니 다시 원망할 것이 무엇인가(求仁得仁, 又何怨乎)?"[22]라는 말로 이들을 평가했다.

사마천은 《사기·백이열전(史記·伯夷列傳)》에서 공자의 말에 회의를 표현하면서 "이런 것이 천도라면 천도가 옳은 것인가 그른 것인가(儻所謂天道, 是邪非邪)?"라는 말로 천도(天道)와 인도(人道)의 거리감에서 오는 고통을 표현했다. 그리고 이곳에서는 인의라는 것이 고정불변의 어떤 가치가 아니라 권력과 집단의 이득에 따라서 선택되는 가변적인 가치라고 말한다.

혁대 갈고리를 훔친 사람은 처형되지만, 나라를 훔친 사람은 제후

---

22 모두 《논어·공야장(論語·公冶長)》에 보인다.

가 된다. 그래서 "제후의 가문에 인의가 존재한다."라는 말은 허언이 아니다.

竊鉤者誅, 竊國者侯, 侯之門仁義存, 非虛言也.

— 사마천, 《사기·유협열전》

사마천이 위의 글에서 지적하는 것은 곧 인의(仁義)라는 것이 고정불변한 절대적 가치를 지니면서 역사 보편적 영향력을 행사하는 것이 아니라 집단 속에서 집단이 선택하는 가치라는 것이다. 또한, "혁대 갈고리를 훔친 사람은 처형되지만, 나라를 훔친 사람은 제후가 된다."[23]라는 말은 제도 속에서 존재하는 사람은 제도에 구속받지만, 제도 전체를 통제하는 존재는 이러한 통제에서 벗어나 있으며, 동시에 인의(仁義)의 표준을 이동시킬 수 있다는 것이다. 즉, 세상에는 보편적 원칙이라는 것이 존재할 수 없음을 말한 것이다. 이어서 사마천은 매우 회의적인 언어로 자신의 논설을 마무리한다.

> 지금 학문에 구애되거나 혹은 작은 의로움을 품고서 오랫동안 세상과 단절한 사람이 어찌 가치관을 낮추어 세상 사람들과 세상의 부침을 함께하여 명예를 얻는 사람과 같을까?

---

23 《장자·거협(庄子·胠篋)》: "말(斗)이나 되를 만들어 물건을 헤아리면, 말과 되를 훔친다. 저울추와 저울대를 만들어 물건을 달면 곧 그 저울과 저울대를 훔친다. …… 인의(仁義)로써 그릇됨을 바로잡으면, 그 인의를 훔쳐 간다. …… 허리띠의 고리를 훔친 자는 죽임을 당하지만, 나라를 훔친 자는 제후가 된다. 저 제후의 가문에 인의가 있다는 것이 어찌 인의와 성인의 지혜를 훔친 것이 아니겠는가(爲之斗斛以量之, 則幷與斗斛而竊之. 爲之權衡以稱之, 則幷與權衡而竊之. …… 彼竊鉤者誅, 竊國者爲諸侯, 諸侯之門, 而仁義存焉, 則是非竊仁義聖知邪)?"

今拘學, 或抱咫尺之義, 久孤於世, 豈若卑論儕俗, 與世沉浮而取榮名哉!

- 사마천, 《사기·유협열전》

　　위의 글은 사회 체제를 대하는 두 가지 방식이다. 사회 체제가 제시하는 도덕이란 고정불변의 원칙이 아니라 권력에 의해 변질되는 가치이다. 이러한 가변적 원칙에 대해 전대를 고수하는 원칙주의자나 새로운 가치와 결합하는 개혁주의자는 모두 일정한 비판의 여지가 있다. 전자는 변화하는 시대를 받아들이지 못하는 협소하고 고립된 가치를 고수하는 자이며, 후자는 자신의 원칙을 버리고 세속을 쫓는 자들이다. 하지만 사마천은 시대와 함께하지 못하는 공허한 독립적 순수성보다는 실질적인 현실 지배 가치가 있어야 한다는 쪽으로 기울어 있다. 즉 무질서함을 인정하기보다는 그래도 질서가 있어야 한다는 것이다.

　　그런데, 위에서 언급한 인물들은 모두 사회 지배 엘리트로서 정치적 변화에 따라 부침을 거듭하는 존재들이다. 하지만, 협객은 그렇지 않다. 협객은 이러한 정치적 변화에 직접 참여하는 존재가 아니므로, 무왕의 은나라 정벌 사건 발생과 무관하게 또 하나의 삶을 살아간다. 즉, 이들은 사회 엘리트 체제 밖의 존재들로서 자신의 삶을 재단할 권리와 의무가 있다. 사마천은 이들이 자기 삶을 토대로 만든 가치가 사회 보편적으로 수용될 수 있는 가치가 된다는 것은 그 나름의 의미가 있다고 본다.

하물며 아무런 관직이 없는 사람으로서 자신이 승낙한 일을 중시하여 천리 밖의 사람들이 그의 의로움을 칭송하고, 기꺼이 목숨을 버림으로써 현실의 어려움을 고려하지 않는 행위 역시 뛰어난 점이 있으며 아무나 할 수 있는 것이 아니다. 그러므로 사가 궁핍하면 이들에게 몸을 맡기니, 이들이 어찌 사람들이 말하는 현자와 호걸이 아닐 수 있을까?

而布衣之徒, 設取予然諾, 千里誦義, 爲死不顧世, 此亦有所長, 非苟而已也. 故士窮窘而得委命, 此豈非人之所謂賢豪間者邪? 誠使鄕曲之俠, 予季次, 原憲比權量力, 效功於當世, 不同日而論矣. 要以功見言信, 俠客之義又曷可少哉.

― 사마천, 《사기·유협열전》

따라서, 협의 인물들은 사회 계층적 한계가 존재하지만, 자기 신념의 실천과 자기 수양, 그리고 이를 통해 형성하는 절대적 신의 관계 속에서 자신의 가치를 세상에 세운다. 즉 협은 고대 제국의 피지배자로서 체제 건설에 참여할 수는 없지만, 자기 신념의 실천을 통해 민중 사회 속에서 자기 가치를 독립적으로 획득한다.

사마천은 나아가 협의 가치가 지배사회에 영향을 줄 수 있다고 본다. 사마천은 협객의 신의와 행동력을 높이 평가하면서 어려움에 빠진 사(士)가 그들을 믿고 의지할 수 있다는 의의가 있다고 말한다. 즉 협의 가치는 권력 집단이 장악한 사회 질서에 위배되고, 또 종속을 거부하는 부분은 있지

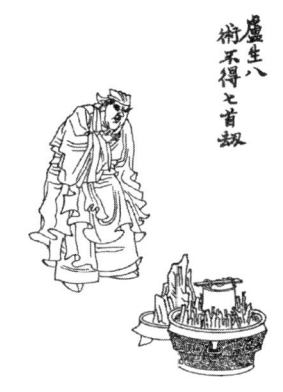

[그림 8] 검객도·노생

3. 협객, 정의의 이름으로   159

만, 지배 체제 혹은 권력으로부터 억압을 받아 궁핍해진 사(士)에 의해 사회 주류적 방향성을 획득함으로써 이들의 신의와 행동력이 때로는 지배 사회의 불합리한 억압을 제거하는 힘의 원천으로 작동한다는 것이다. 이렇게 본다면 협은 피지배계급에 속한 존재들이 자신들의 삶에 대해 행사하는 정의이며, 동시에 지배계급의 위력에 대한 반작용적 힘으로서 지배 질서에 대한 저항의 의미를 획득한다.

그리고 사마천은 다시 한 번 협의 계층성과 이러한 계층의 가치가 사회보편적 가치를 획득하는 것이 대단히 어려움을 표시하면서 협의 가치를 재확인한다.

> 옛날의 평민 협객에 대해서는 들은 적이 없지만, 가까운 시대의 연릉군(延陵君), 그리고 맹상군(孟嘗君)·춘신군(春申君)·평원군(平原君)·신릉군(信陵君) 등의 인물들은 모두가 왕의 친족들로서 봉토가 있고 경상(卿相)의 지위가 있었다. 이로써 그들은 천하의 현자들을 초청하여 그 명성을 제후들에게 드러내었다. 그들이 현명하지 않았다고는 말할 수 없지만, 비유하자면 바람이 부는 것을 따라서 소리를 지르는 것이니, 소리란 속도를 빠르게 할 수는 없지만, 바람의 세가 소리를 격동시키는 것이다. 이에 반해서, 시정의 협객들은 오직 자기의 행실을 수양하고 이름을 더럽히지 않도록 조심하여 명성이 온 천하에 퍼져서 그들의 현명함을 칭찬하지 않는 사람이 없으니 이는 매우 하기 힘든 일이었다.
> 古布衣之俠, 靡得而聞已. 近世延陵、孟嘗、春申、平原、信陵之徒, 皆因王者親屬, 藉於有土卿相之富厚, 招天下賢者, 顯名諸侯, 不可謂不賢者矣. 比如順風而呼, 聲非加疾, 其勢激也. 至如閭巷之俠, 修行砥名, 聲施於天下, 莫不稱賢, 是爲難耳.
>
> — 사마천,《사기·유협열전》

서두에 언급된 4명은 모두 춘추시대의 유명한 왕족 혈통의 공자들이다.[24] 사마천은 협객을 이들과 비교하면서 사회적 신분의 도움 없이 오직 자신의 힘을 통해 세상 사람들의 인정을 받는다는 점을 분명하게 평가하고 있다.

이상의 논의를 종합한다면 협객(俠客)들은 사회적 신분도 없고 부유하지도 않은 평민들로서, 제국의 통치가 스며들기 전, 지역사회를 유지하는 도덕적 심판자였다. 이렇게 본다면 '협'이란 민간에서 발생하는 폭력에 대한 정당화 논리와 같다. 하지만 강력한 중앙집권형 통치 체제가 등장하여 지역 공간을 중앙으로 포섭하는 과정에서 사적 폭력의 성격이 부여되었고, 이들의 존재는 점차 긍정적 평가에서 부정적 평가로 이동했다.

협객과 자객

사마천은 협객을 다룬 〈유협열전〉 외에 〈자객열전〉을 저술했다. 일부 협을 논하는 저작들 속에서는 〈자객열전〉에 소개된 인물과

---

[24] 이들은 한국에서는 일반적으로 전국사군자(戰國四君子)라고 하고, 중국에서는 전국사공자(戰國四公子)라고 한다. "군자"라는 말은 이들의 계층과 성품에 대한 평가적 표현이며, 공자(公子)는 "공의 아들"이란 말로서 귀족적 신분을 표현하는 단어다. 여기에서는 협사와 구분되는 이들의 신분을 드러내고자 후자의 용어를 사용했다. 연릉은 오나라의 왕자 계찰(季札)이며 뛰어난 문화적 소양과 인품이 있다고 알려진 인물이다. 또한 맹상군·춘신군·평원군·신릉군은 이른바 전국시대에 명성이 높았던 4명의 공자(公子)들로서 수백 명의 가신을 양성하여 자신들의 힘과 세력을 길러서 정치 무대에서 활약했던 사람들이다.

〈유협열전〉의 인물을 합쳐서 협을 논한다.[25] 하지만 두 작품에 소개된 인물들은 차이점이 있다.

우선 사마천은 자신이 〈유협열전〉을 서술한 의의를 이렇게 기록했다.

> 이들이 곤경에 처한 사람을 구해주고 궁핍한 사람을 구제해 주는 것은 인자(仁者)가 지닌 것인가! 이들이 믿음을 잃지 않고 말을 저버리지 않음에는 의로운 사람이 취할 것이 있다. 그래서 〈유협열전〉 제64편을 지었다.
> 救人於厄, 振人不贍, 仁者有乎; 不旣信, 不倍言, 義者有取焉. 作 〈遊俠列傳〉第六十四.
>
> — 사마천, 《사기·태사공자서(史記·太史公自序)》

이 글에서 사마천은 협의 가치를 인의(仁義)의 관점에서 피력했다. 인(仁)의 가치는 곧 제국이 포용하지 못하는 존재들을 구제해 주었다는 점에서, 그리고 의(義)의 가치는 이들의 행위 준칙에 드러나는 신의와 희생정신에서 드러난다.

그러나 이 말은 협의 긍정적 부분을 서술한 것으로 부정적 부분에 관한 서술이 첨가되어야 한다. 협이 당시 지배 질서에서 제외된 집단의 가치로서 "곤경에 처한 사람을 구해주고 궁핍한 사람을 구제해 주는" 협은 백성의 영역에서 일정한 의미를 지닐 수 있지만, 국가

---

25 정동보, 「무협소설 개관」, 대중문화연구회, 『무협소설이란 무엇인가』, 예림기획, 2001, p.9.

합의적 윤리로부터 인정받지 못하는 행동 가치이기 때문에 자기 소멸이 전제되는 위험한 행위이다. 그런데 이러한 협객과 비슷하게 행동한 사람들이 있었는데 이들이 바로 자객이다. 이 둘은 언뜻 보면 비슷한 인물인데도 사마천은 굳이 이 둘을 협객과 자객으로 나누었다. 여기서는 그 이유를 구체적 인물들의 행적을 보며 생각해 보겠다.

사마천의 〈유협열전〉에 구체적인 행적이 서술된 인물은 주가(朱家)와 곽해(郭解)이다. 우선 주가는 사마천이 대협(大俠)이라 칭한 인물이므로, 사마천의 안목에서 협의 의미를 가장 잘 체현한 인물이라고 할 수 있다. 아래에서는 주가의 이야기를 축약한 것이다.

주가는 한대(漢代) 초기의 인물로 한고조(漢高祖) 유방(劉邦, B.C. 247~B.C.195)과 같은 시대를 살았다. 그는 자신을 돌보지 않고 타인을 적극적으로 도와 많은 사람의 생명을 살려주었는데 이 가운데는 계포(季布) 같은 유명한 사람도 있었다.[26]

계포는 초나라 사람으로 처음에는 항우(項羽)의 부장이 되어 유방을 괴롭혔던 항우의 장수였다. 유방은 황제가 된 다음 현상금을 걸고 그를 잡으려고 했다. 당시 주가를 숨겨주고 있던 하남성의 주씨(周氏)는 계포를 노예라고 속여 팔았는데, 주가는 이런 사실을 알고서 계포를 도와주기로 결심한다.

주가는 유방의 평생 절친이자 생사를 함께했던 여음후(汝陰侯) 하후영(夏侯嬰)을 찾아가 이렇게 말한다.

"여음후께서는 계포가 어떤 사람인 것 같습니까?"

---

[26] 계포를 도운 이야기는 〈유협열전〉에서는 간단히 언급 되지만 자세한 내용이 〈계포난포열전(季布欒布列傳)〉에 보인다.

"현자입니다."

"신하는 각자 자신의 주인을 위해 힘을 다합니다. 계포가 항우를 위해 힘을 다한 것은 직분을 다한 것일 뿐입니다. 항우의 신하라면 다 죽여도 됩니까? 지금 황제께서 막 천하를 얻었는데 개인적 원한으로 한 사람을 수배함으로써 어찌 천하에 속이 좁은 모습을 보이십니까. 계포는 뛰어난 사람인데 한나라에서 이처럼 조급하게 그를 수배한다면 그는 북쪽 흉노로 도망치거나 남쪽의 남월(南越)로 도망칠 것입니다."

직분을 따른 것이지 죄가 될 수 없고 황제가 등극하여 은혜를 베풀어야 한다는 주가의 말을 들은 하후영은 황제인 유방에게 사면을 간청했고 결국 유방은 계포 체포령을 거둔다. 사면을 받은 계포는 황제의 호위무사인 낭중(郎中)에 임명되었고, 주가의 도움을 받았다는 것을 알게 된 이후 주가를 찾았지만, 주가는 계포를 만나주지 않았다.

주가는 계포 체포령이 불합리하다고 판단하고 자신과 아무런 관계가 없는 계포를 도와준다. 즉 그는 포의 신분으로 황제의 명령을 거스르고 황제의 명령에 대해 시비를 논한다 이것은 자신의 생명을 걸고서 황제의 권력에 맞서는 행위다.

이러한 협객의 특징은 자신에 대한 오만함 혹은 거대 망상에서 비롯한 것으로도 비칠 수도 있어서 "제멋대로(俜)"[27]라는 평가가 이상하지만도 않다. 하지만 이러한 평가를 뒤집어 생각해 보면 협객이 황제 권력으로 움직여지는 제국이라는 체제에 소속되어 그 일원으로서 체제를 찬양하는 것이 아니라, 오히려 제국의 운영 시스템에서

---

27 허신(許愼), 《설문해자(說文解字)》: "협(俠)은 빙(俜)의 뜻이다(俠, 俜也)."

벗어나고자 하는 욕망 혹은 거부하는 존재이다. 다시 말해서 협객에게는 타인의 어려움을 구제하는 것은 곧 제국의 통치에서 벗어나는 행위다. 이런 점에서 권력 지배에 압도되지 않는 탈중심적 비판 의식이 협의 근본정신이다.

협의 두 번째 특징은 자신의 행위를 통해 부와 명예를 추구하지 않는 윤리 의식이다. 주가는 자신이 도와준 계포를 만나지 않음으로써 보답을 바라지

[그림 9] 〈진송〉·1996

않았다. 즉 그는 자신의 협행을 통해 자신의 이익을 추구하지 않았으며 가난하게 생활했다. 따라서 협객에 대한 칭송이 일어나는 원인은 타인이 쉽게 할 수 없는 자기희생과 자기를 드러내지 않는 겸손함에 있다.

협객이 유명해진 것은 사마천의 말처럼 "누구나 어려움에 처할 수 있다."라는 현실 때문에 이들의 힘에 경도된 존재들을 탄생시켰다는 점도 생각해 볼 필요가 있다. 즉, 고대 사회에서 한 개인이 자신이 어쩔 수 없는 위기를 만났을 때 협은 이들이 호소할 수 있는 마지막 사회적 보루이다. 이런 점에서 협객은 백성의 염원으로 만들어진 영웅의 지위를 획득한다.

위에서 보듯 주가의 이야기는 다소 전설적 인물처럼 묘사되지만, 곽해는 매우 사실적으로 묘사되어 있다. 사마천은 곽해와 동시대를 살았고 실제로 그를 본 적이 있다. 그는 처음에 곽해가 외모나 사상

이 뛰어난 사람이 아니라고 생각했다. 하지만 그는 자신의 선입견을 잠시 걷어두고 곽해가 사람들에게 추앙받는 점을 깊이 생각했고 결국 그의 죽음을 애도하게 된다. 사마천의 고뇌를 거쳐 묘사되는 곽해의 삶을 살펴보자.

곽해는 청년기에 앞서 살펴본《열자》·《회남자》에 소개된 협객들과 비슷하게 무뢰배의 삶을 살았다.

> 곽해는 젊은 시절 원한이 많아 잔인한 생각을 품고 있었고, 일이 뜻에 맞지 않을 때는 직접 살인하는 일도 많았다. 그는 목숨을 걸고 친구를 위해서 복수하였고 망명한 사람들을 감추어 주었으며, 간악한 짓과 강도 행위도 그치지 않았다. 또한 가짜 돈을 만들고 무덤을 파헤쳐 부장품도 훔쳤다. 이러한 일들이 수없이 많았으나, 운이 좋게 궁지에서 빠져나와 도망칠 수 있었고 혹은 사면되기도 하였다.
> 少時陰賊, 慨不快意, 身所殺甚衆. 以軀借交報仇, 藏命作奸剽攻, 不及乃鑄錢掘塚, 固不可勝數. 適有天幸, 窘急常得脫, 若遇赦.
>
> – 사마천,《사기·유협열전》

그는 자기 뜻에 거슬린다는 이유 혹은 친구의 복수를 위해 살인을 저질렀고 국법을 어긴 사람을 숨겨주고 위조지폐를 제조하기도 했으며 강도와 같은 행동도 서슴지 않았다. 이것을 보면 곽해는 힘과 쾌락을 추구하면서 거침없는 삶을 살았던 3류 협객이었다.

곽해가 협객이라는 명성을 대외적으로 얻기 시작한 것은 나이가 들고 이러한 형편없는 행동을 개선한 이후이다. 사마천은 폭력을 통해 사람들을 괴롭히고 이득을 취하는 사람과 협객을 확실하게 구분한다.

> 패를 짓고 세력을 결성하여 재물을 모으고, 가난한 사람들을 부리며, 폭력으로 약한 자를 억누르거나 마음대로 쾌락을 즐기는 것을 위협들 역시 부끄러운 일이라고 여겼다.
> 至如朋黨宗強比周, 設財役貧, 豪暴侵凌孤弱, 恣欲自快, 遊俠亦醜之.
>
> — 사마천,《사기·유협열전》

곽해가 명성을 얻은 일화 가운데 외조카 사망 사건이 있다. 곽해의 외조카는 곽해의 명성을 믿고 어떤 사람에게 억지로 술을 권하며 조롱하다가 피살당한다. 곽해의 누나는 아들의 죽음에 커다란 슬픔을 느껴서 곽해에게 범인을 잡아내라고 종용했다. 아마 젊은 시절 곽해라면 신의를 중시했으므로 누나의 아들을 죽인 자를 용서하지 못했을 것이다. 하지만 곽해는 수소문 끝에 범인을 찾아 "자네가 그 애를 죽일 만도 했군. 내 조카가 옳지 못했어"라며 사건을 종료시켜 범인을 구제해 준다. 만일 곽해가 이런 결단을 내려주지 않았다면 그는 곽해를 추종하는 인물들에 의해 죽임을 당했을 것이다.

또한 곽해는 자신을 무시하는 사람의 병역을 면하게 해주어 그를 탄복시키고, 다시 낙양에서 원수로 지내는 두 가문을 화해시킨다. 그는 자신의 이러한 공적을 스스로 내세우지는 않았지만, 그의 행적은 사회관계망을 통해 저절로 사람들에게 전파되었다.

따라서 협의 파워란 사람들이 모두 옳다고 생각하지만, 국가 사회적 윤리 요구 때문에 실천하기 어려운 일을 수행해 낼 수 있는 용기와 능력이 발현되고, 그 일이 다시 중앙 거대 권력에서 상대적 하위 위치에 있는 사람들 사이에 확산이 이루어지면서 형성된 관계망적 힘이다.

법가에서 시작된 협객에 대한 탄압은 한나라 시대에 이르러 본격화된 모습을 보인다. 곽해의 부친 역시 한나라 문제(文帝, B.C.202~B.C.157) 시대에 이미 협객이라는 이유로 처형되었고, 곽해 역시 무제에 의해 죽임을 당한다.

[그림 10] 협객도·형십삼랑

곽해의 죽음은 B.C.127년, 무제의 〈무릉 이주령(遷茂陵令)〉 반포와 함께 시작된다. 이 법령은 300만 전 이상을 가진 지방 호족을 모두 장안 인근의 무릉(茂陵)으로 이주시키는 것으로, 지방 호족의 토지를 국가가 염가에 사들이고 다시 농민에게 지급함으로써 지방 세력을 억제하고 중앙에서 파견하는 지방관의 힘을 강화하는 방안이다. 곽해는 가난했지만, 사회적 명성 때문에 이주를 강요받았다. 특이한 것은 대장군 위청(衛靑)이 곽해를 변호했다는 점이다.

위청(衛靑) 장군이 곽해를 위해서 황제에게 말하기를 '곽해는 가난해서 이주 대상이 못 됩니다'라고 하였다. 그러자 무제는 '하찮은 평민임에도 불구하고 장군이 그를 위해서 말할 정도라면, 이는 그가 빈궁하지 않음을 설명하는 것이오'라고 말했다.

衛將軍爲言:"郭解家貧不中徙."上曰:"布衣權至使將軍爲言, 此其
　　家不貧."

— 사마천,《사기·유협열전》

　그런데 곽해를 이주해야 한다고 주장했던 사람들과 이 일을 공론화한 사람들이 피살되는 사건이 발생한다. 즉 황제의 명령이 시행되는 과정에서 협의 힘이 개입됨으로써 제국의 질서가 방해받는 사건이 발생한 것이다. 겁도 없이 도전하는 이들을 좌시할 수 없었던 무제는 곽해 체포령을 발동한다. 그러나 곽해는 유유히 도망쳤고, 오랜 시간 뒤에 체포된다.

　곽해를 체포한 관리들은 곽해를 조사하는 과정에서 그의 죄가 대사령(大赦令) 이전에 발생했기 때문에 다시 문책할 수가 없다는 것을 발견한다.[28] 그러나 여기에 어사대부 공손홍(公孫弘, B.C.200~B.C.121)이 곽해의 처벌을 강력하게 주장한다.

　　곽해는 서인의 신분이면서 임협적 행동으로 권력을 행사했고, 사소한 원한 때문에 사람이 죽었습니다. 곽해 본인이 이 일을 모른다고 해도 그 죄는 그가 직접 살인한 것보다 훨씬 더 큽니다. 마땅히 대역무도 죄로 다스려야 할 것입니다.
　　解布衣爲任俠行權, 以睚眥殺人, 解雖弗知, 此罪甚於解殺之. 當大逆無道.

— 사마천,《사기·유협열전》

28　원삭(元朔) 4년(B.C.125)에 무제의 병이 나으면서 대사면령이 발동된다.《史記·孝武本紀》: 於是病愈, 遂幸甘泉, 病良已. 大赦天下, 置壽宮神君.

[그림 11] 검객도·홍선

공손홍은 무제 시대 정치가이다. 본래 가난해서 돼지를 기르는 등 빈천한 생활을 하다가 유가 경전인 《춘추공양전(春秋公羊傳)》을 배워 나이 40에 정계에 진출하여 재상까지 오른 인물이다. 그는 무제의 정치 고문으로서 무제 시기 권력의 중앙집권화에 큰 영향력을 행사하였는데, 하층민 계층에서 재상이 된 그는 곽해와 같은 임협들이 제국과 사회에 일으키는 문제를 잘 알고 있었을 것이다. 결국 곽해는 일족이 모조리 처형당한다.

이처럼 무제가 협객을 탄압하는 정책을 펼쳤지만, 사마천은 힘없는 사람을 자신을 버려가며 도와주는 협을 국가 체제의 정치적 방향성과 상관없이 인정한다. 좀 더 살펴보면 협은 이러한 개인적 도덕윤리의 성취일 뿐만 아니라 사회 체제적인 면에서 의의가 있다. 즉 주가와 곽해는 한나라 제국의 법령이 유일한 사회 지배 체제가 됨으로써 그 속에서 피해를 당하는 존재를 구제해 주는 역할을 하고 있다.

이와 달리 자객은 협객과 사뭇 다르다. 이들은 우선 계급적으로도 국가 권력자들과 밀접한 관련성을 맺고 있으며 그 신분도 다양하다. 조말(曹沫)은 노(魯)나라 군주인 장공(莊公)을 섬기는 장군이다. 그는 노나라와 제(濟)나라의 화친 맹약에서 제환공(齊桓公)을 비수로 협박해서 노나라가 잃어버린 땅을 되찾아 준다. 전제(專諸)는 오나라 공자 광(光)의 사주로 오나라 왕 요(僚)를 암살하는 인물이며, 예양(豫讓)은 자신이 섬기던 진(晉)나라 지백(智伯)을 죽인 조양자(趙襄子)의 암살을 3차례 시도한 인물이다. 또한 섭정(攝政)은 한(韓)나라 대부 엄중자(嚴仲子)를 위해서 한(韓)나라 재상 협루(俠累)를 암살했다. 그리고 형가(荊軻)는 연(燕)나라 태자 단(丹)의 사주로 진시황 암살을 시도했다.

이들은 모두 타인을 위해서 자신의 생명을 걸고 암살을 시도했기 때문에 유협의 행위와 비슷하지만, 사마천은 이들을 협(俠)의 범주에 넣지 않고 자객의 범주로 분류했다. 그 이유는 이들의 행위가 모두 권력과 밀접한 관계를 맺으면서 이루어지고 있어서 곤궁에 처한 사람을 도와주는 협행과 차이를 보여준다. 즉 자객은 당시 권력자들과 고용인과 피고용인의 계약 관계를 맺고 암살을 진행하기 때문에 정치권력으로부터 독립한 가치 판단에 따라 행동하는 협객들과는 폭력 사용의 동기와 목적이 다르다.

또한 자객은 자신의 고용주와의 계약 관계에서 일정한 보상을 받는다. 즉 자객과 고용주의 계약 관계는 금전 혹은 지위와 관련한 것도 있고, 자신의 명예와 관련한 것도 있다. 조말(曹沬)은 세 번이나 전쟁에서 도망친 자신을 믿어준 장공에 대한 책임 때문에 제환공(齊桓公)을 위협했고, 전제의 아들은 공자 광이 오나라 왕 부차(夫差)가 된 이후 상경(上卿)이 된다. 예양은 마지막 암살 실패 이후 "현명한 군주는 남의 미명(美名)을 덮어 가리지 아니하고, 충신은 명절(名節)을 위하여 죽을 의무가 있다(明主不掩人之美, 而忠臣有死名之義)"라고 말하면서 자신의 명예를 중시했고, 조간자(趙簡子) 역시 "예자(豫子)여!

그대가 지백을 위해서 충절을 다하였다는 명예는 이미 이루어졌고, 과인(寡人)이 그대를 용서함도 이미 충분하였다(嗟乎豫子!子之爲智伯, 名旣成矣, 而寡人赦子, 亦已足矣)!"라고 말함으로써 그의 명예를 높여준다. 섭정은 "나는 시정 바닥에서 칼을 들고 짐승을 도살하는 백정이다. 그런데 엄중자는 제후의 경상(卿相)으로, 그런 분이 천리 길도 멀다아니하고 수레를 몰고 찾아와서 나와 사귀었다. …… 나는 지금부터 나를 알아주는 사람을 위해서 힘을 다하리라(政乃市井之人, 鼓刀以屠; 而嚴仲子乃諸侯之卿相也, 不遠千里, 枉車騎而交臣 …… 政將爲知己者用)."라는 말로 자기 신분 상승의 욕망 충족을 자신의 암살에 대한 신념으로 전환시켰고, 섭정의 누나 섭영(聶榮)은 이름 없이 죽은 동생을 슬퍼하여 그의 이름을 세상에 알리고 죽는다.

따라서 자객의 암살은 고용주로부터 명성, 금전, 혹은 관직과 같은 암살의 대가를 얻는 계약에 따른 것이어서 아무런 대가 없이 움직이는 협객과 다르다. 또한 협객은 상하의 주종관계가 아니라 자기 독립적인 가치에 따라 협행을 하지만, 자객은 "사(士)는 본시 자기를 알아주는 사람을 위해서 죽는다"라는 충(忠)의 이데올로기를 어느 정도 충족한다. 따라서 협객은 체제에 포섭되지 않은 자유로운 존재이지만, 자객은 체제에 반쯤 들어간 존재로서 이미 체제 종속적 행위를 할 수 있을 뿐이다.

《사기》의 자객들 가운데 형가(荊軻)는 단연 자객들의 왕이라 할 수 있다. 일단 그가 암살하고자 한 대상이 진시황이라는 점은 대단히 큰 충격과 호기심을 불러일으킨다. 아래에서는 사마천이 기록한 형가의 일생을 통해 자객의 특징을 살펴보겠다.

형가는 위(衛)나라 사람으로 문무를 겸비한 인물이다. 그는 개백정 같은 시정의 인물들과 어울리면서 동시에 고점리(高漸離)라는 음악가와도 교유했다. 이것은 그가 귀족적인 면과 서민적인 면을 한 몸에 가진 인물이다. 게다가 그는 남이 자기를 모멸할 때도 참고 견디는 외유내강의 모습도 갖춘 인물이다.

그는 연나라 태자 단(丹)과의 인연으로 진시황 암살 임무를 떠맡는다. 이 임무는 죽음이 기정사실로 되어 있어서 부귀와 명예 그리고 쾌락은 모두 큰 의미가 없다. 즉 형가의 암살은 당시 진나라의 핍박을 받는 6국의 기대를 한 몸에 받았으며, 진나라에 대한 폭정으로 군사를 일으켜 건립한 한나라의 건국 정신과 이어지기 때문에 형가의 암살은 일반적인 자객이나 협객의 행위라는 의미를 벗어나 중국 역사의 흐름 한 가운데 서 있게 되었고 그가 지은 시는 암살자의 마지막 유언이 되어 중국 문학에서 칭송이 끊이지 않는다.

[그림 12] 검객도·왕경굉복

바람은 소슬하고 역수는 차가운데,　　　　　風蕭蕭兮易水寒
장사 한 번 가면 다시 오지 못하네.　　　　　壯士一去兮不復還
　　　　　　　　　　　　　　　　- 형가, 〈역수는 차갑다(易水寒)〉

역수(易水)는 하남성 서쪽에 있는 강물이며, 태자 단이 진나라로 떠나는 형가를 배웅한 곳이다. 바람이 소슬하고 역수는 차갑다는 것은 암살자의 냉혹한 미래를 반영하는 것으로 한 번 가면 돌아오지 못하는 죽음의 이미지를 상징한다. 《사기》에는 사람들은 그의 이 노래를 듣고 "그 음악이 강개하여, 모두 눈을 부릅떴고 머리카락은 관(冠)으로 치솟았다(複爲羽聲慷慨, 士皆瞋目, 發盡上指冠)."라고 기록되어 있다. 이 시에서 표현된 '차가운 역수'는 문학적 이미지가 되어 후대 문학에서 권력자에 대한 저항과 대결을 의미하는 시어가 된다.

이곳에서 연나라 태자 단과 작별하면서	此地別燕丹
용사의 분노가 치솟아 머리칼이 관을 뚫었네.	壯士髮沖冠
옛사람 이미 세상에 없지만,	昔時人已沒
오늘도 역수의 물결은 여전히 차갑구나.	今日水猶寒

– 낙빈왕(駱賓王), 〈역수에서 송별하며(易水送人)〉

낙빈왕(駱賓王)은 측천무후(則天武后) 정권에 반란을 일으킨 서경업(徐敬業)의 난에 참여한 인물이다. 앞의 두 구절은 〈열전〉 내용 가운데 이별의 장면을 집약하고 있고 뒤의 두 구절은 자신의 이야기를 담았다. 그가 "사람은 없지만 역수는 차갑다"라고 한 것에서 그가 말하는 "사람"은 송별하는 사람과 형가를 오버랩하고 있고, "지금도 역수는 여전히 차갑네(今日水猶寒)"라고 한 것은 형가의 정신을 지금 자신이 느낀다고 말함으로써 반란의 비장함을 전달한다.

《사기》는 비록 형가의 이러한 비장한 모습을 그려내지만, 형가의 마지막 서술은 매우 아쉽다.

형가는 일이 실패한 것을 알고 기둥에 기대어 웃었다. 그는 주저앉으며 꾸짖듯이 말했다. "일이 실패한 것은 너를 사로잡아서 약속을 받아내서 태자에게 보답하려고 했기 때문이다."
軻自知事不就, 倚柱而笑, 箕踞以罵曰: "事所以不成者, 以欲生劫之, 必得約契以報太子也."

– 사마천, 《사기·자객열전》

많은 문인이 형가를 찬양했지만, 위에 나타난 형가의 말은 너무 무게를 잡고 있다. 그는 마치 적군이 강을 건너기 전에 공격하는 것은 인자가 아니라고 말했던 "송나라 양공의 인자함(宋襄之仁)"을 생각나게 할 정도로 자객의 차가움이 없다. 어쩌면 그는 무술가 자객이 아니라 6국의 원수를 갚기 위해서 통탄에 빠진 문인의 모습을 가진다.

어쨌든 이상의 자객의 모습을 살펴보면 다음과 같은 결론을 내리게 한다. 자객은 국가 권력자들의 권력욕과 재능 있는 자들의 명예욕이 결합한 것으로 상호 간에 계약을 통해 이루어지는 행위이다. 이에 반해 유협은 지배계층이 제공하는 명예와 보상이 관계하지 않으며, 국가 권력이 해결하지 못하는 사회 문제를 건드리고 있어서 국가 권력과 대립한다. 그래서 자객은 비록 무를 숭상하고 목숨을 바쳐 암살을 시도하지만, 이들은 고용인과 고용주의 계약 관계에 있는 체제의 도구로서, 그 중심에는 자기독립적 판단인 협(俠)이 아닌 사회적 계약 관계인 충(忠)이 존재한다.

사마천의 뒤를 이은 역사가 반고(班固)는 유협에 대해 사마천과는 사뭇 다른 견해를 보인다. 그는 공자의 "천하에 도가 있을 때, 정치,

권력이 대부에게 있지 않다(天下有道, 政不在大夫)."라는 공자의 말을 인용하면서 유협이 제국의 법령을 따르지 않았음을 지적한다.

  옛 바른 법으로 보자면, 춘추시대의 오패(五伯)는 삼왕(三王)의 죄인이요, 전국시대의 육국(六國)은 오패의 죄인이다. 나아가 네 명의 호걸은 육국의 죄인이다. 하물며 곽해와 같은 부류는 필부라는 비천한 신분으로 생사여탈의 권한을 훔쳤으니 그 죄는 이미 사형을 피할 수가 없다. 그의 온건하고 박애적인 태도, 궁핍한 사람을 도와주고 위급한 사람을 구해주고서도 물러나 자랑하지 않은 행동을 살펴보면 실로 남다른 품격이 있다. 하지만 안타깝게도 도덕에 들지 못하였으니 비속한 부류에 흘러 방종하여 자신은 죽임을 당하고 멸문을 당한 것은 불행한 것이 아니다.
  古之正法五伯, 三王之罪人也; 而六國, 五伯之罪人也. 夫四豪者, 又六國之罪人也. 況於郭解之倫, 以匹夫之細, 竊殺生之權, 其罪已不容於誅矣. 觀其溫良泛愛, 振窮周急, 謙退不伐, 亦皆有絶異之姿. 惜乎不入於道德, 苟放縱於末流, 殺身亡宗, 非不幸也

– 반고(班固),《한서·유협전(漢書·遊俠傳)》

반고는 춘추 시대 다섯 패자가 하·은·주를 세운 왕들의 죄인이라고 생각한다. 이것은 맹자의 논리를 가져온 것이다.[29] 맹자는 기존 통치를 무너뜨리고 정통 왕조를 세웠던 하나라 우왕(禹王)·상나라 탕왕(湯王)·주나라 문왕(文王)을 칭송하고, 그 뒤를 이어 춘추시대

---

29 《맹자·고자하(孟子·告子下)》: "오패는 삼왕의 죄인이다. 지금의 제후는 오패(五霸)의 죄인이고, 지금의 대부는 지금 제후의 죄인이다(五霸者, 三王之罪人也; 今之諸侯, 五霸之罪人也; 今之大夫, 今之諸侯之罪人也)."

의 제환공(齊桓公), 진문공(晉文公), 송양공(宋襄公), 초장공(楚庄公), 진목공(秦穆公) 등의 다섯 패자(霸者)가 자기 나라만 생각하여 주 왕실의 권위를 되찾도록 해주지 못했기 때문에 "삼왕의 죄인"이라 말한 것이다.

그는 이 기세를 이어서 반고는 전국시대 제나라의 맹상군(孟嘗君), 조나라의 평원군(平原君), 위나라의 신릉군(信陵君), 초나라의 신춘군(春申君)이 각 나라의 제후가 넘보지 못하는 실력자로 군림하면서 제후국의 정치를 좌우했지만, 각 제후국이 천하를 안정시키는 힘을 가지지 못하도록 했다고 비판한다. 그러나 반고가 맹자의 논리를 따른다면 삼왕 역시 요순(堯舜)의 죄인이라고 해야겠지만 그는 통일 왕조의 위엄을 거스르는 말을 하지 못했다.

반고의 목적은 중앙집권형 관료제의 안정을 통한 제국 관리의 효율화에 있다.

> 백관과 유사(有司)는 법을 받들고 명령을 이행함으로써 맡은 직분을 다하고, 직분을 잃으면 처벌받으며, 남의 직분을 넘보아도 처벌한. 무릇 그러했기에 위아래가 서로에 대해 고분고분했고 모든 일들이 잘 다스려졌다 …… 평민 유협으로서 극맹(劇孟), 곽해(郭解) 같은 무리는 향리에서 자기 마음대로 횡행했으며, 그들의 권세는 한 주(州)를 휩쓸 정도여서 공후(公侯)조차 힘으로 꺾어버렸다. 많은 사람은 그들의 명성과 행적을 영광으로 여기며 행적을 살펴 보며 흠모했다. 심지어 사형을 당하거나 스스로 몸을 죽여 이름을 이루려 했다. …… 총명한 임금이 위에 있으면서 간악한 자들을 잘 살펴 예법으로써 가지런히 하지 않는다면 백성들이 어찌 금하는 바를 알아서 바른길로 돌아올 것인가!

百官有司奉法承令, 以修所職, 失職有誅, 侵官有罰. 夫然, 故上下相順, 而庶事理焉. …… 布衣遊俠劇孟、郭解之徒馳騖於閭閻, 權行州域, 力折公侯. 衆庶榮其名跡, 覬而慕之. 雖其陷於刑辟, 自與殺身成名. …… 非明王在上, 視之以好惡, 齊之以禮法, 民曷由知禁而反正乎.

- 반고,《한서·유협전》

그는 관료 조직의 효율적 관리를 말하면서 극맹·곽해와 같은 협객들이 국가 관리의 명령을 듣지 않을 뿐만 아니라 지역에서 커다란 세력으로 등장하여 정부에 대항했으니 죽어 마땅하다는 논리를 편다. 이러한 황제 중심의 제국 통치라는 국가 이데올로기의 관점에서 협(俠)의 가치는 당연히 인정될 수 없다.

특히 반고가 사마천의 서술을 보충하여 협객으로 거론한 인물들은 대체로 관리와 결탁하여 있거나 관리가 된 자들이어서 《사기》의 기준인 포의라는 계층성을 탈피해 있으며 대체로 자신의 사사로운 이익에서 벗어날 수 없다. 한서에 소개된 거장(萬章)은 장안(長安) 경조윤(京兆尹)의 문하독(門下督)이었고, 누호(樓護)는 경조의 관리였다가 광한(廣漢) 태수가 되었으며 진준(陳遵)은 선제(宣帝)와의 친분으로 태원(太原) 태수, 욱이(郁夷)현령 등이 되었다가 나중에는 가위후(嘉威侯)에 봉해진다. 원섭(原涉)은 20세 때 곡 구(谷口) 현령이 되었다가 부친의 원수를 갚기 위

[그림 13] 검객도·곤륜마륵

해 곡구 현령을 버리지만 그는 아버지의 무덤을 화려하게 치장할 수 있을 정도로 부유했고 계속해서 권력자들과 어울리며 자신의 세를 과시했다. 이러한 모습들은 남의 위기를 도와주는 협객의 모습이 아니다. 오히려 동한 말 삼국시대를 열었던 《삼국지(三國志)》의 영웅들에게서 유협의 숨결을 느낄 수 있다.

협과 고대 사회

유가는 권력이 철저히 왕에게 귀속되기를 바랐으며, 동시에 권력의 무결점성을 추구했다.

> 소송을 심리하는 것은 나도 다른 사람만큼은 할 수는 있다. 하지만 나는 송사가 발생하지 않도록 하겠다.
> 子曰: 聽訟, 吾猶人也, 必也使無訟乎!
>
> —《논어·안연(魯語·顔淵)》

공자의 이 말은 그가 바라는 정치란 모든 분쟁이 자발적으로 해결되어 굳이 판결할 필요가 없음을 말한다. 이 말은 주나라 문왕의 고사를 생각나게 한다.

> 우(虞)와 예(芮)의 사람들에게 송사가 있었는데, 양자가 해결하지 못하자 주나라로 찾아갔다. 그들이 주나라 경내에 들어서 보니 농부들은 서로 밭의 경계를 양보하고, 백성들의 풍속은 모두 연장자에게 양보

하는 것이었다. 그러자 우, 예의 사람은 채 서백을 만나기도 전에 부끄러워하며 "우리처럼 싸우는 것은 주나라 사람들이 부끄러워하는 바이니, 가서 뭐 하겠는가? 부끄럽게만 될 텐데……"라며 그냥 되돌아가서 서로 양보하고 헤어졌다. 제후들이 이 소문을 듣자 "서백은 아마도 천명을 받은 군주인가 보다"라고 말하였다.

於是虞、芮之人有獄不能決, 乃如周. 入界, 耕者皆讓畔, 民俗皆讓長. 虞、芮之人未見西伯, 皆慚, 相謂曰: "吾所爭, 周人所恥, 何往爲, 只取辱耳." 遂還, 俱讓而去. 諸侯聞之, 曰: "西伯蓋受命之君."

– 사마천, 《사기 · 주본기(史記 · 周本紀)》

이 글은 주나라의 통치 질서에 대한 예찬과 함께 그 질서가 이웃 나라에까지 영향을 미쳤다는 것을 서술함으로써 주나라 문왕의 감화를 드러내고 그가 천하의 통치를 감당할 만한 인물임을 드러내고자 했다. 이 이야기는 유가가 다툼 해결에 있어 자율을 강조하며, 이 자율적 분쟁 해소의 근본 원인으로 통치자를 지목하고 있다는 점이다. 이것은 결국 아래와 같은 논지로 이어진다.

천하에 도가 있으면 정치가 대부에 있지 않고 천하에 도가 있으면 평민이 비방하지 않는다.
天下有道, 則政不在大夫. 天下有道, 則庶人不議.
–《논어 · 계씨(論語 · 季氏)》

이 말은 천하 통치에 있어 그 권력이 반드시 왕에게 있어야 하며, 왕은 이러한 권력을 사용해서 완벽한 천하 질서를 확립할 것을 요청한다. 하지만, 이러한 논의는 도덕적 이상주의이다. 현실 속에 존재하는 불만과 분쟁의 요소를 허용하지 않는 이러한 태도는 사회적 문제의 발생과 그 해소의 문제에 관심을 두지 않을 수도 있다. 최고 권력이 분쟁 없는 완벽한 세계를 지향한다는 것은 권력의 무결점성을 위한 현실의 희생을 강요함으로써 법가와는 다른 방식으로 현실을 억압한다.

> 영대를 세우기 시작하여　　　　　　　　　　　　經始靈臺
> 영대를 경영하네.　　　　　　　　　　　　　　　經之營之
> 백성들이 힘껏 일하여,　　　　　　　　　　　　庶民攻之
> 며칠 만에 다 지었네.　　　　　　　　　　　　　不日成之
> 문왕이 짓는 것을 서두르지 말라 하셨으나,　　　經始勿亟
> 자식이 아비의 일을 돕듯 백성들이 오네　　　　庶民子來
> 　　　　　　　　　－《시·대아·영대(詩·大雅·靈台)》

영대(靈臺)는 주나라 문왕이 만든 누대(樓臺)이다. 위의 서술에서 보이듯이 유가의 책략은 백성들이 마치 부모의 일을 돕듯이 왕의 일에 참여한다는 것이다. 이 말은 민간 노동력을 동원하는 이상적 모습을 제시하는 부분이 있지만, 그 이상 아래에 쌓여가는 고통과 불만을 왕의 교화로 풀어낼 수 있을지 의문이다. 권력자가 시키는 일을 거부할 수 있는 백성이 있었던가? 자식처럼 몰려들었다는 것은 주관적 진술이며, 결국 현실 속

[그림 14] 검객도·사명두타

3. 협객, 정의의 이름으로　**181**

불만의 목소리를 권력으로 잠재우는 상황이 될 가능성이 높다. 어쩌면 백성의 고통을 대신하는 유가 성왕(聖王)의 영민한 감각은 권력 투쟁의 승리를 위한 명분을 잡아내는 것에 쏠려 있을 뿐 백성들의 기쁨을 함께한다는 것은 자기 기만적 속성으로 점철되어 있다. 그래서 태평성대는 권력자의 자아도취적 성향을 강조하게 된다.

통치 권력이 아무리 자신의 무결점성을 주장한다고 하더라도 시간 앞에 무릎을 꿇는다. 유가는 현실의 변화를 받아들이지 않을 정도로 어리석지는 않다. 소송 없는 완벽한 사회가 어떻게 무너질 수 있을까? 그래서 유가는 성왕의 통치 체제 밖에서 지배 권력의 변화를 구할 수밖에 없다. 유가는 이 역할을 위해 천명(天命)이라는 권력 이양 시스템을 도출했다.

천명은 유가가 받아들이는 유일한 현실 권력 변화 현상이다. 우선 천명이 발동하기 위해서는 서민들의 불만과 고통이 필요하다. 이 불만과 고통은 유가에 의해서 현실 정치 밑바닥에 묻혔기 때문에 이 소리 없는 말을 들을 수 있는 존재는 오직 하늘뿐이다. 하늘은 이러한 무음의 고통에 대한 응답으로 천명(天命)을 왕이 될 만한 사람에게 부여하여 혁명을 완수한다.

유가가 허가하는 폭력은 이처럼 백성과 하늘의 동의하에서 이루어지는 것이다. 하지만 여기에서도 문제가 있는데 그것은 일반 백성은 현실의 고통을 절실하게 느끼는 피동적 위치만 주어질 뿐 현실 변화 권력을 가질 수 없고 또 다른 위정자에게 위임할 수밖에 없다는 점이다. 즉 백성들은 단지 하늘이라는 원망 은행에 원망을 저축할 뿐 만기가 도래한 계좌 잔고의 도장을 요구하러 오는 자는 천명을 받은 새로운 지배자이다.

　하층 계급의 억눌린 욕구가 천명을 받은 왕에 의해서 해소될 것이라는 기대가 충족될 수 있을까? 지배계급의 서사로 점철된 유가의 이론에서 이러한 것을 기대하기는 불가능하다. 그리고 여기에 협(俠)의 의의가 있다. 즉 협이란 주류 서사가 은폐한 백성의 억울함을 다시 현실로 소환하는 힘이다. 그리고 의로운 협객만 존재했던 것은 아니겠지만 적어도 진정한 협객은 민중의 편에 서서 그들의 어려움을 해소해 주는 일종의 매개자다.

　전국시대 수많은 전쟁으로 일어난 혼돈은 천하 통일이라는 열망을 낳았다. 과거 주나라의 봉건제는 혈연적 위계질서에 따라 권력을 나누었지만, 통일 제국이 만들어지면서 분산된 권력이 황제에게 집중된다. 한 사람이 천하를 다스리기 위해서는 다원화된 가치보다는 통일되고 명료한 가치 기준을 선호할 수밖에 없다. 따라서 제국의 성립과 욕망의 획일화는 필연적 추세였을 것이다. 제국은 사람들을 구속했을 것이고 이러한 국가적 정의(正義)에 반하는 욕망은 부정되었을 것이다.

　제국의 명령이 가지는 권위는 천하에 소급되었고 국가가 제한하는 범위 밖의 것에 대해서는 철저히 부정당했고, 지리적으로는 중앙의 힘이 지방을 억압하는 권력관계가 성립되었고 문화적으로는 관이 민을 억압하는 구조가 이루어졌다. 이러한 억압의 해소를 위한 통로의 문화적 구조화는 유가가 담당했는데, 이른바 한대 효(孝)의 강조와 이러한 효의 가치를 실천한 사람들을 관료로 임용하는 효렴(孝廉)이라는 제도가 억압된 욕망의 사회적 해소 통로 가운데 하나의 역할을

[그림 15] 검객도·정수재

했을 것이다. 효를 위해 자신을 희생하고 또한 청렴한 생활을 찬양하는 것은 모두 억압된 존재에 대한 사회적 보상으로 볼 수 있다. 그러나 늘 그러하듯 이러한 통로는 너무나 제한적이며 또 다른 억압을 불러왔다.

중국의 정통 역사서 25종 가운데 사마천(司馬遷)의 《사기(史記)》와 반고(班固)의 《한서(漢書)》 2종의 역사서에만 협(俠)이 다루어지고 있고, 이후에 편찬된 23종의 역사서에는 협객에 관한 별도의 기록이 없다. 이것은 제국의 성립과 함께 군현제라고 하는 국가 관리 시스템이 정착되면서 황제 권력의 절대화 추세가 더욱 강화되었음을 보여주는 것이다.

사실 반고가 협에 관해 서술하기는 했지만, 사마천과 달리 협을 매우 비판적으로 바라보았다. 그는 사마천의 관점을 뒤집는 서술을 통해 그 의미를 삭제한다. 더욱이 《한서》에 소개된 후대의 유협들은 이타적 협의 가치 대신 자신들의 영욕을 추구하는 인물들로 채워진다. 이들은 이미 관방에 흡수된 세력이 되었고, 독립적인 협의와 평민적 계층성을 떠난 협은 그 존재 의의를 상실한다. 마치 《수호전(水滸傳)》에서 송강이 권력에 포섭된 이후 문학적 매력이 대거 감소한 것처럼 협객의 생명력도 크게 사라진다.

협은 그 행위가 정의롭건 그렇지 않건 간에 한 개인이 가진 사회적 불만에 대한 폭력적 해소를 기본 구조로 삼는다. 이런 협객의 행동은 제국의 제도를 거스르는 것이며 곧 황제 권력에 대한 도전이다. 사회 제도를 부정하면서 욕망을 실현하는 협의 존재는 제국의 입장에서 제거되어야 했다.

지배 체제가 협을 탄압하기만 한 것은 아니다. 국가 권력과 지역 협객의 결합은 이미 전국시대(戰國時代)에 나타나 있다. 맹상군(孟嘗君)을 대표로 하는 제후국 권력자들은 자신의 세력을 키우기 위해서 협객을 식객으로 받아들였다. 이러한 전통의 연장선에 있는 존재들이 사마천이 말하는 자객이다.

권력자에 포섭되어 활동했던 인물 가운데에는 자신을 희생하면서까지 권력자를 도와주는 사람도 존재했다. 이런 점에서 이들의 행위는 타인의 어려움을 위해 발 벗고 나서는 협객의 모습과 비슷하다. 하지만 자객은 자체의 판단이 없이 자신을 고용한 권력자의 요청에 따라 행동한다. 즉 자객은 고용주의 정치적 상황과 이해관계를 자신의 것과 동일시하지만, 유협은 자신이 도움을 주는 대상을 스스로 선택한다. 이것이 협객과 자객의 가장 큰 차이다. 그래서 자객은 "사는 자신을 알아주는 사람을 위해 죽고 여자는 자신을 사랑해 주는 사람을 위해 화장한다(士爲知己者死, 女爲悅己者容)."라는 말을 하는 것이다.

이런 점에서 자객은 유가(儒家) 혹은 법가(法家)가 재단하는 통치자의 이데올로기에 포섭되어 있다. 하지만 협객은 권력자가 아니라 오히려 호소할 곳 없는 존재들을 돕는다. 이들은 제국의 중앙집중식 통치가 간직한 맹점을 뚫고 칼을 들이밀고 지배 권력과 충돌한다. 그래서 자객은 체제 유지적 특징이 있고, 협객은 체제 전복성이 있다. 자객은 지배 체제를 유지해 주는 특성이 있지만, 협객은 지배 체제의 통제를 받지 않을 뿐만 아니라 그 허점을 파고든다. 하지만 고대 사회에서 지지받지 못한 협은 자신의 확장성에 한계를 보인다. 《한서》의 협객들은 전대의 가치를 유지하지 못하고 자신이 저항했던 지배체제와 결탁하면서 소멸하고 만다.

협과 현대 사회

현대적 관점에서 협은 어떤 의미를 지닐까? 중국 대중문화에서 무협은 큰 줄기를 형성했고, 현재까지도 수많은 무협 소설과 무협 영화 그리고 만화 등은 작품성의 논란에도 불구하고 끊임없이 생산되고 있지만 현대 문화의 흐름 속에서 협은 그 힘이 쇠퇴하여 소멸 직전에 놓여있다. 이 문제는 무협을 주제로 삼은 영화를 살펴보면 다음과 같다.

무협 영화는 1928년 최초의 무협 영화 《화소홍련사(火燒紅蓮寺)》가 제작된 이래 수많은 작품이 만들어졌는데, 1970년대에서 2000년대까지가 그 전성기였다.

1970년대 무협 영화는 주로 아버지 혹은 집안의 원수, 혹은 스승의 원수를 응징하는 영화이다. 이처럼 작품의 주제가 고전 이데올로기를 반영한다는 점에서 이 시대의 무협을 고전 무협이라 해도 될 것이다. 이 시대를 대표하는 감독 가운데 한 명은 후진첸(胡金銓, 1931~1997)이다. 그가 만든 《협녀(俠女)》(1971)는 제28회 칸 영화제(1975)에서 기술대상(Technical Grand Prize)을 수상한다.

고전 무협 영화는 1980년대에 이르러 누아르(Noir)로 외피를 바꾼다. 칼을 잡은 협객은 총을 잡은 갱스터로 치환되었고, 이들의 주제는 인륜에서 의리로 바뀐다. 이후 1990년대부터는 《황비홍(黃飛鴻)》, 《훠위안자(霍元甲)》와 같은 근대 무술가의 영웅화가 이루어졌다.

무협영화의 꽃이 피고 졌던 시대는 2000년대였다. 리안(李安)의 〈와호장룡(臥虎藏龍)〉(2001)이 미국 아카데미 시상식에서 최우수 외국어 영화상, 미술상, 촬영상, 음악상을 휩쓸면서 세계적인 관심을 받았고, 장이머우(張藝謀)의 〈영웅(英雄)〉(2002)이 베를린 국제 영화제(52회) 은곰상을 수상했으며, 전통 무협 영화라고 할 수는 없지만 무협의 현대적 의미를 담은 자장커(賈樟柯)의 〈천주정(天注定)〉(2013)이 칸 영화제(66회) 각본상을 받기도 했다. 이 시기에는 서구에서 무협을 모방한 작품이 주목을 받기도 했는데 대표적인 작품이 쿠엔틴 타란티노(Quentin Tarantino)의 〈킬빌 2(Kill Bill 2)〉(2004)이다. 그러나 그뿐이었다. 허우샤오셴(侯孝賢) 감독의 〈자객 섭은낭(刺客聶隱娘)〉(2015)이 칸 영화제에서 감독상(68회)을 받은 것을 끝으로 마치 섭은낭이 강호를 은퇴하듯 중국 무협 영화의 힘은 사라졌고 현재 중국 내부에서도 대중의 외면을 받고 있다.[30]

무협 영화의 작품성은 논외로 하더라도 사람들은 더 이상 날아다니는 협객에게서 매력을 느끼지 못하고, 협객들이 말하는 인륜과 우

---

[30] 2024년 중국에서 무협 영화 가운데 최고 흥행작 《위타문(韋馱門)》은 5,597명이 관람했고 19.8만 위안의 수익을 올렸을 뿐이다. 〈2024年武俠片冠軍, 票房僅19.8萬, 觀看人數5597人, 被沈騰打慘了〉, 《搜狐》, https://www.sohu.com/a/793091622_121948378 (2024-07)

정을 진부하게 여긴다. 거장이라 불리는 여러 감독이 무협이라는 장르에 도전했지만 이러한 흐름을 되돌리지는 못했다. 무협이라는 문예 장르가 한 시대를 풍미했지만, 현대에 이르러 외면을 받는 이유는 무엇일까?

여기에는 무협이 현대 사회의 가치로서 받아들여지기 어렵다는 원인이 존재할 것이다. 사실 협객이 협의를 부르짖으며 지배 권력과 갈등하는 힘은 현대 사회에 있어서 시사하는 바가 있다. 그러나 현대 사회는 과거에 비해 훨씬 복잡하다. 즉 무협이라는 장르가 현대 사회의 복잡다단한 면을 반영하기에는 낡은 형식이 되어버린 것이다.

[그림 16] 검객도·인침녀

여기에는 중국에서 생산된 작품의 수준이 떨어진다는 점을 지적하지 않을 수 없다. 무협의 본질이 억눌린 민중 욕망의 해소인 데 비해 중국 자본으로 제작되는 영화는 억눌린 민중 욕망을 교묘히 체제와 결합하려는 의도가 너무 명백하다. 중국이 협을 관리하는 방식을 가장 잘 드러나는 작품은 장이머우(張藝謀)의《영웅(英雄)》이다. 이 작품에서 형가는 민중의 기대를 죽이는 중국 정부가 고용한 암살자다. 현대 중국 사회에서 감히 기존 권력에 대항하는 협의 서사를 할 만한 작품을 만들기는 어렵다. 지배 체제에 종속된 서사는 이미 차고 넘친다.

무협에 대한 외면은 무협이 서사화하는 충효와 의리가 현대 사회에서 이미 진부한 단어가 되었다는 것만 의미할 뿐이 아니다. 현대 국가는 미세한 부분까지 개인에 대한 지배를 시행하고, 개인은 자신의 성장과 행위의 판단 기준을 국가 기관에 의지한다. 현대 사회의 비대해진 국가 권력 앞에서 사람들은 점차 자신의 힘을 모두 국가에 이양하고 국가에 의존하면서 자신의 불만을 해소하고 충족하는 방식은 더욱 국가화되고 제도화되었다. 즉 체제가 가진 맹점을 협객의 검으로 타파하는 것이 불가능하거나 혹은 의미가 없다고 생각하는 것이다.

한국 사회에서 협의 가치가 극성한 시기는 아마도 386 세대일 것이다. 그들은 한국 사회의 민주화를 위해서 그 누구보다 앞장섰던 민주화의 세례자들이다. 이들이 독재 정부와 맞서는 힘은 무협과 매우 닮아있다. 이후 이들은 제도가 허락하지 않는 협의 정신을 국가 제도 속에 녹여내려 했고, 그 결실로서 국가의 모습 속에 민주주의를 각인했다. 이것은 마치 《수호전(水滸傳)》에서 송강(宋江)이 양산박(梁山泊) 108 호걸들을 이끌고 송(宋)나라 정부로 들어간 것과 비슷하다. 체제에 수용된 도적이 더 이상 도적이 아니듯, 국가 속으로 들어간 민주도 그 이후 사람들 사이에서 찾아보기 힘들게 되었다.

사람들이 무협을 외면하는 두 번째 이유는 무협이 가진 인간에 대한 기대가 낙후되었다고 여겨지기 때문이다. 전통 무협의 무술적 상상력은 가진 것 없는 민중이 저항 불가능한 현실의 끊임없는 압박을 뒤집기 위해서 자기 육체에 무한한 발전 가능성을 투사한 결과다. 하지만 현대 사회의 기술적 변화는 이러한 상상력을 인간 육체가 아니라 과학, 기계, AI에게 넘겨주고 있다. AI가 바둑에서 이세

돌을 격파한 것(2016.03.09~15)은 단지 인간의 경제 활동에 대한 제한을 의미하는 것이 아니라 인류가 문명 속에서 자신의 육체가 가지는 한계를 자각했다는 것을 의미하며 이는 인류의 낭만 시대가 종결되었음을 뜻한다.

워쇼스키 형제의 영화 〈매트릭스(Metrix)〉(1999)만 해도 인간 중심주의를 드러냈지만, 이후 출현한 미디어 속 인간은 자신의 발전에 대한 현대 문명적 상상력의 한계를 드러내면서 인간에게 초인적 힘을 기대하는 대신 과학기술에 대한 의존을 드러냈다. 즉 현대 과학 사회의 이러한 육체에 대한 한계 설정과 과학 중심적 가치관은 인간의 육체적 힘에 대한 한계성을 인정하고 발전에 대한 상상력을 과학적 한계 범위 안으로 좁혔고, 무협의 육체 괴롭히기는 의미를 잃었다.

현대인은 과학 혹은 우주를 상상력의 근원으로 삼는다. 마블(Marvel) 히어로는 외계의 존재이거나 혹은 기계 혹은 과학의 힘으로 탄생한 불멸의 존재들로서 현대적 쾌감을 선사한다. 그리고 이들은 과학에 기반한 특수 능력으로 주변을 압도하고 막대한 재력으로 기술을 독점하는 현대 사회의 최상위 0.1% 계층에 속한 존재들이다. 이들이 주목받는다는 점은 현대 사회가 이러한 존재들을 자신의 미래 모습으로 삼는 신도들의 세계라는 것을 의미한다. 멸문의 화를 당해서 고아로 자라나 소림사와 같은 시골 무술 메카에서 수련을 통해 초인적 힘을 얻어 자신의 복수를 완수하고 강호의 대협으로 이름을 날리는 흙수저의 세상 뒤집기는 촘촘히 박힌 창살 속에서 차가워진 현실의 족쇄를 느껴 버린 죄수들의 처지를 대변해 주는 존재가 아니다.

하지만 무협의 근본적인 의미는 시스템의 맹점을 칼로 찌르는 저항 의식이다. 문화 혹은 국가 시스템은 인간의 일정한 부분을 억압하여 전체를 유지하고 발전시킨다. 그리고 개인은 이러한 억압에 대한 보상을 통해 시스템의 억압을 받아들인다. 그러나 시스템이 약속한 보상을 해주지 않는 문제가 지속될 때, 그리고 이 문제를 해결할 수 있는 방식이 제도적으로 존재하지 않을 때, 인간은 근원적 폭력성으로 저항한다. 따라서 협은 억제된 욕망의 보상을 탈문명적 방식을 통해 획득하려는 시도이다. 문명을 추구하는 사회 속에서 모든 것을 제도화하는 것은 한계가 있다. 적어도 체제에 의해 복속되지 않는 협의 의식은 시스템의 구속이 커질수록 그 소중함도 커질 것이다.

4_

신화와 전설, 은유와 대립

> 간적(簡狄)이 제비의 알을 삼키고
> 은나라 시조 계(契)를 낳았다던가
> 유온(劉媼)이 용과 교합하여
> 유방(劉邦)을 잉태한 것들이
> 그 예들이다.
> 简狄吞燕卵而生商
> 刘媪得交龙而孕季
> 皆其例也
> - 노신(魯迅), 《중국소설사략(中國小說史略)》

    신화는 세계에 대한 인류의 초보적 이해라 할 수 있다. 여기서 세계는 인간과 그 외부를 아우르는 개념이며, 신화 속 세계는 신에 의해 창조된 공간이다. 인간은 신이 창조한 세계에서 신의 피조물이자 신에게 종속된 존재로 그려진다. 하지만, 인간과 신의 세계의 관계는 단순히 일방적이지 않다. 인간은 신에 의해 창조된 세계 속에서 새롭게 자신의 욕망을 추구하며, 때로는 신의 요청을 따름으로써 신의 은총을 받는 때도 있지만, 때로는 이를 거부하고 신에게 도전함으로써 신의 심판을 받는다.

결국 신화의 세계는 인간, 자연, 신이라는 세 겹의 층위가 연결된 세계다. 인간은 자연을 통해 감각적 세계와 초월적 세계를 구분하고, 자연의 생멸과 같은 불가해한 영역을 신에게 위탁함으로써 초월적 세계와의 연관성을 만들어 간다. 자연은 인간의 감각을 통해 접근할 수 있는 대상이면서 동시에, 그 너머에 있는 신비와 초월적 영역을 환기하

[그림 1] 여와보천(女媧補天)

는 통로가 된다. 이처럼 신화는 인간이 자신과 자연의 생멸을 이해하고 그 의미를 사물의 주재자인 신의 존재로 해석하는 방식이다. 그리고 그 방식은 시대와 지역에 따라 다양한 형태로 나타나며, 각기 다른 사회 집단이 공유하는 규범과 가치, 그리고 문화적 정체성을 담고 있다.

신화의 의의는 해석할 수 없는 세계에 대한 장악을 신에게 전가하고, 그에 대한 복종을 거래함으로써 자기 보존의 가능성을 확장하려는 데 있다. 앞서 언급한 신화의 구조에서 인간은 알 수 없는 영역에 대한 전지전능한 권한을 신에게 부여했는데, 그 목적은 미지(未知)의 영역을 이해가 가능한 시공간으로 치환함으로써 알 수 없음에 대한 두려움을 해소하고, 신을 통해 자신이 접근하고 있는 불가해한 현상을 장악함으로써 자기 생존을 보장받으려는 것이다. 이런 점에서 신화란 인간의 안전과 생존을 위해 고안된 일종의 다층적인 메커니즘이

며, 궁극적으로는 신적 존재에 도전하는 인간의 열망을 담고 있다.

대체로 신화의 형태는 모든 물질에 영혼이 있다고 생각하는 물활론(物活論, Hylozoism)에서 출발하여 사물을 지배하는 신들이 있다는 다신적 신화로 발전한다. 이 과정에서 이러한 신들의 세계를 종횡으로 누비며 운명의 시련을 극복하는 인간 영웅 신화가 등장한다. 이후 인간의 사회 국가 조직이 체계화되면서 공동체의 이념·금기·윤리가 적용된 도덕 신화가 구성되고, 끝으로 세계의 시작과 종말, 우주의 본질을 설명하는 단계인 종교적 혹은 우주적 신화를 구축한다. 그러나 이러한 신화의 세계는 결국 신의 영역으로 넘겨준 미지의 신비 세계를 이성과 과학으로 점령하면서 신화의 세계를 인간의 영역으로 끌어 내리는 과정이 동시에 나타난다.

중국에서도 초기에 접촉한 자연 현상은 대체로 신비한 불가지의 영역이었을 것이다. 그래서 자신에게 영향을 주는 존재 대부분과 현상에 신의 존재 혹은 영혼을 투사했고 자연의 불규칙성을 통제하기 위해서 다양한 자연신들이 고안되었다. 이 과정에서 구미호(九尾狐), 새의 몸에 인간의 얼굴을 한 구망(句芒), 날개 달린 물고기인 비어(飛魚), 몸통은 거북이지만 새의 머리에 뱀 꼬리가 있는 현구(旋龜) 등 다양한 괴물들이 생겨났을 것이며, 범람하는 강물에 대한 두려움과 예측할 수 없음을 통제하기 위해서 황하의 신인 하백(河伯)을 세우기도 했고, 농경에 중요한 요소인 바람의

[그림 2] 《산해경》 현구

신인 풍사(風師)와 천둥의 신 뇌사(雷師) 등을 상상하는 등의 이질적 존재들이 존재하는 공간을 외부에 구성했다.[1] 만약 중국 민속학 혹은 종교학의 영역으로 들어간다면 지역성을 반영하는 정령과 신들을 만날 수 있을 것이다.

중국 신화 연구에서 특출한 업적을 보여주었던 위엔커(袁珂)는 중국 신화에서 특별한 부분이 신화와 역사의 혼합적 서술이라고 지적한다.

> 천상의 여러 신들은 역사화 되어 인간의 성왕(聖王)과 현신(賢臣)이 되었다. 예를 들면 천상의 황제(皇帝)는 황제(黃帝)가 되고, 불의 신 축융(祝融)은 고신씨(高辛氏)의 화정(火正)이 된다. 형벌의 신 백이(伯夷)는 요(堯)임금의 법관인 고요(皐陶)가 되고, 10개의 태양을 낳았던 제준(帝俊)의 부인인 희화(羲和)는 세계의 4계절을 관장하는 요임금의 신하 희씨(羲氏)와 화씨(和氏)가 되고, 긴 코와 큰 귀를 가진 코끼리는 순(舜)의 동생 상(象)이 되었다. 하지만 이것은 문제의 한 단면일 뿐이다. 또 다른 면을 생각해 보면 역사가 사람들에 의해 입으로 전해지면서 전설이 될 수도 있는 것이 아닐까? 사람들의 뛰어난 조상과 현신(賢臣)이 신화화되어 천상의 신들이 될 수도 있는 것은 아닐까?[2]

---

[1] 중국의 고대 지리서인《산해경(山海經)》에는 이러한 내용이 종합적으로 서술되어 있다.《산해경》은 일종의 지리서로서, 〈산경〉과 〈해경〉으로 나뉘며 전자는 산에 관해서 설명하고 후자는 먼 나라 지역을 소개하고 있는데, 여기에는 다양한 사람과 풍속 그리고 기이한 동식물 등이 소개되고 있다.

[2] 袁珂,《中國神話大詞典·序》, 北京: 華夏出版社, 2015(ebook). https://www.amazon.com.au/%E4%B8%AD%E5%9B%BD%E7%A5%9E%E8%AF%9D%E5%A4%A7%E8%AF%8D%E5%85%B8/dp/B016I1JC0I

[그림 3] 여와와 복희

위의 글에서 위엔커는 신화 속 인물들이 시간이 흐르면서 역사 인물로 전환되는 몇 가지 예를 제시하고 있다. 즉 휘황찬란한 하늘(皇天) 위에서 만물을 주재하는 상제(上帝)인 황제(皇帝)가 삼황오제 가운데 황제(皇帝) 헌원씨(軒轅氏)가 되었고, 불의 신 축융(祝融)은 화성(火星)에 대한 제사를 관장하는 고신씨, 즉 오제(五帝) 가운데 제곡(帝嚳)의 신하가 된다.

그의 말을 살펴보면 중국에서 역사와 신화의 구분 불가능성, 그리고 신화의 역사화 혹은 역사의 신화화라는 시간 선후의 문제가 있다. 이 두 가지 문제 역시 중요하지만, 우리는 이 두 가지 문제가 던지는 문제의식에 좀 더 주목할 필요가 있다. 즉 위엔커가 발견한 이러한 사실은 중국의 고대 씨족 집단이 신화를 통해 자기 씨족을 신성화했다는 것이다. 이러한 씨족의 신화화는 곧 씨족의 응집력과 지배력을 강화하고 정당화하는 과정이다. 예를 들면 황제(皇帝)의 얼굴이 4개라는 점은 그가 사방을 바라보며 관리하는 통치자란 의미이다. 실제로 황제는 억울한 죽음을 구제하는 판관의 역할을 담당하고 있으며, 질병을 일으키는 사악한 귀신들을 쫓아내는 일 등과 같은 샤먼의 역할을 하는 제정일치 시대 최고 권력자의 모습을 보여준다.

이러한 씨족 단위의 집단생활은 혈연 공간에 대한 기복을 신에게

구하도록 했을 것이다. 그렇다면 세계 만물을 주재하는 신에 관한 생각은 언제부터였을까? 이것은 인간 생활의 변천과 밀접한 관련성이 있을 것이다. 즉 '만물'이라는 것은 그 범위가 인간 생활의 변화와 함께 계속해서 그 범위가 변화할 수밖에 없기 때문이다.

인간 집단의 삶이 자연과 인간의 상호작용이라는 관점에서 신의 탄생을 생각해 본다면, 우선 자연 규율을 지배하는 신이 필요하며, 동시에 인간 사회를 조율하는 인격화된 신이 필요하다. 따라서 사회 환경에 따른 만물의 의미와 그 중심적 이념 가치를 대변하는 신의 속성은 집단의 삶이 가지는 형식에 따라 아래와 같이 추론해 볼 수 있다.

우선 농경 사회에서는 자연 기후에 대한 이해가 집단의 생존에 절대적이기 때문에 자연의 기후를 장악한 신이 강조되었을 것이다. 반면 유목 사회에서는 미래의 이동 경로와 새로운 환경에 대한 희망이 중요한 신앙 요소가 될 가능성이 높다.

농경 사회에서는 자연 기후의 장악뿐만 아니라 집단 노동 환경을 조율해 줄 존재와 원칙이 필요했다. 즉 농경 사회에서의 신은 인격적이며 도덕적인 존재로서 사회 보편적 윤리 원칙을 준수하고 심판하는 존재가 되어야 한다. 이는 중국 신화에서 성인(聖人)과 같은 도덕적 정치가의 모습으로 나타났다. 반면 유목 사회는 이동이 필연적이므로 공동체의 운명은 이동 방향의 결정과 불가분의 관계를 맺고 있다. 따라서 유목 사회의 신은 약속된 땅을 제시하는 모습으로 나타날 것이다. 이는 유목 생활을 했던 이스라엘에서 메시아사상이 형성된 것을 보면 알 수 있다. 그리고 시간의 흐름에 따라 두 집단은 서로 영향을 주고받으며 변화했을 것이고 이에 따라 신의 성격도 서로 영향을 주면서 자기 모습을 좀 더 전지전능한 형태로 변형시켰을 것이다.

농경 사회에서 세계를 주재하는 자연으로서 하늘이 선택된 것은 당연해 보인다. 자연의 하늘은 시공을 초월하여 존재하며, 모든 것을 위에서 아래로 내려다보는 위치에 있다. 이것은 높은 위치에서 유한한 인간을 주재하는 영원한 존재로 보이기에 충분했을 것이다. 또한 농경 사회 특유의 기후에 대한 의존성은 계절 주기의 순환과 기후의 변화에 커다란 의미를 부여했을 것이다. 따라서 농사의 시기를 결정하는 하늘의 시간성이 강조되면서 순천(順天) 사상이 형성되었다. 이러한 추세에 따라 시공을 초월하여 사시를 주재하는 신으로서 인간 사회의 삶에 절대적 영향력을 행사하는 하늘이 상상되기에 이르렀다. 그리고 이러한 자연과 물질의 지배자가 농경 사회의 집단생활 윤리에까지 침투하게 됨으로써 하늘의 인격화도 진행되었을 것이다.

이처럼 중국에서는 농경 사회의 자연 주기와 기후에 대한 의존성으로 인해 하늘이 인간의 삶을 시공을 초월하여 주재하는 절대 신으로 성장했고, 나아가 집단생활을 통해 도출된 농경 사회의 사회 윤리와 통치 정당성을 부여하는 자로의 지위로 확장된 신앙 체계로 발전했다.

중국의 씨족 사회는 자신의 기원을 특정 조상으로 삼고 그 조상을 신성화했다.

[그림 4] 굉(觥)

그리고 씨족 사회에서 국가로 발전하면서 국가 권력이 크게 성장한다. 그리고 팽창하는 국가 권력은 자신을 지배하는 하늘을 통해 권력을 보장받음으로써 족장에서 왕으로 변화한다. 왕의 권력과 지배 체제는 신격화되었고, 이를 통해 다른 씨족 단위를 지배하는 통치 정당성을 획득했다. 즉 상제(上帝)가 천하 지배의 권력인 천명(天命)을 소유하게 된 것이다.

이처럼 상제(上帝)는 중국에서 국가 권력과 신권의 결합을 상징하는 글자다. 은나라에서 제(帝)는 돌아가신 왕에 대한 존칭이다. 국가 권력이 씨족을 기반으로 성장했다는 점을 고려한다면, 중국에서 조상신인 제와 그 위에 존재하는 하늘(上) 사이에 종적 질서가 이루어지면서 저 빛나는 하늘 위에 존재하는 절대자의 왕관을 조상신이 차지한다. 따라서 중국의 최고 신인 상제(上帝) 혹은 천(天)이 모든 만물에 영향력을 행사하는 존재로 설정되지만, 상제와 소통하는 대상과 그 내용은 제의 후손이 장악한 최고 통치 권력이 전유할 수밖에 없다.

이러한 점은 주나라가 상나라를 멸망시켰을 때 고민거리로 다가왔을 것이다. 즉 상나라 정치권력의 정당성 부분을 크게 차지했던 천명(天命)에는 상나라 조상들의 힘이 강력하게 작용하고 있었다. 상나라의 증흥을 이끈 17대 군주 반경(盤庚)은 대략 B.C.1300년경에 현재 산동성(山東省) 곡부(曲阜) 지역인 엄(奄) 땅에서 하남성(河南省) 안양현(安陽縣)에 있는 은(殷) 땅으로 천도하는 과정에서 천도에 반대하는 세력을 조상신으로 제압한다.[3] 그는 천도에 성공한 다음

---

3 《상서·반경중(尚書·盤庚中)》: "내가 선왕(先王)들에게 크게 제사를 지낼 때 그대

"상제(上帝)께서 조상의 덕(德)을 회복시켜서 집안을 다스려주셨다(肆上帝將復我高祖之德, 亂越我家)"라고 하며 상제(上帝)가 자신의 천도를 도왔다는 점을 분명히 한다. 이것은 은나라 통치자와 상제가 수직적으로 결합한 모습을 보여준다.

기원전 11세기 주나라가 비록 은나라를 멸망시켰지만, 이러한 신앙의 형태는 사람들의 인식 속에 존재하면서 은나라를 소환하는 문화적 힘으로 계속 작용할 가능성이 있다. 주나라는 상나라에 비해 작은 나라였기 때문에 주나라는 상나라 통치자와 상제의 관계를 깨뜨려야 했다. 이들이 선택한 방법은 사회 윤리 가치 체계와 천(天)을 결합하는 것이었다. 이들은 상왕조의 조상신과 천명의 혈연적 관계를 해체하고 통치자와 천의 관계를 보편적인 덕(德)의 개념과 결부시켰다. 다음 시를 보자.

위에 계신 문왕(文王)께서	文王在上
하늘에서 빛나시네.	於昭于天
주나라는 비록 오랜 나라이나	周雖舊邦
천명은 새롭구나.	其命維新

들의 조상들도 거기에 따라 함께 그 제사를 받아서 복(福)을 만들기도 하고 재앙(災殃)을 만들기도 하는 것이다. …… 너희 만백성이 자기 일을 하며 즐겁게 살아가지 못하고 나의 정책에 동조하지 않는다면 돌아가신 왕께서 그대들의 죄(罪)를 크게 벌하시며 "어찌하여 나의 어린 손자와 함께 하지 않는가?"라고 하실 것이다. 그대들은 덕을 잃어버리게 되어 위에서부터 너희들을 벌할 것이니, 그대들은 도망칠 수 없을 것이다(予大享于先王, 爾祖其從與享之, 作福作災. …… 汝萬民乃不生生, 暨予一人猷同心, 先后丕降與汝罪疾, 曰: "曷不暨朕幼孫有比?"故有爽德, 自上其罰汝, 汝罔能迪)."

주나라가 크게 밝으니	有周不顯
상제의 명령이 때에 맞네	帝命不時
문왕께서 오르내리심에	文王陟降
상제의 좌우에 계시네.	在帝左右
……	……
위대한 천명이	仮哉天命
상의 자손들에게도 있었네.	有商孫子
상의 자손들이	商之孫子
수없이 많지만	其麗不亿
상제께서 명하시어	上帝旣命
주나라의 신하로 복종하네	侯于周服
주나라에 신하로 복종하게 한 것은	侯服于周
천명이 영원하지 않아서라네.	天命靡常
……	……
은나라가 백성을 잃지 않았을 때는	殷之未喪師
상제의 도와 합할 수 있었네.	克配上帝
마땅히 은나라를 본받으라,	宜鑒于殷
천명은 쉽게 얻는 것이 아니네	駿命不易

―《시경·대아·문왕지습(詩經·大雅·文王之什)》

  사마천의 《사기》에 의하면 문왕(文王)은 은나라의 서백(西伯)으로 은나라의 삼공(三公) 가운데 한 명이며, 주나라가 상나라를 멸망시키는 기초를 다진 사람이다.[4] 위의 시에서 "천명이 늘 그렇지 않다(天命靡常)."라는 말이 곧 상나라 왕권과 상제의 관계를 부정하는 말이다. 그리고 주나라의 문화 정책을 이끌었던 문왕의 아들이자 무왕의 동생인 주공(周公)은 "황천은 친함이 없고 오직 덕이 있는 사람을 돕는다(皇天無親, 惟德是輔)."[5]라고 말한다. 이것은 상나라의 천명이 끊어지고 주나라가 새로운 천명을 받았다는 선언이며, 상나라의 정통성을 제거하고 주나라의 정통성을 확립하는 말이다. 따라서 주나라의 '하늘(天)' 혹은 '상제(上帝)'는 왕의 혈통과 관계하는 특정 씨족 집단이 장악한 지배 체계를 보장해 주는 존재가 아니라 덕이 있는 사람에게 천명(天命)이라는 은총을 내리는 사회 도덕적 윤리를 심판하는 절대자가 된다.

그러나 그뿐이었을 것이다. 고대 사회에서 신에 대한 접근은 철저히 씨족의 일이었다. 즉 주나라는 하늘을 도덕적으로 변모시킴으로써 하늘과 권력 사이에 균열을 발생시켜 은나라 통치력을 효과적으로 해체하고, 자신의 도덕성을 고민하는 군주의 모습을 상상하게 했지만, 이러한 군주의 도덕성이 사회적으로 객관성을 가진 점검의 과

---

[4] 상나라의 권력 핵심 그룹은 구후(九侯), 악후(鄂侯), 그리고 문왕(文王)으로 이루어진 삼공(三公)이다. 이 가운데 구후(九侯)는 자기 딸을 주에게 시집 보냈다. 하지만 주는 구후의 딸을 죽이고, 장인인 구후를 해(醢, 육젓)로 만들고, 이 일을 따지는 악후를 포(脯) 떠버린다. 그리고 문왕이 이 일을 한탄했다는 고발을 듣고 유리(羑里)라는 감옥에 7년 동안 구금한다. 문왕은 각종 미녀와 재물을 주왕에게 바치고 감옥에서 풀려나온 다음 서쪽을 관할하는 직책인 서백(西伯)으로 봉해진다. 몇 년 뒤 그가 죽고 아들인 무왕이 서백을 계승한 이후 힘을 길러 상나라 주왕을 죽이고 주나라가 천하의 주인이 된다.
[5] 《상서·채중지명(尙書·蔡仲之命)》

정으로 장착되지는 못했다. 통치자의 도덕성은 사회적 차원에서 평가받는 것이 아니라 하늘에 의해 선택받는 것이므로 지극히 개인적 관계 차원에서 제한적으로 논의될 뿐이다. 주나라의 통치는 여전히 씨족 혈연에 기반한 체제를 답습했다. 통치자의 도덕성 문제가 사회적으로 야기된 것은 춘추시대에 이르러 제후국의 세력이 커지면서부터 등장한다.

전제왕권 시기 일반 백성이 하늘에 접근한다는 것이 가능했을 것 같지는 않다. 《맹자(孟子)》에는 "좋은 정치를 하면 백성의 재산을 얻고, 좋은 가르침은 백성의 마음을 얻는다(善政得民財, 善教得民心)."[6]라며 덕치를 통한 민심(民心)의 획득을 주장한다. 하지만 이것은 주나라의 혈연 지배가 붕괴한 이후 등장한 새로운 귀족을 위해 제시된 통치 이론이라고 할 것이다. 즉 맹자가 말하는 통치 이론은 혈연 통치의 혈통성이 보장되지 않는 제후들에게 민(民)이라는 실질적인 지지 세력에 우호적인 통치가 권력 유지에 도움을 준다고 말하는 것이다.

이상의 논의에서 살펴볼 수 있는 것은 천이 비록 만물의 주재자로서 존재하지만, 모든 사람이 실질적으로 접촉할 수 있는 존재가 아니라는 것이다. 이들 사이에는 하늘의 아들이라는 천자(天子), 즉 국가 권력이 하늘과 민 사이에 있다. 즉 대중과 직접적으로 만나는 존재는 오직 천자와 그의 부하들인 관료 혹은 귀족들이다. 그리고 신과의 접촉은 귀족계급 역시 제한을 받았다.[7] 따라서 중국에서는 평

---

6 《맹자·진심상(孟子·盡心上)》
7 이것은 지배계급의 신에 대한 제사 형식에서 볼 수 있는데 주나라 시대에는 제사에

민이 직접 하늘과는 소통할 수 없으며, 하늘을 대신하는 권력자의 통치를 받음으로써 최고 신과 간접 관계를 맺는다. 어떤 일반 평민이 하늘과 통했다고 주장한다면 아마도 그에게는 국가체제에 대한 반역의 죄명이 씌워질 것이다.

하지만 평민이라 하더라도 사후의 세계 그리고 앞으로 일어날 일 등, 그리고 현실의 운명적 고통과 슬픔 등과 같은 일반적인 인지를 넘어서는 삶의 문제에 대한 해석은 필요했으며, 신분적 한계가 가져오는 사회적인 각종 불합리와 지배계층의 억압에서 오는 고통과 불만도 해소할 필요가 있었다. 그래서 이들은 현실 이데올로기의 지배 체제와 타협하지만, 그 속에 신비를 향한 균열을 내는 서사인 전설(傳說)을 마련한다.

전설은 현실 세계를 완전히 부정하고 스스로 세계의 지배자가 되는 도전 대신 지배 질서를 인정하면서도 지배 질서를 해체하는 전략을 수립했다. 즉 기존 현실 세계를 받아들이지만, 현실의 주인들을 어둠의 세계에 존재하는 악인으로 묘사하면서 주인공 역할을 귀족계층으로부터 빼앗고, 여기에 자기 계층의 인물을 현실 체제에 더욱 적합하거나 실질적인 주인으로 내세우면서 윤리적 하늘과 접촉하려 한다. 따라서 전설은 지배 시스템과는 타협하지만, 시스템을 구성하는 계층의 선악과 능력을 재평가함으로써 자신의 해방과 자유를 획

"천자는 9개의 정과 8개의 궤를, 제후는 7개의 정과 6개의 궤를, 경대부(卿大夫)는 5개의 정과 4개의 궤를, 사는 3개의 정과 2개의 궤를 사용한다(天子用九鼎八簋, 諸侯用七鼎六簋, 卿大夫用五鼎四簋, 士用三鼎二簋)."라고 하였다. 이것은 신에 대한 접근을 신분제에 따라 통제한 것으로도 해석할 수 있다.

득한다. 또한 전설의 서사는 단순한 민중적 환상이라는 외피 속에서 지배 질서를 향해 은유적인 타협을 통해 현실 체제의 모순과 불합리함을 드러내면서 동시에 이를 해체하려는 잠재적 욕구를 반영하는 이중성을 보인다.

상징들과 권력 그리고 뒤집기

상징이 작동하는 방식에 대하여 프로이트의 말을 참고할 필요가 있다.

> 종교 교의에 녹아들어 있는 진리는 대게가 왜곡되고 체계적으로 위장되어 있어서 대다수 사람이 그것을 진리로 알아보지 못한다. 이는 우리가 아이를 상대로 갓난아기는 황새가 물어 준다는 이야기를 들려주는 상황과 흡사하다. 이 경우에도 우리는 진리를 상징으로 포장하여 말하고 있다. 우리는 그 큰 새가 무엇을 의미하는지 알고 있지만, 아이는 알지 못한다. 아이는 우리의 말에서 왜곡된 부분만 듣고 자신이 속았다고 느끼며, 이로 인해서 성인들에 대한 불신과 반항이 시작된다.
> – 프로이트, 〈환상의 미래(The Future of an Illusion)〉[8]

우리는 위의 말을 통해서 신화 속에 들어있는 상상의 은유에 존재하는 현실적 의미를 유추할 수 있고, 동시에 상상의 힘이 어떻게 인

---

[8] Joseph Campbell, 〈The Hero with a Thousand Faces·Preface To The 1949 Edtion〉, Joseph Campbell Foundation, 2020(ebook).

간을 환상으로 끌어들이는지를 볼 수 있다. 어른들은 아이에게 섹스 과정을 알려 주지 않는다. 문화적 금기인 섹스는 이처럼 문학적 은유를 통해 전달된다.

좀 더 분석해 보면, 위의 이야기에서 황새는 남근이다. 남근에 대한 은유를 통해 얻어지는 것은 일차적으로는 금기의 회피이다. 그리고 이러한 회피를 통해 인간은 자기 존재에 대한 신비화를 성취한다. 신비화에는 두 가지 측면이 더 존재한다. 하나는 만일 이 신비화된 존재는 하나의 문화권에서 강력한 힘을 가진 존재로 재인식되고, 이러한 문화적 자기 최면을 통해 부여된 상징성은 잠재력을 발휘하도록 유도될 수 있다. 그리고 이러한 선택된 존재는 타인과 분리된다. 특별함은 곧 타인의 평범함을 의미하기 마련이다.

이런 신화가 집단 단위로 형성된다면 특수한 목적을 지닌 일군의 집단을 형성할 수도 있을 것이다. 그러나 신화와 현실을 구분하는 선은 시간의 흐름에 따라 현실의 영역이 더 확장되기 때문에 이러한 차별화는 결국 자신의 졸렬한 모습을 태양 아래 드러내게 된다. 신화를 통해 상징적 은유가 주는 갑옷을 입을 수는 있지만, 그 갑옷은 언젠가는 닳아빠진 상태로 자신의 초라한 속살을 드러내기 마련이다.

역사 문화적 은유 가운데 지배자들의 신비한 탄생 신화 혹은 전설은 지배자의 권력을 강화하고 정당화하는 신비한 근거로 작

[그림 5] 복희여와도상벽돌

용했다. 한국에서도 이러한 점은 명백히 드러나는데, 거대한 알에서 태어났다는 박혁거세(朴赫居世)로부터, 고려 왕건(王建)이 사용한 도참설(圖讖說) 그리고 2천 년 전에 형성된 유가 성인의 문화 유전자를 족보에 이식한 이성계(李成桂)에 이르기까지 신화는 지배자들을 위한 지지자들의 특허품이다.

  탄생의 신비화 외에도 신체의 신비화도 존재한다. 중국 신화의 초기에는 바이오 시술을 치른 듯한 기이한 외형을 통해 통치자의 특별함을 부각했다. 예를 들면 삼황(三皇) 가운데 팔괘를 만들고 어렵(漁獵)을 가르쳤던 복희(伏羲)는 인간의 머리와 뱀 혹은 용의 몸을 결합한 외형을 가졌다. 또한 대홍수 뒤에 황토로 사람을 빚어 만들고 오색석(五色石)으로 하늘의 구멍을 메운 여와(女媧) 역시 뱀의 몸과 여성이 결합한 모습이다. 농기구의 사용 등과 관련한 농업 혁명가 신농(神農)은 사람과 황소가 결합한 외형을 가졌다고 전해진다. 이들의 모습이 사실인지 아닌지는 그다지 중요한 일이 아닐 수도 있지만, 남과 다른 특이한 형태를 지닌 존재가 인간을 초월한 힘을 가진 존재로 인식되는 전통을 볼 수 있다.

  특수한 외형과 신비한 힘의 결합 전통은 후대 성인과 현자들의 모습에도 영향을 미쳤는데 이것은 은유가 아니라 사실로 받아들여졌다.

> 전해지는 말에 의하면 황제(皇帝)는 용의 얼굴이고, 전욱(顓頊)은 새처럼 튀어 올라온 어깨가 있고(혹은 머리에 닭 볏처럼 난 것이 있고), 요(堯) 임금은 눈썹이 8색이며, 순(舜)임금은 눈동자가 2개이고, 우

(禹) 임금은 귓구멍이 3개이며, 탕(湯) 임금은 팔꿈치가 2개이고, 문왕(文王)은 젖꼭지가 4개이고, 무왕(武王)은 눈이 위아래로 째졌고, 주공(周公)은 곱사등이고, 고요(皐陶)는 말처럼 입이 째졌고 공자는 중앙이 움푹 들어간 이마를 가졌다. 이 12명의 성인은 모두 제왕의 지위에 있었거나, 혹은 군주를 보좌하고 세상을 근심했던 사람들이다. 이 이야기는 세상 모든 사람이 알고 있으며, 유가의 인물들도 토론했던 일들이며, 경전에도 적혀 있어서 확실히 믿을 수 있다.

傳言黃帝龍顏, 顓頊戴午, 帝嚳騈齒, 堯眉八采, 舜目重瞳, 禹耳三漏, 湯臂再肘, 文王四乳, 武王望陽, 周公背僂, 皐陶馬口, 孔子反羽. 斯十二聖者, 皆在帝王之位, 或輔主憂世, 世所共聞, 儒所共說, 在經傳者, 較著可信.

- 왕충(王充), 《논형·골상편(論衡·骨相篇)》[9]

왕충(王充, 27~97)은 동한(東漢)시대 자연 철학자에 가까운 학자로서 신비한 이야기에 대해서는 불신하는 태도를 보였던 사람이다.[10] 그런 그도 성인과 현자들이 특별한 신체 구조를 지녔다는 이야기는 사실로 믿었다.

후대에는 이러한 특별한 신체 구조를 지닌 중국의 성인(聖人)과 현자의 전통이 점차 사라지기는 했지만, 특별한 인간에 대한 특별한

---

9 邱鋒譯注, 『中華經典名著全本全注全譯叢書·論衡』, 中華書局, 2024(ebook).
10 왕충(王充, 27~97?): 동한(東漢)의 철학자이다. 그는 당시 유행하던 신비주의 유학(儒學)인 참위(讖緯)에 반대했다. 그는 이를 위해서 여러 기이한 현상에 관한 이야기를 부정했으며 목적론적 창조주와 인간 영혼이 육체를 떠나 존재한다는 것도 부정했다. 저서에는 동한 시대 유물론적 무신론이 가미된《논형(論衡)》이 있다.

신체의 요구는 사회 체제의 변화와 가치 속에서 형태를 달리할 뿐 현대에도 여전히 존재하는 신화이다. 예를 들어 박지성 선수의 기이한 형태의 발이 훈련을 통해 얻은 기형적 모습일 수는 있지만, 발의 기이한 형태가 반드시 훈련과 관련한 것이 아닐 수도 있다.

고대 사회에서 특수한 육체의 조건이 전체 사회의 공통 가치 체계로 작동한 것은 종법(宗法) 제도였다. 주나라의 종법 제도는 왕과 혈연관계를 맺은 사람을 제후로 봉하는 제도다. 이것은 왕의 핏줄 또는 이러한 핏줄과 혈연관계를 맺은 사람만이 통치 계급이 될 수 있다는 피의 신비화를 통한 권력 체계다. 그리고 이러한 권력은 예(禮)를 통해 피의 신비화를 강화함으로써 권력을 강화했다.

현대 자본주의에서도 신화를 권력화의 도구로 삼는 현상이 있다. 가깝게는 성공한 경영자의 자수성가 이야기에서 찾아볼 수 있다. 산세가 좋은 산에서 태어났다던가, 혹은 특이한 태몽을 가졌다던가, 혹은 특별한 용기·천재성·혁신성 등을 강조하는 자본가의 일화들은 자본주의 사회에서의 성공을 태생적 혹은 선험적 자질로 치환하는 장치다. 이것은 분석 가능한 요소들을 신비화의 장막 속으로 사라지게 만들어서 이들의 경제력을 우상화하여 부와 권력의 영속을 꾀하는 문화 장치이다.

지배계급의 신비화된 이야기는 사회에 지배적인 영향력을 행사하고 또 그에 동조하는 세력을 형성하기도 하지만 이와 대치하는 힘을 형성한다. 피지배계급인 민간 계층의 전설은 입에서 입으로 전해지는 이야기로서 문자 권리가 박탈당한 상태로 전해져 왔다. 따라서 누가 지었는지 그리고 원작의 형태가 어떠한 모습인지를 명확하게 알 수 없다. 즉 고정된 형태가 없이 열린 형태로 전승되어 온 것이지만, 여러 사람이 이야기의 생성에 참여함으로써 민중의 보편적 인식을 보여준다. 전승 과정에서 일부 이야기에 지배 이데올로기가 이식되는 경우 실패한 수술 같아 보이지만, 펜 바늘의 뜸을 뜯어내 보면 지배권력이나 이데올로기에 대항하여 자유를 획득하려는 민중의 욕망이 들어있는 것을 볼 수 있다. 이 욕망은 사회 주류에 밀려나 어두운 공간에서 자신의 진실성을 주장하면서 지배 상징으로 단단히 얽힌 그물망 속에 자신을 억압하는 힘을 전복하려 하는 동력으로 존재한다.

이 힘은 독자적 체계를 구축할 문화 자산이 부족하므로 마치 〈기생충〉의 김기태(송강호)처럼 지배 이데올로기 하부에 기생하거나 그 주인을 살해하고 체제 속에 자신을 숨긴다. 즉 그는 실질적 변화의 틀을 제시할 수 없다. 이들의 서술 목적은 이성과 힘을 통한 현실 지배가 아니라 부도덕한 사회에 의해 억눌리고 핍박받는 존재의 공감대 형성을 위한 것이다. 즉 지배계급이 신과의 돈독한 관계를 보증하는 신화를 통해 자기 지배력을 강화한다면, 피지배계급은 전설을 통해 지배 신화의 허구를 드러내고 자신들이 진정한 주인공임을 선언하는 것이다.

문인과 전설

중국 문인들은 대체로 지배권력에 종속된 존재다. 문인들은 민간 전설을 '작은 이야기'라는 소설(小說)로 명명한다. 즉 이들의 시각에서 전설은 단지 민간에 떠도는 이야기일 뿐 주목할 만한 이야기가 아니라서, 문인의 수필 혹은 문학 작품 속에 간략하게 소개될 뿐이다.

이들이 저자의 이야기를 경시한 것은 지배 이데올로기와의 연관성이 희박하고 그 내용이 허황되기 때문일 것이다.

> 자하가 말했다. "비록 작은 도(道)라 해도 분명히 살펴볼 만한 것이 있다. 하지만 소도는 원대한 목표에 이르고자 하는 데 방해가 될 수도 있어서 군자는 힘쓰지 않는다.
> 子夏曰: 雖小道, 必有可觀者焉; 致遠恐泥, 是以君子不爲也.
>
> ―《논어·자장(論語·子張)》

소도(小道)는 이단의 학설[11], 농업·의학 등과 같은 기술[12], 혹은 문학, 또는 소설[13] 등으로 지칭된다. 즉 소도(小道)라는 것은 유가 혹은 국가 경영과 관련성이 없는 학문 혹은 기술을 지칭한다. 하지만 선진(先秦) 시대 형성된 유가 경전을 비롯한 일부 중요 도서에 수록된 몇몇 신화(神話)와 이야기 역시 허황한 이야기가 많고 어떤 경우 이들의 지배 이데올로기와 상충하는 것도 있다. 하지만 이러한 모순들은 경전이라는 이유로 회의가 거부되었다.

그러나 지배 이데올로기가 긍정하는 문학이 진리를 향한 유일한

---

11 하안(何晏), 《논어집해(論語集解)》.
12 주희(朱熹), 《논어집주(論語集注)》.
13 반고(班固), 《한서·예문지·제자략(漢書·藝文志·諸子略)》. 범엽(范曄), 《후한서·채옹전(後漢書·蔡邕傳)》.

방법일까? 지배 이데올로기가 부정하는 문학이 과연 볼품없는 가치를 지닌 문학일까? 그리고 문학이 소수의 일급 문인에 의해 지배당한 적이 있을까? 한정된 기록에 의지한 문학 현상의 해석으로 시대 전체의 문학을 해석하는 것에는 오류가 없을 수 있을까? 고상한 문학적 취향을 가진 문인이 시대를 지배하는 문학의 생산자라는 것은 어쩌면 상상에 불과한 것은 아닐까? 이러한 질문은 사실 주류 이데올로기에 의한 문화적 억압을 고려하지 않으려는 경향에 대한 환기를 일으키며, 중국 문학적 근원을 따지며 오르면 굴원(屈原)의 〈천문(天問)〉에 도달한다.

> 태고의 처음을　　　　　　　　　　　　　　　　遂古之初
> 누가 전해 주었을까?　　　　　　　　　　　　　誰傳道之
> 하늘 땅은 없었는데　　　　　　　　　　　　　　上下未形
> 어떻게 하늘 땅이 생겼을까?　　　　　　　　　　何由考之
> 　　　　　　　　　　　　　　　　　　　　- 굴원, 〈천문〉

이 태초에 대한 질문은 모든 질서의 근원에 대한 가장 기본적인 질문이며 또한 그 근원을 흔들 수 있는 가능성을 부여한다.

한 시대를 지배하는 문학 현상이 반드시 지배 이데올로기에 부합하는 것은 아닐 것이라는 말은 타당하다. 제나라 선왕(宣王)이 맹자에게 "과인은 선왕의 음악을 좋아하는 것이 아니라, 다만 세속의 음악을 좋아할 따름입니다(寡人非能好先王之樂也, 直好世俗之樂耳)."[14]라고

---

14 《맹자·양혜왕하(孟子·梁惠王下)》.

고백하고 있고, 또 송옥(宋玉)은 초(楚)나라 양왕(襄王)에게 자신의 결백을 주장하면서 어떤 가수가 민간 노래인 〈하리(下里)〉와 〈파인(巴人)〉을 노래하자 수천 명이 호응했지만, 〈양춘(陽春)〉과 〈백설(白雪)〉같은 고급 노래를 부르자 호응하는 사람이 수십 명뿐이라고 했다.[15] 민간 음악인 악부(樂府)가 한대 황실과 귀족들 사이에서 성행했고, 후대 문인들의 정통 장르가 되었던 시(詩)·사(詞)·곡(曲) 등이 모두 민간 가요의 거대한 흥행 속에서 점차 문인의 손에 의해 클래식 문학으로 변화한 것이다.

따라서 고상한 취향을 가진 문인이 시대를 주도하는 문학 생산자라는 인식은 지나치게 주류에 편승한 관점이다. 오히려 피지배계급의 문학 형식이 지배계급의 문학 형식을 해체하고 새로운 지평을 열었던 힘이 되었다는 것에 주목할 필요가 있다. 즉 피지배계급의 문학이 지배계급의 관념적 형식주의에 틈을 만들어 냄으로써 문학이 단순한 권력의 수단을 넘어 다양한 목소리와 감정이 표현되는 장으로 발전할 수 있었던 공로는 무시할 수 없다.

문인들은 자신들의 문학적 원형인 민간 문학에서 벗어나 자신들의 지배적 위치를 보여주는 문학을 생산하고 싶었으며 의도적으로 민간 문학을 평가 절하했을 것이다. 지배 이데올로기에 의한 문학의

---

15 송옥(宋玉), 〈초나라 왕의 질문에 답하다(對楚王問)〉: "손님 가운데 영(郢, 초나라 수도)에서 노래를 했는데, 처음 그가 〈하리〉와 〈파인〉을 부르자, 나라에서 이어 화답하는 자가 수천명이었다. …… 그가 〈양춘〉과 〈백설〉을 부르자 나라에서 이어 화답하는 자가 수십 명에 불과했다(客有歌于郢中者, 其始曰〈下里〉·〈巴人〉, 國中屬而和者數千人. ……. 其爲〈陽春〉、〈白雪〉, 國中有屬而和者, 不過數十人)."

통제를 정상적인 것으로 받아들이도록 한 것은 유가였다. 유가에서 민간 문학을 비난할 때 사용했던 단어는 '정성(鄭聲)'이다.

> 안연(顔淵)이 국가를 다스리는 방법을 물었다. 공자가 말했다. 하(夏)나라의 달력을 시행하고, 은(殷)나라의 수레를 타고, 주나라의 면류관을 쓰고, 음악은 〈소(韶)〉·〈무(舞)〉를 사용한다. 정나라 음악을 내치고, 아첨꾼을 멀리해야 한다. 정나라 음악은 음탕하고, 아첨꾼은 위태롭다.
> 顔淵問邦. 子曰: '行夏之時, 乘殷之輅, 服周之冕, 樂則〈韶〉·〈舞〉; 放鄭聲, 遠佞人. 鄭聲淫, 佞人殆.'
>
> - 《논어·위령공(論語·衛靈公)》

안연(顔淵)이 공자 문하에서 가장 높은 성취를 이루어낸 제자이며 공자가 제자의 수준에 따른 눈높이 교육을 시행했다는 "인재시교(因材施敎)"의 가정을 인정한다면 이 문답은 치국의 도리를 설명하는 매우 중요한 의미를 지닌다. 우선 '하나라의 달력'은 음력을 말한다.[16] 하나라 역법을 사용하라는 것은 곧 시간과 계절의 안배를 하나라 방식으로 한다는 것으로 곧 시간의 장악이다. 시간의 장악은 곧 계절의 장악이며, 계절의 장악은 곧 기후의 장악이다. 기후와 농업

---

16 하나라의 역법은 달이 지구를 1바퀴 도는 30일 혹은 29일을 1달로 삼고 12개월 혹은 13개월을 1년으로 삼는다. 하나라의 이러한 역법을 음력(陰曆) 혹은 농력(農曆)이라 한다. 한 해의 시작을 세수(歲首)라고 하는데 하(夏)·상(商)·주(周)의 세수는 모두 다르다. 하나라의 세수는 음력 1월, 상나라는 음력 12월, 주나라는 음력 11월이다.

은 절대적 관계를 맺기 때문에 이는 국가의 농업 생산 계획을 하나라 시간 구분법으로 구성하라는 것이다.[17] 또한 '은나라의 로(輅, 수레)를 타라'는 것은 신분제와 관계한다. 수레를 탈 수 있는 자는 대부(大夫) 이상의 위정자들로서 그 의미는 왕의 핏줄이라는 것이다. 주희(朱熹)의 설명에 의하면 초기의 수

[그림 6] 〈고일도(高逸圖)〉당·손립(孫位)

레는 모두 나무로 만들었지만, 은나라부터 신분적 체제가 갖추어졌고, 주나라에 이르러 신분을 드러내는 장식이 더 가미되었다고 한다.[18] 따라서 공자의 이 말은 부와 신분을 지나치게 과시하지 말라는 말로 해석될 수 있다. 또한 면류관 역시 대부 이상의 귀족들이 사용했던 신분의 표식이다. 따라서 '주나라의 면류관을 써라'라는 말은 주나라의 관직 제도와 행동 강령을 따르라는 것이다.[19]

---

17 주희(朱熹),《논어집주·위령공(論語集注·衛灵公)》: "그러므로 월력을 사용해서 농사를 지으니, 세월은 마땅히 인정(人正, 음력 1월1일)으로 법을 삼아야 한다(然時以作事, 則歲月自當以人爲紀)."

18 주희(朱熹),《논어집주·위령공(論語集注·衛灵公)》: "옛날에는 나무로써 수레를 만들었을 뿐이었다. 상나라에 이르러 로(輅)라는 명칭이 생겼으니, 이것은 아마도 처음으로 수레 제도를 다르게 했기 때문이다. 주나라 사람들은 금과 옥으로 수레를 꾸몄으니, 지나치게 사치하고 쉽게 망가져서 상나라의 수레처럼 소박하면서 견고하며 신분의 위엄이 잘 구분되어서 질박하면서도 적합함을 얻은 것만 못했다(古者以木爲車而已, 至商而有輅之名, 盖始異其制也. 周人飾以金玉, 則過侈而易敗, 不若商輅之朴素渾堅而等威已辨, 爲質而得其中也)."

19 주희(朱熹),《논어집주·위령공(論語集注·衛灵公)》.

공자는 이처럼 국가 운영의 농업 생산과 귀족, 그리고 행정 조직에 관한 이야기를 하다가 갑자기 음악에 관한 이야기로 이어진다. 여기에 나타난 음악과 관련한 공자의 언급은 음악 감상적 의미라기보다는 일종의 상징적 의미로 보인다.

〈소〉는 순임금의 음악이다. 순임금의 정치는 선양(禪讓)이라는 한 마디로 설명된다. 선양은 권력자가 자신의 권력을 능력자에게 평화적으로 물려준다는 의미이다. 또한 《논어》에서 공자는 "제나라에서 순(舜)임금의 음악인 〈소(韶)〉를 듣고 3개월 동안 고기 맛을 몰랐다(子在齊聞〈韶〉, 三月不知肉味)"[20]고 기록하고 있다. 이 말을 통해 〈소〉라는 음악을 유추해 보면, 이 음악은 대단히 아름다운 음악이면서 동시에 그 음악적 특징이 인간의 정념을 증폭하는 방식이 아니라 반대로 인간의 욕망을 완전히 벗어난 세계를 지향한다고 추정할 수 있으며, 이는 순의 선양(禪讓)과 일정한 맥락을 통한다. 또한 〈무〉는 무왕의 음악으로 무왕이 은나라 주왕을 정복한 군사 행동을 기념하는 음악이다. 따라서 〈소〉와 〈무〉는 음악이라는 형식으로 국가 통치의 평화적 방식과 폭력적 방식이라는 상호 모순적인 정치이념을 선전하는 예술 형식이다.

이러한 말을 뒤이어서 나타나는 정성(鄭聲)에 관한 이야기는 국가적 차원의 대중 문예 탄압과 관련하고 있다. '정성'이란 정(鄭)나라와 위(衛)나라를 포함하는 음악을 지칭하며,[21] 하남성(河南省) 정주(鄭

---

20 《논어 · 술이(論語 · 述而)》.
21 춘추전국시대 정나라와 위나라의 민간 음악은 클래식인 아악(雅樂)을 어지럽힌다

州)와 정주의 북쪽에 있는 정나라와 위나라의 음악을 말한다.

앞서 보았듯이 공자는 국가를 잘 다스리려면 정나라 음악을 검열하라고 했다. 정나라의 음악이 어떠했기에 음탕한 음악이라고 했을까? 《예기·악기(禮記·樂記)》에는 위문후(魏文侯)가 공자의 제자 자하(子夏)에게 고악(古樂)과 신악(新樂)의 차이를 묻는 말이 나오는데, 요즘 식으로 구분하면 고급예술과 대중예술 혹은 순수예술과 통속예술의 차이로 논한 글이다.

> 위나라 문후(文侯)가 자하에게 물었다. "내가 검은 면류관을 쓰고 고악(古樂, 클래식)을 들으면 눕고 싶지만, 정(鄭)나라와 위(衛)나라의 음악을 들으면 피곤한 줄 모른다. 고악은 왜 이런가? 신악은 어째서 이러한가?" 자하가 말했다. "지금 고악에서 무용은 나가고 들어오는 동작이 일사불란하고, 음악은 조화롭고 순수하며 느리게 연주하며, 현(玄)·포(匏) 같은 현악기와 생(笙)·황(簧) 같은 관악기가 북소리에 맞추어 연주됩니다. 처음에는 북을 연주하고 마칠 때는 뇨(鐃, 금속 타악기)를 연주하는데 부박(拊搏, 타악기)으로 마지막 악장을 연주하고 아(雅)로 박자를 맞춥니다. 군자가 이에 관하여 평가하면서 옛 도리를 이야기한다는 것은 몸을 닦고 집안을 다스리고 천하를 평온하게 하는 것을 토론한다는 것으로 이것이 고악입니다. 지금 신악은 무용의 경우 나가고 들어가는 데 질서가 없고, 음악은 간사하고 방탕하여 빠지면 멈출 수 없고, 배우와 난쟁이가 나오고 남녀가 썩어 있으며 아버지와 아들을 구분하지 않습니다. 음악이 끝나도 평론할 것이 없고, 옛 도리

는 이유로 함께 묶여서 정위지음(鄭衛之音)이라는 용어로 표현되며, 그 의미는 난세의 음악(亂世之音)이라는 뜻이다.

를 말할 수도 없습니다. 이것이 신악의 작용입니다. 지금 군께서 질문하는 것은 악(樂)이지만 좋아하시는 것은 음(音)입니다. 악이란 음과 비슷하지만 다릅니다."

 魏文侯問於子夏曰: "吾端冕而聽古樂, 則惟恐臥; 聽鄭衛之音, 則不知倦. 敢問古樂之如彼何也? 新樂之如此何也?"子夏對曰: "今夫古樂, 進旅退旅, 和正以廣; 弦匏笙簧, 會守拊鼓; 始奏以文, 復亂以武; 治亂以相, 訊疾以雅; 君子於是語, 於是道古, 修身及家, 平均天下. 此古樂之發也. 今夫新樂, 進俯退俯, 奸聲以濫, 溺而不止, 及優、侏儒, 猶雜子女, 不知父子; 樂終, 不可以語, 不可以道古. 此新樂之發也. 今君之所問者樂也, 所好者音也. 夫樂者, 與音相近而不同."

            –《예기·악기(禮記·樂記)》

 위의 논의를 보면 '고악'은 음악적으로는 악기의 연주 순서와 관련한 무용 동작이 이미 정해진 음악이며, 내용상으로는 순임금의 〈소〉나 무왕의 〈무〉처럼 선양(禪讓)이나 치란(治亂)과 같은 정치적 업적, 혹은 아버지와 아들의 질서를 강조하는 등의 정치나 생활 윤리를 주제로 삼아 공연되는 음악이다. 이에 반하여 신악이란 배우와 난쟁이의 곡예가 등장하며, 남녀의 율동이 가미된 감각을 중시하는 음악으로 유가에서 토론하는 내용을 담지 않고 있어서 정치 이론으로 그 내용을 해석할 수 없다. "지금 군께서 질문하는 것은 악(樂)이지만 좋아하시는 것은 음(音)입니다"라는 말은 곧 감각적 쾌락에 속한 음(音)과 생각하도록 만드는 악(樂)을 구분한 것이며 이것이 중국식 고급예술과 대중예술의 차이다.

 이러한 음악과 문학에 이데올로기를 반영하는 전통은 한대에도 지속되었다. 한무제가 서역(西域)에서 말을 얻은 것을 기뻐하여 〈천마가(天馬歌)〉를 짓자 급암(汲黯)은 "무릇 제왕이 음악을 만들면 위로는 조종(祖宗)을 받들고 아래로는 만백성을 교화하는 데에 사용해야 하옵니다. 그런데 지금 폐하께서는 말을 얻으셨다 하여 시를 지어 노래를 부르게 하고 종묘에서 연주하도록 하시니, 선제(先

[그림 7] 한희재야연도(韓熙載夜宴圖)

帝)와 백성들이 어찌 그 음악을 알 수 있겠사옵니까(凡王者作樂, 上以承祖宗, 下以化兆民. 今陛下得馬, 詩以爲歌, 協於宗廟, 先帝百姓豈能知其音邪)?"[22]라고 말했다. 이것은 무제가 만든 음악이 단순히 황제의 말에 대한 욕망을 충족한 것일 뿐으로 제왕의 업적으로 평가될 수 없기 때문에 위로는 역대 제왕의 업적과 함께 놓일 수 없고 아래로는 백성에게 자신의 업적을 선전하기에 부족하다는 것이다. 즉 한무제의 음악은 통속적인 대중예술일 뿐 고급 예술의 반열에 오를 수 없다는 것이다.

정성에 존재하는 문제점은 무엇이었을까? 정성(鄭聲)은 모두 21편이 있는데 이 가운데 15편이 남녀가 눈이 맞아 정념을 일으키는 음분(淫奔)의 내용을 담고 있다. 전통적 도덕주의자들의 눈에 이들의 행위는 통치권을 정당화해주는 하늘의 속성인 도덕성에 반하는

---

22 사마천(司馬遷), 《사기·악서(史記·樂書)》

행위로서 선왕의 도덕을 무너뜨리는 반정부적 작품이 된다. 《정풍·진유(鄭風·溱洧)》는 위의 해석을 가능하게 만드는 작품이다.

진수와 유수가 넘실대는데	溱與洧, 方渙渙兮.
남자와 여자가 난초를 들고 있네.	士與女, 方秉蘭兮.
여자는 "보았나요?"라고 묻고	女曰觀乎?
남자는 "보았어요"라고 대답하네.	士曰旣且.
"또 유수를 건너서 구경하러 갈까요?"	且往觀乎.
"유수의 밖은 정말 넓고 즐거울 거예요"	洧之外, 洵訏且樂.
남자와 여자가 서로 웃고 장난치며 놀다가	維士與女, 伊其相謔,
작약을 주며 헤어지네.	贈之以勺藥.

－《시경·정풍·진유(詩經·鄭風·溱洧)》

현재 이 시는 음력 삼월(三月) 상사(上巳)일 물가에서 사악한 기운을 씻어내고 복을 기원하는 정나라의 풍속을 읊고 있다고 해석된다.[23] 하지만 유가의 학자들은 이 시를 여자가 남자를 홀리는 시로 해석하고 정나라의 음악이 "음(淫)하다"라고 했던 공자의 주장에 대한 증거로 삼는다.[24]

---

[23] 설한(薛漢), 《한시설군장구(韓詩薛君章句)》: "정나라에서는 3월 삼짇날에 진수와 유수 가에서 초혼과 속백을 하며, 상서롭지 못한 것을 제거하는 풍속이 있다(鄭國之俗, 三月上巳之日, 此兩水(溱水、洧水)之上, 招魂續魄, 拂除不祥)."

[24] 유보남(劉宝楠), 《오경이의(五經異義)》: "정나라에는 진수(溱水)과 유수(洧水) 가에서 남녀가 모여서 노래하고 서로 마음을 통하는 풍속이 있다. 그러므로 정성이 음(淫)하다는 것이다(鄭國之俗, 有溱、洧之水, 男女聚會, 謳歌相感, 故雲鄭聲淫)."

하지만 사실일까? 음(淫)에 대해서는 공자 자신의 해석이 있다.

> 공자가 말했다. "자주색이 붉은색을 침탈하는 것을 싫어하고, 정성이 아악을 어지럽히는 것을 싫어함이며, 능변가가 국가를 두집는 것을 미워함이다."
> 子曰: 惡紫之奪朱也, 惡鄭聲之亂雅樂也, 惡利口之覆邦家者.
>
> —《논어·양화(論語·陽貨)》

자주색이 붉은색을 침탈한다는 것은 당시 제후의 복색이 붉은색에서 자주색으로 변모한 것을 말한다.[25] 이어서 "정성이 아악을 어지럽힌다"라고 하고 또 "능변가가 국정을 뒤집는다"라고 했으니 이 두 가지가 곧 "정성(鄭聲)이 음하다"와 "아첨꾼이 위태하다"라는 것에 대한 해석이다. 즉 공자가 정성을 "음하다"라고 한 것은 정성이 점차 성행하여 아악을 대체한다는 의미다. 이것은 음(淫)에 관한 문자적 의미와도 일치한다.

축축하게 젖어 드는 것이 결을 따른다는 것이다. 물의 의미에 종속되고 소릿값은 "壬"이다. 다른 말로는 오랫동안 비가 내리는 것을 음(淫)

---

[25] 양백준(楊伯俊), 《논어집주(論語譯注)》: "춘추시대 노나라 환공과 제나라 환공은 모두 자색 의복을 입는 것을 좋아했다. 《좌전(左傳)》 애공(哀公) 17년에 위(衛)나라 혼량부(渾良夫)가 자주색 호구(狐裘)를 입은 죄로 기소당한 사실을 보면 이 시대 자색은 이미 주색을 대체하여 제후 의복의 정색이 되었다(春秋時候, 魯桓公和齊桓公都喜歡穿紫色衣服. 從《左傳》哀公十七年衛渾良夫"紫衣狐裘"而被罪的事情看來, 那時的紫色可能已代替了朱色而變爲諸侯衣服的正色)."(中華書局, 2009, ebook)

이라고 한다.

> 浸淫隨理也. 從水, 㸒聲. 一曰: 久雨曰淫.
>
> – 허신, 《설문해자》

오랫동안 비가 내려 그치지 않으면 물을 다스릴 수 없다.
淫雨不霽, 水不可治

> – 사마천, 《사기·귀책열전(史記·龜策列傳)》

"음(淫)"은 비가 오랫동안 내려서 강수량이 필요 이상이 된 상태를 의미한다. 여기에서 파생되어 '과도하다(過)'·"방종(放恣)하다" 의미가 파생된다. 그래서 "음"은 놀다 보니 자제력을 잃고 점차 정도가 심해져서 쾌락의 정도가 심해지고 과도해지는 것을 의미한다. 따라서 "음(淫)"이란 정성이 점차 성행하여 아악을 대체하는 형세를 부정적으로 묘사한 언어이다. 이것은 정치적 업적을 위해 군주가 노력하고 또 그러한 업적을 백성에게 선전하는 역할을 해야 하는 국가 위정자의 행위를 위해 말한 것이지 국민에게 '정성'을 듣지 말고 만들지 말라는 대중음악의 탄압을 의미한 것이 아닐 수 있다.

후대 학자들이 남녀의 성관계 문제에 몰두한 것은 대중 통치의 입장에서도 해석될 수 있다. 성의 지배가 지배 질서에 순응하는 대중을 만든다는 빌헬름 라이히(Wilhelm Reich, 1897~1957)의 아래와 같은 논설은 이러한 도덕주의 정치가들의 성도착적 관념을 해석하는 하나의 견해가 될 수 있다.

어린이의 자연스러운 성욕에 대한 도덕적 억제, 그 마지막 단계인 성기의 심각한 손상은 아이를 두려워하고, 수줍어하며, 권위를 두려워하고, 순종적이며, '착하고', '온순한' 존재로 만든다. 이는 모든 생명력 넘치는 충동이 심한 두려움으로 짓눌리기 때문에 인간의 반항적 힘에 무력화를 일으킨다. 성은 금기된 주제이므로, 일반적인 사고와 인간의 비판적 능력도 억제된다. 요컨대, 도덕의 목적은 고통과 굴욕 속에서도 권위주의적 질서에 적응하는 순종적인 인간을 만들어 내는 것이다.[26]

생물학적인 면에서 성욕은 곧 자연에 가까운 자유다. 하지만 국가주의와 성 윤리가 억압적 방식으로 결합하면서 국가는 인간의 성욕을 도덕으로 탄압하면서 피지배자를 수치스러운 존재이자 부족한 존재로 느끼게 만듦으로써 윤리를 숭배하는 권력 아래에 굴종시킨다. 성적 억압은 성적 표준을 규정하고 사람들이 그러한 제도를 통해 성적 욕망을 해소하도록 만듦으로써 일종의 성적 서열화를 조장하는데, 이러한 성적 서열화는 생명 탄생의 계급화로 이어지고, 계급의 저 먼 끝자락에 하나의 종족을 설정함으로써 특정 종족에 의한 신비주의적 지배권력 체제를 형성한다.

주나라의 고대 종법 제도는 혈통을 중시한다. 혈통의 중시는 혈통의 생산에 대한 제한을 만들어 낼 수밖에 없다. 따라서 혈통의 순수성은 곧 남녀 관계의 순수성을 요구하고 이러한 순수성은 필연적으로 억압적 기제를 조장할 수밖에 없다. 따라서 성의 억압은 주나라 천자

---

26 Wilhelm Reich, *The Mass Psychology of Fascism*, WRM Press, Kindle Edition, 2023.

[그림 8] 고소번화도(姑蘇繁華圖) 혼례부분.
청·서양(徐揚)

의 순수 혈통이라는 지배 권력 제도를 유지하고 관리하는 방식이며, 예교주의(禮敎主義)는 이러한 혈통 유지를 위해서 다양한 억압적 기제를 생산하는 방식이다. 따라서 중국 고대 사회에서 선과 악의 생산에는 혈통 관계가 그 중심축이다. 따라서 "음란한"(?) 정성에 대한 비난이 극도로 진행된 이유에는 주나라의 문화적인 문제와 직결되는 부분이 존재한다.[27]

앞의 논의에 따라 정성은 감각적인 대중음악이다. 이는 감각적·감정적·유행적 속성을 지닌 민간 문학과 그 특성을 공유한다. 즉 민간 문학은 통치 이데올로기가 관심을 두는 제왕의 업적과 무관하거나 오히려 적대적이며 성적인 억압을 거부하고 인간의 자연스러운 감정을 중시한다. 이런 점에서 민간 문학의 주된 미감은 쾌락이며, 동시에 지배권력으로부터 억압을 받을 수밖에 없기에 저항하기 힘든 지배권력에서 발생하는 애환이 핵심 정서가 될 가능성이 높다. 따라

---

27 한대 초기 여성에 대한 봉건 이데올로기의 강화가 요청되었던 것은 여성의 정치 참여 문제뿐만 아니라 주나라의 혈통 중심의 봉건 문화의 파괴로 인해 여성에 대한 억압적 문화 요소가 해체된 이후 이것을 다시 새로운 왕조를 중심으로 재편하는 과정에서 새로운 황제에게 마땅한 혈통의 신비화 임무를 여성에게 부여한 것으로도 볼 수 있다.

서 혈통을 권력 근거로 삼는 봉건 정치 지배자들에게 민간 문학은 매우 불온하고 불건전한 서술이다. 따라서 클래식 문학의 각도에서 통속 문학을 바라본다면 지배 질서를 어지럽히는 감각의 확대로서 마땅히 배척해야 하며, 통속 문학의 각도에서 클래식 문학을 바라본다면 지배계급의 문화가 억압하는 인간 보편적 감정이 된다.

전설은 민간문학(民間文學) 혹은 속문학(俗文學)으로 분류된다. 민간 문학은 계층적으로는 창작과 향유 계층이 귀족이 아닌 평민이라는 의미에서 정통 문학에서 벗어나 있다는 뜻이고, 속문학은 귀족들의 고상한 관심사로부터 멀어졌음을 의미하는 것으로 아문학(雅文學)에 대칭하는 언어다. 문학이 자신의 계급을 주인공으로 삼으면서 계급적 이상과 욕망을 대변한다는 것을 전제한다면 민간 문학은 민간 계층의 욕망을 대변하기 때문에 현세의 부귀를 추구하며, 이성과 윤리가 아닌 감정과 욕망의 확대를 추구하는 경향을 드러낸다. 따라서 전설은 신분적으로 제한된 한계의 돌파를 지향하며 지배 이데올로기가 제한하는 감정의 비약적 증폭을 지향한다. 이것은 지배계급의 문학이 고상함과 우아함을 표방하며 신분에 따른 물질적 욕망에 대한 제어를 통한 무욕의 가치를 제시하는 것과 대립한다.

중국의 신분제 전통에서 귀족 문인은 자신들의 향락적 삶을 유지해 주는 생산력의 유지를 위해서 지주의 역할을 성실히 수행한다. 이들에게 백성의 통제는 곧 자신의 생활 유지와 밀접한 관련성을 맺고 있으므로 권력자와 평민 사이에서 권력자의 편을 들어 현실 유지에 앞장서는 척하면서 자신들의 화려하고 교양 있는 문학적 서사를 국가와 민족 서사의 중심부에 슬그머니 가져다 넣어 권력자의 아악이 자신들의 이익과 부합한다는 메시지를 던지고, 민간 문학에 대해서는 멸시적 시선을 투사하여 지배권력을 향유한다. 그래서 이들은 민간 문학의 물질에 대한 욕망을 세속적이라는 이유를 대고 감정에 대해서는 천박하다는 이유로 자신들로부터 멀리 떨어뜨려 놓는다. 하지만 민간 문학은 귀족의 평민에 대한 착취적 폭력성을 부각함으로써 지배권력을 부도덕한 존재로 만들고 동시에 자신들을 탄압받는 존재로 드러냄으로써 자신의 도덕적 위치를 우위에 둔다. 따라서 아문학과 속문학의 대결은 존재의 차이와 도덕성의 차이가 대결하는 장이다.

5_

맹강녀, 남편 찾아 삼만리

> 고통에 고통이 이어지고
> 한 길 슬픔에 목 놓아 운다
> 푸른 하늘에서는 비가 내리고
> 땅에서는 만리장성이 무너지는데
> 치수(淄水)의 혼을 불러
> 청릉대(靑陵臺)[1]를 고이 바친다
> 極苦複極苦 放聲一長哀
> 靑天爲之雨 長城爲之摧
> 爲招淄水魂 共上靑陵臺
> - 원(元) 양유정(楊維楨), 〈기량처(杞梁妻)〉

---

[1] 산동성에 있는 누대(樓臺)이다. 당나라 이용(李冗)의 《독이지(獨異志)》에 진(晉)나라 간보(干宝)의 《수신기(搜神記)》를 인용하면서 "송(宋) 강왕(康王)이 한붕(韓朋, 즉 한빙)의 처가 아름다워서 빼앗으려고 한붕에게 청릉대를 축조하도록 하였고 나중에 그를 죽인다. 그의 아내가 상례에 갈수 있게 해달라고 간청했고, 결국 투신해서 죽는다. 왕은 청릉대의 왼쪽과 오른쪽에 그들을 묻었다(宋康王以韓朋妻美而奪之, 使朋筑靑淩臺, 然後殺之. 其妻請臨喪, 遂投身而死. 王令分埋臺左右)."라고 했다. 이후 청릉대는 죽음을 불사한 사랑을 상징하게 된다. 치수(淄水)는 맹강녀가 투신한 강이다.

[그림 1] 〈정녀사〉의 맹강녀

중국의 여러 전설 가운데 〈맹강녀 이야기(孟姜女故事)〉, 〈양산백과 축영대(梁山伯與祝英台)〉, 〈우랑직녀(牛郞織女)〉, 〈백사전(白蛇傳)〉은 '사대전설(四大傳說)'이라 불린다. 대단히 풍부한 중국의 전설 가운데 이렇게 4편의 작품이 특별히 선택된 것에는 20세기 초에 일어난 신문화 운동이래 형성된 민속학(民俗學)의 형성과 무관하지 않다. 이러한 민속학 연구는 봉건 사회의 해체를 위한 반봉건적 시민 의식과 봉건 이데올로기가 해체된 공간을 재건할 새로운 가치를 제시하기 위해서 시작된 것이다.

1949년 신중국 성립 이후 활기차게 진행된 민간 문학 연구는 대약진운동과 문화대혁명의 침체기를 겪는다. 이 과정에서 〈해서파관(海瑞罷官)〉과 같은 작품이 사인방(四人幫)의 권력 투쟁에 이용되었던 것처럼 〈맹강녀 이야기〉 역시 진시황에 대항하는 여성의 모습이 문제시 되어 탄압받기도 했지만, 1978년 개혁개방 이후 프롤레타리아 문학 연구 성과가 중국 전역에 대대적으로 홍보되면서 4편의 작품이 사대전설로 자리를 잡는다.[2]

사대전설로 선정된 작품들을 살펴보면 모두 봉건 권력 혹은 봉건 이데올로기가 제한하는 남녀의 사랑을 통해 민중의 진솔한 감정을

---

2 施愛東, 〈"四大傳說"的經典生成〉, 《文藝硏究》, 2020.

찬양하고 봉건 사회를 비판하는 내용이다. 따라서 이 4편의 작품은 인민의 국가를 표방하면서 과거의 봉건 사회를 뒤집고 정권을 차지한 중화민국의 건국 이념을 찬양하는 프롤레타리아 문학이라고 할 것이다.

아래에서는 사대전설 가운데 대표적 작품인 〈맹강녀 이야기〉의 변천 과정을 다양한 문헌을 통해 추적하고 이를 통해 중국 전설이 가지는 특징을 살펴보도록 하겠다. 이는 사대전설의 의미를 재평가하고, 민중의 목소리가 중국 현대 민속 문학에서 어떻게 반영되고 발전해 왔는지에 대한 통찰을 제공할 수 있을 것이다.

맹강녀 이야기

〈맹강녀 이야기〉에 주목한 근대의 대표적인 학자는 고사변학파(古史辨學派)[3]의 창시자 구제강(顧頡剛, 1893~1980)이다. 그는 《맹강녀고사연구(孟姜女故事研究)》에서 이 전설의 시원과 변화 과정을 고증했다. 이 연구는 맹강녀 연구의 기본 토대를 마련해 주었을 뿐만

---

3   고사변학파는 후스(胡适, 1891~1962)·첸쉬안퉁(錢玄同, 1887~1939), 구제강·나근택(羅根澤, 1900~1960)·뤼쓰몐(呂思勉, 1884~1957) 등이 5·4운동 이후 유가 경전 중심의 학술에서 탈피하여 서구의 역사학적 시각으로 중국 고대 역사를 검증했던 학술 유파를 말한다. 구제강은 중국 역사를 '층루적(層累)' 구조를 이루고 있다고 비판하였는데, 그 내용은 신화와 전설과 같은 허구가 유가 학술에 기반하여 이루어낸 역사 층위를 서구 역사학적 방식인 과학과 사료에 의거해 비판하고 해체하여 중국의 역사학을 현대화하는 하는 것이었다. 이들의 성과는 《고사변(古史辨)》(7책)에 수록되어 있다.

[그림 2] 구제강

아니라, 민속학의 현대적 연구 방식을 제시한 중요한 저작으로 평가된다.[4] 아래에서는 그의 연구를 토대로 맹강녀 이야기의 변화를 고찰해 보겠다. 맹강녀 전설의 대강은 아래와 같다.

진(秦)나라 어느 마을에 맹(孟) 씨와 강(姜) 씨는 사이좋은 이웃이다. 어느날 맹 씨가 심은 호롱박이 강 씨 집으로 넘어가 열렸고, 그 박 속에서 여자아이가 탄생한다. 두 집은 이 여자아이를 함께 기르기로 했고, 아이에게 두 집안의 성씨를 따서 맹강녀(孟姜女)라는 이름을 붙인다. 진시황이 만리장성을 쌓도록 명령을 내리고, 범희량(范喜良)이 부역으로부터 도망치다가 맹강녀가 사는 집에 숨어들고, 맹강녀가 목욕하는 것을 보게 되어 두 사람이 결혼한다. 하지만 범희량이 관원에 의해 발각되어 만리장성을 쌓는 부역에 끌려간 뒤 죽어서 성벽 아래에 묻힌다. 범희량의 소식이 끊기자, 맹강녀는 겨울옷을 만들어 그를 찾아갔지만, 죽었다는 사실을 알게 된다. 이 소식을 들은 그녀가 밤낮으로 울자 만리장성이 무너졌고, 수많은 유골이 쏟아져 나다. 그녀는 남편을 찾기 위해 유골에 피를 떨어뜨려 피가 스며드는 유골을 찾아내 고향으로 돌아온다. 진시황이 그녀를 아내로 맞이하려 하자 자살한다.[5]

이 이야기는 중국 황하 중류와 하류 지역을 중심에서 생성되어

---

4 施愛東,「顧頡剛故事學范式回顧與檢討──以"孟姜女故事研究"爲中心」,『淸華大學學報』Vol.02, 2008.

5 艾伯華(Wolfram Eberhard), 〈十四、主人公和英雄·210.孟姜女〉(《中國故事之型態》, 商務印書館, 1999)의 14가지 내용을 참고함. 黃瑞旗,「孟姜女故事研究」, 南華大學碩士學位論文, 2002, pp.215-219.

전국 전역으로 대단히 광범위하게 전파된 전설 가운데 하나다. 그런데 이 이야기는 매우 특이한 형성 과정을 담고 있는데, 그 이유는 맹강녀가 본래 귀족 여성이기 때문이다. 그렇다면 어째서 이 여성은 갑자기 신분이 하강하여 평민을 대표하는 여성이 되어버린 것일까?

《춘추좌씨전(春秋左氏傳)》에는 〈맹강녀 이야기〉의 원형이 되는 기량(杞梁)의 처와 관련한 기록이 있다. 기량은 춘추시대 제(帝)나라 장공(莊公)이 거(莒) 나라를 습격했을 때(B.C.550)[6] 전투 과정에서 죽는다. 기량의 아내는 길에서 남편의 관구를 맞이하여 곡을 했다. 제나라 장공이 사신을 보내 조문을 왔으나 그녀는 왕이 보낸 사신의 조문을 거절하며 이렇게 말한다.

> 남편인 식(殖)에게 죄가 있다면 어찌 욕되게도 조문을 명하셨습니까? 만약 식에게 죄가 없다면 조상의 남루한 집이 있으니, 천첩은 교조(郊弔)의 예를 받을 수 없습니다.
> 殖之有罪, 何辱命焉? 若免於罪, 猶有先人之敝廬在, 下妾不得與郊吊.
>
> —《좌전·양공23년(左傳·襄公二十三年)》

'교조'는 신분이 낮은 사람들이 교외 들판에서 조문하는 예법이다. 왕이 죄를 지은 사람을 조문한다는 것은 있을 수 없다. 그리고 남편에게 죄가 없다면 남편은 제나라의 대부 신분이 있으니, 길에

---

6 《左傳·襄公二十三年》, 齊庄公四年.

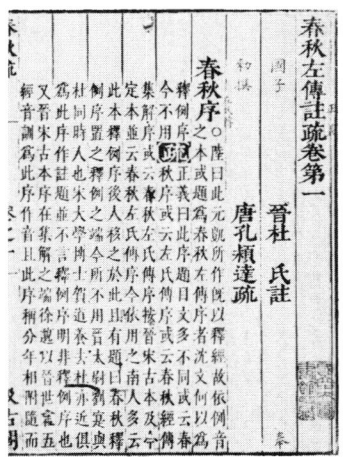

[그림 3] 《춘추좌전주소》
급고각(汲古閣) 본(1638)

마련한 임시 빈소가 아니라 집에 마련한 정식 빈소로 조문을 오라는 것이다. 그녀는 장공에게 예법을 어기지 말고 준수하라는 말을 함으로써 남편의 지위에 걸맞은 대우를 요구한 것이다. 그리고 장공은 이 말을 듣고 다른 날에 정식 빈소를 찾는다.

제나라 장공은 제나라 12대 군주로 제나라의 전성기를 위한 초석을 닦은 왕이다. 따라서 이 이야기는 부녀의 말에도 일리가 있다면 이를 수용할 수 있는 관용적인 군주의 모습을 서술한 것이지 예에 부합하는 행동을 요구한 여성 이야기는 아닐 것이다. 사실《예기·단궁하(禮記·檀弓下)》에는 "군주가 길에서 운구를 만나면 반드시 사신을 보내 조문하게 한다(君遇柩於路, 必使人弔之)."고 되어 있어서[7] 제나라 장공이 사신을 보내는 것도 예법에 어긋나는 행동은 아니다.

그런데 이 이야기에서 사람들은 군주의 자존심을 내세우지 않고 약자를 보살피면서 유연하게 대처하는 장공의 모습에 관심을 두기보다는 강자와 약자의 대결에서 약자가 강자를 이긴 기량의 아내에게 주목하게 된다.

남성과 여성의 대결, 그리고 군주와 여성의 대결에서 여성의 승리

---

7 黃瑞旗,《孟姜女故事硏究》, 北京: 中國人民大學出版社, 2003, p.13.

를 선언하고 남성과 군주의 패배를 확정한 사람은 다름 아닌 공자의 제자 증자(曾子)이다. 증자는 장공과 기량의 아내 사이에 생긴 예법 논쟁에 대해서 기량의 아내를 옹호한다.

노(魯)나라 애공(哀公)이 사신을 보내 괴상(蕢尙)을 조문하게 하였다. 사신이 길에서 괴상을 만나자 괴상이 길을 비켜주고 영구를 안치할 빈궁(殯宮)을 땅에 그려 조문받았다. 증자가 말했다. "괴상은 기량의 아내가 예를 아는 것만 못하구나. 제나라 장공이 거를 습격하여 빼앗을 때 기량이 그곳에서 죽었다. 그의 아내가 영구를 도로에서 맞이하여 슬프게 울었다. 장공이 사신을 보내 조문하게 하려 했지만, 그녀는 '군주의 신하가 죄를 면하지 못한 즉 시조(市朝)에 시체를 보이고 저를 잡아가셔야 합니다. 그러나 군주의 신하가 죄가 없으면 조상이 남겨준 빈천한 집이 있으니, 군주는 명령을 욕되게 하지 마십시오.'라고 하였다."

哀公使人弔蕢尙, 遇諸道, 辟於路, 畫宮而受弔焉. 曾子曰: "蕢尙不如杞梁之妻之知禮也. 齊莊公襲莒於奪, 杞梁死焉. 其妻迎其柩於路而哭之哀. 莊公使人弔之. 對曰: '君之臣不免於罪, 則將肆諸市朝, 而妻妾執. 君之臣免於罪, 則有先人之敝廬在, 君無所辱命.'"

– 《예기·단궁(禮記·檀弓下)》

노나라 괴상이 어떤 인물인지, 남자인지 여자인지도 잘 알려지지 않고 있다. 다만 괴상은 애공의 사신을 만났을 때 빈소를 차려 조문을 받았다. 증자는 이 일에 대해 부정적으로 평가했다. 증자는 공자의 만년 제자로서 '충서(忠恕)'라는 단어로 공자의 도를 꿰어 내고[8],

---

8 《논어·이인(論語·里仁)》: "공자가 말하였다. '삼(參)아, 내 도는 하나로 꿰여있

사서(四書) 가운데 하나인 《대학(大學)》과 《효경(孝經)》의 저자로 인정받으면서 공자의 도를 후대에 알린 존재로 "종성(宗聖)"의 칭호를 받는다. 이런 그가 기량의 아내와 괴상을 비교하면서 기량의 아내 손을 들어줌으로써 기량의 아내는 예에 밝은 여성이 된다. 즉 그녀는 남성 중심의 봉건 이데올로기 속에서 극소수의 여성 예법가가 된 것이다. 이 《예기》의 기록에서 주목할 부분은 "기량의 영구를 길에서 맞아 애절하게 곡을 했다(其妻迎其柩於路而哭之哀)"이다. 이 부분은 후대 일어날 문학적 확장의 씨앗이 된다.

애절한 곡소리를 확장한 내용이 나타나는 문헌은 《맹자(孟子)》이다. 《맹자·고자하(孟子·告子下)》에는 제(帝)나라의 순우곤(淳于髡)과 맹자의 논쟁이 기록되어 있다. 순우곤은 "안에 있는 것은 반드시 밖으로 드러난다. 그러한 일이 있으나 그에 합당한 공적이 없는 경우를 나는 본적이 없다(有諸內必形諸外, 爲其事而無其功者, 髡未嘗睹之也)."라며 맹자가 자리만 차지하고 있으면서 공적이 없다고 공격했다.[9] 이 과정에서 그는 기량의 아내 이야기를 그 예시로 들고 있다.

> 화주와 기량의 아내가 남편을 위해 곡을 잘하자, 제나라 풍속이 변

다.' 증자는 '네!'하고 대답했다. 공자가 방을 나가자, 문인들이 증자에게 무슨 말씀인지 물었다. 증자가 대답했다. '스승님의 도는 충(忠)과 서(恕)뿐입니다.'(子曰: "參乎! 吾道一以貫之·"曾子曰: '唯.'子出, 門人問曰: '何謂也?' 曾子曰: '夫子之道, 忠恕而已矣')."

9 맹자는 이러한 공격에 대해 하나하나 답변하다가 결국 "군자가 하는 일을 일반 사람들은 잘 알지 못한다(君子之所爲, 衆人固不識也)."라는 말로 일축했다. 맹자는 순우곤을 낮은 식견을 가진 자라고 돌려서 편잔을 준 것으로 보인다.

했다.

華周、杞梁之妻善哭其夫而變國俗.

―《맹자·고자하(孟子·告子下)》

화주(華周)는 기량과 함께 거땅 전투에서 전사했던 인물이다. 여기서는 화주와 기량의 아내가 남편을 위하여 곡을 잘했기 때문에 제나라의 풍속이 변화했다고 말한다. 순우곤이 말하는 '기량의 아내' 이야기는 《예기》보다 내용이 확장되어 국가 풍속의 변화를 언급한다. 유가에서 국가 풍속의 변화는 왕의 교화와 직접적으로 관련한 부분이다. 따라서 순우곤의 이 말은 맹자의 정통 유가적 관점을 크게 벗어나 있고, 동시에 맹자가 주장하는 학설이 현실적 실효성 측면에서 모자란다는 것을 비유를 통해 공격하는 것이다.[10]

하지만, 여성이 남편을 위해 곡을 하는 행위가 아무리 뛰어나더라도 이것을 국가 풍속의 변화까지 언급하는 것은 남성 중심의 봉건

---

10 순우곤(淳於髡)은 사마천의 《사기·골계열전(滑稽列傳)》에서 제나라의 췌서(贅婿, 데릴사위)로 묘사되며, 이는 그의 낮은 신분을 보여준다. 췌서는 가난으로 인해 처가에서 살며, 부인의 성을 따르고, 사실상 노비와 같은 천민 계급에 속했다. 그의 낮은 신분을 고려하면 그가 유가(儒家) 문헌을 학습하기는 어려웠을 것으로 보이며, 그가 말한 "기량의 아내" 이야기는 《좌전》이나 《예기》와 같은 유가 문헌이 아니라, 전국시대 제나라에서 유포된 구전일 가능성이 높다. 그렇다고 그의 식견이 낮다고 볼 수 없다. 사마천은 〈골계열전〉의 인물들을 평가하며 그들이 세속적 이익을 추구하지 않고, 신분 고하를 막론하며 잘 어울렸기 때문에 아무도 해치지 않았다고 기록했다. "골계(滑稽)"는 익살을 의미하며, 이들은 왕의 곁에서 풍자와 간언을 통해 왕의 잘못을 바로잡는 역할을 말한다. 순우곤은 제나라 왕의 총애를 받아 사신으로 활약하며 뛰어난 외교 실력을 발휘했고, 왕의 술자리에도 배석하는 등 정치적 논의를 나눌 정도의 신뢰를 얻었다.

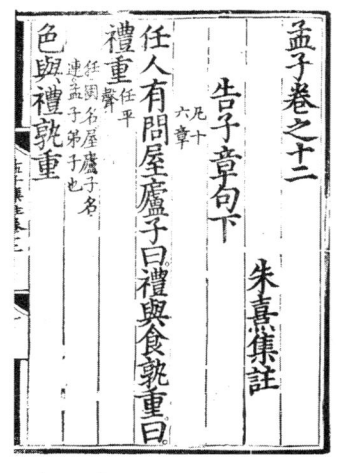

[그림 4] 《사서집주·맹자》 명나라 경광간본(1436~1449)

이데올로기에서 허용되기 어려운 이야기다. 달리 말해서, 제나라의 풍토가 이러한 여성의 활동에 대해 매우 관용적이거나 적극적인 수용적 반응을 보이는 국가가 아니라면 귀족 여성이 당연히 해야 하는 예를 수행했기 때문에 이러한 영향력을 획득한다고는 생각하기 어렵다. 즉 제나라에서 기량의 아내가 명성을 얻고 풍속을 변화시킨 것은 우선 제나라에서 그녀의 행위와 관련한 문학적 또는 문예적 창작, 혹은 전설의 확대와 같은 문화적 활동이 이루어져야 하며, 동시에 이러한 문화 활동의 사회적 전파와 보급이 대단히 활성화되었을 때 가능한 말이다.

특히 순우곤의 "안에 있는 것은 반드시 밖으로 드러난다. 그러한 일이 있으나 그에 합당한 공적이 없는 경우를 나는 본 적이 없다(有諸內必形諸外, 爲其事而無其功者, 髡未嘗睹之也)."라는 말은 유가 철학과 접목한다고 볼 수 없다. 왜냐하면 누구나 마음만 먹으면 세상을 바꿀 수 있다는 말처럼 허황하거나 위험한 말이 없기 때문이다. 순우곤의 말은 사실 "지성이면 감천"과 같은 통속적 혹은 세속적 언어에 속하는 것으로 유가의 내적 수양론과는 거리가 있다. 유가에서도 "마음에서 성실하면 겉으로 드러난다(誠於中, 形於外)"[11]와 같은 말이 있기는 하지만, 이 말의 방점은 행위의 결과를 얻는 데에 있지 않고,

"군자는 홀로 있을 때 삼가해야 한다(君子·必愼其獨也)"라는 결론처럼 내면을 단속하는 수양에 방점이 있다.

이상에서 살펴본 한나라 이전 기량의 아내는 처음에 제나라 장공의 왕으로서의 유연함을 보여주는 보조적 역할을 했다면, 이후 예법 논쟁에서 왕을 이긴 여성으로 나타났다. 그런데 맹자가 활동했던 전국시대 제나라 지역에는 곡을 잘해서 제나라의 풍속을 변화시킨 여성의 모습이 있는데, 이러한 성격은 앞서 본 유가의 여성과 다소 차이가 있는 통속성을 지닌 것을 알 수 있다.

통곡의 확장과 예를 통한 구속

서한(西漢) 시대 적어도 서한 후기에는 기량의 아내는 문학적 형상으로 완전히 변화했다. 그녀와 관련한 기록은 특히 유향(劉向)[12]의 《설원(說苑)》과 《열녀전(列女傳)》[13]에 자세히 보인다.

---

11 《대학(大學)》
12 유향(劉向, B.C.77~B.C.6): 서한(西漢)의 대학자이자 문학가이다. 그는 황실 도서관인 비부(秘府)의 문헌을 연구하여 중국 최초의 목록학 저서인 《별록(別彔)》을 저술했다. 그는 고대 역사에도 정통했으며 재이(災異)에도 능했다. 문학가로서도 일정한 성취가 있다.
13 《열녀전》은 서한 유향의 작품과 서진(西晉) 황보밀(皇甫謐)의 작품이 있다. 유향의 작품은 여러 시대를 거치면서 다양한 첨삭이 이루어졌는데, 송대(宋代) 왕회(王回)가 8편으로 산정하여 유향의 책을 《고열녀전(古列女傳)》(8편)이라고 하고, 후인들이 첨가했던 것을 따로 《속열녀전(續列女傳)》(8편)이라고 하였다. 또한 황보밀의 작품은 유향이 수록한 인물 이후 등장한 고대 여성들의 이야기이며 대체로 동한 이후의 여성들을 수록했다. 이 책은 이미 실전되었고, 그 일부가 배송지(裴松

우선 《설원》에서 기량의 아내 이야기는 〈입절편(立節篇)〉·〈선설편(善說篇)〉 두 곳에서 보이는데, 전자는 기량의 충절을 높이기 위한 글이고, 후자는 맹상군이 기량의 처를 인용하여 말한 것이다. 우선 〈입절편〉에서는 기량의 충성스러운 언행을 기록하면서 기량의 아내를 이렇게 말하고 있다.

> 기량과 화주(華舟)는 진격하여 싸우다가 27명을 죽이고 전사했다. 그의 아내가 이 소식을 듣고 통곡했는데 성이 무너지면서 성의 모퉁이까지 무너졌다.
> 杞梁、華舟 …… 進鬥, 殺二十七人而死. 其妻聞之而哭, 城爲之阤, 而隅爲之崩.
>
> — 유향, 《설원·입절편(列女傳·立節篇)》

위의 기록을 보면 유향은 기량의 아내가 얼마나 슬퍼했는지는 기록하지 않고, 단지 그 슬픔의 현실적 실현인 "성벽의 붕괴"에 관해서 기록하고 있다. 그는 성이 모퉁이까지 남김없이 무너졌다고 기록하고 있는데, 이는 앞서 《맹자》에서 그녀가 "곡을 잘했다(善哭)"라는 것에 대한 현실적 호응 정도를 과장되게 표현한 말이다. 이러한 행위와 결과가 어떤 의미에서 결합한 것인지는 〈선설편〉에 보인다.

옛날 화주·기량이 전사하였는데, 그 아내가 슬퍼하면서 성을 향해

之)의 《삼국지(三國志)》 주석, 《예문유취(藝文類聚)》, 《초학기(初學記)》, 《태평어람(太平御覽)》 등에 보인다.

통곡하자 성의 모퉁이가 무너지면서 성 전체가 무너졌다. 근자가 진실로 마음에서 수양을 이룰 수 있다면 사물은 반드시 밖에서 호응한다.
昔華舟、杞梁戰而死, 其妻悲之, 向城而哭, 隅爲之崩, 城爲之阤. 君子誠能刑於內, 則物應於外矣.

- 유향,《설원·선설편(說苑·善說篇)》

이 이야기는 맹상군이 제나라에서 3년 동안 쓰이지 못하자 그 이유를 두고 맹상군과 빈객이 논쟁하는 과정에서 나타난 말인데 그 중심 내용은《맹자》에서 순우곤이 했던 말과 유사하다. 즉 "지성이면 감천"이라는 말을 완성하기 위해서 기량 처의 슬픔을 성을 무너뜨리는 것으로 과장해서 연결함으로써 그녀의 슬픔이 가진 밀도를 높이고 있다.[14]

그렇다면 그녀의 슬픔이란 무엇일까? 유향은 선진 문헌에 기록된 기량 처와 제나라 장공의 예법 논쟁 위에 민간 문학에서 형성된 성벽 붕괴 전설을 하나로 결합한〈제나라 기량의 아내(齊杞梁妻)〉라는 작품을《열녀전》에 수록했다.

우선《열녀전》이란 책이 어떤 책인지를 살펴볼 필요가 있다.《한서·유향전(漢書·劉向傳)》에 의하면 유향이《열녀전》을 저술한 이유는 다음과 같다.

---

[14] 맹상군은 이 말을 통해 문객이 성의가 없다고 비난한다. 빈객은 굴하지 않고 뱁새(鷦鷯)가 집을 완벽하게 짓지만, "바람이 불자 갈대가 꺾이고 알이 깨지고 새끼 새가 떨어져 죽는 것(大風至, 則菖折卵破子死者)"은 "자신이 몸을 의탁한 곳이 부적절했기 때문이다(其所托者使然也)"라고 말했다. 결국 맹상군은 제나라 왕에게 부탁하여 재상이 된다. 유향,《설원·선설》제11편 참고.

유향은 풍속이 사치하고 음란해져서 황후인 조비연(趙飛燕)과 위자부(衛子夫) 등이 미천한 집안에서 황후가 되어 예법을 어기는 것을 보았다. 유향은 왕의 교화가 안에서 시작하여 밖으로 미치므로 가까운 곳에서 시작해야 한다고 생각했다. 그래서 《시경》과 《서경》에 기재된 현명한 비빈과 정절 높은 부인들 가운데 국가를 일으키고 가문을 높여 본받을 만한 사람들과 총첩 가운데 패망하고 죽은 사람들을 취해 정리하여 《열녀전》을 지었다

向睹俗彌奢淫, 而趙·衛之屬, 起微賤, 踰禮制. 向以爲王敎由內及外, 自近者始. 故采取《詩》·《書》所載賢妃貞婦, 興國顯家可法則, 及孼嬖亂亡者, 序次爲《列女傳》, 凡八篇, 以戒天子.

— 반고, 《한서·유향전(漢書·楚元王傳·劉向傳)》

위의 글은 《열녀전》의 두 가지 목표를 설명하고 있다. 첫 번째는 황제의 후궁 교육을 위한 저술로서 황제의 총애를 받는 여성이 황제의 총애를 입고 권력을 휘두르는 것을 억제하는 것이다. 위의 글에 언급된 조비연(趙飛燕)은 황제의 총애를 기반으로 여동생 조합덕(趙合德)과 함께 당시 성제의 부인인 하(何)황후를 폐위시키고 정적들을 잔혹하게 제거하였으며, 아들을 낳기 위해서 음행을 저지른 것으로 기록되어 있다. 두 번째는 왕의 교화가 시작되는 곳으로서의 부부를 위한 유가 시스템 구축이다.[15] 즉 열녀

[그림 5] 《열녀전》 지부족재(知不足齋) 본

전이 당시 유가의 사상과 대치하는 자유 이혼과 재가의 풍속 억제하고 남성 중심적 봉건 질서 구축을 시도한다는 것이다.

〈기량의 아내〉 역시 위의 두 가지 흐름을 벗어나지 않는다. 《열녀전》에서 기량의 처와 관련한 작품은 "정절을 지키고 남성을 따른다"라는 의미인 〈정순전(貞順傳)〉에 들어 있는데, 그 내용은 크게 두 부분으로 나눌 수 있다.

작품 전반부는 전대의 여러 문헌에 나타난 기량의 아내와 제나라 장공의 내용과 거의 차이가 없다. 대체로 장공이 돌아오면서 길에 마련한 기량의 빈소에 조문을 보냈다가 기량의 처에 의해 거절당한다는 내용이다. 하지만 후반부에 기록된 전설은 세밀하고 구체적이어서 문학 작품의 모습을 가진다.

> 기량의 아내에게는 자식도 없었고, 친정과 처가에 상복을 입어줄 친척도 없었다.[16] 돌아갈 곳이 없었기 때문에 자기 남편의 시신을 가지고 성 아래에서 울었다. 그 마음이 사람에게 감동을 줘서 도로를 지나치는 사람들 가운데 그녀를 위해 눈물을 흘리지 않는 사람이 없었고, 10일이 지나자, 성이 무너졌다. 장례 마친 그녀는 이렇게 말했다. "내가 어디로 돌아갈까. 부녀는 의지할 곳이 필요한데. 아버지가 계실 때는 아버지를 의지하고, 남편이 있으면 남편을 의지하고, 아들이 있으면 아들을 의지

---

15 박동인, 「유향『열녀전』형성의 배경과 그 영향」, 『유학연구』 44, 충남대학교 유학연구소, 2018, pp.211-246.
16 원문에서는 "다섯 가지 제사를 함께하는 친척(五屬之親)"으로 되어 있다. '오속(五屬)'은 다섯 종류의 상복(五服)을 입어줄 친족이다. 즉 친족의 관계 친밀도에 따라 상복의 종류와 기간을 5등급으로 분류한 것이다. 오속은 '참최(斬衰)'·'자최(齊衰)'·'대공(大功)'·'소공(小功)'·'시마(緦麻)'이다.

한다. 지금 나는 위로는 아버지가 없고, 가운데는 남편이 없으며, 아래로는 아들이 없다. 안으로는 내 성의를 돌봐줄 수 있는 이 없고, 밖으로는 내 정절을 세워줄 수 있는 사람이 없다. 내 어찌 마음을 바꾸어 두 사람을 섬길 수 있을까? 죽을 수밖에 없다." 마침내 치수(淄水)로 달려가 죽었다. 군자는 말한다. 기량의 아내는 정절을 지키고 예를 아는 사람이었다. 시에 이르기를 "내 마음의 비통함이여, 차라리 그대와 함께 돌아가리라"라고 한 것은 이를 말함이다. 그녀를 위한 송사(頌辭)는 다음과 같다.

"기량이 전사하여 그 아내가 장례를 치렀는데 제장공(齊莊公)이 길에서 조문하자 감당할 수 없다며 사양했네. 남편을 위해 성을 향해 곡을 하자 성이 무너지고, 가족이 없다 하며 치수(淄水)로 달려가 죽었네."

杞梁之妻無子, 內外無五屬之親. 旣無所歸, 乃就其夫之屍於城下而哭之. 內誠感人, 道路過者莫不爲之揮涕. 十日而城爲之崩. 旣葬, 曰: "吾何歸矣! 夫婦人必有所倚者也: 父在則倚父, 夫在則倚夫, 子在則倚子. 今吾上則無父, 中則無夫, 下則無子, 內無所依以見吾誠, 外無所依以立吾節. 吾豈能更二哉! 亦死而已!"遂赴淄水而死. 君子謂: 杞梁之妻貞而知禮. 詩云: "我心傷悲, 聊與子同歸."此之謂也. 頌曰: 杞梁戰死, 其妻收喪, 齊莊道吊, 避不敢當, 哭夫於城, 城爲之崩, 自以無親, 赴淄而薨.

— 유향, 〈제나라 기량의 아내·齊杞梁妻)〉

이 글은 앞서《맹자》에서 순우곤이 "제나라 풍속을 변화시켰다"라고 말한 의미를 전설의 차원과 봉건 여성 예법으로 해석하는 것을 볼 수 있다. 우선 기량의 아내는 슬픔으로 성을 무너뜨리는 힘을 가진다. 이것은 매우 허황된 말이지만, 고대 사회에서 신비한 일이 가진 영향력을 무시할 수는 없다. 그렇다면 이러한 신비한 일은 어떻게 일어나게 된 것일까? 유향은 《설원》에서 "내적인 성실"과 같은 진정성으로 답한다.

그렇다면 이 내적인 성실함이 무엇일까? 《열녀전》은 삼종지도(三從之道)와 관련시키고 있다.[17] 즉 그녀의 슬픔 혹은 성실함을 구성하는 요소는 결혼 전에는 아버지를, 결혼 후에는 남편을, 남편과 사별 이후에는 아들을 의지하는 것을 말함이다.

《열녀전》은 기량의 부인이 장성을 무너뜨리는 슬픔의 이유를 삼종지도의 상실로 해석하고, 나아가 정절을 위해 자살이라는 극단적 방식을 제시하고 있다. 이러한 변태적인 요청 사항이 가진 불합리성은 잠시 차치하고, 전설의 서사 구조와 관련하여 주목할 필요가 있는 부분은 유향의 기록에 지배 이데올로기에 반하는 모습이 있다는 점이다.

우선, 유향은 기량의 아내가 남편의 시신을 부여잡고 성 아래에서 10일 동안 곡을 했다고 하는데 이러한 예법은 귀족들의 예법이 아니라 일반 백성들의 행위다. 고대 귀족들은 빈소 없이 야외에서 곡하는 것을 예로 보지 않았고, 또한 죽은 남편을 위해 밤까지 곡하지도 않았다.[18] 예법에 대한 밝은 지식을 가졌던 또 한 명의 여성인 경강

---

17 《의례·상복(儀禮·喪服)》: 부인에게는 세 명을 따르는 의(義)가 있으며, 스스로 행할 수 있는 도는 없다. 그러므로 출가 전에는 아버지를 따르고, 출가해서는 남편을 따르고, 남편이 죽으면 아들을 따른다(婦人有三從之義, 無專用之道, 故未嫁從父, 旣嫁從夫, 夫死從子).

18 顧頡剛, 〈孟姜女故事的轉變〉: 《예기·단궁상(禮記·檀弓·上)》: "공자는 야외에서 곡하는 것을 싫어했다(孔子惡野哭者)." 진호(陳浩) 《주(注)》: "도성 밖과 도로 사이는 곡하는 곳이 아니다. 또 갑작스럽게 그런 곡을 행하면 사람들이 의심하고

[그림 6] 맹강녀가 장성을 무너뜨린 곳
(하북성 산해관)

(敬姜)[19]은 남편 목백(穆伯)이 죽었을 때 낮에만 곡을 하고, 아들(文伯)이 죽었을 때는 밤낮으로 곡을 했다. 공자는 이러한 행위가 예에 부합한다고 평가했다.[20]

귀족의 상례(喪禮)란 감정을 날것 그대로 노출하는 것이 아니라 제도화된 형식을 통해 표현하는 것으로 이는 감정을 제도적 형식에 가두는 형태다. 《예기·단궁하(禮記·檀弓下)》에서는 상례에 관해서 "예법에는 그 사람의 심정을 억제하여 표현시키는 일도 있고, 일에 따라서는 입는 물건이나 쓰는 물건을 정해서 그것에 의하여 심정을 일으키려고 애쓴 것도 있다. 직접적인 감정을 그대로 행동으로 보이는 것은 오랑캐인 융적(戎狄)의 방식이며 중국의 예가 취하는 방식과 다르다(禮有微情者, 有以故興物者, 有直情而徑行者, 戎狄之道也. 禮道則不然)[21]"라고 했다. 따

놀라기 때문에 싫어하신 것이다(郊野之際, 道路之間, 哭非其地, 又且倉卒行之, 使人疑駭, 故惡之也)." (《歌謠周刊》, 第69号, 1924)

19 경강은 공자와 동시대 여성으로 제(齊)나라 서출 왕녀이다. 그녀는 노나라 실권자인 계무자(季武子)의 손자 공보목백(公父穆伯)에게 시집을 갔다.

20 《예기·단궁하(礼記·檀弓下)》: "목백(穆伯, 남편)의 상사에서 경미는 낮에 곡을 했다. 문백(文伯, 아들)의 상사에는 밤낮으로 곡을 했다. 공자가 말했다. '예를 잘 아는구나!'(穆伯之喪, 敬薑晝哭. 文伯之喪, 晝夜哭. 孔子曰: '知礼矣!')"

라서 형식을 통한 감정의 표현이란 외적 형식을 통한 주체 감정의 억압이다. 이처럼 여성이 남편과 아들에 대한 표현이 다르듯이 한대에 이루어진 감정의 억압 기준은 가족 관계가 결정한다. 즉 상례는 인간의 죽음에 관한 이데올로기적 통제이며 삶의 자유가 제도 안으로 포섭된 형태다.

그러나 유향이 기록한 〈기량의 아내〉는 이러한 예법의 준수를 통한 통치 권력의 강화가 아니라 오히려 최고 권력자의 문제점을 지적하는 모습을 가진다. 즉 그녀가 예법을 따지며 제나라 최고 권력자의 조문을 거부한 것은 군주가 명한 전쟁을 통해 가정이 파괴된 여성의 저항이라는 피지배자의 욕망이 부착될 수 있는 부분이다. 즉 유향이 전한 그녀의 이야기는 표면적으로는 아버지·남편·아들이라는 가부장적 권위의 부재를 이유로 여성의 자살이 이루어지지만, 가정 파괴의 실제 원인을 제공한 군주를 각색하지 않고 남겨둠으로써 그녀를 칭송할수록 제나라 장공은 남편의 죽음에 대한 원인 제공자라는 비난과 함께 부하의 부인에게 예의 가르침을 받은 어리석은 군주가 된다. 따라서 기량의 죽음과 아내의 통곡을 바라보는 시각에는 예법적 해석 이면에 지배 권력에 대한 불만과 조롱이 섞여 있다.

더욱이 문학적 수사로 이해될 수 있는 성벽이 무너졌다는 묘사는 지배체제에 반하는 강력한 정서의 표출로도 해석될 수 있다. 그 이유는 진한 시대 문학에서 성벽은 강력한 비판의 대상으로 묘사되고 있기 때문이다.

---

21 《예기·단궁하(禮記·檀弓下)》.

아, 성루를 지어버리면	梁筑室,
어떻게 남으로 가고 북으로 가리!	何以南, 何以北!
곡식을 수확하지 못하면 군주는 무엇을 먹을까?	禾黍不獲君何食!
충신이 되고 싶어도 어찌 될 수 있을까?	願爲忠臣安可得!

－《악부시집·고취곡사·전성남(樂府詩集·鼓吹曲辭·戰城南)》

이 시는 성 주위에서 일어나는 전쟁 속에서 이름도 없이 죽어가는 사람들을 위로하는 노래다. 여기서는 성벽이 자유로운 이동을 가로막는 장애물로서 나타나 있는데 이것은 명백히 사람들의 삶을 가로막는 상징물로서 나타나 있다. 또한, 진나라 민가로 알려진 〈장성요(長城謠)〉[22]에는 진시황의 만리장성 축조 때문에 고통받는 백성들의 원망이 노골적으로 표현되어 있다.

남자아이가 태어나거든 기르지 말고,	生男愼勿擧
여자아이가 태어나거든 고기를 먹여 기르라.	生女哺用脯
그대는 보지 못하는가? 장성 아래에	不見長城下
시체와 백골이 서로 기대있는 것을!	尸骸相支拄

－〈장성요(長城謠)〉

---

22 여도원(酈道元), 《수경주·하수(水經注·河水)》: "시황제 24년(B.C.223) 태자 부소와 몽염이 장성을 쌓았는데, 임조(臨洮)에서 시작하여 갈석(碣石)에 이르렀다. 동쪽으로는 요해(遼海)에 이르고, 서쪽으로는 음산(陰山)을 포함하여 만여 리나 되었다. 민간에서는 그 고통을 원망하였는데, 양천(楊泉)의 〈물리론(物理論)〉에서 '진나라가 만리장성을 쌓으니 죽은 사람이 계속 생겨났다'라고 하였고 민가에 이르기를 '……'라고 하였으니 그 억울한 고통이 이와 같았다(始皇二十四年, 使太子扶蘇與蒙恬筑長城, 起自臨洮, 至於碣石. 東曁遼海, 西並陰山, 凡萬餘里. 民怨勞苦, 故楊泉〈物理論〉曰: "秦筑長城, 死者相屬"民歌曰: '……'其冤痛如此)."

이 시의 작가는 남자아이를 기르지 말고 여자아이를 기르라고 말한다. 농경 사회, 그리고 가부장적 사회에서 아들의 존재는 특별하다. 하지만, 이 시에서는 남자아이를 낳아 길러봤자 모두 성을 쌓는 노역에 끌려가던지, 아니면 전쟁터로 끌려가 죽을 뿐이므로 낳지 말라는 것이다. 여기에는 개인이 거스를 수 없는 국가 정책에 대한 소극적 반항이자 아들에 대한 기대를 빼앗긴 부모들의 체념이 보인다. 이 가요는 만리장성 성벽의 축조에 수많은 사람들이 동원되어 희생되었음을 말해줌과 동시에, 성벽이 백성들의 피와 살로 이루어진 거대한 형구(刑具)의 상징임을 말해준다.

성단형(城旦刑)은 남성 범죄자에게 내리는 노동형인데, 사형 다음으로 무거운 형벌이다. 성단형을 받은 남성 범죄자는 무기형의 경우 이마에 먹물로 죄인임을 표시하고 다리 하나가 잘린 상태로 '성(城)'을 쌓는 일을 '아침(旦)'부터 저녁까지 무기한 지속하는 것이다.[23] 성을 쌓는 일에 동원된 사람들의 고통은 후대 문학 작품 혹은 전설에서 계속 반복된다. 남북조시대 동진(東晉) 간보(干寶)의 《수신기(搜神記)》에는

---

23 진한 시대의 형벌 가운데 여성 범죄자들에게는 쌀을 정미하는 형벌인 용형(舂刑)이 있었는데 성단형과 이것을 합쳐서 성단용(城旦舂)이라고 한다. 형벌의 종류에는 신체에 부여하는 육형(肉刑)과 노동형이 있는데, 육형에는 수염을 깎는 내형(耐刑), 머리카락을 자르고 목에 형구를 채우는 곤형(髡刑), 그리고 신체에 먹물을 들이는 묵형(墨刑), 코를 베는 의형(劓刑), 다리를 자르거나 복사뼈 이하를 제거하거나 혹은 슬개골을 빼는 월형(刖刑) 혹은 빈형(臏刑), 성기를 자르는 궁형(宮刑) 등이 있다. 노동형의 대표적 형벌은 성단형이다. 성단형에는 본래 기한이 정해지지 않았지만, 한문제(漢文帝) 이후 유기 6년형 완성단(完城旦)과 무기형 형성단(刑城旦)으로 구분되었고, 무기형에는 왼쪽 혹은 오른쪽 슬개골 하나를 자르는 월형(刖刑)과 묵형(墨刑)이 부과되었다. 林炳德,「秦·漢 시기의 城旦舂과 漢文帝의 刑法改革」,『동양사학연구』66, 동양사학회, 1999, pp.37-62.

[그림 7] 시안성(西安城)

전국시대 송(宋)나라 강왕(康王)이 한빙(韓憑)의 아름다운 아내를 빼앗기 위해 그를 성단(城旦)의 형벌에 처했다는 기록이 있다.

이처럼 민간 문학에서 성벽은 전쟁이 일어나는 죽음의 장소이자, 육체적 고통이 발생하는 장소로서 지배계급의 통제 권력을 상징하는 구조물이다. 그래서 이들이 성벽을 부수는 것은 충분히 이해될 수 있는 상황이다. 그러나 귀족 계급에게 성벽은 자신들의 부와 권력을 지켜주는 보루이므로 개인적 슬픔 때문에 성벽을 무너뜨리는 서사가 귀족계급에서 이루어지는 것은 논리적으로 모순이다. 현실에서 철저히 무력한 상태로 저항할 수 없는 존재가 문학적 상상을 통해 자신들의 슬픔에 신비적 힘을 부여하여 자신들에게 죽음과 이별을 가져오는 억압의 상징을 부순다고 해야 성벽 붕괴의 의미가 세워질 수 있다. 즉 통곡으로 성벽을 무너뜨리는 서사는 운명적 비극에 대한 피지배계급의 저항과 극복의 은유이다.

동한(東漢) 채옹(蔡邕)이 만들었다고 알려진 금곡의 해제를 기록한《금조(琴操)》에도 기량의 처에 관한 이야기가 들어있는데, 그 내용은 열녀전의 내용과 거의 같다.

〈기량 처의 탄식(芑梁妻歎)〉은 제나라 기량(芑梁) 식(殖)의 아내가 지은 작품이다. 장공이 거(莒)를 습격하였는데 식이 전쟁에서 죽었다. 그 처가 탄식하여 말하기를 "위로는 아버지도 없고, 가운데에는 남편도 없고, 아래로는 아들도 없으며, 밖으로도 의지할 곳이 없고, 안으로도 의지할 곳이 없으니 앞으로 어떻게 살아갈 수 있으랴! 나의 절개로 어찌 두 남편을 섬길 수 있으랴? 오직 죽을 수 있을 뿐이구나!'라고 하며 금을 들고 "즐거움은 새로 사귀는 것보다 즐거운 것이 없고 슬픔은 생이별보다 슬픈 것이 없네."라고 하자, 슬픔이 황천을 감동시켜 성을 무너뜨렸다. 곡이 끝나자 치수에 투신해 죽었다.

〈梁妻歌歎〉者, 齊邑芑梁殖之妻所作也. 莊公襲莒, 殖戰而死. 妻歎曰"上則無父, 中則無夫, 下則無子, 外無所依, 內無所倚, 將何以立! 吾節豈能更二哉? 亦死而已矣!"於是乃援琴而鼓之曰: "樂莫樂兮新相知!悲莫悲兮生別離!哀感皇天, 城爲之墮."曲終, 遂自投淄水而死.

-《금조·기량처가(琴操·芑梁妻歌)》[24]

《금조(琴操)》[25]는 금으로 연주하는 곡의 해제를 기록한 책이다. 위의 내용을 보면 기량 아내가 슬퍼하고 자살하는 이유를 삼종지도(三從之道)에 두고 있어서 그 내용이 유향의《열녀전》과 차이가 없다. 다만,《열녀전》에서는 그녀의 슬픔이 주변 사람들을 감동시키는 것에 머문다면, 여기에서는 그녀의 슬픔이 이 세계를 지배하는 황천(皇天)이라는 보편자에 이른다는 서사로 확장되어 있다. 그리고 "즐거움은 새로 사귀는 것보다 즐거운 것이 없고 슬픔은 생이별보다 슬픈 것이 없네(樂莫樂兮新相知, 悲莫悲兮生別離)."라는 표현에서 악

---

24 吉聯抗輯,《금조(琴操)》, 人民音樂出版社, 1990, p.44.
25 전통적으로《금조(琴操)》의 작가는 동한의 학자 채옹(蔡邕)이었다. 하지만 청대 왕모(王謨)가 진(晉)나라 공연(孔衍)이라고 주장하면서 마서진(馬瑞辰)·완원(阮元) 등의 전통설과 대립한 적이 있다. 현재에는 정확한 저자를 알 수가 없다.

곡의 주제가 '삼종지도'에서 벗어나 남편과의 사별에서 오는 감정에 더 치중하고 있는 변화를 보이는 정도이다.

이상을 종합해 볼 때, 양한시대 기량의 아내는 남편과의 사별에서 오는 거대한 슬픔이 극대화된 민간적 모습을 통해 성벽을 부수는 서사가 있지만, 이러한 서사를 덮는 이념은 삼종지도 혹은 유가적 가치와 같은 귀족적 이념으로 포장되어 있어서 매우 모순적인 존재로 나타난다. 유향이 비록 유가 경전인《시경》과《서경》가운데 훌륭한 여성을 뽑았다고 했지만, 기량의 아내에 관한 이야기는 제나라 지역의 민간 문학적 성향을 담고 있다. 그 이유는 아마도 기량의 아내에 관한 민간 영역의 이야기가 강력한 힘을 가지고 있었기 때문에 이 이야기를 귀족 계층에서 마음대로 변형할 수 없을 정도로 폭넓은 영향력을 가졌기 때문이라고 해석할 수 있다. 어쩌면 유향은 황제의 후궁이 되는 여성 가운데 민간 계층의 여성이 가진 계층성을 참작하여 교재를 만들 수밖에 없었을 수도 있다.

유향 이후 기량의 아내와 관련한 서사의 중심이 이별의 슬픔이라는 민간 문학으로 그 서사가 옮겨가기는 했지만, 여전히 삼종지도라는 이데올로기가 여성의 삶과 죽음의 문제 중심을 장악하고 있어서 여성의 생사에 관한 서사 권력은 여전히 통치 계급의 이데올로기가 지배한다.

슬픔으로 성벽이 무너졌다는 이야기는 동한 말에서 위·진 시대에 이르기까지 계속해서 귀족 계층의 관심을 받는다.[26]

26　顧頡剛, 「孟姜女故事的轉變」, 『孟姜女故事硏究及其他』, 商務印書館, 2014,

추연이라는 일반 사람, 그리고 기씨와 같은 일개 아녀자조차 성을 무너뜨리고 오월에 서리를 내리게 하는 기이한 현상을 일으켰다.
鄒衍匹夫, 杞氏匹婦, 尙有城崩霜隕之異.

―《후한서·유유전(後漢書·劉瑜傳)》

그러나 동한을 지나 위·진 시대로 넘어오면서 유가(儒家) 헤게모니가 해체되면서 서사 이념의 방향성이 "삼종지도"와 같은 여성 윤리의 강화보다는 "지성이면 감천"이라는 개인 신념 문제를 더 강조하는 모습을 보인다. 그리고 조식 같은 사람은 이러한 관념을 받아들이는 것을 거부한다.

신은 개와 말의 정성이 사람을 감동시킬 수 없음은 마치 사람의 정성이 하늘을 감동시킬 수 없는 것과 같다고 생각합니다. 저는 처음에 성이 무너지고 서리가 내리는 것과 같은 정성이 하늘을 감동시킬 수 있다고 믿었지만, 제가 지금 생각하기에는 그저 허무맹랑한 말일 뿐입니다.
臣伏以爲犬馬之誠不能動人, 譬人之誠不能動天. 崩城隕霜, 臣初信之; 以臣心況, 徒虛語耳.

― 조식(曹植),《문선·구통친친표(求通親親表)》

그러나 조식의 경우는 특이한 경우다. 그는 위진시대를 대표하는 천재 귀족 문학가로서 민간 영역의 특성인 지성이면 감천 식의 어조를 받아들이지 않는다. 하지만 그의 이러한 모습은 단지 예외에 가

---

pp.3-25.

깝다. 대부분의 경우 이러한 민간문학적 성격을 그대로 받아들인 모습이 서술된다.

> 모맹(毛孟)이 간언했다. "……이미 통곡하며 진(秦)을 감동시키지 못해서 신포서(申包胥)에게 부끄럽고, 또 호곡하여 성을 무너뜨린 효험이 없어서 기량(杞梁)의 처에게 수치스러우니, 사는 것이 죽는 것만 못하므로 신(臣)에게 죽음을 내리시기를 청합니다."
> 孟固陳曰: "…… 旣慚包胥無哭秦之感, 又愧梁妻無崩城之驗. 存不若亡, 乞賜臣死."
> ―《진서·왕손열전(晉書·王遜列傳)》

> 충성스런 남편이 거성 전투에서 죽었을 때,　　　　貞夫淪苣役
> 조문을 거절하며 제나라 군주를 대했네.　　　　　杜吊結齊君
> 놀란 마음 빛나는 해에 눈이 어지럽고,　　　　　　惊心眩白日
> 넓게 펼쳐진 녹지가 무너져 가을 구름이 되었네.　長洲崩秋雲
> 정성이 하늘을 관통하니　　　　　　　　　　　　精微貫穹旻
> 높다란 성은 허물어진 무덤이 되었네.　　　　　　高城爲隤墳
> ― 오매원(吳邁遠), 〈기량처(杞梁妻)〉(《악부시집(樂府詩集)》)

이상의 작품은 모두 여성의 봉건 이데올로기에 관한 언급 대신 "정성이 하늘을 관통하니 드높았던 성이 허물어진 무덤으로 되었네(精微貫穹旻, 高城爲隤墳)."를 중심 서사로 삼는다. 즉 기량의 아내 이야기가 점차 '삼종지도'와 같은 국가적 혹은 귀족적 여성 이데올로기 서사로부터 탈피하여 인간의 감정적 행위가 하늘을 감동하여 신비한 현상을 일으키는 현상에 주목하는 변화를 보인다.[27]

시대적 혼란으로 귀족 계층의 지배 이념이 붕괴됨으로써 〈기량의 아내〉 서사에 존재하는 이념은 개인의 신념으로 축소된 모습을 보이지만, 악부와 고시 같은 민간 문학과 하급 문인 문학계에서의 〈기량의 아내〉는 감정적 부분이 강화된다. 《문선·고시19수(文選·古詩十九首)》에 실린 〈서북쪽에는 높은 누각이 있어(西北有高樓)〉라는 작품을 보면 기량의 부인에 관한 이야기가 여성의 애절한 노랫가락을 대표하는 문학 언어로 전환된 모습이 나타나 있다.

[그림 8] 〈열녀인지도(列女仁智圖)〉
고개지·동진

서북쪽 높은 누각이	西北有高樓
위로 솟아 구름과 함께하는데	上與浮雲齊
격자창에는 비단 휘장 걸려있고	交疏結綺窗
기와 누각에는 3겹의 계단이 있네.	阿閣三重階
그 곳에서 연주하는 노랫가락	上有弦歌聲
그 소리가 얼마나 애처로운가?	音響一何悲
누가 이런 노래를 부를 수 있을까?	誰能爲此曲

---

27 봉건적 부부 윤리의식을 보여주는 작품도 있다. 유극장(劉克庄), 〈독진기칠절·기일(讀秦紀七絶·其一)〉: "그 당시 징집된 남편을 둔 부녀 가운데, 직접 겨울옷을 보내준 이 몇이던가(不知當日征入婦, 親送寒衣有几人).", 〈정부사·기팔(征婦詞·其八)〉: "그대는 추호자 같은 바람둥이가 아니고, 첩은 기량의 아내죠(君非秋胡子, 妾是杞梁妻)." 등이 여기에 속한다.

바로 기량의 아내가 아닌가!	無乃杞梁妻
맑은 선율이 바람을 타고 연주되고	淸商隨風發
악곡의 중간에 이르자 변화가 끝이 없는데,	中曲正徘徊
연주 한 번에 세 번 감탄이 흘러나오니	一彈再三歎
여운이 감돌며 깊은 감동을 주네.	慷慨有餘哀
가수의 수고로움보다	不惜歌者苦
음을 알아 줄 이가 없음을 슬퍼하네.	但傷知音稀
한 쌍의 기러기가 되어	願爲雙鴻鵠
힘차게 높이 날아가기를!	奮翅起高飛

— 《문선·고시십구수(文選·古詩十九首)》

서릉(徐陵)의 《옥대신영(玉臺新詠)》에는 이 시의 작자가 매승(枚乘)이라고 했지만,[28] 이전 시대 소명태자(昭明太子)의 《문선》에 실려 있어 일반적으로 동한(東漢)시대 무명씨의 작품으로 하급 관료의 생활로 인해 지인들과 멀어지고 새로운 환경과 미래에 대한 불확실성에서 느껴지는 외로움과 그리움을 노래한 것으로 해석한다.[29] 이 시의 작자는 구름과 닿을 듯한 높은 누각에서 애절한 노래가 흘러나오는 것을 듣는다. 작가는 노래의 애절함에 대한 원인을 직접적으로 설명

---

28 서릉(徐陵)의 《옥대신영(玉臺新咏)》 권1·〈고시〉 8수에는 매승(枚乘)의 〈잡시(雜詩)〉 9수 가운데 하나로 소개되고 있으나 모두 매승의 이름을 위탁한 것으로 판명한다.

29 심덕잠(沈德潛), 《설시수어(說詩晬語)》: "〈고시십구수〉는 특정 인물의 특정 언어로 지어진 특정 시기의 작품으로 단언할 수 없다. 대체로 벼슬에서 쫓겨나 아내를 버리고 친구와도 멀리 떨어져서 타향을 노니는 인물의 삶과 죽음에서 오는 고통과 새로움과 과거에 대한 감흥을 노래한 것이다.(〈古詩十九首〉, 不必一人一辭, 一時之作. 大率逐臣弃妻, 朋友闊絶, 游子他鄕, 死生新故之感.)"

하지 않고 "누가 이런 노래를 부를 수 있을까? 바로 기량의 아내가 아닌가(誰能爲此曲, 無乃杞梁妻)!"라고만 했다. 이것은 "기량의 처"가 죽은 남편을 위해 슬프게 노래하는 여성을 대표하는 언어이기 때문이다. 마지막 구절에서 "한 쌍의 기러기가 되어 힘차게 높이 날아가기를(願爲雙鴻鵠, 奮翅起高飛)!"이란 표현은 헤어진 사람과 영원히 함께하기를 바라는 마음을 드러내고 있는데, 이것은 〈고시십구수〉의 다른 작품인 〈유별처(留別妻)〉·〈음마장성굴(飮馬長城窟)〉 등과 유사하게 이별한 사람과의 변함없는 영원한 사랑에 대한 꿈을 표현하는 것과 맥을 같이 한다.

이러한 흐름은 후대로 계속 이어지는데, 유신(庾信)은 〈남풍다사성(南風多死聲)〉에서 "흔들어 떨어지는 가을 날씨, 처량함에 원망이 많기도 하구나. 눈물로 시들어버린 상수의 대나무, 울음으로 무너진 기량의 성이여(搖落秋爲氣, 凄涼多怨情. 啼枯湘水竹, 哭壞杞梁城)!"라고 읊었고, 이백 역시 〈백두령·2수(白頭吟二首)〉에서 "성을 무너뜨린 기량의 아내여, 누가 흙에 마음이 없다 하였나(城崩杞梁妻, 誰道土無心)."라고 했다.

맹강녀의 이동: 제나라 산동에서 진시황의 만리장성으로

본래《좌전》·《예기》와 같은 유가 경전에 실린 기량의 아내 이야기를 존중한다면 무너진 성은 기량이 전사했던 산동성의 거성(莒城)이 되는 것이 자연스럽다. 실제로 남북조 시대의 지리학자 여도원(酈

道元)의 《수경주(水經注)》에는 거성(莒城)으로 되어 있다.[30] 하지만 이 이야기에 문학적 창작이 가미 되면서 무너진 성의 위치가 점차 변화한다.

정미함은 금석을 깨트리고,	精微爛金石
지극한 정성은 신명이 감동하게 하네.	至心動神明
기량의 아내가 죽은 남편을 위해 곡을 하자	杞妻哭死夫
양산이 기울어 버렸네.	梁山爲之傾

– 조식(曹植), 〈정미편(精微篇)〉

조식의 작품은 기량(杞梁)의 "양(梁)"자에 착안하여[31] 기량의 아내가 허문 대상을 산동성(山東省) 동평현(東平縣)의 양산(梁山)으로 치환한다. 그리고 좌사(左思)의 여동생 좌분의 〈제기량처찬(齊杞梁妻贊)〉에도 그녀가 산동성에 있는 성을 무너뜨린 것으로 나온다.

운명에도 바꾸지 않고,	遭命不改
험둔한 세상을 만났지.	逢時險屯
남편은 거(莒)와이 전장에서 죽자	夫卒莒場

---

30 여도원(酈道元), 《水經注·沭水》: "술수(沭水)는 …… 동남쪽으로 흘러 거현동(莒縣東)을 지난다. ……《열녀전(列女傳)》에서 '아내가 성 아래에서 울자 7일 만에 성이 무너졌다.'라고 하였다. 그러므로 《금조(琴操)》에서 '슬픔이 황천을 감동시켜 성이 무너졌다.'라고 하였는데, 바로 이 성이다(沭水 …… 東南過莒縣東 …… 《列女傳》曰: '…… 妻乃哭於城下, 七日而城崩', 故《琴操》雲: '…… 哀感皇天, 城爲之墬, 卽是城也')."

31 기량(杞梁)의 본명은 기식(杞植)이고 '량(梁)'은 자(字)이다.

교외에서 조문에 제나라 왕의 행차 받지 않았네.	郊弔不賓
높은 성을 슬픔으로 무너뜨리고,	哀崩高城
하늘 향해 슬픔을 호소했네.	訴情穹旻
마침내 임천으로 달려가,	遂赴淄川
맑은 나루에 몸을 맡겼네.	托軀淸津

임천(臨川)은 산동성(山東省)에 있는 강이다. 따라서 이 두 작품은 모두 기량의 아내와 산동성(山東省)을 엮고 있다. 산동성과 기량의 아내를 엮는 분위기는 당나라 시대까지도 이어진다.

양산이 기량의 아내에게 감동하여	梁山感杞妻
슬픈 울음에 기울어져 버렸네.	慟哭爲之傾
쇠와 돌이 갑자기 벌어진 것은	金石忽暫開
모두 격동하는 깊은 슬픔으로 인한 것이라네.	都由激深情

— 이백(李白),〈동해유용부(東海有勇婦)〉

이 시는 이백이 천보(天寶) 5년(746)에 지은 시다. 이백은 이때 산동 임치(臨淄)에서 태수 이옹(李邕)과 함께 산동성 출신의 의사인 순우의(淳于意) 묘 등을 유람하면서 기량의 아내에 관한 이야기와 순우의의 딸 제영(緹縈)이 아버지를 위해 관비(官婢)가 되고자 했던 이야기[32]에 감동하여 이 시를 창작했다. 위의 시에서 양산이 기량 아내의 정성에 감동했다는 이야기는 앞서 살펴본 조식(曹植)의 영향을 받은 것이다.

---

32 사마천(司馬遷),《사기·편작창공열전(史記·扁鵲倉公列傳)》.

어쨌든 이상의 작품에서 기량의 아내가 무너뜨린 성은 기량의 아내 이야기가 잉태된 산동성을 벗어나지 않는다.

하지만 점차 기량의 아내 이야기는 산동 지역을 벗어난다. 서진(西晉)의 최표(崔豹)가 지은《고금주(古今注)》는 고대 여러 사물과 제도에 관한 해설서이다. 여기에서 최표는 〈기량처(杞梁妻)〉라는 작품에 관해 설명을 하면서 이 작품이 기량의 아내가 슬퍼서 곡을 하자

[그림 9] 이백기념관·제녕시(濟寧市)

"기 나라 도성이 감동하여 무너졌다(杞都城感之而頹)"라고 하고, 다시 그녀가 "결국 물에 빠져 죽었다(遂投水而死)"라고 하면서, 이러한 언니의 정절과 죽음을 슬퍼하면서 그녀의 여동생 조일(朝日)이 지었다고 했다. 즉 기량의 아내가 무너뜨린 성이 하남성(河南省)에 있는 기 나라 도성이라는 것이다.[33]

이러한 장소의 이동은 지역 문화나 경전에 종속적인 경향을 보이

---

33 서진(西晋) 최표(崔豹) 〈고금주(古今注)〉: 〈기량처〉라는 작품은 기식의 아내의 여동생 조일(朝日)의 작품이다. 송(宋) 곽무천(郭茂倩),《악부시집·잡곡가사·양처(樂府詩集·雜曲歌辭·梁妻)》: "위로는 아버지께서 계시지 않고, 가운데는 남편이 없고, 아래로는 자식이 없네. 인생의 고난이 지극하구나. 이에 목 놓아 오랫동안 곡을 하자 기(杞)의 도성이 감동하여 무너졌고, 결국 물에 빠져 죽었다. 그의 여동생이 언니의 정절을 슬퍼하면서 노래를 만들었는데, 그 제목을 〈기량처(杞梁妻)〉라고 했다(杞梁妻者, 杞殖妻妹朝日之所作也. 殖戰死, 妻曰: '上則無父, 中則無夫, 下則無子. 人生之苦至矣. 乃抗聲長哭, 杞都城感之而頹, 遂投水而死.' 其妹悲姊之貞, 乃作歌名曰: 〈杞梁妻〉焉)."

는 서사를 탈피하여 다른 범위로 확장시켰다. 즉 지역 이동은 이야기가 종속된 지역 전통문화의 한계를 벗어나 완전히 새로운 양분을 흡수함으로써 자신의 거추장스러운 부분을 벗어던지고 더 자연스러운 내용 전개를 이룩한다. 즉 기량의 아내가 중국의 서북 변방으로 이동함으로써 민간 문학과 귀족문학이 뒤섞인 형태를 벗고 온전히 민간 문학으로서의 모습을 갖춘다. 동북방으로의 이동은 기량의 아내가 무너뜨린 성을 만리장성으로 치환하는데, 이러한 서술은 당나라의 관련 작품에서 언급된다.

기량(杞良)은 진시황 시대 북쪽에서 만리장성을 축조할 때 부역을 피해 도망치다 맹초(孟超)라는 사람의 집에 숨어들어 뒤뜰의 나무 위로 올라갔다. 맹초의 딸 맹중자(孟仲姿)가 연못에서 목욕하다가 기량을 올려다보았고 큰 소리로 물었다. "당신은 누구세요? 어째서 여기에 있죠?" 기량이 대답했다. "제 성은 기이고 이름은 량이며 연나라 사람입니다. 부역에 따라 만리장성을 축조하게 되었는데 고생을 견디지 못해서 이곳으로 피난하게 되었습니다." 맹중자가 말했다. "그대의 아내가 되게 해주세요." 기량이 말했다. "아가씨는 높은 신분으로 태어나서 엄격한 집안에 계시고, 용모도 아름다우신데 어찌 부역하는 사람의 배필이 될 수 있겠습니까." 맹중자가 말했다. "여인의 몸은 다시 남편에게 보일 수 없습니다. 그대는 사양하지 마십시오." 결국 아버지에게 이런 사정을 이야기하자 아버지가 허락했다. 부부의 예를 마치고 작업하는 곳으로 돌아갔다. 축성 담당자는 기량이 도망친 것에 분노하여 기량을 때려죽여 시신 위에 성을 쌓아버렸다. 맹초는 기량의 생사를 알지 못하여 하인을 보내 그를 대신하게 하였다. 하지만 기량이 죽어서 성벽 안에 있다는 소식을 들었다. 맹중자가 이 소식을 알고 슬퍼하며 찾아가 성을 향해 곡을 하니 그녀를 마주한 성벽이 한꺼번에 무너졌고, 죽은 사람의 백골이 어지럽게 펼쳐져 어떤 것이 기량인지 알지 못했다. 맹중자가 이에 손을 찔러 피를 백골에 떨어뜨리면서 말했다. "만약 기량의 백골이라면 피가 흘러 들어갈 것이다." 이렇게 말한 다음 피를 뿌렸는데 기량의 백골에 이르자 피가 백골에 흘러 들어갔고, 즉시 시신을 수습하여 장례를 지냈다.

杞良, 秦始皇時北築長城, 避役逃走, 因入孟超後園樹上. 起(超)女仲姿浴於池中, 仰見杞良, 而喚之問曰: "君是何人?因何在此?"對曰: "吾姓杞名良, 是燕人也. 但以從役而築長城, 不堪辛苦, 遂逃於此."仲姿曰: "請爲君妻."良曰: "娘子生於長者, 處在深宮, 容皂(貌)豔麗, 焉爲役人之□(匹)."仲姿曰: "女人之體不得再見丈夫, 君勿辭也."遂以狀陳父, 而父許之. 夫婦禮畢, 良往作所. 主典怒其逃走, 乃打煞之, 並築城內. 起(超)不知死, 遣仆欲往代之, 聞良已死並築城中. 仲姿旣知, 悲哽而往, 向城號哭, 其城當面一時崩倒, 死人白骨交橫, 莫知孰是. 仲姿乃刻(刺)指血□(滴)白骨, 雲: 若是杞良骨者, 血可流入. 卽瀝(灑)血. 果至良骸, 血俓(徑)流入. 使(便的誤字)將歸之葬也.

－《조옥집·감응편·동현기(琱玉集·感應篇·同賢記)》

이 작품에 나타난 시간과 공간 배경, 그리고 인물들의 배경은 이전에 언급되는 배경과 완전히 달라져 있고 확실한 민간 문학적 속성을 드러낸다. 우선 시대 배경이 본래 춘추시대였는데, 진나라 시대로 변화했고, 활동 지역도 산동 지역인 거에서 북쪽 만리장성을 축조하는 지역으로 이동했다. 이것은 예(禮) 중심 서사에서 진시황의 만리장성 축조라는 거대한 사업에 의해 핍박받는 일개 평민의 서사로 완전히 변모한 모습을 보인다.

또한 이 이야기에서는 인물의 이름과 행적도 크게 바뀌었다 우선 남자 주인공의 경우 이름이 《좌전》에서 소개된 기량(杞梁)과 달리 기랑(杞郎)으로 되어 있다. 그리고 그는 대부 신분으로 전쟁에서 죽은 것이 아니라 일반 백성의 신분으로 만리장성을 쌓는 일에서 도망을 쳤고, 다시 만리장성을 쌓는 일로 인해 죽임을 당하게 된다. 즉 주인공 남성은 지배 권력의 혹독한 억압에 의해 희생당하는 모습을 가진다.

기량의 아내에게도 변화가 생긴다. 본래 이름과 집안 배경을 잘 알 수 없는 여성이었으나, 여기서는 귀족인 맹초의 둘째 딸 맹중자(孟仲姿)로 나타나 있다. 그녀는 매우 특별한 능력을 가진 여성으로 묘사된다. 성을 무너뜨릴 뿐만 아니라 자기 피로 신랑을 찾아내는 신비한 능력까지 있다. 이것은 맹강녀 이야기가 예교라는 귀족 문학적 한계에서 벗어나 새로운 주술적 요소를 받아들인 것으로 이야기 서사 주권이 민중으로 넘어간 모습을 보인다. 또한 두 사람의 만남과 이별을 구체적으로 서술함으로써 서사의 완전함을 기하고 있을 뿐만 아니라 삼종지도와 같은 귀족 서사를 삭제하고 슬픔으로 장성을 붕괴시키는 민간 서사를 강화시킨다.

이처럼 완전히 변모한 〈기량의 아내 버전 2.0〉은 산문 문학뿐만 아니라 운문 문학에도 영향을 미쳤는데, 이러한 모습은 당대 말기에 활동한 관휴(貫休, 832~912)의 시에 보인다.

| 진나라가 무도하여 사방이 고통을 받는데, | 秦之無道兮四海枯 |
| 만리장성 쌓아 북쪽 흉노를 막으려 하네. | 筑長城兮遮北胡 |

공사 인부가 흙을 일만 리에 쌓는데,	筑人筑土一萬里
기량의 정절 높은 부인이 슬피 우네.	杞梁貞婦啼嗚嗚
위로는 아버지가 없고 가운데는 남편이 없는데,	上無父兮中無夫
아래로는 자식이 없어서 외롭고 외롭네.	下無子兮孤復孤
노래 한 번에 성이 무너지며 고달픈 변새가 드러나고,	一号城崩塞色苦
노래 두 번에 기량의 뼈가 흙 속에서 나타나네.	再号杞梁骨出土
피로하고 주린 혼백이 서로 좇아 돌아가니	疲魂饑魄相逐歸
밭두둑 위의 소년은 서로를 비난하지 말게나.	陌上少年莫相非

– 관휴(貫休), 《선월집·기량처(禪月集·杞梁妻)》

관휴는 당나라 말기에서 오대(五代) 전촉(前蜀) 시기의 승려이며 나한(羅漢) 그림과 시로 유명했다. 이 시의 서사는 금조(琴操)와 차이가 없지만, 몇 가지 요소에서 커다란 변화를 보인다.

우선 사건 발생의 공간에 변화가 생겼다. 원래 이 이야기는 앞서 살펴본 여러 문헌의 선명한 기록 때문에 서사의 공간성이 제나라를 벗어나지 않았지만, 관휴의 이 시에는 진나라의 변새가 서사의 공간 배경이 되어 있고, 그녀가 무너뜨린 성도 '만리장성'이 되었다.

이렇게 되자 기량은 제나라 장공의 거국 정벌에서 죽은 대부(大夫)가 아니라 진시황의 폭정 때문에 죽은 일반 백성이 되었고, 그녀의 신분도 대부의 부인이 아니라 평민의 부인이 된다. 비록 그녀가 신분적으로는 하강했을지 모르지만, 이야기의 서사 구조는 훨씬 선명하고 단단해진 모습을 보인다. 즉 그녀가 노래를 부르자 만리장성이 무너지면서, 동시에 고통받는 변방 요새의 현실이 드러나고, 다시 노래를 부르자 남편의 백골이 나타나고 다시 영혼의 결합을 이룬다. 즉, 기량의 아내는 귀족 여성의 신분을 벗고 평민 여성으로 신분이 낮아지면서 서사의 완전성을 획득한다.

이상의 서술을 정리해 보면 기량의 처는 3단계의 변화 과정을 거친다. 첫 번째는 춘추시대 제나라 대부 기량의 부인으로서 예의에 맞지 않다면 왕의 명령도 거부할 수 있다는 일화를 통해 예에 통달한 여성이다.

두 번째는 한대 여성 봉건 이데올로기인 삼종지도를 선전하는 귀족 여성의 모습과 남편을 잃은 슬픔으로 성벽을 무너뜨리는 민간 여성의 모습이 혼재된 여성이 있다. 그리고 이 모습은 점차 "지성이면 감천"이라는 인간의 정성을 통해 현실의 한계를 극복할 수 있다는 점에서 주목받는다.

세 번째는 그녀가 무너뜨리는 성벽이 진시황의 만리장성으로 교체되면서 국가 폭력에 의해 가정이 파괴된 평민 여성으로 완전히 재탄생한다. 이제 그녀는 예를 준수하는 귀족 여성으로서 콩건 이데올로기를 강조하는 역할에서 벗어나 제국의 지배 질서를 상징하는 성벽을 무너뜨리는 힘을 보여주는 사회비판적 역할을 담당한다. 이 세 번째 이야기의 구조가 현재 볼 수 있는 맹강녀 이야기의 틀이다.

구제강은 당나라 시대 이러한 서사적 변화가 나타난 이유를 〈음마장성굴행(飮馬長城窟行)〉이라는 동일 제목의 상이한 주제로 이루어진 작품 16편의 내용적 변화를 통해 설명한다. 구제강에 의하면 〈음마장성굴행〉은 위·진 시대부터 당대까지 지속적인 창작이 이루어졌으며 그 내용은 대체로 적을 섬멸하는 내용과 여성이 축성의

참상을 슬퍼하는 2가지 내용으로 구분되는데 이 가운데 후자가 기량의 처에 영향을 주었다는 것이다.[34]

〈음마장성굴행〉 시리즈의 최초 작품은 동한(東漢)의 학자이자 서예가인 채옹(蔡邕)의 작품이다. 이 작품은 떠나간 남성을 그리워하는 여성이 손님이 전달한 남성의 편지를 받는 내용이다. 주로 여성의 심리 묘사에 치중함으로써 서사 공간이 여성의 생활공간에 머물러 있고 이별의 원인이나 이러한 이별의 원인이 될 수 있는 사회 환경에 관한 내용은 거의 언급되지 않는다.

본격적으로 사회 환경과 가정 파괴의 관계를 언급한 작품은 동한 말기 조조가 거느렸던 문인 그룹인 건안칠자(建安七子) 가운데 한 명인 진림(陳琳)[35]의 작품이다.

장성 웅덩이에서 말에게 물을 먹이니	飮馬長城窟
물이 차가워 말의 근골을 상하게 하네.	水寒傷馬骨
장성 관리에게 가서 부탁하네	往謂長城吏
"부디 태원의 병졸은 잡아두지 말아주시오"	愼莫稽留太原卒
"관청의 일이란 기한이 있으니	官作自有程

---

34 顧頡剛, 〈孟姜女故事的轉變〉, 《歌謠周刊》 第69号, 1924.
35 진림(?~217): 자(字)가 공장(孔璋)이며 현재 강소성(江蘇省) 양주(揚州) 서북쪽에서 태어났다. 처음에는 동한(東漢) 영제(灵帝) 하황후(何皇后)의 오빠인 대장군 하진(何進)의 부하였다가 다시 익주(冀州)로 도망쳐서 원소(袁紹)에게 의지했고, 원소가 패망한 이후 다시 조조의 휘하에 들어갔다. 그는 조조의 사공군모좨주(司空軍謀祭酒)가 되어 비서실을 관리하고 완우(阮瑀)와 함께 공문을 작성했다. 현재 문집이 소실되었고, 글은 현재 《문선(文選)》에 4편의 문장이 있고, 《옥대신영(玉臺新咏)》에 〈음마장성굴〉 1편이 전해지고 있다.

축(筑)을 들고 너의 목소리를 맞추라."	擧筑諧汝聲
"남아로서 차라리 전투에서 죽을지언정	男兒寧當格鬪死
어찌 답답하게 장성을 쌓을 수 있겠어요?"	何能怫郁筑長城
장성은 얼마나 끝없이 이어져 있나!	長城何連連
이어지고 이어져 삼천 리라네.	連連三千里
변방에는 건강하고 젊은 청년들 많고	邊城多健少
집안에는 과부가 많구나.	內舍多寡婦
편지를 써서 집에 붙이네.	作書與內舍
"기다리지 말고 재혼하여	便嫁莫留住
새 시부모를 잘 모시오.	善事新姑嫜
때때로 옛 남편인 나를 그리워해주시오."	時時念我故夫子
답신이 변경으로 왔네.	報書往邊地
"그대 지금 말을 어찌 이리 야속하게 하나요.	君今出言一何鄙
자기는 고통 받으면서	身在禍難中
어찌 다른 사람을 연연해 하시나요	何爲稽留他家子
아들을 낳으면 절대로 기르지 말고	生男愼莫擧
딸이나 잘 기르시오.	生女哺用脯
그대는 보지 못하였나요? 장성 아래에서	君獨不見長城下
사자(死者)의 해골이 서로를 부축하고 있어요	死人骸骨相撑拄
머리를 묶고 그대와 함께 한 이후	結髮行事君
불안한 마음으로 그대를 생각해요.	慊慊心意關
변방의 생활로 고생하는 것을 아는데	明知邊池苦
제가 어찌 저만 위하겠어요."	賤妾何能久自全

— 진림, 〈음마장성굴〉

진림의 이 시는 대화체가 많이 사용된 악부시이다. 이 시에서 젊

[그림 10] 의위출행도(儀衛出行圖) 북제(北齊)

은 청년은 성을 쌓는 일에 불만이 있다. 그는 관리에게 차라리 전쟁터에 가겠다고 말해 보지만, 축(築)을 들어 관리자의 구호에 맞춰 흙을 고르는 노동을 하라는 명령을 받는다. 그가 답답해하는 가장 큰 이유는 그의 작업이 끝날 기약이 없기 때문이다. "장성은 얼마나 끊임없이 이어있나! 이어지고 이어져 삼천 리라네(長城何連連, 連連三千里)."라는 말은 곧 성을 쌓는 일을 평생 해도 끝나지 않는다는 의미다. 그래서 그는 집에 있는 갓 결혼한 아내에게 편지를 써서 재혼하라고 한다. 아내는 "변방의 생활로 고생하는 것을 아는데 제가 어찌 저만 위하겠어요."라며 위로하는 편지를 보낸다.

전체적으로 보면 혼란의 시대 서로의 만남을 물리적으로 가로막는 끝없이 이어진 만리장성에도 불구하고 "머리를 묶고 그대와 함께한 이후 불안한 마음으로 그대를 생각해요(結髮行事君, 慊慊心意關)."라는 연약하지만, 서로를 위하는 두 사람의 마음이 장성을 뚫고 이어져 있어서, 전체적으로는 고통을 견뎌내는 사랑을 표현하고 있다.[36]

---

36 다만 "아들을 낳으면 절대로 기르지 말고, 딸이나 잘 기르시오. 그대는 보지 못하였소? 장성 아래에서 사자(死者)의 해골이 서로를 부축하고 있다네(生男慎莫擧, 生女哺用脯, 君獨不見長城下, 死人骸骨相撑拄)."라는 말은 전체 서사와 조금 어울리지 않는다. 아마도 이런 부분을 보고 위문제(魏文帝)가 〈여오질서(與吳質

어쨌든 이 작품에서 살펴볼 부분은 만리장성과 사랑의 대립적 구도이다. 즉 만리장성이 이별을 형성하고 있지만, 두 사람은 이에 굴복하지 않고 영원한 사랑의 맹세를 고통 속에서 되됨으로써 사랑으로 만리장성의 한계를 극복하는 서사가 이루어지고 있다. 이러한 사랑을 통한 현실 한계의 극복 서사는 한악부와 고시(古詩) 작품에서 다양하게 제시되고 있다.

봄날의 꽃을 힘을 다해 사랑하고	努力愛春華
기뻤던 시절을 잊지 말아요.	莫忘歡樂時
살아 있다면 반드시 다시 돌아오시고	生當復來歸
죽는다면 영원히 서로를 생각해요.	死當長相思

- 〈고시십구수〉

이 작품은 남편을 전장으로 떠나보내는 여성의 슬픔을 노래한 시이며, 이 부분은 마지막 4구(句)이다. 이 여성은 남성의 재회를 기약할 수 없어서 운명적인 슬픔과 이별을 만나지만 "살아있으면 반드시 돌아오고 죽는다면 서로를 영원히 기억해요(生當復來歸, 死當長相思)."라며 이별과 죽음을 사랑으로 초월하고 있다.

구제강은 여기에 더해서 당나라의 여러 대회 확장 정책에서 비롯한 여러 차례의 전쟁, 그리고 안사(安史)의 난과 번진(蕃鎭)의 난립 등의 혹독한 내전과 정치적 혼돈이 당대 여성의 삶에 불안정성을

書)〉에서 "공장(孔璋, 진림의 자)의 장과 표는 매우 웅건하지만, 다소 번잡하다(孔璋章表殊健, 微爲繁富)."(蕭統, 《文選》 卷42)라고 했던 것 같다.

발생시켰고, 이러한 불안정성이 〈기량의 아내〉 전설의 내용을 변화시켰다고 생각했다.

만리장성은 민족과 국가적으로 중요한 군사 요새이며, 규중의 젊은 여성이 가진 원망이 모이는 곳이다. 그녀들에게는 장성이 요괴와 다를 것이 없다. 어떤 사람이 자신의 야심을 위해 만리장성을 축조했는가? 누구나 그 사람이 진시황이라고 알고 있다. 누가 남편의 참혹한 죽음에 대한 비통함으로 장성을 무너뜨렸는가? 사람들은 그 사람이 기량의 처라는 것을 알고 있다. 이 두 가지 이야기가 연상되어 결합함으로써 "기량의 처가 진시황의 만리장성을 무너뜨렸다"라는 이야기가 만들어졌고, 기량은 진나라 사람이 되어 만리장성을 축조하지 않을 수 없었다. 여성들은 기량의 아내가 만리장성 아래에서 울 수 있을까, 그리고 만리장성이 그녀 때문에 무너질 수 있을까를 생각했고, 틀림없이 기량이 진시황에 의해 만리장성을 축조했기 때문에 그녀가 장성을 통곡으로 쓰러트렸을 것이며, 백골이 땅에서 나왔다고 생각하게 되었다. 그래서 마침내 "공사 인부가 흙을 일만 리에 쌓는데, 기량의 훌륭한 부인이 슬피 우네(築人築土一萬里, 杞梁貞婦啼嗚嗚)."라는 말이 출현하게 되었을 것이다! 여성들은 모두 만리장성을 무너뜨릴 원망을 하고 있었고, 기량의 아내 이야기를 빌려 자신의 한을 녹여냈을 것이다. 그래서 기량의 아내는 "남편이 멀리 정벌을 나가 돌아오지 않는 슬픔"의 결정체가 되었다.[37]

따라서 당나라 시대 여성들은 사회적 문제들이 일으키는 문제로

---

37 顧頡剛, 〈孟姜女故事的轉變〉, 《歌謠周刊》 第69호, 1924.

인해 '돌아오지 않는 남편'을 가지게 되었고, 이러한 고통을 해소하기 위해서 이미 문학 창작의 흐름으로 정착된 죽음을 넘어서는 사랑 서사를 통해 〈기량의 아내〉 이야기를 진시황의 만리장성을 사랑의 힘으로 극복하는 형태로 변형시킨 것이다.

이처럼 〈기량의 아내〉는 처음 잉태되었던 춘추·전국시대에는 예법의 문제였지만, 한대에 이르면 여성 봉건 이데올로기를 강화하는 서술로 변화했다. 다시 한대 지배 이데올로기가 무너진 위진시대에는 이데올로기에서 탈피하여 하늘을 감동하게 할 만한 개인 신념의 문제와 남편을 잃어버린 슬픔의 문제로 양분된 모습을 보였다. 하지만 당대에 이르러 하급 계층 문인들의 문학 활동이 활발해지면서 시대의 영향과 문학적 흐름의 영향을 받아 귀족적 감각의 신념 문제에서 탈피하여 민간 여성의 슬픔이 하늘을 감동하게 한다는 형태로 재구성된 것이다. 이 과정에서 그녀가 무너뜨린 성이 민간에서 성을 축조한 대표적 지리 표상인 서북쪽의 만리장성으로 이동했다.

귀족 미망인에서 평민의 신(神)으로

맹강녀라는 이름은 현재까지 발견된 문헌 가운데 당말(唐末)에서 오대(五代)에 이르는 기간의 돈황변문(敦煌變文)의 곡자사(曲子詞) 가운데 〈도련자(搗練子)〉[38]라는 작품에 처음 출현하고 있다.

---

38 路工編, 『孟姜女萬里尋夫集』, 中華書局, 1958, p.3. 倪金艶, 『孟姜女傳說的叙

맹강녀여, 기량의 아내여.	孟姜女, 杞梁妻
한번 연산으로 가서 다시 돌아오지 않네.	一去烟山更不歸
겨울 옷을 기웠지만 전해 줄 사람이 없어서,	造得寒衣無人送
어쩔 수 없이 부역간 남편의 옷을 스스로 전해주네	不免自家送征衣
만리장성의 길은 정말 가기 어려우니,	長城路, 實難行
유락산 아래에 구름이 분분하네.	乳酪山下雲紛紛
술을 마시면 밥을 거르는 병이 생기니,	吃酒則爲隔飯病
원하건데 몸 건강히 어서 돌아오소서.	願身强健早歸還

- 〈도련자(搗練子)〉(伯3911)

〈도련자〉는 다듬이질을 할 때 부르는 노래다. 남편의 이름도 기량(杞梁) 혹은 범량(犯梁)으로 되어 있으며, 혹은 맹강녀라는 이름 대신 범량청(犯梁淸)으로 되어 있는 판본도 있다. 이 곡사에서 주목할 점은 겨울옷을 전해주러 가는 이야기가 더해진 것이다. 이 이야기가 기량의 아내 이야기라고 단언할 수는 없지만, 적어도 현재 전해지는 원본 이야기에 지역성을 지닌 이야기가 부단히 첨가되는 것을 볼 수 있다.

특히 이들 부류의 작품에서 두드러진 서사는 지배 권력에 대한 저항적 모습이다. 같은 제목의 〈도련자(搗練子)〉에는 아래와 같은 작품도 있다.[39]

| 맹강녀여, 제나라 기량이여 | 孟薑(姜)女, 陳去(杞)梁 |

事研究」, 上海師範大學, 博士學位論文, 2019, p.31.
39 饒宗頤, 「敦煌曲訂補」, 『中央研究院歷史語言研究所集刊』第51本, 1980, p.115.

조그마한 진왕 때문에 골머리가 아프네.	生生掬腦小臣(秦)王
진왕이 나에게 호통쳐서 변경에 머물러,	
	神(秦)王感(喊)淹(俺)三邊滯
천만리 밖에서 만리장성 세우라 하네.	千香(鄕)萬里竹(筑)長城
만리장성 아래에, 곡소리 슬프네.	長城下, 哭城(聲)憂(哀)
만리장성이 나에게 감동하여 한 번에 무너지네.	
	敢(感)淹(俺)長成(城)一朵(墮)堆(摧)
길 가운데 해골이 천만인데	里半潰(髑)樓(髏)千萬個
사방에서 뼈를 모아 남김없이 가져가네.	十方獸(收)骨不空廻(回)

– 〈도련자(搗練子)〉(伯3718)

  이 작품은 맹강녀와 제나라 기량을 이어주고 있으며, 진시황이 기량에게 축성을 명하는 일이 분명하게 서술되어 있어서 기량처에서 맹강녀로 전환되는 모습이 분명하게 나타난다. 또한 "길 가운데 해골이 천만인데"라는 말에서 만리장성의 곡소리가 하나의 목소리가 아니라 집단의 목소리임을 드러내고 있으며, "사방에서 뼈를 모아 남김없이 가져가네."라는 말에서 왕의 부당한 명령에 따를 수밖에 없는 울분, 그리고 지배 이데올로기가 가져가 버린 사랑을 되찾고자 하는 반항을 볼 수 있다.

  앞서 언급했듯이 〈도련자〉는 다듬이질 노래다. 다듬이질은 나무 몽

[그림 11] 〈도련도(搗練圖)〉 북송·조길(趙佶)

둥이로 옷감을 놓은 돌을 두드리는 것이며 이는 돌을 부수는 듯한 느낌이 있어서 장성을 무너뜨리는 연상 작용을 낳은 것으로 보인다. 이들은 자신을 상징하는 인물로 유명한 기량의 아내를 빌어와 자신들의 존재가 사라지는 것을 막았고, 자신들을 대신해서 자신들의 삶을 억압하는 지배자들의 문제점을 지적해 주기를 원했다. 따라서 역사 문화적 상징 존재는 현재의 억압을 직접 해결할 수는 없지만, 자신들의 울분과 설움을 응집시키고 해소시켜 주는 역할을 담당하고 있다. 따라서 기량의 아내는 본래 귀족 계층의 여성을 대변하는 역할이 기대되었으나 후대에는 오히려 민중의 삶을 대변하는 존재가 되어 집단적 억압과 반항의 메타포로 사용됨으로써 단순한 전설의 이야기를 초월하고 있다.

당대 이후 송(宋)·원(元)·명(明)·청(淸) 시대에는 기량의 아내가 장성을 무너뜨린 맹강녀라는 것은 사회 문화적으로 공인된 사실로 받아들여진다. 남송 시대 정초(鄭樵, 1104~1162)의 《통지(通志)》에는 아래와 같은 기록이 있다.

> 패관(稗官) 부류들이 따르는 이치는 오직 입술과 혀 사이에 있을 뿐이지만 그 내용 또한 기록이 있다. 우임금·순임금의 아버지나 기량의 아내에 관해서 경전에서 언급한 내용은 불과 십여 마디뿐이지만, 패관의 부류들은 수많은 언어로 확장되었다. …… 그러나 그들도 어찌 이러한 허망한 일을 하려 했겠는가! 그들의 의도가 그러하였으니, 말하지 않으면 그들의 마음을 풀 수 없었다.
>
> 又如稗官之流, 其理只在唇舌間, 而其事亦有記載. 虞舜之父, 杞梁之妻, 於經傳所言者不過數十言耳, 彼則演成萬千言. …… 顧彼亦豈

欲爲此誣罔之事乎! 正爲彼之意向如此, 不說無以暢其胸中也.

— 정초(鄭樵), 《통지·금조57곡(通志·琴操五十七曲)》

위의 글에서 맹강녀 이야기에 대해 "수많은 언어적 확장이 이루어졌다(演成萬千言)"라고 했는데, 현재 전해지는 판본에 한계가 있어 구체적 내용을 확인할 수는 없지만, 맹강녀 이야기의 구조가 섬세해지고, 번잡할 정도로 서사의 대상이 확대된 것도 알 수 있다.[40]

또 주목할 점은 정초는 위의 《금조(琴操)》를 설명하는 글에서 금곡(琴曲)에 대해서 취할 바는 그 음에 있지 문자 기록의 사실성을 따질 필요가 없다는 것을 주장하고 있는데, 이것은 맹강녀 이야기가 문헌적 사실 고증의 문제를 벗어난 사회적 믿음과 가치의 문제로 환원된 것을 의미한다. 북송(北宋) 시대에 저술된 《맹자소(孟子疏)》에 기량의 아내 이름을 맹강녀로 버젓이 등장하는 것은 이러한 현실을 반영한 것이다.

> 기량은…… 제나라 대부이며 전쟁에서 죽었는데, 아내가 슬프게 통곡해서 성이 무너졌다. 이에 따라 나라의 풍속이 변화하였는데 그 통곡하는 소리를 따라 했다. …… 혹자가 말하길 제나라 장공이 거를 격했을 때 기량이 참전하여 죽었으며, 그의 처 맹강이 성을 향해 곡을 하자 그 성이 무너졌다고 했다.

---

[40] 송대 이후 '맹강녀' 관련 문헌을 보면 맹강녀가 진시황을 욕하고 자살하고, 혹은 은어(銀魚)가 되기도 하고, 혹은 하늘나라로 가기도 했고, 혹은 종묘의 제사를 받기도 한다. 倪金豔, 『孟姜女傳說的敍事硏究』, 上海師范大學, 博士學位論文, 2019, p.31.

杞梁, ……, 齊大夫, 死於戎事者, 其妻哭之哀, 城爲之崩, 國俗化之, 則效其哭. …… 或雲, 襲莒逐而死, 其妻孟姜, 向城而哭, 城爲之崩.

-《맹자소(孟子疏)》

　《맹자소》는 주희(朱熹)에 의해 해석의 형식과 내용에 있어 지적을 받아 위서로 지목되었지만,[41] 《십삼경주소(十三經注疏)》에 편입되어[42] 남송 이래 강력한 영향력을 행사했기 때문에 많은 사람들이 기

---

[41] 손석(孫奭)은 북송의 학자로 그가 저술한《맹자음의(孟子音義)》는 당대 육덕명(陸德明)의《경전석문(經典釋文)》을 보충하고 동한(東漢) 조기(趙岐)의 학설을 바로 잡았던 역작으로 평가된다. 하지만 그의 이름을 달고 나온《맹자소(孟子疏)》는 주희의 비판을 받았다. 주희,《주자어류(朱子語類)》19권:《맹자소(孟子疏)》는 소무(昭武)의 독서인이 위조한 작품이다. 채원정(蔡元定, 字 季通)이 그 사람을 알고 있다. 공영달 시기에는 맹자가 경전에 아직 포함되지 않았으며,《상서》·《논어》·《효경》만 있었을 뿐이다.《맹자소》는 소(疏)의 형식 같지 않고 전장제도를 해석하지 않고 있으며 단지 조기(趙岐)의 학설을 맴돌 뿐이다(孟子疏, 乃邵武士人仮作. 蔡季通識其人. 當孔穎達時, 未尙孟子, 只尙論語孝經爾. 其書全不似疏樣, 不曾解出名物制度, 只繞纏趙岐之說耳).

[42] 유가 경전은 본래《시(詩)》·《서(書)》·《예(礼)》·《악(樂)》·《역(易)》·《춘추(春秋)》를 경전으로 삼아 '육경(六經)'이라는 명칭이 있었지만, 한대《악경(樂經)》이 사라지면서 '오경(五經)'이 된다. 이후 당대 이르러 과거의 명경과(明經科)에《주례(周礼)》·《의례(儀礼)》·《찰기(礼記)》의 '삼례(三礼)'와《춘추좌씨전(春秋左氏傳)》·《춘추공양전(春秋公羊傳)》·《춘추곡량전(春秋谷梁傳)》의 '춘추삼전(春秋三傳)'이 결합하여 '구경(九經)'이 된다. 만당(晚唐) 시기에 다시《논어(論語)》·《효경(孝經)》·《이아(爾雅)》를 결합하여 '십이경(十二經)'이 되었고, 남송(南宋) 소희(紹熙) 연간(1190~1194)에《맹자(孟子)》가 편입되어 '십삼경(十三經)'이 완성된다. 이후 십삼경에 관한 전대 주소를 모아《십삼경주소(十三經注疏)》가 완성된다. 이후 여러 차례 인쇄되었으나 판본의 문제가 제기되었고 청대 가경(嘉慶) 12년(1815)에 완원(阮元)이 이전 판본을 검열하여 교정한《십삼경주소》가 정식 판본으로 공인된다. 이후 현재는 1999년 북경대학 리쉐친(李學勤)이 완원(阮元)과 손이양(孫詒讓)의 교감(校勘) 기록을 참고하여 반영한 북경대학교출판사본을 정본으로 간

량의 아내가 맹강이라는 사실을 받아들였다고 추측할 수 있다. 따라서 맹강이라는 이름이 기량(杞梁)의 아내와 관련한 것이라는 것은 늦어도 북송(北宋) 시대부터는 문화적 사실이 되었다.

송대에는 맹강녀가 신격화된 모습을 보인다. 북송(北宋) 시대 하북성(河北省) 중부에 있는 안숙(安肅)에 설립된 〈강녀묘(姜女廟)〉는 현재 고증할 수 있는 범위에서 발견되는 가장 최초의 맹강녀 묘당(廟堂)이며 송나라 진종(眞宗) 대중상부(大中祥符, 1008~1016) 연간에 왕몽징(王夢徵)이라는 사람이 이 묘당의 기문을 지은 적이 있다.[43]

남송(南宋) 주천(周煇)의 《북원록(北轅錄)》에는 "옹구현(雍丘縣)에 이르러 범랑묘(范郞廟)를 지나갔다. 이곳의 지명은 맹장(孟莊)인데, 범랑(范郞)의 묘당에는 맹강녀가 함께 앉아있고, 몽염 장군을 배향하고 있다(至雍丘縣, 過范郞廟; 其地名孟莊, 廟塑孟姜女偶坐, 配享蒙恬將軍也)."[44]라고 하였다.

앞서 당나라 시대 돈황에서 발견된 〈도련자〉에서는 기량(杞梁) 혹은 기랑(杞郞)이란 이름으로 사용되었지만, 여기에서는 범량(范梁)으로 되어 있다. 사실 기(杞)와 범(范)은 모두 지명으로 각각 하남성 기현(杞縣)과 하북성(河北省) 범양(范陽) 일대이다. 기현(杞縣)은 한나라 시대에 옹구현(雍丘縣)으로 개명되었고, 곧 주천이 지나쳤던 범희량의 사당이 있는 곳이다. 그리고 범양은 곧 유주(幽州)이자 연(燕)

주한다.
43 倪金豔, 앞의 논문, pp.31-32.
44 《北道刊誤志(及其他三种)》의 〈北轅彔〉에 보인다. (『叢書集成初編』, 中華書局, 1991, p.3) 倪金豔, 앞의 논문, p.32.

[그림 12] 산해관 강녀사(姜女祠)

지역을 의미한다. 앞서 살펴본 〈동현기〉에서 기량은 맹중자에게 자신을 "연나라 사람입니다(燕人也)"라고 소개했으니, 그의 이름에 범씨가 들어선 것은 분명히 이러한 지역성을 반영한 것이다.

이 사당이 흥미로운 점은 억압자와 피억압자가 동시에 나타난다는 점이다. 몽염(蒙恬)은 진시황의 명으로 서북쪽 흉노를 고비 사막 일대로 쫓아내고 만리장성을 쌓은 일을 했기 때문에 두 부부에게 죽음을 가져온 원흉의 하수인이다. 설사 몽염이 혁혁한 전과와 십수 년간 변새 수호의 노력이 있고, 또한 진시황의 아들 이세(二世) 시대 간신 조고(趙高)가 날조한 조서에 의해 자살을 명령받아 억울한 죽음을 맞이한 원망스러운 귀신으로서 묘당 출입의 자격을 획득한다 하더라도, 이 세 사람이 동시에 한자리에 있다는 것은 매우 불편한 동거다. 이러한 동거는 마치 지배 이데올로기와 피지배 이데올로기의 대결처럼 지배 권력은 민중 신격화의 방향성을 지배 이데올로기 안으로 포섭하려고 하고, 피지배계층은 마치 트로이 목마처럼 지배 이데올로기의 껍질 속에 지배 이데올로기가 허약해지는 틈을 타 출정할 군사를 마련해 두고 있는 형세이다. 이러한 사당의 건립은 어쩌면 맹강녀 이야기가 가진 사회적인 불만을 몽염을 통해 진압하는 형태로 구성된 것이 아닌가 하는 추측을 해본다.

명청(明淸)시대에는 맹강녀 묘당이 상당히 많이 생기는데, 대표적으로는 섬서성(陝西省)의 동관(同官), 하남성의 기현(杞縣)과 안숙(安肅), 하북성의 산해관(山海關), 호남성(湖南省)의 예주(澧州) 등이다. 원대(元代) 이래 민국(民國) 시기까지 중국 각지에 설립된 맹강녀의 묘당이 11개, 사당이 10개, 봉토가 없는 무덤이 8개, 봉토가 있는 무덤이 2개, 망부석 8개, 산이 1개가 있었다.[45] 그리고 각 사당과 무덤은 아마도 자신들의 스토리텔링을 스스로 생산하고 있었던 것으로 보인다. 명나라 이현(李賢) 등이 편찬한《대명일통지·영평부(大明一統志·永平府)》[46]의 "산천·양산(山川·陽山)"에는 〈맹강녀석(孟姜女石)〉을 기재하고 "산해위(山海衛)에 있다. 장성 북쪽 돌 위에는 이리저리 절구의 흔적이 있고, 부인의 발자국 모양이 있다. 전설에 의하면 진나라 시대 맹강녀가 남편을 찾은 곳이라고 한다(在山海衛. 長城北石上有亂杵跡, 及婦人跡相. 傳爲秦時孟姜女尋夫之處)."[47]라고 되어 있다. 〈서안부하·열녀(西安府下·烈女)〉에는 맹강녀를 첫 번째 열녀로 소개하면서 "동관(同官) 사람인데, 진나라 시대에 남편이 장성을 쌓다가 죽었다. 그녀는 직접 유골을 지고 현의 북쪽 3리쯤에 장사를 지냈고, 돌 구덩이에서 죽었다(陝之同官人, 秦時以夫死長城. 自負

---

45 唐育勤, 「孟姜女的故事對我國群衆文化的影響」, 『民族藝林』, 1994. 倪金艶, 앞의 논문, p.32.
46 이현(李賢)《대명일통지(大明一統志)》: 90권. 천순(天順) 5년(1461)에 완성된 책으로 전국을 양경(兩京) 13포정사(布政司) 지역으로 구분하고 각 부(府)와 직예주(直隸州)에 설치 연혁, 군명(郡名), 특징적인 자연지리, 풍속, 고적, 인물 등을 기록하고 있다. 가정(嘉靖)·융경(隆慶)·만력(萬曆) 시기에 보충·정리 작업이 진행되었으나 여러 오류와 문체 등은 문제점으로 지적되고 있다.
47 李賢,《大明一統志》卷三十三〈西安府下〉.

遺骨以葬於縣北三里許, 死石穴中)"[48]라고 하였다. 영평부 양산은 현재의 하북성(河北省) 노룡현(盧龍縣) 양산(陽山)이며, 동관은 현재 섬서성 동천(銅川)이다.

이러한 기록들은 지역 사물에 형성된 전설을 매우 간략하게 소개하고 있는 자료이다. 이러한 기록은 허구로 형성된 지역 이야기들이 다시 실제 지역 사물과 연계한 형태를 기록한 것으로 궁극적인 목적은 맹강녀 이야기와 지역을 서로 묶음으로써 남편을 따라 죽은 제2의 정부(貞婦)를 생산하기 위한 지역 문화적 토대를 조성하기 위함이다.

청대 강희(康熙)·건륭(乾隆) 치세에 간행된 지리 저술인《대청일통지(大淸一統志)》에는 "강녀사(姜女祠)"가 산해관(山海關) 넘어 현재 랴오닝(遼寧) 싱청시(興城市) 서남쪽에 있는 영원주(寧遠州)에 있다고 하고, "진나라의 훌륭한 여인 맹강을 제사 지내는 곳이다(祀秦貞婦孟姜)"라고 기록했다. 여기에다 망부석(望夫石)까지 있다고도 했으며, 건륭 8년에 "향기가 요수로 흐르네(芳流遼水)"라는 어제 편액까지 내렸다고 되어 있다.[49] 따라서 맹강녀 전설은 청대에 이미 국가

---

48 李賢,〈列女孟姜女〉,《大明一統志》卷三十三, 影印文淵閣四庫全書(第472 冊), 台北: 台灣商務印書館1985 年版, 第842頁. 倪金豔, 앞의 논문, p.32.

49 《대청일통지·강녀사(大淸一統志·姜女祠)》: 영원주 서남쪽에 있다. 진나라의 훌륭한 부인 맹강의 제사를 지낸다. …… 건륭 8년에 "향기로운 명성이 흐르는 요수"라는 어제 편액을 하사했다. 또한 8년·43년·48년에 모두 어제〈강녀사시(姜女祠詩)〉가 있고, 19년에〈어제망부석시(題望夫石詩)〉를 지었다. 그 서문은 다음과 같다. "강녀사 앞에 있는 돌의 이름은 망부(望夫)이다. 어떤 사람들은 맹강녀의 무덤이라고 하였다. 비록 경전에는 없지만 교화와 관계하므로 이에 관해 읊었다 (在寧遠州西南中, 前所城西二十五里, 祀秦貞婦孟姜. …… 乾隆八年, 有御書額曰: "芳流遼水."又八年·四十三年·四十八年俱有御制〈姜女祠詩〉, 十九年有御制〈題望夫石詩〉. 序雲: 姜女祠前有石名曰望夫, 或雲卽姜女墓事, 雖不經而有

적인 차원에서 중요한 이야기 가운데 하나로 인식되었으며, 동시에 부인이 떠난 남편을 기다리며 돌이 되었다는 〈망부석(望夫石)〉 이야기까지 가미된 것을 볼 수 있다.

이후 청대 말이 되면 소주(蘇州)와 오송강(吳松江) 일대가 전국 경제 중심이 되면서 이 지역의 출판 문화가 중국을 장악하였고, 이 지역의 특색을 반영한 맹강녀 이야기가 전국적인 영향력을 행사했다. 청대에 유행했던 보권(寶卷)은 운문과 산문이 섞여 있는 설창(說唱) 문학 형식으로 민간 통속 문학에 속한다. 이 보권 가운데《장성보권(長城寶卷)》과《맹선녀보권(孟仙女寶卷)》등의 내용은 이전과 큰 차별성을 두지 않았지만,《회도맹강녀심부(繪圖孟姜女尋夫)》·《신각맹강녀심부진본(新刻孟姜女尋夫眞本)》등과 같은 탄사(彈詞) 계열 작품에는 강남의 시민 계층적 성향을 짙게 드리우고 있는데,[50] 이러한 것은 지역성이 문학 작품에 강하게 부착된 형태라고 할 것이다.

나가며

이상으로 춘추에서 청대 말기에 이르는 맹강녀 전설의 흐름을 살펴보았다. 맹강녀의 원형은 춘추시대 기량(杞梁)의 아내로 볼 수 있다. 그녀는 제나라 장공과 예법 논쟁에서 승리한 여성으로서 예(禮)

關風化故咏之)." 비슷한 내용이《盛京通志》(卷十二)에도 보인다.
50　倪金艶, 앞의 논문, p.32.

[그림 13] 강녀사 망부석

가 중시되던 사회에서 귀족 여성의 상징적 표본으로 자리를 잡는다. 민중 문학의 측면에서 본다면 이러한 예법 논쟁에서의 승리는 군주 권력에 대한 승리로 나타나 민중의 억눌린 감정이 분출되는 통로를 창조했을 가능성이 있고 그녀와 관련한 다양한 이야기가 형성되었을 것이다.

한대에 이르면 제왕의 아내가 정치에 참여하는 형태를 제한하기 위해서 유향은《열녀전(列女傳)》을 저술했는데 이 과정에서 유향은 기량의 아내에게 남편을 따라 죽는 역할을 부여한다. 그런데 그의 이 기술에서 통곡으로 성을 무너뜨린다는 서술이 나타난다. 이러한 서술은 지배 계층의 서사로서는 다소 의아한 설정이지만, 후대 민간 문학의 창조력이 집중되는 곳이 된다.

이러한《열녀전》의 형상의 변화가 시작된 시기는 위진시대이며, 그 완성은 당나라 시대가 된다. 위진시대에 이르면 기량의 아내에 관한 서사는 지성이면 감천이라는 의지의 문제로 수용되기도 했고, 이와 달리 서정적 측면에서 슬픔이 강조되는 2분된 해석이 나타난다. 이러한 해석은 당대에 이르러 다양한 창작활동이 일어나면서 의지의 문제보다는 감정의 문제가 중시되는 현상이 나타났다. 이때부터 맹강녀는 현실적 이데올로기 때문에 죽음을 맞이하는 존재에서 벗어나 슬픔과 사랑 때문에 죽음을 맞이하는 존재로 확정된다. 특히 그녀가 무너뜨리는 성을 만리장성으로 옮겨간 결과 그녀는 사회비판적 존재로 급부상하며 공포 정치의 대명사인 진시황을 자신의 발아래에 두는 존재가 된다.

송원(宋元) 이후 명청(明淸)에 이르는 기간에는 맹강녀 전설이 사회 전체의 문화적 현상로 안착되는 현상을 볼 수 있다. 송대에는 기량의 아내가 맹강녀로 확정되고, 전국적으로 퍼져나간 이야기는 그녀를 신화로 만들었다. 맹강녀 이야기는 지배계급으로서는 여성이 남편을 위해 죽었다는 열녀 형상을 선전할 수 있었고, 피지배계급으로서는 지배계급에 대한 저항적 이미지를 가진 존재를 신으로 모심으로써 자신의 억눌린 감정을 해소할 수 있었을 것이다.

이 이야기가 중국에서 사대전설로 받아들여진 원인도 위의 서술을 통해 짐작할 수 있다. 농민 혁명을 기치로 내세우면서 구시대를 뒤엎고 새로운 시대를 열었던 신중국의 입장에서 진시황이라는 중국 최초 통일 제국의 황제가 만든 만리장성은 중국의 봉건 시대를 상징하는 구조물이다. 봉건 제국의 권력이 평화롭게 살던 두 남녀를 파괴하지만, 여성의 슬픔이 하늘에 감동을 줌으로써 국가 권력의 상징인 만리장성을 파괴한다는 이야기는 인민의 분노와 슬픔으로 봉건 제국을 무너뜨린다는 프롤레타리아 문학의 전형성을 획득한다. 즉 이 이야기는 봉건 지배 세력에 대한 평민의 승리와 함께 인민의 영원한 사랑을 선전할 수 있는 중국적 특색을 지닌 이야기로서 신중국 체제에 더없이 부합하는 전설이다. 이러한 점이 1949년 신중국 탄생 이후 이 맹강녀 전설을 사대전설 안에 포섭시킨 중요한 이유였을 것이다.

6_

요재지이(I), 귀신의 축출과 지배

실의로 가득한 갈림길 장차 어디로 가야 할까?
한바탕 울음으로 아득히 완적(阮籍)을 추모하네.
歧途惆悵將焉往,
痛哭遙追阮嗣宗.
- 포송령, 〈기손수백(寄孫樹百)〉

　포송령(蒲松齡, 1640~1715)은 명나라 숭정(崇禎) 13년에 태어나 청나라 강희(康熙) 54년에 죽을 때까지 현재 산동성(山東省) 치박현(淄縛縣)인 임치(臨淄)에서 거의 모든 일생을 보냈다. 임치는 그의 가문이 형성된 곳이다. 그의 선조 중에는 원(元)나라 시대 산동성 반양부로(般陽府路)[1] 총관(總管)을 지낸 사람도 있다. 하지만 원나라 영종(寧宗)과 순제(順帝)의 교체 시기(1332~1333) 황위 계승 문제가 발생하면서 멸문의 화를 입는다.[2] 이후 포씨는 모계 성씨인 양씨(楊氏)로 바꾸

---

[1] 반양부로(般陽府路): 원대(元代) 산동성 임치를 관할하던 행정구역. 이러한 이유로 그가 몽골족의 후예란 설도 있다. 현재까지 그의 가문이 어디에 속하는 지는 정설이 없다.

었다가, 원나라가 멸망한(1368) 다음에야 포씨 성을 회복했다.

포씨 집안은 산동성 임치에서 점차 망족(望族)으로 성장했다. 고조할아버지와 증조할아버지가 모두 동시(童試)를 통과하여 생원(生員)이 된 것이다. 그러나 할아버지 포생예(蒲生汭)와 아버지 포반(蒲槃)은 모두 생원 자격을 가지지 못했고, 포송령 아버지는 문인의 길을 포기하고 상업에 종사하게 된다.

[표 1] 청대 과거 제도

동시(童試)	정식 과거 참여 자격 부여 시험. 현시·부시·원시로 구성됨. 3년 2회		
명칭	성격	주무관	합격자
현시(縣試)	동시 1급 시험	지현(知縣)	
부시(府試)	동시 2급 시험	지부(知府)	
원시(院試)[3]	동시 3급 시험	학정(學政)	생원(生員)
세고(歲考)	생원 자격 유지 시험	3번 결석 시 생원 자격 취소	
■ 생원(生員)은 속칭 수재(秀才)라 불리며, 3등급으로 나뉜다. 수석: 늠생(廩生). 매달 양식 또는 금전을 지급. 차석: 증생(增生). 지원 없음 기타: 부생(附生). 추가 합격자			
과거(科擧)	향시·회시·전시로 구성됨. 정식 관료 시험. 3년 주기로 시행		

---

2 1332년 문종(文宗)이 죽은 이후 7세에 황위에 등극한 영종(寧宗)이 재위 43일 만에 병사한 이후 당시 국정을 장악했던 권신 엘 테무르(燕鐵木兒, 1285~1333)는 순제의 등극을 반대하지만, 1333년 엘 티무르가 죽고 정변이 일어나면서 순종(順宗)이 가까스로 등극한다. 순종이 등극한 이후 엘 테무르 계열의 인물들이 숙청되는데 포송령의 집안은 엘 티무르 계열이었던 것으로 추측된다. 蒲喜章, 「從〈蒲氏世譜〉看蒲松齡遠祖的民族所屬」, 『蒲松齡研究』 2期, 2000. 하지만 일부 연구에서는 이 설을 부정한다. 趙文坦, 「關于蒲松齡先世的族屬問題」, 『回族研究』 1期, 1993.
3 학정이 시험을 주관하는 학교의 명칭이 제독학원(提督學院)이어서 원시라 부른다.

연차	명칭	합격자	비고		
1/3	향시(鄕試)	거인(擧人)	수석: 해원(解元)		
2/3	회시(會試)	공사(貢士)	수석: 회원(會元)		
3/3	전시 殿試	진사(進士)	등급 분류	1갑(一甲)	진사급제. 3명[4]
				2갑(二甲)	진사출신.
				3갑(三甲)	동진사출신

포송령은 5명의 형제 가운데 넷째였는데, 형제 가운데 가장 두드러진 문학적 재능을 보였다. 19세 때 처음으로 동시(童試)에 참가하여 현시(縣試)·부시(府試)·원시(院試)에서 1등으로 뽑혔다. 청대 3차의 동시에서 1등을 한 사람은 "소삼원(小三元)"이란 칭호를 받을 정도로 상당한 명예를 누렸다.[5] 생원은 현학에 들어가거나 저명인사의 추천을 받으면 부학(府學)에 입학할 수 있는데, 당시 산동의 학정(學政)으로서 포송령이 참가한 부시 주관자인 문학가 시윤장(施閏章)[6]이 포송령의 시험지에 "책을 달처럼 밝게 보며, 글에는 풍채가 있다(觀書如月, 運筆成風)."라는 평을 쓴 것을 보면 포송령은 산동성의 부학(府學)에 입학했을 가능성이 높다.

하지만 포송령은 과거에 연이어 급제하지 못하자 가세가 기울었고 결국 그는 임치에 있는 왕촌(王村)으로 옮겨 가정교사로 생계를 꾸린

---

4 진사 1갑의 3명은 각각 1등 장원(狀元), 2등 방안(榜眼), 3등 탐화(探花)로 불린다.
5 若縣、府、院三試皆第一者, 有"小三元"(316)之称.
6 시윤장(施閏章, 1618~1683): 청대 시인이자 관료이다. 안휘성(安徽省) 출신이며 조부와 부친 모두 송대 이학(理學)으로 명망이 있었다.《명사(明史)》를 수찬했다. 그는《학재시화(蠖齋詩話)》를 저술하여 송시(宋詩)를 반대하고 당시(唐詩)를 추존했다. 시윤장과 함께 "남시북송(南施北宋)"으로 불렸다.

다. 31세 되던 해에 그는 강소성(江蘇省) 보응현(寶應縣)의 지현(知縣)인 손혜(孫蕙, 1648~1686)[7]의 초빙을 받아 그의 막료로 1년간 생활한다. 이것은 포송령이 산동 지역을 벗어나는 처음이자 마지막 경험이 되었다. 그는 당시 이곳에서 발생한 극심한 물난리를 처리하는 데 힘을 쏟다가 다시 과거에 응시할 생각으로 1년 뒤에 그만둔다. 비록 짧은 기간이었지만 그는 관직 생활이 어떤지를 경험했을 것이며, 동시에 백성들의 삶이 어떠한지도 경험할 수 있었을 것이다.

그는 이 시기에 이미 《요재지이》를 집필하기 시작했으며,[8] 또한 러브 스토리도 있는데, 손혜(孫蕙)의 시첩 고청하(顧青霞)와 썸을 탔다. 그는 고청하가 죽기 전까지 그녀를 위한 시를 보내는 등 십여 년간 관계를 지속하였고, 그녀가 죽었을 때는 죽음을 애도하며 다음과 같은 시를 남긴다.

아름다운 목소리 귓가에 들리는데	吟音彷佛耳中存
다시 없을 노랫가락에 무덤의 문만 바라보네.	無複笙歌望墓門
연자루에는 꽃가루만 남아,	燕子樓中遺剩粉
모란정 아래에서 향기로운 영혼을 애도하네.	牡丹亭下吊香魂

– 포송령, 〈고청하에 가슴 아파하며(傷顧青霞)〉

---

[7] 손혜(孫蕙, 1648~1686): 자는 수백(樹百), 호는 태암(泰岩) 혹은 입산(笠山)이며 산동 치천(淄川) 출신으로 포송령과 동향이다. 순치(順治) 18년에 진사에 합격하여 보응현(宝應縣)의 지현(知縣)이 된다. 강희 15년 중앙 정계에 진출하지만 얼마 있지 않아 고향으로 돌아와 집에서 임종을 맞는다. 왕사진(王士禛)은 그를 "옛 작가들이 와도 모자란 부분을 더할 수 없다(雖古作者無以加)."라고 평했다.

[8] 《요재지이·연향(聊齋志異·蓮香)》은 포송령이 이 시기 유자경(劉子敬)에게서 〈상서생전(桑生傳)〉을 받아본 내용을 쓴 글이다. 작품을 참조.

이 시가 지어진 시기는 1687년으로 그가 고청하와 만난 이후 16년이 흐른 뒤였다. 주목할 언어는 '연자루'와 '모란정'이다. '연자루'는 강소성(江蘇省) 서주시(徐州市)에 있는 누각이며, 당(唐)나라 서주(徐州)에서 유명한 가기(歌妓)이자 장건봉(張建封)[9]의 아들인 장음(張愔)의 애첩 관반반(關盼盼)이 장음의 죽음 이후 홀로 십수 년을 있던 곳이다. 따라서 '연자루'는 그녀가 중앙에서 관직 생활을 하던 손혜와 떨어져 임천에서 홀로 수절한 것을 빗댄 말이다. '모란정'은 곧 명나라 탕현조(湯顯祖)의 전기(傳奇) 작품 《모란정(牡丹亭)》이다. 이 작품은 귀신이 된 두려낭(杜麗娘)과 유몽매(柳夢梅)가 우여곡절 끝에 결혼하는 내용이다. 그는 표면적으로 고청하가 손혜와 영혼의 인연이 맺어지기를 염원한 것이지만, 그 이면에는 그녀에 대한 사랑을 드러내고 있다.

그는 치천(淄川) 문인들과 산수를 노닐기도 했지만, 대부분 임치 주변의 지역에 그쳤고 그토록 염원하던 관계로의 진출은 이루어지지 않았다. 경제적 문제 때문에 그는 대략 30세 초반에 필제유(畢際有)[10]의 집에서 가정교사가 되었고, 이곳에서 《요재지이》를 거의 완성한다. 하지만 그는 1690년 51세 때 향시에 낙방한 이후 과거를 포기한다.

---

9 장건봉(張建封, 735~800): 당나라 대종(代宗)과 덕종(德宗) 시기의 시인이다.
10 필제유(畢際有, 1623~1693): 자는 재적(載積), 호는 존어(存吾)이다. 명대 말 호부상서(戶部尙書) 필자엄(畢自嚴)의 2째 아들이다. 청나라 순치(順治) 2년(1645)에 지방관의 추천으로 국자감(國子監)에 들어갔고 12년 뒤에 산서(山西)의 직산지현(稷山知縣)이 된다.

그는 58세(1697) 때 그의 서재인 '요재(聊齋)'를 세운다. 훗날 요재(聊齋)라고 불리는 그의 서재는 처음에는 매우 작은 방이라서 들어가자마자 곧 벽을 마주한다는 의미로 면벽거(面壁居)라고 불렀다. 그리고 십여 년의 세월이 흘러 1710년 71세에 이르러 40여 년의 가정교사 생활을 접고 집으로 돌아온다. 비록 지방관 천거를 통해 국자감(國子監) 공생(貢生)이 되기는 하지만, 6년 뒤(1715)에 76세의 나이로 죽음을 맞이한다.

[그림 1] 포송령 초상화(부분)

현재 포송령의 초상화가 전하는데, 포송령이 74세(1713) 생일을 기념하여 그린 그림이다. 이 해에 그는 아내가 죽었고 그 역시 몸이 쇠약해져 있었다. 그의 생일에 아들 포균(蒲筠)은 강남의 저명한 화가 주상린(朱湘鱗)을 청해 초상화를 그린다. 이 그림에서 그는 청대 생원(生員) 옷을 입고 있는데, 그림의 윗부분에 실린 제사(題詞)에는 이렇게 기록되어 있다.

내 모습은 막 잠이 들듯이 기력이 없는 모습이나, 내 몸가짐은 가지런하다. 나이는 74세이며 2만 5천여 일이다. 무엇을 이루었던가? 문득 머리카락이 백발이로구나. 그저 대를 이을 나의 자손에게 커다란 수치로구나.
爾貌則寢, 爾軀則修. 行年七十有四, 此兩萬五千餘日. 所成何事? 而忽已白頭. 奕世對爾孫子, 亦孔之羞.

첫 문구를 보면 그는 얼마 남지 않은 여생을 느끼지만, 여전히 자기 모습을 단정히 부여잡고 있음을 알 수 있다. 하지만 그는 자신의 삶을 돌아보며 허탈감과 수치감을 느낀다. 이런 모습을 관직에 대한 미련을 늙도록 버리지 못하는 문인의 미련이라고 생각할 수 있지만, 과거급제라는 무거운 무게에 짓눌린 자의 솔직한 독백으로도 느껴진다.

그는 자기의 삶을 어떻게 꿈꾸었을까? 이것을 그의 자와 호를 통해 유추해 보면 다음과 같다. '자'란 부모가 성인식을 마친 남성에게 부여하는 일종의 사회적 정의이다. 그의 자(字)는 "세상에 머무는 신선"이란 "유선(留仙)", 혹은 "검을 품은 신하"란 뜻의 검신(劍臣)이다. 문자 그대로 보면 그의 호에는 세상을 자유롭게 살려는 뜻과 국가에 도움이 되는 신하가 되려는 두 가지 의미가 섞여 있다. 이렇게 보면 그는 사회적으로는 관료로서 성공하기를 원했고, 그런 뒤에는 세상 밖에서 소요하려 했다.

이와 달리 '호(號)'는 스스로 혹은 주변 친구들이 붙여주는 그의 사적 정체성이다. 그의 호는 "버드나무가 드리워진 샘물"이란 뜻의 유천거사(柳泉居士)이다. 버드나무만 있다면 잠시 그늘에 멈추어 쉬어 간다는 의미만 있겠지만, 여기에 샘물이 흐르고 있어 즐거움과 기쁨의 의미가 더해져서 그윽한 한적함 속에 풍취가 흐른다. 여기에 그의 소설 《요재지이(聊齋志異)》를 넣어보면, 이 소설은 그늘이 있는 시원한 물가에서 쉬어 가며 나누는 세상 사는 이야기이다.

하지만, 이 개인적이고 사적 사교의 공간에도 사회적 자아가 침투한다. 《요재지이》에 기록된 이야기의 마지막 부분에는 "이 세계의 역사를 쓰는 사람"이란 "이사씨(異史氏)"라는 호를 통해 《요재지이》의 기괴한 이야기를 평가하는 포송령의 언어가 있다. 이 글들은 대체로 봉건 윤리에 기반하고 있다. 그는 때로는 여우나 귀신에게 존재하는 진실성을 높이 평가하거나 동정을 표현하기도 하고, 여우나 귀신에게 홀려 망상을 뒤쫓는 자들을 비난하면서 이들의 어리석음을 개탄하지만, 높은 위치에 서서 세상을 눈 아래 두고 도리를 단언하는 톤이 아니라, 말을 아끼면서 넌지시 권하는 태도를 보인다. 이런 점에서 "이사씨"란 귀신의 세계로 대변되는 인간의 욕망과 사회적 인간 사이에서 그 틈을 오가며 해석하는 영매적 존재라고도 할 수 있다.

중국 소설의 경계 넘기

중국 문학에서 작가의 뜻은 국가주의에 종속되어 있고, 감정(情)은 봉건 윤리에 묶여있는 경향이 강했기 때문에 문학적 상상이 봉건 현실의 한계선을 뛰어넘어 새로운 천지를 창조하는 경우는 극히 드물다.

시와 같은 운문 형식은 대체로 유행가에서 출발했기 때문에 민간 문학에서 사대부 문학으로 발전하는 과정을 거치는데, 이 과정에서 사대부의 자의식이 크게 투사된다. 역사적 사건을 통해 현재를 비추는 회고시(懷古詩), 정치적 비판의 의미를 가지는 정치시, 자연을 통해 인생의 이치 혹은 우주의 도리를 추구하는 철리시(哲理詩) 등은 모두 문인 관심사의 반영이다. 산문의 경우는 말할 것도 없다. 전국시대의 혼란을 종식하기 위한 사상서 작품 활동을 통해 크게 비약한 중국 산문은 송대에 이르러 사대부 지식인의 정치 철학과 인생철학을 가미한 문학 형태로 발전한다. 송나라 범중엄(范仲淹)의 "천하 사람들이 걱정하기 전에 걱정하고, 천하 사람들이 즐거워한 다음에 개인적인 즐거움을 즐긴다(先天下之憂而憂, 後天下之樂而樂歟)!"[11]라는 말은 지식인의 숭고한 희생정신을 드러내는 말이지만, 자기중심적 세계관과 성인의 모습이 과잉 투사된 자아를 보여준다.

특히 문학을 통해 관리의 자질을 평가하여 관직을 수여하는 과거제도는 재능 있는 문인들의 이상을 사회적으로 실현하고 또한 생계를 보장하는 제도로 비쳤기 때문에, 문인들에게 과거란 이상과 현실의 이상적 결합으로 비쳤고, 자신들의 독서와 문학 훈련의 최종 의의를 국가에 대한 봉사로 상정하도록 했다.

유가(儒家)는 이러한 형세를 주도한 사상이다. 유가는 지식인들에게 통치에 종속된 인간의 감정을 이상적 상태로 교육했다.[12] 예를 들면, 유가 사상에서 중요한 개념 중 하나인 중화(中和)가 그것이다. "중(中)"은 마음에 감정이 나타나기 전의 상태를 의미하고 '화(和)'는 감정이 절도에 딱 맞아서 떨어지는 것을 말한다. 이는 인간의 감정이 일정한 법칙에 맞춰야 한다는 것이다. 이것은 전제 통치의 무결점성을 유지하기 위해 인간의 감정을 통제하는 것이다. 즉 중화가 인간

---

11 범중엄(范仲淹)《악양루기(岳陽樓記)》.
12 자세한 것은 장다이녠(張岱年), 「第一篇 自然哲學槪念范疇(上)·中庸」, 『中國古典哲學槪念范疇要論』, 北京: 中華書局, 2017 참조.

감정의 완벽한 문화적 일체성에 대한 표현이라면 이는 인간의 삶을 예악이라는 봉건 예교의 규정안으로 담아 넣으려는 시도이며, 결국 그 목적은 제국의 완벽한 통치에 순응하는 백성의 양성을 위한 것이다. 이러한 통치 사상은 문화적 창의성과 개혁의 힘을 체제 속으로 소멸시켜 문화적 확장과 도약의 동력을 스스로 말살하게 된다.[13]

사대부들은 정통 문학 형식으로 애정에 관한 이야기를 하는 것을 거부했다. 즉 체면 때문에 애정은 남성적 사회관계인 군신(君臣)과 붕우(朋友)의 영역 안으로 제한되었고, 남녀의 애정은 적극적으로 추방했다. 그리고 남성과 여성 사이에 존재하는 감정은 오직 사별한 부인을 애도하는 시체(詩體)인 《도망시(悼亡詩)》로 표현하는 것만이 예법(禮法)에 부합한다고 여겼다. 이들은 예법 주의자가 되어서 아내가 살아있을 때는 동성연애자를 자처하다가, 부인이 죽고 나서야 자신이 얼마나 부인을 사랑했는지를 허겁지겁 고백한다. 그러나 아내가 출석할 수 없는 가정 법원에서 충실한 남편으로서의 변론이 얼마나 받아들여질 수 있을지는 미지수다.

도가(道家)의 경우 유가 사상을 조롱하면서 유가 이데올로기가 구축한 과잉된 자의식의 창살을 걷어내 주기는 했지만, 현실과 절연하고 관념적 쾌락에 몰두하는 태도를 양산했다. 도가는 "형체는 마치 비쩍 마른 뼈처럼 하고 마음은 불이 꺼진 재처럼 한다(形若槁骸, 心若死灰)."[14]라고 했고, 또한 "저 빈 곳(空虛)을 바라보면 빈방에 빛이

---

13 《중용(中庸)》: "희로애락이 발동하지 않은 상태를 중(中)이라고 하고, 발동하여 절도에 맞음을 화(和)라고 한다(喜怒哀樂之未發, 謂之中; 發而皆中節, 謂之和)."

나타나 환하니 상서로움이 머문다(瞻彼闋者, 虛室生白, 吉祥止止)."[15] 라고 했는데, 이는 현실 욕망을 극도로 제한하여 얻어지는 정신적인 기쁨을 설명한 것이다. 하지만 이러한 무욕(無慾)과 무위(無爲)의 정신 치료는 관념적 체념으로 생성된 평화와 안락을 조장하여 자기 세계의 탐구에만 몰두하도록 했으며, 현실과 자기 사이에 존재하는 모순에 대해서는 무관심하게 회피하는 소극적 태도를 양산했다. 하지만 이런 도가의 정신 치료는 일시적인 것이었다. 문인들 대부분은 출세의 기회가 오기만 하면 어떻게든 도가의 병동에서 탈출해서 다시 관복을 주워 입고 돌아다녔다.

　이러한 맥락에서 본다면 문인 문학은 원대한 포부나 고아한 품격 등과 같은 체제의 고급문화를 드러내는 작품을 지향하고 언어적으로도 수사적 예술성을 극한으로 발휘한다고 할 수 있다. 그러나 체제에 의해 그 발전 방향이 제한된 문학을 지향한다는 의미는 문학을 지배 이데올로기의 가치를 담아내는 도구로 받아들인다는 것을 의미한다. 그 결과 이들의 문학이 다루는 내용은 획일화된 표준으로 수렴되어 진부한 내용을 끊임없이 반복하는 한계를 드러냈고, 이것은 이들의 문학이 시대적 한계를 초월하는 창작으로 이어지기 어렵게 했다. 그래서 체제와의 완전한 합일에 대한 과대 상상을 토로한 이들의 작품은 봉건 체제가 유지되던 전근대 사회에서는 일정한 공감대를 이룰 수

---

14 《장자·지북유(莊子·知北游)》.
15 《장자·인간세(莊子·人間世)》: 저 빈 것을 바라보면 빈방에는 밝음이 생기고 길상이 머문다.(瞻彼闋者, 虛室生白, 吉祥止止.)

있었지만, 시대와 세상을 바라보는 눈이 현격한 변화를 이룬 현대 사회에서 공감할 만한 작품성을 유지하는 데에는 분명한 한계가 있다.

사회적 지위를 가진 남성 작가들이 문단을 지배하면서 주류 문학은 자연스럽게 남성의 사회적 위치와 권력을 반영하는 담론이 지배했다. 주류 문학이 표현하는 사상과 정치, 혹은 미학에는 거대

[그림 2] 공자성적도(孔子聖跡圖)
초병정(焦秉貞)·청대

하고 웅장한 국가 대사의 담론과 이를 지탱하는 고도의 형이상학적 정치 철학이 어지럽게 분포되어 있지만, 자신들의 눈에서 하찮은 존재들, 즉 사회 지배 이데올로기가 외면하는 존재들에 대해서는 철저히 함구하고 외면하거나 억압하는 태도로 일관했다.

중국 문학 전통에서 소설은 약자의 이야기에서 시작한다. 소설은 전국시대 제자백가 가운데 있는 유파의 하나로서 인정받기는 했지만, 하류 문인이 저자에 떠도는 이야기를 기록한 작품으로 무시되었다. 반고(班固)는 《한서·제자략(漢書·諸子略)》[16]에서 소설에 대해 이

---

16 〈제자략〉의 기원은 중국 최초 도서목록학 저술인 유흠(劉歆)의 《칠략(七略)》이다. 유흠(劉歆)은 아버지 유향(劉向)과 황실 도서를 분류하고 코멘트를 달아 《칠략(七略)》을 저술했다. 《칠략》의 구성은 다음과 같다. ①서적의 총체와 요지를 모은 〈집략(輯略)〉 ②육경(六經) 및 《논어(論語)》·《효경(孝經)》·《소학(小學)》 관련 저술을 분류해 모은 〈육예략(六藝略)〉 ③제자백가를 9류10가(九流十家)로 분류해 모은 〈제자략(諸子略)〉, 문학작품을 분류한 〈시부략(詩賦略)〉, 군대와 관

렇게 평가했다.

  소설가 유파의 학설은 대개 민간에서 일어나는 사건을 기록하는 패관(稗官)에서 나왔다. 항간의 이야기, 혹은 저자의 이야기로 구성된 것이다. 공자가 말하기를 "비록 작은 학설이나 기예와 같은 소도(小道)라 할지라도 볼만한 것이 분명히 있겠지만, 원대하게 나가는 길을 막을 수도 있다고 생각하기 때문에 군자는 추구하지 않는다."라고 하시며 일정 부분을 인정하셨으니 또한 사라지게는 할 수 없다. 그래서 저자에서 작은 지혜가 있는 자들의 언행을 엮어서 사라지지 않도록 했다. 그러나 설사 한 마디 취할 만한 말이 있다고 하더라도 그 또한 나무꾼이나 광부(狂夫)의 의론일 뿐이다.
  小說家者流, 蓋出于稗官, 街談巷語, 道聽塗說者之所造也. 孔子曰: "雖小道, 必有可觀者焉. 致遠恐泥, 是以君子弗爲也", 然亦弗滅也. 閭里小知者之所及, 亦使綴而不忘, 如或一言可采, 此亦芻蕘狂夫之議也.

    –《한서 · 예문지 · 제자략(漢書·藝文志·諸子略)》

  이 글은 소설(小說)에 대한 최초의 평론이다. '패관'에서 "패(稗)"는 곡식류의 잡초이며 하급 공무원에 대한 은유다. 즉 소설은 이런 하급 공무원들이 저자의 여러 일들을 모은 것이다. 공자는 이것을 "소도(小道)"라고 평했다. '소도'는 "대도(大道)"에 상대하는 것으로 제왕이 천하를 통치하는 방법에 대한 이론과 구체적 예증이 아니라

련한 저술을 모은 병서략(兵書略), 천문·오행(五行)·형법 등을 모은 〈술수략(術數略)〉, 의술과 신선술 관련 서적을 분류한 〈방지략(方技略)〉이다.

이러한 권력의 서사에서 제외된 저자에서 생성된 민중의 이야기를 의미한다. 따라서 소설(小說)에서 '설(說)'이란 패관이 기록한 저자의 이야기를 뜻하고, '작다'라는 의미의 '소(小)'는 국가 경영과 같은 중대한 일에 관여하는 위대한 저술에 비해 품격과 수준이 현격히 떨어진다는 의미를 담고 있다. 그래서 소설이란 명칭에는 민중이 생산한 이야기를 수준이 낮거나 정상이 아닌 것으로 바라보는 통치자의 시각이 담겨있다.

반고는 제자백가를 유가(儒家), 도가(道家), 음양가(陰陽家)[17], 법가(法家), 명가(名家)[18], 묵가(墨家), 종횡가(縱橫家), 잡가(雜家)[19], 농가(農家), 소설가(小說家)의 10대 유파로 분류했다.

그러나 그는 소설가의 학설이 나무꾼과 같은 문화적 소양이 저급한 자이거나 정신적으로 문제가 있는 사람들의 작품으로서 군자가 취할 것이 거의 없다고 생각해서 "제자(諸子)의 십대 유파 가운데 볼 만한 것은 아홉 유파가 있을 뿐이다(諸子十家, 其可觀者九家而已)."라고 하며 소설가를 정식 유파의 하나로 공인해 주지 않았으며, 소설가 작품에 대해서는 "천박(淺薄)"하다거나 유명인을 사칭한 위서라던가

---

17 음양가(陰陽家): 음양오행(陰陽五行)을 다룬 저술로서, 천문, 역수 그리고 무술(巫術) 등을 다룬다. 대표적인 인물로는 추연(鄒衍)이 있다.
18 명가(名家): 개념(名)과 실제(實)의 관계를 다루는 것으로 현대적 관점에서 본다면 언어 논리학에 속할 수 있다. 대표적 인물에는 혜시(惠施)와 공손룡(公孫龍)이 있다.
19 잡가(雜家): 제자백가의 학설을 절충하고 종합한 학파다. 대표적인 저술로는 여불위(呂不韋)의 《여씨춘추(呂氏春秋)》, 회남왕(淮南王) 유안(劉安)의 《회남자(淮南子)》 등이 있다.

혹은 "고어가 아니다(非古語)"라며 작품성을 평가절하했다.[20]

중국 전통 문학에서 소설이란 못 배운 사람들이 망상으로 생성한 이야기로서 진실이 아니라 허구에 속한다. 하지만, 이 말을 좀 더 생각해 보면 중국 전통 소설은 재배 이데올로기가 잡아내지 못하거나 거부하는 체제의 트라우마로서 존재해 왔다고 할 수 있다. 다시 말해서 중국 고전 소설이 다른 중국 문학 형식과 현격한 차이를 드러내는 부분은 체제의 허구를 자기 뿌리로 삼는다는 점이다. 시가 자연에서 오는 영감을 환상적 표현으로 드러낸 것이라 하더라도 그 의미는 국가적 현실에 대한 감탄이나 개탄 혹은 사회 주류 인생들이 간직한 삶의 방식과 태도를 전제한다. 하지만 중국 소설은 민간의 영역, 죽음의 영역, 혹은 귀신의 영역과 같은 통치의 영역 밖에 존재하는 비주류들의 이야기, 즉 공자가 "괴이·용력·반란·귀신(怪力亂神)"[21]이라며 금기로 삼았던 것들을 자신의 근본 영역으로 끌어안고 있다.

공자가 이들을 멀리한 것이 현실 정치의 안정과 질서 유지 목적 때문이지만, 중국 정통 문화 영역에도 "괴이·용력·반란·귀신"의 부분이 존재한다. 예를 들면 하늘의 뜻이라 풀이되어 새로운 현실 지배 세력에게 정당성을 부여하는 천명(天命), 인간의 미래에 대한 예측을 서술한 《주역(周易)》, 현실적 풍요를 비는 조상에 대한 제사, 고대 통치자 혹은 유명 인사들의 신비한 능력, 별자리가 알려주는 자연재해와 전쟁, 꿈을 통해 미래의 일을 알려주는 사건, 병을 귀신

---

20 《한서·예문지》에 실린 소설가는 총 15가이다.
21 《논어·술이(論語·述而)》.

의 행위로 파악하는 것 등은 모두 인간 세계에 대한 신비적 서술이 아닐 수 없다. 이러한 현상이 나타나는 이유는 문자 권력을 지배한 문인 계층이 신비하고 괴이한 힘과 그 주체에 대한 지배권을 통치 이데올로기적으로 재구성하여 지배계층의 권력 강화에 사용했기 때문이다. 즉 현실 지배 세력은 허구에 대한 체제 검열을 통해 자신들의 통치권을 강화하고 필요 없는 부분을 저 멀리 축출한 것이다. 다시 말해서 신비하고 괴이한 현상들이 교육적으로 수준이 낮은 민간을 장악한 이데올로기라면, 이러한 이데올로기에 대한 장악은 지배계층으로서는 필수적이다. 관방이 장악한 저세상에 대한 허구가 힘을 상실한다는 의미는 관방의 민간에 대한 통제력 상실을 의미하며 동시에 이러한 힘은 실질적으로 자신들의 하부를 지탱하는 자들의 반란을 유도할 수 있다. 즉 중국 정통 문학은 현실로 재해석한 허구를 통해 자기 지배력을 증대시켰다.

반대로 중국 비주류 문학은 현실을 허구로 해석함으로써 지배에서 벗어나고자 했다. 중국의 시가 문학이 현실 경험에 대한 서정의 미감 표현으로서 현실의 범위에 종속되어 있다면, 소설은 새로운 시간과 공간 속에서 새로운 경험의 창조를 통해 현실과 거리를 두는 힘을 지닌다. 즉 중국 지배계층을 대표하는 문학 장르로서의 시는 현실 경험에 대한 강렬한 체험을 표현하는 서정 미학으로서 인간과 현실의 접점을 강화한다. 반면에 소설은 현실과 다른 시공간에 대한 재서술을 통해 현실 권력이 장악한 역사적 시공간을 파괴하고 새로운 질서를 수립할 수 있다. 《서유기(西遊記)》, 《홍루몽(紅樓夢)》 등 중국 고전 소설의 서두에서 시공간의 창조에 대한 지루하그 장황한 설명은 기존의 통치 사상으로부터 작품의 시공간을 분리해 독자에게 인물의 경험을 새롭게 다가서도록 하기 위한 노력이다.

전통 문인들은 자신의 현실적 꿈이 철저히 제거되지 않는 한 허구의 시공간을 멀리하고 역사의 시공간 안에서 머무르고자 했다. 그래서 설사 자신들의 꿈이 현실적으로 좌절되더라도 나이 어린 왕을 보필하여 어지러운 현실을 질서 잡힌 시대로 바꾸었던 정치가인 주공(周公)이 되고자 하는 소망을 끝내 버릴 수 없었다. 이들은 차라리 허구 속에 정통 문학의 필수 요소인 성인의 가르침을 집어넣음으로써 마치 디지털로 완벽히 재현되는 현실에 대한 현대 기술의 꿈처럼 자기 작품이 현실 지배 이데올로기를 완벽하게 재현하기를 원했다.

전제 왕조 체제에서 소설은 통치에 직접적 영향력을 발휘할 수 없는 영역으로 밀려난 이야기이며, 사대부의 현실감각을 어지럽힐 가능성이 있는 위험한 문학 형식이다. 그러나 모든 이야기는 허구에서 출발한다. 다만 전통 문학은 현실을 중심으로 허구를 통합하려 했을 뿐이다.

《요재지이(聊齋志異)》는 포송령이 주변의 민담 등을 수집하고 여기에 자신의 창작과 비평을 가미하여 지은 작품이다. 이 책은 20대부터 집필하여 40대에 탈고하였으므로, 대략 20여 년의 세월을 쏟아부은 작품이다. 제목에 나타나는 "요재(聊齋)"는 '이야기(聊)'를 나누는[22] '서재(齋)'란 뜻이다.[23] 이 소설의 내용은 주로 여우와 귀신 이야기인

---

22   杜産明·朱亞夫,《中華名人書齋大觀》, 漢語大詞典出版社, 1997.
23   蒲立德,〈跋〉, "요재는 재실의 이름이다(聊齋, 其齋名也)." 蒲松齡,《聊齋志異》,

데, 비현실적 내용으로 구성된 괴이한 이야기를 기술한 "지괴소설(志怪小說)"의 영향을 크게 받은 청대 문언소설(文言小說)이다.[24]

루쉰은, 《중국소설사략(中國小說史略)》에서 이 책을 "전기(傳奇)의 표현 수단으로 지괴(志怪)의 내용을 말한 것이다(用傳奇法而以志怪)."라고 했다. 지괴소설(志怪小說)은 귀신, 특이한 사물, 그리고 특이한 사건과 같은 괴이한 것[怪]을 기록한다[志]는 뜻으

[그림 3] 유음고사도(柳蔭高士圖)·송대

로 위진남북조시대에 유행했던 소설 형식이다. 또한 전기(傳奇)는 당(唐)나라 시대부터 형성되어 송(宋)대를 거치면서 완성된 장편 소설 형식인데 형식적인 면에서 대화체가 중심이 되었고 내용은 사랑 이야기가 중심이 된다. 따라서 루쉰의 말에 따르면 《요재지이》는 괴이한 현상이나 사물을 소재로 삼고 사랑과 같은 내용을 서술한 소설 전통 위에서 완성한 소설이다. 《요재지이》에는 민간 설화나 이전 시대의 작품에서 소재를 발견하여 재구성한 작품이 많지만, 포송령이 과거에 낙방했던 체험도 녹아 있으며, 청대 초기의 동란에 대한 기록도

齊魯書社, 1994.

24 魯迅,《魯迅全集·中國小說史略》, "전기(傳奇)의 표현 수단으로 지괴(志怪)의 내용을 말한 것이다(用傳奇法而以志怪)."

살펴볼 수 있으며, 지진·가뭄 등으로 인한 사회현상도 들어 있다. 따라서 이 소설은 다른 사람이 들려준 허구적 이야기를 자신의 현실 체험을 바탕으로 재구성한 작품이다. 그래서 이 소설을 중국의 낭만적 리얼리즘 작품으로 보는 견해도 존재한다.[25]

이 책의 본래 명칭은 귀신과 여우 전설이라는 뜻의 《귀호전(鬼狐傳)》이었다. 전체 490여 편의 소설 가운데 애정과 관계하는 이야기가 100여 편이 있고 이 가운데 여자 귀신 혹은 여우의 정령과 사랑에 빠지는 내용은 20여 편이다. 그래서 중국 문학에서는 이런 부류의 소설을 "인귀교혼소설(人鬼交婚小說)"이라고 칭하거나 혹은 생사를 넘나드는 남녀의 사랑이란 뜻으로 명혼소설(冥婚小說)이라 부른다. '명(冥)'은 귀신의 세계이며 '혼(婚)'은 혼인이다. 즉 이쪽 세계와 저쪽 세계에 속한 남녀가 혼인이라는 제도를 통해 사랑을 성취한다는 의미다. 소설에서 애정이 큰 비중을 차지한 것은 일반 대중의 삶을 크게 반영한 것이며, 동시에 중국의 주류 문인의 관심 역시 이를 벗어나지 못했다는 것을 의미한다. 즉 도덕적 지배 이데올로기에서 부정당했던 자유연애라는 감정이 현실 속에서 이루어지지 못하자 귀신과 인간의 결합이라는 다소 억눌린 형태로 드러난 것이다. 《요재지이》의 등장인물 가운데 서생(書生)은 과거를 준비하거나 지역에서 글솜씨로 알려진 문인 계급이지만 이들은 귀신이나 여우가 변신한 여성에 대한 욕망을 조금 더 자유롭게 표현하고 있다.

---

25 배병균, 「《요재지이(聊齋志異)》의 제재 연원」, 『중국어문학』 14, 영남중국어문학회, 1988, pp.183-207.

그러나 애정이 이루어지는 형식을 보면 종종 여성의 적극적 구애를 통해 성적 욕망을 충족한다. 즉 중국 문인들은 자신의 욕망을 긍정하여 행동하는 것을 거부하고 여성의 적극적 행동을 통해 자신들이 여성에게 매력적이라는 자아도취적 성취를 표현하고, 동시에 가부장적 이데올로기 지배를 재현한다. 아래에서는 포송령의《요재지이》가운데 작가의 창작 동기를 드러내는 작품인〈엽 서생(葉生)〉, 그리고 작품의 주제와 관련한 작품인〈성황신 임용 고시(考城隍)〉, 남녀 애정을 다룬 몇 작품을 선별하여 함께 읽어보도록 하겠다.

귀신의 등장

《요재지이》를 소개하는 첫 글인 여기에서 귀신과 요괴에 대한 설명을 붙이는 것이 비교적 합리적일 것이다. 대부분의 문명이 그러하듯 중국에서도 물질계 너머에 현실을 주재하는 신비한 존재가 있다고 가정했는데, 생산활동과 정치형태와 관계하는 면이 적지 않다.

초기 인류는 모든 생명에 영혼이 있다고 생각했는데, 수렵과 채집 시대에는 강과 산천에 자연신이 들어섰고, 농경이 발전하면서 기후의 변화가 중요해지자 자연신은 점차 하늘의 신으로 통합된다. 그리고 이러한 농경 생산이 집단으로 이루어지면서 정치집단의 신이 탄생했는데 이것이 제(帝)이다.

제는 본래 제왕을 뜻하는 단어다. 그는 인간이기 때문에 보이지 않지만, 모든 곳에 존재하는 신과 달리 삶과 죽음에 속박된 존재로서

[그림 4] 〈공자연거상(孔子燕居像)〉·명대

한계가 있다. 이러한 제(帝)의 한계성은 통치의 불안정성으로 이어지기 때문에 이러한 불안을 해소하고 권력 장악력을 높이기 위해서 혈통에 대한 신격화 작업이 이루어진다.

제왕에 대한 신격화는 통치자의 선조에게 반인반수와 같은 특수한 신체 형태를 부여하는 형태로 나타났다. 예를 들면 삼황(三皇) 가운데 복희(伏羲)는 상반신은 인간이고 하반신은 뱀이다. 신농(神農)은 사람 몸에 소의 머리(牛頭)를 가졌고, 모계사회의 신으로 여겨지는 여와(女媧)는 본래 '개구리(蛙)' 형상이었으나 부계(父系) 사회로 옮겨 가면서 남근의 상징인 '뱀(蛇)'의 형상과 결합한다.

하지만 전설 시대가 끝나고 역사시대로 들어서면서 후대의 성인들은 이러한 자연 생물과 인간의 결합 형태가 아니라 비정상적인 신체를 가진 인간의 모습으로 구체화한다. 대표적인 것이 용(龍)이다. 한나라 왕충(王充)이 지은 《논형·골상(論衡·骨相)》에는 오제(五帝) 가운데 황제(皇帝)의 얼굴이 용을 닮아서 용안(龍顔)이라 했다고 기재되어 있는데,[26] 《사기(史記)》에서는 한고조(漢高祖) 유방도 용안이었다고 기록하면서 이것을 미릉골(眉稜骨)이 원형으로 돌기 한 형태라고 했다.[27] 이 외에도 순임금이 중동(重瞳)이라는 눈동자가 중첩

---

26 《논형·골상(論衡·骨相)》: "전에 이르기를 황제는 용안이다(傳言黃帝龍顔)."

된 모습을 지니고 있다고 한다거나,[28] 순임금 시기 유명한 재상인 고요(皐陶)가 말처럼 생긴 입이 있다거나, 혹은 새부리처럼 생겼다는 것이 여기에 속한다.[29]

특이한 신체 구조를 강조하는 경향은 주나라 통치자에게도 이어지는데, 은(殷)나라 주왕(紂王)을 물리치고 주나라를 세운 무왕(武王)은 눈이 위로 쏠린 사람이고, 주나라 문화의 집대성자인 주공(周公)은 곱사등이(背傴)였다.[30] 공자(孔子)는 매우 사실화된 존재이지만 외면적으로는 상당히 비정상적인 모습을 지닌다. 예를 들면 공자의 키가 "9척 6촌"[31]이라고 한 것이나, 눈이 길죽하고 이마가 튀어나왔다던가[32], 혹은 이마가 움푹 파였다던가[33], 이빨이 나란히 두 줄로

---

28 《사기·고조본기(史記·高祖本紀)》: "고조의 외모는 콧등이 솟고 이마가 튀어나오신 용의 얼굴이셨다(高祖爲人, 隆准而龍顔)."
28 왕충(王充)《논형·골상(論衡·骨相)》: 순의 눈에는 눈동자가 두 겹이다(舜目重瞳).
29 왕충(王充), 《논형·골상(論衡·骨相)》: "고요의 입은 말의 입처럼 생겼다(皐陶馬口)", 반고(班固), 《백호통·성인(白虎通·聖人)》: "고용의 입은 새의 부리처럼 생겼다(皐陶鳥喙)."
30 왕충(王充)《논형·골상(論衡·骨相)》: "무왕은 눈이 위로 쏠린 분이셨고, 주공도 곱사등이셨다(武王望陽, 周公背傴)."
31 사마천(司馬遷), 《사기·공자세가(史記·孔子世家)》: "공자의 키는 9척6촌이다(孔子長九尺有六寸)." 현재 출토된 전국시대의 동척(銅尺)이 23.1cm이므로, 공자의 키는 대략 221.76cm이다.
32 공부(孔鮒), 《공총자·가언(孔叢子·嘉言)》: "눈은 길죽하고, 이마가 눌려있다(河目而隆顙)"
33 사마천(司馬遷), 《사기·공자세가(史記·孔子世家)》: "공자가 태어났을 때 우정(圩頂)하여 이름을 언덕 구(丘)라고 했다(生而首上圩頂, 故因名曰丘雲)." 사마정(司馬貞), 《사기색은(史記索隱)》: "우정은 이마가 낮다는 것이다. 그러므로 공자의 정수리는 반우(反宇)이다. 반우는 처마의 기와 머리와는 반대로 가운데가 낮고 사방이 높은 것이다(圩頂言頂上窊也, 故孔子頂如反宇. 反宇者, 若屋宇之反, 中

난 "병치(骿齒)"라던가[34] 등은 모두 공자의 외모를 이상하게 만들어 다른 사람과 차별화시킨 것이다. 이것이 요괴들의 형상과 다를 것이 무엇인가? 신(神)은 단지 현실 권력이 강한 귀신일 뿐이다.

이러한 신의 세계와 대칭점에 있는 것이 '귀(鬼)'이다. '귀'는 인간의 영혼이 불멸한다는 생각이 관계한다. 초기의 귀에 관한 기록도 현실의 권력자 중심이지만, 흥미로운 것은 귀신이 되는 조건 가운데 억울한 죽음이 언급되고 있다는 점이다.

> 보통 남녀도 억울하게 죽으면 그 혼백이 사람에게 빙의하여 재난을 입힐 수 있다. …… 제명에 죽지 못하면 귀신이 될 수 있다. 당연하지 않은가?
> 匹夫匹婦强死, 其魂魄猶能馮依於人, 以爲淫厲. …… 强死, 能爲鬼. 不亦宜乎?
>
> -《좌전·소공칠년(左傳·昭公七年)》

이 말은 정(鄭)나라 자산(子産)[35]이 진(晉)나라에 갔을 때 경숙(景叔)이 물은 것이다. 이 화제의 주인공인 백유(伯有)는 정(鄭)나라 대

低而四傍高也)."
34 《효경·구명결(孝經·鉤命訣)》: "중니는 …… 병치 셨다(仲尼……骿齒)." 병치는 이빨이 2줄로 나는 형태다. 본래 오제(五帝) 가운데 제곡(帝嚳)의 특징으로 이빨이 겹쳐서 나는 형태를 말한다. 결국 공자의 치아는 뻐드렁니처럼 그림으로 그려진다.
35 춘추시대 정나라 대부 공손교(公孫僑)의 자(字)이다. 정나라 간공 시기에 재상이 되어 3명의 군주 치세인 23년간 집권했다. 소국인 정나라를 강대국 사이에서 잘 다스렸다는 평가를 받는다.

부(大夫) 양소(良霄)다. 양소는 사대(駟帶)라는 귀족과 마찰이 생겨 피살된다. 경숙은 이러한 상황을 고려할 때 양소가 악귀가 될 것인가를 자산에게 물었고, 자산은 양소가 충분히 사회적인 영향력이 있는 귀신이 될 수 있다는 말을 해준다. 이런 점에서 귀신은 사회적으로 불합리하게 이루어진 사건의 피해자로서 현실의 불합리한 사건의 합리적 해소를 요청하는 존재로 상상되고 있다.

요괴를 의미하는 '요(妖)'는 "하늘이 때에 어긋나는 것을 재(災)라 하고, 땅이 사물에 어긋나는 것을 요(妖)라고 한다(天反時爲災, 地反物爲妖)"[36]라는 말을 통해 볼 때, 본래 인간에게 위해를 가하는 비정상적 자연 현상을 지칭한다. 예를 들면 해가 밤에 나타난다거나, 3일 동안 피가 비가 되어 내리는 경우이다. 이러한 관념은 자연이 인간과 조화를 이룬다는 개념을 전제로 하고 있음을 볼 수 있다. 이러한 비정상적 자연 현상을 인간 세계로 확장한 것을 인요(人妖)라고 하는데, 《순자·대략(荀子·大略)》에는 "입은 선을 말하지만, 몸은 악을 행한다. 국가(國家)의 요괴(妖怪)가 여기에서 나온다(口言善, 身行惡, 國妖也出自)."라고 하여, 말과 행동으로 인간세계의 합리성을 무너뜨리고 타인에게 위해를 가하는 존재를 지칭하고 있다. 그래서 고대 인요(人妖)는 인륜이라는 봉건 윤리의 파괴자로서 존재하며 이들의 반인륜적 언어를 요언(妖言)이라고 했다.

이후 위진(魏晉)시대부터 '요(妖)'자는 여성의 아름다움을 지칭하는 언어로 의미가 확장되는데,[37] 대표적으로는 조식의 〈미녀편(美女

---

36 좌구명(左丘明), 《좌전·선공십오년(左傳·宣公十五年)》.

篇)〉에 "미녀가 갈림길에서 아름답고 우아하게 뽕을 따네(美女妖且閑)"라고 한 것이다. 이 말은 여성의 아름다움이 이 세계의 규율을 뒤집을 정도라는 의미로 쓴 말이며, 다시 한나라 시대 경국지색(傾國之色)[38]까지 이어질 수 있다.

종종 '요'자는 '괴(怪)'자와 결합하여 요괴(妖怪)라는 말을 형성하는데, 여기서 괴는 '요'와 비슷하게 해석하기 어려운 자연계의 비정상적 현상, 또는 어떤 사물의 외형, 또는 상식을 뛰어넘는 사악한 행위를 지칭하는데, 그 특징은 괴물(怪物)·괴수(怪獸)·괴이(怪異)처럼 경험하지 못한 비정상적인 사물이란 점이 강조된다.

《요재지이》에서는 아름다운 미모로 남성을 정상적인 생활에서 멀어지게 하는 여성을 여우로 둔갑시켰는데 그녀들의 비정상적인 행위들은 대체로 도사들이 제압한다. 이런 귀신과 요괴들은 지배 질서에서 벗어난 존재로서 통치 계급에 의해서 배격받는 경우가 많다.

《요재지이》에 나타나는 요괴는 대체로 평민 계층이 많고, 특히 여우는 대부분 여성이다. 또한 귀신으로부터 피해를 보는 자 가운데는 일반 평민들도 있지만, 상위 계층에 속한 인물들도 많다. 또한 귀신 중에는 인간에게 위해를 가하는 귀신도 있지만, 인간보다 더 인간다운 면모를 보여주는 귀신도 있다.

포송령의 귀신에 관한 판단과 심판은 기본적으로 지식인 계급의

---

37 당(唐) 현응(玄應), 《일체경음의(一切經音義)》: 요는 예쁘다는 뜻이다(妖, 姸也).
38 경국지색(傾國之色): 한나라 이연년(李延年)이 여동생을 무제에게 추천하면서 지은 〈이연년가(李延年歌)〉에서 비롯한다. 그녀가 요절하자 무제는 그녀의 초상화를 자신의 행궁(行宮)인 감천궁(甘泉宮)에 걸어 두고 애도했다.

이데올로기 안에 존재한다. 즉《요재지이》에 다양한 귀신이 소개되어 있고, 포송령이 기존 지배 질서의 피해자로서 이들에 대한 연민과 포용의 취하고는 있지만 기존 지배 질서에 구멍을 내는 귀신에 대해서는 기본적으로 거리를 두고 있다.

귀신을 심판하라

중국 문화에서 사람은 육체와 영혼으로 구분된다. 살아있다는 것은 육체와 영혼이 하나로 결합한 상태이고, 잠을 자는 것은 영혼이 육체를 빠져나오는 현상이며, 꿈은 영혼의 체험으로 간주한다. 그리고 죽음은 육체와 영혼의 영원한 분리다.

매장의 풍습은 사람들에게 영혼이 살아가는 어두운 명부(冥府)에 대한 상상을 심어주었다. 하지만 하늘이 세계를 주재한다는 관념이 강해지면서 영혼은 하늘에도 보낼 필요가 생겼다. 그런데 하늘과 땅은 좀처럼 이을 수 없었고, 결국 땅에 속한 영혼과 하늘에 속한 영혼을 가지게 되어, 영혼 가운데 하늘에 귀속하는 것을 혼(魂), 땅에 귀속되는 것을 백(魄)이라고 했다. 하지만 한 사람에게 두 개의 영혼이 있다는 것이 다

[그림 5] 흑지채회관(黑地彩繪棺)·서한

소 불합리하므로, 혼과 백이 관리하는 대상을 구분하게 되는데 육체를 관장하는 쪽을 백(魄)이라고 하고 다시 백(魄)을 관장하는 것을 혼(魂)으로 지칭했다.[39] 제사 때 땅에 술을 뿌리는 것은 백을 부르는 것이고, 향을 태우는 것은 혼과 관계하는 절차다. 즉 제사란 분리된 혼과 백을 다시 결합하는 행위를 통해 죽은 자를 다시 불러오는 행위가 된다.

포송령은 종종 인간의 마음속에 있는 욕망 혹은 진실을 드러내는 귀신을 소환한다. 이런 점에서 이 귀신들은 선악이 숨김없이 드러나는 존재이다. 그렇다면,《요재지이》란 귀신이 발생시키는 사건을 통해 인간의 내면에 존재하는 선악의 문제들을 언급한 책이다. 이런 경향은 〈성황신 임용 고시(聖皇考)〉라는 작품을 통해 명확히 드러난다.

내 자형의 조부는 함자가 도(燾)이시며, 읍의 늠생(廩生)[40]이셨다. 하루는 병으로 누워있는데, 관청의 심부름꾼이 서찰을 지닌 채 머리에 흰 점이 있는 말을 끌고 오더니 이렇게 말했다.

---

39 《좌전·소공칠년(左傳·昭公七年)》: "人生始化曰魂, 既生魄, 陽曰魂", 두예(杜預)〈주(注)〉: "형체의 영묘한 것을 백(魄)이라 부른다. ...... 백(魄)에는 이미 양기(陽气)가 존재하며, 기(气) 중에서 신령한 것을 혼(魂)이라고 한다. ...... 즉, 형체에 붙은 영(灵)을 백(魄)이라 하고, 기(气)에 붙은 신(神)을 혼(魂)이라 한다(形之灵者, 名之曰魄. ...... 魄內自有陽气, 气之神者, 名之曰魂也. ......, 附形之灵爲魄, 附气之神爲魂也)."

40 늠생(廩生): 늠(廩)은 곡식을 저장하는 국가 창고를 의미한다. 생(生)은 생원(生員)을 의미한다. 생원은 3차에 걸쳐 치르는 동시에 모두 합격한 사람을 말한다. 생원은 향시를 치를 수 있으며, 국가 등록 지역 학자의 신분이 되어 일정한 돈과 양식을 지원받을 수 있어서 늠생이라고 한다.

"시험을 치러 가십시오."

송 공이 대답하였다.

"시험관도 아직 안 오셨는데, 어찌 이리 급하게 시험을 치라 하시오?"

심부름꾼은 말없이 재촉할 뿐이었다. 송 공은 병을 무릅쓰고 말에 올라 따라갔다. 아주 낯선 길을 따라 계속 가다 보니 이윽고 한 성곽에 이르렀는데, 마치 왕의 도읍과 같았다.

얼마 뒤에 그들은 관청에 들어갔는데 방들이 으리으리했다. 전(殿)[41] 위에는 열 명 정도의 관리가 있었는데 모두 모르는 사람이었고 오직 관우(關羽)[42]만 알아볼 수 있었다. 처마 아래에는 탁자와 의자가 각각 두 개씩 놓여 있었고, 그중 하나에는 이미 어떤 수재(秀才)[43]가

---

41 전(殿): 중국 전통 가옥 구조에서 한 가운데 있는 가장 큰 본채의 큰방이자 거실 용도로 사용되는 곳이다.

42 관우(關羽, ?~219): 자는 운장(雲長)이고 현재 산서(山西) 임기현(臨猗縣) 출신이다. 관우는 도원결의(桃園結義)로 대표되는 형제애, 위나라 조조(曹操)의 구애를 뿌리치고 끝내 촉(蜀)으로 돌아가는 선택을 하는 충절, 돌아가는 과정에서 다섯 관문의 장수 6명을 베어버리는 출중한 무예, 그리고 오나라 손권(孫權)의 군대로부터 형주(荊州)를 수호하다 패하여 맞이하는 비장한 죽음 등등의 요소로 인해서 국가·민간 그리고 도교에서 강력한 신으로 재탄생한다. 촉한(蜀漢)의 후주(後主) 유선(劉禪)이 관우에게 장무후(壯繆侯)라는 시호를 부여한 이래 역대 왕조에서 왕으로 봉했고, 특히 청나라 시대에는 '제(帝)'의 지위로 격상되어 관제(關帝)가 된다. 도교에서는 그를 '관성제군(關聖帝君)'에 봉하고 도교를 수호하는 호법사사(護法四帥) 가운데 한 명으로 삼았다. 민간에서 관우는 무예의 신(武神)이자 재물의 신(財神)으로서 부귀와 생사를 주관하고, 과거를 돕고 질병과 액난을 구제해주며, 사악함을 물리치고 나쁜 사람을 벌하는 힘이 있다고 여겼다. 관우를 모시는 사당에서는 관우가 신으로 탄생한 날을 음력 5월 12일로 정하고 제사를 지낸다. 〈고궁박물관〉, https://www.dpm.org.cn/lemmas/244133 참조.

43 수재(秀才): 뛰어난 인재라는 뜻으로 명·청 시대 생원(生員)을 지칭하는 말로 사

한쪽 끝에 앉아 있었는데, 송 공은 그의 곁에 앉았다. 각 탁자 위에는 종이와 붓이 있었는데 갑자기 종이가 날아 왔다. 종이에는 여덟 글자가 쓰여 있었다.

한 사람, 두 사람―마음이 있는가 없는가.
一人二人, 有心無心.

송 공은 답안을 다 쓴 후, 전 위에다 바쳤다. 송 공의 답안은 다음과 같았다.

속셈을 품은 선행은 선행이라도 상을 주지 말아야 하며, 속셈이 없는 악행은 악행이라도 벌해서는 안 된다.
有心爲善, 雖善不賞; 無心爲惡, 雖惡不罰.

여러 신이 찬탄을 금하지 못했는데, 송 공을 전 위로 부르더니 말했다.
"하남(河南)[44]에 성황신(城隍神) 하나가 비었는데, 그대가 적합한 것 같소."
송 공이 이 말의 의미를 깨닫고 이마를 조아리며 울먹였다.

용되었다.
[44] 하남(河南): 황하 중하류의 남쪽 지역을 말하고 현재의 하남성(河南省) 일대이다. 하남의 낙양(洛陽)은 은(殷)의 수도가 있던 곳으로, 주(周) 시대 낙읍(洛邑)으로 불리면서 제2의 수도가 된다. 이후 9개 왕조의 수도였으며, 수·당 시대에는 제2의 수도로서 기능했을 정도로 발전된 도시이다.

"은혜로운 명을 입게 되었으니 무슨 말을 더 하겠습니까? 하오나, 어머니께서 칠순인데 봉양할 사람이 없으니, 청컨대 노모께서 천수를 다하신 연후에 명을 받들도록 해주십시오."

전 위의 신 가운데 제왕인 듯한 신이 송 공 어머니의 수명 기록을 살피도록 명하였다. 긴 턱수염을 기른 관리가 책을 받들어서 한번 살펴보더니 말했다.

"아직 9년을 더 살 수 있습니다."

모두가 주저하는 사이에 관제(關帝)가 말했다.

"좋다. 장 생원이 9년 동안 대신 맡은 다음 교체해도 될 것이오."

그러고는 송 공에게 일렀다.

"원래는 즉시 부임해야 하나, 지금 어질고 효성스러운 마음을 참작하여 9년의 유예 기간을 주노라. 그 기간이 다하면 다시 부를 것이니라."

그다음으로 그는 장 수재에게 몇 마디 격려의 말을 전하였다. 두 후보는 신들에게 인사를 올린 후 함께 자리를 떴다.

장 수재는 교외까지 송 공을 전별하면서 자기를 '장산현에 사는 장 아무개'라고 소개했다. 이별할 때 장 수재가 그에게 시 한 편을 주었다. 시를 다 잊어버렸지만, 다음의 구절이 들어있었다.

꽃 있고 술 있으면 늘 봄이며	有花有酒春常在
초 없고 등 없어도 밤은 절로 밝네	無燭無燈夜自明[45]

---

[45] "봄은 계절 때문이 아니라 술과 꽃이 있으면 봄이며, 어둠을 밝히는 도구가 없어도

이윽고 송 공이 말에 올라타서 서로 작별 인사를 나누고 길을 떠났다. 마을에 이르자 갑자기 꿈에서 깨어나 보니 그는 이미 죽은 지 사흘이 지났다. 그의 어머니가 관 속에서 나는 신음 소리를 듣고 송 공을 부축하여 꺼내니 반나절이 지나서야 비로소 말을 할 수 있었다. 장산현의 장 아무개에 관해 물어보니 과연 장생이 그날 죽었다고 했다.

9년 후에 송 공의 어머니께서 정말로 돌아가셨다. 장례를 치르고 나서 송 공은 정결히 씻고 방에 들어가더니 죽어버렸다. 그 당시 처가 식구들은 성안의 서문 쪽에 있었는데 갑자기 송 공이 금빛 장신구를 한 말을 타고, 수많은 수레와 말을 거느린 채 집 안에 들어서더니 큰절을 한번 올리고는 떠나는 것을 보았다. 그들은 그가 죽어 귀신이 된 것을 알지 못하고, 마을로 달려가 소식을 알아보니 그가 이미 죽었다는 것을 알게 되었다.

송 공은 자신의 전기를 스스로 지었는데, 애석하게도 난리 후에 없어졌다. 이 이야기는 그가 지은 전기의 요약이다.[46]

우선 성황신(城隍神)이 무엇인지 살펴보자. 성황신에서 성(城)은 성곽이고 황(隍)은 성 주위에 파놓은 참호(塹壕)이며, 곧 성의 방위를 위한 해자이다. 그래서 성황신은 곧 성(城)을 수호하는 신이다.[47] 성

밖이 훤하다"라는 것은 친구가 있으면 늘 즐겁고, 어둡고 힘든 세상을 밝혀줄 수 있다는 것이다.
46 박종호, 『요재지이: 성황신 임용고시 외』, 위즈덤커넥트, 2018(ebook)에서 인용하였고, 일부 내용을 수정하였음.
47 성황은 납일(臘日)에 제사를 지내는 여덟 명의 신인 납제팔제(蠟祭八神) 가운데 수용(水庸)에서 비롯한 신으로, 삼국시대 이후 성황신의 사당인 성황묘(城隍廟)

[그림 6] 평요(平遙) 성황묘(平遙城隍廟)

황신은 훗날 도교의 신이 되어서 납일(臘日)에 제사를 지내는 여덟 명의 신인 납제팔제(蜡祭八神) 가운데 수용(水庸)이 된다. 삼국시대 오나라에 성황신의 사당인 성황묘(城隍廟)를 지었다는 기록이 있고, 당대(唐代)에는 두보와 한유 등 저명한 문인들이 성황당에 관련 작품을 지었다.

  송대부터는 지역과 관련한 저명한 역사 인물을 성황묘에 모시면서 성황신은 인격화된 신으로 성장한다. 현재 성황묘를 살펴보면 소주(蘇州)의 성황신은 전국시대 초나라의 저명한 공자인 춘신군(春申君)이고, 진강(鎭江)의 성황신은 한나라 고조 유방이 형양(滎陽)에서 항우에게 포위되었을 때 유방으로 위장해 항우를 속여 유방을 피신시킨 후 항우에 의해 죽임을 당한 기신(紀信, B.C.?~B.C.204)이다.

가 생겨났고, 당대(唐代) 이래 역대 왕조에서 제사를 지냈다.

또한 항주(杭州)의 성황신은 원나라에 투항하지 않고 죽음을 맞이한 남송의 문천상(文天祥, 1236~1283)이고, 상해(上海)의 성황신은 상해 출신의 저명한 문인 진유백(秦裕伯, 1296~1373)이다. 북경의 성황신은 명나라 가정제 시대 간신 엄숭(嚴嵩, 1480~1567)을 탄핵하다가 죽임을 당한 양계성(楊繼盛, 1516~1555)이다.

명나라 태조 주원장(朱元璋)은 성황신에게 작위를 내리는 등 성황신을 보다 직접 관리하기 시작했다. 그는 수도에 성황묘를 설치하여 전국의 성황신을 총괄하도록 했는데,[48] 그 이유는 사람들에게 공포감을 주어서 행동을 규제하고자 했기 때문이다.[49] 이것은 국가가 성황신을 통해 민정을 장악하고자 한 것인데, 결과적으로 성황신은 국가와 하나의 이데올로기를 공유하는 존재가 되었다. 명·청 시대 지방 관리들은 부임 때에 반드시 성황묘에서 제사를 지내며 보고했는데, 이것은 성황신이 지방 통치 권력을 국가로부터 일부 공유하는 신이 되어 군수(郡守)·현장(縣長) 등과 같은 지방 최고 책임자의 전임자처럼 대우를 받은 것으로 볼 수 있다.

다시 이야기로 돌아가서, 생원(生員) 송도(宋燾)는 성황신 임용 시

---

48 경기(經紀),《속문헌통고·군사고(續文獻通考·群祀考)》: "짐이 수도에 성황묘를 건설하여 각 부(府)·주(州)·현(縣)의 신들을 통합 관리하게 한 것은 백성의 선악을 관찰하여 화와 복을 내림으로써 인간과 귀신 모두 요행히 처벌을 면하지 않도록 하기 위함이다(朕設京師城隍, 俾統各府州縣之神, 以鑒察民之善惡而禍福之, 俾幽明擧不得幸免)."

49 여계등(余継登): "짐이 성황신을 세운 것은 사람들이 두려워하게 만들고자 함이다. 사람들에게 두려운 것이 있으면 터무니없는 행동을 감히 하지 못하게 된다(朕立城隍神, 使人知畏, 人有所畏, 則不敢妄爲)."(《전고기문(典故紀聞)》卷三)

험을 치른다. 그에게 제시된 시험 문제는 다음과 같다.

　　한 사람과 두 사람. 마음이 있는가 마음이 없는가.
　　一人二人, 有心無心.

앞서 살펴봤듯이 성황신은 저승의 현령이다. 현령은 자신이 관리하는 지역에서 일어나는 제반 현상에 대한 행정권·사법권·재판권을 가진 존재다. 따라서 성황신은 귀신을 관리하는 존재이면서 동시에 귀신에 대한 선악 판결을 통해 살아있는 자들을 심판하는 판관이다. 그렇다면 이 질문은 그가 어떻게 사람의 선악을 판단할 것인지를 묻는 말이다. 이 말을 이해하기 위해서 우선《요재지이》의 또 다른 작품인 〈귀신의 곡소리(鬼哭)〉라는 작품을 살펴보겠다.

이 작품은 1646년 겨울 산동성 고원현(高苑縣)에서 사천(謝遷)이라는 사람이 농민을 모아 봉기한 사건을 소재로 쓴 작품이다. 사천의 농민군은 한때 고원현의 지현(知縣)을 죽이고 현성(縣城)을 점령하여 3년간 투쟁하다가 1648년에 청나라 총병관(摠兵官) 해시행(海時行)에 의해 제압당한다.[50]

소설에 의하면 농민군들은 대부분 관리들의 집에 모여 있었다. 왕칠양(王七襄)이라는 학사(學使)의 집안에도 도적이 득실댔다. 그리고 관병들의 진압 속에서 농민 도적들은 참혹한 죽임을 당한다. 포송령은 "주검들이 계단을 가득 메우고 피가 성문까지 흘렀다"라고

50　《淸史稿·本紀第四》: "庚戌, 山東賊謝遷攻陷高苑, 總兵官海時行討平之."

썼다. 그런데 왕 학사가 돌아와서 청소하고 보니 이들은 모두 귀신이 되어 있었다.

> 대낮에도 귀신을 마주치고 밤에는 도깨비불이 나타나거나, 벽에서는 항상 귀신의 곡소리가 나서 매우 불안하였다. 어느 날, 왕호적이라는 서생이 왕 학사의 집에 잠시 묵게 되었다. 밤이 되니 침대에서 작은 소리가 연이어 들려왔다.
> "호적! 호적!"
> 잠시 후, 목소리가 점점 커지며 다시 들려왔다.
> "나는 죽어서 너무 괴로워!"
> 곧이어 울음이 터지더니, 온 집안에 곡성(哭聲)이 가득하였다. 왕 학사가 이를 듣고는 보검을 들고 왕 서생의 방에 와서 큰소리로 외쳤다.
> "너희들은 내가 왕학사라는 것을 모르느냐?"
> 그러나 여러 귀신이 킬킬 웃는 소리만 들렸다.[51]

중국에서 귀신이 되는 몇 가지 조건 가운데 하나는 제명에 죽지 못한 억울한 죽음을 의미하는 '강사(强死)'이다. 삶의 욕망은 누구에게나 주어진 보편적 권리라는 전제가 있다. 그리고 어떠한 원인에 의해서 그 삶의 욕구가 부정되는 경우라면, 그 원인이 인간의 보편 법칙을 벗어나는 정도가 크면 클 수록 현실을 어그러뜨리는 귀신의 힘도 강해진다. 따라서 이 농민들의 죽음은 무언가 커다란 의미가 있다. 소설에서는 왕 학사가 스님과 도사를 초빙하여 수륙도량(水陸

---

51 박종호, 앞의 책, 2018(ebook).

道場, 물과 육지의 홀로 떠도는 귀신들과 아귀에게 공양하는 재)을 열어 밤새 극락왕생을 빌고 밥을 던져 놓고 귀신들을 먹임으로써 진정된다. 즉 농민들은 배고픔 때문에 칼을 든 것이다.

농민군의 수괴인 사천에 대해 좀 더 알아보자. 사천이 어떤 사람인지는 잘 알려져 있지는 않다. 단지 그가 명나라 말기 고관을 지냈던 한원(韓源)이란 사람의 하인이었고, 주인과 마찰이 생겨 그 집을 떠났다고 알려져 있다. 따라서 사천의 신분은 사(士) 이하인 것이 분명하다.[52]

명나라 말기와 청나라 초기 때의 산동 지역은 수십 년간 이어진 동란으로 인해 막대한 피해가 발생했다. 산동에서는 청나라에 대항하는 군사적 행동이 계속 발생해서 치안이 어지러웠고, 여기에 자연재해까지 연이어 발생한다. 이러한 여러 복합적인 상황으로 인해서 지역 명문가들이 대거 몰락했으며,[53] 인구도 급격히 하락한다. 1644년 명나라를 멸망시킨 순치제(順治帝)는 피폐해진 산동 지역의 복원을 시도했기만, 정상적인 회복은 거의 백여 년 뒤인 건륭제(乾隆帝, 1736~1795) 시대가 되어서야 가능했다.[54]

청대 초기 기강이 잡히지 않은 정부의 관원들은 이러한 난세 속에서 백성들을 구휼하는 대신 공적 재산을 개인 재산으로 축적했을 가능성이 높다. 또한 자신의 부를 보전하기 어렵다고 판단한 부자들

---

52 薛海燕·王大鵬,「《聊齋志異》與淸初山東文化生態——以《鬼哭》對謝遷之變的叙述爲個案」,『中國文化硏究』, 2011.
53 《益都縣圖志·人物志·孝義傳》, 大姓素封者, 鮮克自全.
54 朱亞菲,《山東通史·明淸卷》, 濟南: 山東山東人民, 1994, p.95.

은 자기 재산을 타인과 나누기를 더욱 거부했을 가능성이 높다.[55] 특히 산동 지역은 청나라에 반대하고 명나라를 복원하려는 민간 종교 단체인 백련교도의 교세가 왕성한 곳이었다. 사천이 이 종교 단체와 관련이 있는지는 불확실하지만, 그의 반란군이 변발령을 내릴 것을 청나라에 청했던 인물인 손지해(孫之獬, 1591~1647)의 일가를 몰살시켰다는 점은 주목할 만하다.[56]

포송령은 사천이 이끄는 농민군을 도적(賊)으로 지칭했지만, 지주 계급에서 보이는 적대적이고 멸시하는 감정을 드러내는 대신 어떻게 하면 귀신과 인간의 조화를 이룰 것인지를 제시한다. 이것은 이 소설의 마지막 부분인 "이사씨가 말하노라(異史氏曰)"란 부분에 보인다.

---

55 朱亞菲,《山東通史·明淸卷》, 濟南: 山東山東人民, 1994, pp.99-111.
56 王家楨,《研堂見聞雜記》: "우리 청나라가 처음 중국에 들어왔을 때, 의관은 여전히 한족 방식을 따랐다. …… 산동의 진사 손지해는 속으로 계책을 내었는데 가장 먼저 변발하여 청나라를 환영하고 투항함으로써 환심을 사려했다. 하지만 만주족 관료 집단에 들어가려니 만주족들이 그가 한족이라서 받아들이지 않고, 한족 관료 집단에 들어가자니 한족들이 그의 만주족 복식 때문에 받아들이지 않았다. 그는 수치와 분노에 떨면서 상소를 올렸는데, 대략 이러했다. '폐하께서 중국을 평정하고 만리 강산을 새롭게 안정시키셨는데, 의관과 머리 스타일에 한족의 옛 제도를 남겨두신다면 이는 폐하께서 중국을 따르는 것이지 중국이 폐하를 따르는 것이 아닙니다.' 이에 변발령이 천하에 내려졌다. 그러나 중원의 백성 가운데 누구나 계란으로 바위 치기라는 것을 알면서도 저항하고자 했다(我朝之初入中國也, 衣冠一仍漢制. …… 有山東進士孫之獬陰爲計, 首剃發迎降, 以冀獨得歡心. 乃歸滿班, 則滿人以其爲漢人也, 不受; 歸漢班, 則漢以其爲滿飾也, 不容. 於是羞憤上疏, 大略謂: "陛下平定中國, 萬里鼎新, 而衣冠束發之制, 獨存漢舊, 此乃陛下從中國, 非中國從陛下也."於是削發令下. 而中原之民無不人人思挺螳臂)."

모든 귀신은 숭고한 덕행을 갖추어야만 없앨 수 있다. 왕 학사는 성을 함락시킬 때라 왕공의 기세가 마침 크게 올라온 때라서 그의 고함치는 소리를 들은 사람들은 모두 무서워하였지만, 귀신은 그를 조롱했다. 귀신들은 왕 학사가 자기들을 해칠 수는 없다는 것을 알았기 때문일까? 필자는 여기서 독자 여러분께 당부드리고자 한다. 귀신의 얼굴을 내밀어 사람을 놀라게 하지 마시오.[57]

귀신들이 집에 모요 말썽을 일으키자, 지방 향시를 주관하는 학사(學使)인 왕 학사가 칼을 빼 들고 귀신들을 꾸짖지만, 귀신의 비웃음만 샀고, 허약 체질의 왕 서생은 그만 귀신이 들려 골골 앓게 된다. 왕 학사는 방법을 바꿔서 칼로 진압하거나 무시하는 대신 귀신들을 배불리 먹이고 처참하게 죽은 농민을 애도해 줌으로써 비로소 귀신의 소요에서 벗어난다.

이런 점에 대해서 포송령은 "인간의 얼굴을 내밀어도 귀신을 놀라게 할 수 없으니, 귀신의 얼굴을 내밀어 사람을 놀라게 하지 마시오(出人面猶不可以嚇鬼，願無出鬼面以嚇人也)."라고 평가했다. 인간의 얼굴을 비웃는 귀신의 얼굴이란 왕 학사가 호통을 쳐도 귀신들이 비웃을 때 비칠 수 있다. 즉 인간의 얼굴이란 인간 세상의 권력자들이 취하는 위세 높은 얼굴이며, 이 얼굴을 무시하는 귀신들은 극한에 몰린 피지배 계급이 지배 계급의 권위를 인정하지 않는다는 말이다. 그리고 둘째 구절의 "귀신의 얼굴"이란 비인간적 면모이며, 권력자들이 죽어가는 평민들을 외면하며 보이는 비정한 얼굴이다. 포송

---

57 박종호, 앞의 책, 2018(ebook).

령은 사람들에게 인도적 구원을 요청하는 사람들을 귀신의 얼굴을 하고서 내치지 말아 달라고 부탁하고 있다.

어려운 처지로 몰린 사람에 대한 동정과 원조는 포송령의 이야기를 관통하는 관점 가운데 하나이다. 아마도 그 역시 힘든 시기를 보냈기 때문에 이해하기 힘든 세상살이의 다양한 이야기에 보이는 슬픔에 대한 동정을 느꼈을 것 같다. 그래서 그는 스스로 귀신의 마음을 이해하는 존재가 되어 귀신이 일으키는 소요로 대표되는 인간 사회의 충돌을 지배 이데올로기 안으로 품는 방법을 제시한다.

다시 〈성황신 임용고시〉로 돌아가서 시험 문제를 살펴보자. "한 사람 두 사람"은 곧 한 사람이면서 두 사람이란 것이다. 이는 인간의 겉과 속이 다른 것을 말하는 것으로 인간에게는 '인간의 얼굴(人面)'과 '귀신의 얼굴(鬼面)'이 모두 있다는 것이며 이는 곧 인간 마음에 존재하는 선과 악이다. "마음이 있는 것인가 없는 것인가"라는 것은 곧 한 사람에게 존재하는 두 가지 현상, 즉 선행과 악행이 고의인지 그렇지 않은지를 어떻게 판단하고 심판할 것인지를 묻고 있다.

송도의 대답은 이러했다.

> 고의로 행하는 선은 결과가 선하더라도 상을 주지 않고, 고의 없이 행하는 악행은 결과가 악하더라도 벌하지 않는다.
> 有心爲善, 雖善不賞; 無心爲惡, 雖惡不罰.

이것은 성황묘 판관이 갖춰야할 인간의 선악을 판별하는 기준을 제시한 것인데 고의로 행하는 선이란 악귀의 선행이라서 처벌해야 하지만, 무의식적으로 행한 악은 사람의 실수이므로 처벌하면 안 된다는 말이다. 즉 《요재지이》가 주류 역사에서 밀려나 사라진 자들의 삶에 대한 기록이라고 한다면 이는 곧 《요재지이》가 성황묘라는 말이다. 따라서 이 소설에 기록된 사람들과 귀신들의 이야기는 성황신 앞에서 공정한 심판을 기대하는 이 세상의 원고와 피고들이며, 이야기

[그림 7] 성황묘의 성황신·상하이

를 논평하는 "이사씨(異史氏)"는 인간의 숨겨진 내면을 귀신같이 판단하고 평가하는 성황신이다.

그러나 인간 내면의 선악을 행위 결과에 대한 판결로 이어지는 것은 합리적이지 않다. 우선 선과 악을 중심으로 해석된 세계는 매우 주관적인 세계다. 또한 선과 악 자체가 사회 지배 질서가 구축한 기준이므로 계층적으로 매우 편향된 원칙이 적용될 것이다. 따라서 타인의 내면에 대한 선악의 추측을 통해 형벌이 구성된다면 지배자가 피지배자를 억압하는 형태로 구축될 가능성이 높다. 따라서 인간 내면의 선악을 판단할 수 있는 사람이라야 관리가 될 수 있다는 주장에는 주류 이데올로기에 편향된 추정이 될 위험 요소가 높다는 한계가 있어서 지배계급의 사후 세계에 대한 지배력 확장을 통한 현실 세계의 굳건한 통제를 의미한다.

만일, 이 관심법이 어느 정도 균형을 이루려면 성황신은 현실 속에서 발언권을 상실한 자의 호소를 들을 수 있어야 한다. 하지만 〈귀

신의 곡소리〉에서 굶어 죽는 삶을 피하고자 반란을 일으킨 사람들을 "도적"으로 치부하고 어쩔 수 없이 제사라는 형식을 통해 이들을 쫓아내는 데 급급한 모습을 보이는 것은 단지 기존의 사회를 그대로 유지하기 위해 마지못해 취하는 최후의 수단으로 나타난다.

청대《요재지이》의 평론가 하은(何垠)은 "이 책이 어떠한지는 〈성황신 임용 고시〉에 기원하고 있는데, 선함을 상주고 음란함을 벌한다는 지침을 이 작품에서 볼 수 있다(一部書如許, 托始於《考城隍》, 賞善罰淫之旨見矣)."라고 했고, 또한 단명륜(但明倫)이 "중요한 작품으로서 이 작품을 통해 소설 전체의 종지(宗旨)를 보여준다(一部大文章, 以此開宗明義)"라고 했다. 이들은 〈성황신 임용고시〉가《요재지이》의 첫 작품으로서 포송령의 창작 관점을 대변하고 있다고 설명한다. 즉 이러한 이상한 요괴의 현상을 해석하는 포송령의 입장이 지배 이데올로기와 동일하다는 것이다.

다만, 포송령은 봉건 지식인 계층이라는 신분적 한계를 지니고 있지만, 지배 이데올로기에 억압당하는 귀신이 가진 원한을 살펴보고 기록하면서 현실의 불합리성을 은연중 드러내고 있다는 점에서 차별화가 된다.

귀신들이 억압받는다는 점은 여성 귀신이나 하층민 귀신이 대부분 말을 하지 못한다는 점에서 드러난다. 귀신이 인간과 이야기할 수 없다는 것은 이 귀신들이 말할 권리를 박탈한 존재라는 뜻이다. 그는《요재지이》를 통해 지배계급이 무시한 귀신들에 대해 관심을 보였고, 다시 "귀신의 얼굴"과 "인간의 얼굴"이라는 말을 통해 이들의 내면을 들여다보려고 한다. 이것은 그에게 이들의 억울함을 살펴보려는 동정심이 있다는 것이다.

  다만 윤리적 판단의 형태가 지배계층의 이념을 반영하는 경향이 높다는 점을 고려한다면 그는 귀신의 윤리적 선악 판단을 통해 체제를 유지하려는 것에 만족했을 뿐 귀신들의 고통에 대해서는 충분히 느끼지는 못했으며, 그가 추구한 것이 현실에서 이루지 못한 관료에 대한 꿈을 현실 밖에 존재하는 귀신의 영역에서 이루고자 한 것이다. 즉 그는 시대가 자신에게 명령한 한계점 안에 머물러 있었다. 따라서 그가 이렇게 허리를 굽혀 어둠을 향해 귀를 기울이는 낮은 자세를 보여준 것은 자신의 재주에 비해 평생 관직에 나가지 못한 현실 세계에 대한 불만족을 귀신의 영역에서 해소하려는 것으로 귀신의 거짓과 진실을 꿰뚫어 보기를 원하는 열망은 곧 사회로부터 격리된 자아의 사회를 향한 구애의 심정에서 비롯한 것이다.

7_

요재지이(II), 뒤틀린 사랑과 영혼

서리에 놀라 추위에 떠는 새는
나뭇가지를 안아도 온기를 느낄 수 없고
달을 애도하는 가을벌레는
난간에 기대어 스스로 위로하네
나를 알아주는 사람은
푸른 숲과 어두운 변방에 있을까
驚霜寒雀 抱樹無溫
吊月秋蟲 偎闌自熱
知我者 其在靑林黑塞間乎
- 포송령, 〈요재지이 자서(聊齋自志)〉

위의 글은 포송령이 쓴 서문 가운데 마지막 부분이다. 그는 늦가을을 맞이하여 온기를 찾을 수 없는 새처럼 그리고 쓸쓸한 가을 달을 바라보며 외로움을 읊조리는 벌레처럼 그렇게 《요재지이》를 썼다. 그는 자신을 알아줄 사람이 "푸른 숲과 어두운 변새(靑林黑塞)" 사이에 있다고 했는데, 이는 759년 두보가 이백을 만난 꿈을 꾸고 나서 지은 〈이백의 꿈을 꾸다(夢李白)〉라는 시에 나오는 구절이다.

[그림 1] 사천성 성도 두보초당

평상시 그대 모습이 아닌듯하여 불안하지만,	恐非平生魂
길이 멀어 알 수가 없네.	路遠不可測
혼이 푸른 단풍나무숲에서 왔다가	魂來楓林靑
혼이 관새의 어둠으로 돌아가네	魂返關塞黑

– 두보, 〈이백의 꿈을 꾸다(夢李白)〉 중에서

두보는 이백과 천보(天寶) 3년(744) 낙양에서 함께 교분을 나누었다. 755년 안록산(安祿山)이 난을 일으키자, 현종은 무작정 사천으로 도망갔는데. 당시 태자였던 이형(李亨, 711~762)이 뒤를 수습하면서 스스로 황제가 되는데 그가 당 숙종이다.

이처럼 숙종은 현종으로부터 황위를 물려받지 못한 상태였기 때문에 정통성의 문제가 있었고, 다른 형제들의 행동에 매우 민감해진 상태였다. 이런 상황에서 이백은 숙종의 황위 경쟁자 영왕(永王) 이린(李璘, ?~757) 편에 서는 무리수를 둔다. 결국 이린은 역모죄에 몰려 죽임을 당하고 이백은 귀주(貴州) 정안(正安) 서북쪽에 있는 야랑(夜郎)에 유배된다(757). 비록 이백이 2년 뒤에 사면 되지만(759),[1] 두보는 이 사실을 몰랐다.

이 시에서 두보는 꿈에 본 이백의 모습이 평소와 다른 것을 보고서 불안을 느낀다. 하지만 이백과 너무 멀리 떨어져 있어서 이러한 불안을 해소할 수 없었다. 이백은 어떻게 해서 나의 꿈에 나타난 것일까? 어쩌면 그가 죽었기 때문이 아닐까? 어쩌면 고난 속에서 나를 생각하고 있는 것이 아닐까? 그리고 이런 죽음, 고난, 고통, 불행을 나에게 알려주기 위해서 혼의 모습으로 나에게 온 것은 아닐까?

"단풍나무숲 푸르름(楓林靑)"은 《초사(楚辭)》 가운데 죽은 이의 혼을 부르는 〈초혼〉이라는 작품에서 "넘실대는 강가에 단풍나무가 있네. 천리를 바라보며 봄날을 슬퍼하네. 혼이여 돌아오라, 슬픈 강남이여(湛湛江水兮, 上有楓, 目極千里兮, 傷春心, 魂兮歸來, 哀江南)."라고 한 구절에서 온 것이다. 따라서 두보는 죽은 이의 혼을 부르는 마음으로 그를 그리워했고 이러한 마음이 이백의 혼을 불러왔다고 표현하고 있다. 또한 두보는 이 시를 지었을 때 섬서성과 감숙성 일대의 진령(秦嶺) 북쪽 평원에 있었고, 이 때문에 자신의 위치를 "변방 요새의 어둠(關塞黑)"이라 한 것이다.

그래서 포송령이 자신의 지기(知己)가 "푸른 숲과 어두운 변새 사이(靑林黑塞間)"에 있다고 한 것은 현실이 아닌 영혼의 공간이 된다. 이처럼 그는 처절한 외로움을 속에서 세상의 차가움을 느끼면서 귀

---

[1] 이백은 유배 도중 무산(巫山)에 이르러 사면되었다.

신과 요괴들을 자신의 지기라고 생각하고 글을 썼다.

그는 자신을 "재능은 간보(幹寶, ?~336)에 비할 바 못 되지만, 괴이한 이야기를 수집하는 데 열중했고, 성격은 소식(蘇軾, 1037~1101)과 비슷하여 귀신 이야기를 듣는 것을 좋아했다(才非幹寶, 雅愛搜神, 情類黃州, 喜人談鬼)."라고 하면서 《요재지이》를 지은 이유를 간보와 소식을 닮은 자신의 성격 탓으로 돌렸다.[2] 비록 그는 자신의 작품 활동을 "정직한 사람이라면 나를 비웃지 않을 수 있을까(展如之人, 得毋向我胡盧耶)?"라고 하면서 타인의 시선을 상당히 신경 썼지만, 자신의 이야기에 문제가 있을 수 있지만 인생의 도리를 관통할 수도 있다고 생각했다.

> 오부구(五父衢)에 떠도는 이야기가 도를 넘어선 부분이 있을 수도 있지만, 삼생석(三生石)은 윤회와 전생의 인과를 깨닫게 한다.
> 然五父衢頭, 或涉濫聽; 而三生石上, 頗悟前因.

---

[2] 간보는 《수신기(搜神記)》라는 귀신이 등장하는 소설집을 지었고, 소식은 황주(黃州)와 영남(岭南) 등지로 폄적되었을 때 그를 찾아온 사람들에게 귀신 이야기를 하라고 했고다. 섭몽득(叶夢得), 《피서녹화(避暑录話)》: "소식이 황주와 영남 지역에 있을 때, 매일 아침에 일어나면 손님을 불러 이야기를 나누지 않으면 반드시 외출해서 다른 사람을 직접 찾았다. 함께 어울리는 사람을 애써서 고르지 않았고, 사람들의 신분이 고하에 맞춰서 이야기와 해학을 마음껏 즐겼으며 따로 선을 두지 않았다. 이야기를 못하는 사람에게는 귀신 이야기를 해달라고 했다. 어떤 사람이 아무 말도 못하자, '그냥 헛소리라도 좀 해보게'라고 했다. 이 말을 들은 사람 가운데 웃고 쓰러지지 않은 사람이 없었고 모두 기뻐하며 돌아갔다(蘇軾在黃州及岭表, 每旦起, 不招客相與語, 則必出而訪客. 所與游者亦不盡擇, 各隨其人高下, 談諧放蕩, 不冥爲岭畦. 有不能談之, 則强之使說鬼. 或辭無有, 則曰"姑妄言之." 於是聞者無不絶倒, 皆盡歡而去)."

[그림 2] 항주 천축산(天竺山) 법경사(法鏡寺)의 삼생석

"오부구(五父衢)"는 산동 지역의 번화한 거리이며 "삼생석"은 불가에서 말하는 삼생(전생·현생·후생)의 도리가 담긴 돌을 의미한다.[3] 즉 그가 모아 지은 소설들이 저자의 이야기, 즉 소도(小道)일 수도 있지만 인생의 철리가 있다는 것이다.

이러한 말에서 그는 자신의 이 작품이 당시 일반적인 지식인들로부터 외면받을 지 잘 알고 있었지만, 이 이야기들이 간직한 진실을 버릴 수 없었다는 것도 알 수 있다. 하지만, 간보(干寶)라는 사람의 책은 문인의 고전으로 받아들여졌고, 소식의 이야기는 아사(雅士)들의 환대를 받는데 그의 작품은 왜 사람들의 냉대를 받을 것이라고 한 것일까?

---

3 당나라 원교(袁郊), 《감택요·원관(甘澤謠·圓觀)》: "이원(李源)과 혜림사(惠林寺) 승려 원관(圓觀)은 친구였다. 두 사람이 삼협(三峽)을 유람할 때 원관이 이원에게 말했다. '여기가 내 몸을 의탁할 곳이다. 12년 후 중추절 밤에 항주 천숙사 밖에서 그대와 만나리라.' 이후 이원이 기일에 맞춰 항주를 방문했는데, 정말로 목동이 〈죽지사(竹枝詞)〉를 읊는 소리를 들었다. '삼생석 위의 옛 영혼이여 음풍농월을 말하지 말라. 그리운 사람이 멀리서 찾아왔지만, 이내 몸은 다르지만, 본성은 영원하네.' 이원은 이 때문에 목동이 원관의 후신임을 알았다(李源與惠林寺和尙圓觀友善, 同游三峽時, 見一婦人汲水, 圓觀對李源說: '是某託身之所. 更後十二年中秋月夜, 杭州天竺寺外, 與君相見.' 後李源如期到杭州訪問, 果遇一牧童歌唱〈竹枝詞〉道: '三生石上舊精魂, 賞月吟風不要論. 慚愧情人遠相訪, 此身雖異性長存.' 李源因知牧童卽圓觀的後身)." 나중에 사람들이 이 말을 부연하여 항주 천축사 뒷산에 삼생석이 있는데 이원과 원관이 만난 곳이라고 했다.

《요재지이·작가자지》에서 그는 자신을 가난한 스님의 환생이라고 생각한다.[4] 즉 그가 재주는 있지만 기회를 얻지 못해 궁핍한 상태에 처한 것을 운명이라고 생각하고 그 운명의 원인을 전생의 업보라고 생각하는 것이다.[5] 즉 그가 가진 과거 실패자라는 커다란 자의식을 윤회의 업보 속에서 해소하려고 했고, 이 과정에서 그는 귀신과 요괴에 매달린 것이다. 아래에서는 《요재지이》 가운데 그가 인생에서 가장 아파했던 과거와 애정에 관한 이야기를 살펴보고자 한다.

죽어도 다시 한 번

중국에서 신분이 아닌 능력으로 관료를 선발한다는 전통의 기원은 요순(堯舜)의 선양(禪讓)이라는 개념의 출현에서 시작된다고 보인다. 선양은 가족들로부터 쫓겨나 아무것도 없이 역산(歷山)에서 농사를 짓고[6] 도자기나 굽던 순(舜)을 요(堯)가 파격적으로 등용하여 자신의 권력을 이양한 사건이다. 이러한 선양에는 "천하가 모든 사람의 것(天下爲公)"이라는 대전제의 출현과 현자(賢者)와 능력자를 뽑아 등용한다는 방법론이 제시되어 있다. 공자의 말에 의하면 이러

---

[4] 포송령, 〈요재자지(聊齋自志)〉: "매번 나는 머리카락을 긁으면서 생각했다. '스님이 정말 나의 전생일까?'(每搔頭自念, 勿亦面壁人果是吾前身耶?)"
[5] 포송령, 〈요재자지(聊齋自志)〉: "망망한 육도윤회 속에서 어찌 인과의 이치가 없다고 할 수 있을까?(茫茫六道, 何可謂無其理哉?)"
[6] 《묵자·상현중(墨子·尙賢中)》: "순임금은 역산에서 농사를 지었다(舜耕歷山)."

[그림 3] 요재성(聊齋城) 산동성 치박현

한 사회가 바로 대동사회(大同社會)이다.

그러나 중국의 역사에서 이러한 이상 사회를 향한 비전은 천여 년을 이어 왔으나 현실의 제도와는 심각한 거리감을 보여주었다. 관료 선발의 투명성은 요원한 것이었고, 이는 현대 사회에서도 기대하기 어렵다. 봉건 사회에서 국가 관료는 건국에 참여한 자들 혹은 기존 귀족 세력의 전유물이자 세습적 권리가 당연하게 인식되었다. 이러한 사회 현상에 대한 불만 혹은 비판은 힘을 얻지 못했기 때문에 사회가 안정될수록 하층 문인들이 관료가 되는 것은 불가능에 가까웠다.

중국에서 새로운 문인 계층을 관료로 받아들이는 현상은 지배 세력의 위기의식과 무관하지 않다. 전국시대에 사(士) 계층이 두각을 나타내고, 한나라 무제가 경전에 해박한 인사를 파격적으로 등용하거나, 측천무후가 과거제도를 시행했던 것 등은 사회 현상으로 야기된 권력자 계층의 분열과 대립이 불러온 위기의식에서 비롯한 일시적 수혈로써 천하를 공적 산물로 바라보는 대의에 기반한 제도적 시행이라는 의의를 추구한 것이라고는 보기 어렵다.

그러나 현실이야 어떻든 간에 이러한 사회 제도의 시행은 상당한 의의를 지닌 것이다. 중국에서 객관적 표준으로 관료를 선발한 기록은 삼국시대(三國時代) 위(魏)나라 조비(曹丕)에서 시작된다. 조비는 이부상서(吏部尙書) 진군(陳群)의 건의를 받아 "구품중정(九品中正)"이라는 제도를 탄생시켰다. 아홉 품계를 뜻하는 구품(九品)은 관료의 등급이고, 중정(中正)은 지방에서 관리 추첨권을 가지는 중정관(中正官)을 말한다. 즉 지역 중정관이 지역 인재를 9등급에 맞춰 천거하는 제도이다. 하지만 중정관 자신이 지방의 유력한 세도이기 때문에 이 제도는 근본적인 문제점을 가진다.

관료 선발을 위한 그럴듯한 제도적 운영은 당(唐)나라 측천무후(則天武后)가 자신의 빈약한 지지기반을 다지기 위해서 정치적 배경이 없는 인물들을 과거로 선발하면서 시작한다. 이후 과거제도는 역대 왕조에서 다양한 제도적 개선이 이루어졌고, 문인으로서 과거의 합격자가 된다는 것이 문학 능력을 국가·사회적 공인을 받아 신분 상승을 이루는 방법이 되어 그 이전에 존재했던 저명한 문인으로부터 문학 능력을 인정받는 방식을 완전히 압도하면서 막강한 권위를 지니게 된다. 비록 관료 선발을 위한 완벽한 제도라고 할 수는 없겠지만, 적어도 입시 부정이 생기면 담당 관료에 대한 문책이 이루어졌기 때문에 제도적인 면에서 자기 수정 능력은 존재했다.

중국 문인들에게 과거의 급제는 정치 판타지의 실현을 위한 첫걸음이자 문학적 재능의 사회적 공인을 의미했다. 그러나 한 사람의 문인이 급제하기 위해서는 집안의 경제력이 대거 투자되어야 했다. 과거에 참여한 횟수가 늘어 갈수록 가문의 명예와 재산 보존이라는 무거운 운명의 무게는 배로 무거워졌을 것이며, 정교해지고 어려워지는 시험 역시 커다란 압박감으로 다가왔을 것이다.

《요재지이》에 실린 〈왕자안(王子安)〉의 이야기에는 과거 시험의 긴장감이 코믹하게 표현되어 있다. 왕자안은 동창부(東昌府: 현 산동성)의 유명한 문인이지만 과거에 수차례 낙방한다. 그는 과거를 치른 다음 합격자 발표 전날 밤에 긴장을 풀기 위해 집에서 술을 마신다. 그는 거나하게 취해버렸고, 불현듯 누군가의 목소리를 듣게 된다.

갑자기 누군가가 소리쳤다.

"과거 시험 결과가 나왔소!"

왕자안이 비틀거리며 일어나 말했다.

"상으로 십천 전(錢)을 내려라!"

가족들은 그가 취했다는 것을 알고 그를 속여 위로했다.

"당신은 그냥 자요. 상은 이미 줬어요."

왕자안은 또 자리에 누웠다. 잠시 후, 또 사람이 들어와서 말했다.

"진사에 급제했소!"

왕자안이 중얼거렸다.

"도성에서 전시(殿試)도 안 치뤘는데 진사에 급제했다고?"

그러자 그 사람이 말했다.

"당신 잊었소? 이미 세 번의 시험을 모두 치렀다오!"

왕자안이 매우 기뻐하며 일어나 외쳤다.

"상으로 십천 전을 내려라!"

가족들이 또 조금 전처럼 그를 달랬다.

또 잠시 후 어떤 사람이 급히 뛰어 들어와 말했다.
"당신은 이미 한림이 되었으니, 시종이 여기 도착했습니다."
과연 두 사람이 침대 아래에서 인사를 했는데, 옷차림이 아주 말쑥했다. 왕자안이 소리로 술상을 차려주라고 하자 가족들이 또 술상을 차려주면서 취한 그를 보고 웃었다.

– 포송령, 《요재지이·왕자안》[7]

왕자안은 시험 합격을 알려주고, 관직이 수여되었다는 누군가의 목소리를 듣지만, 그의 가족들은 이 목소리를 듣지 못했기 때문에, 그가 술에 취해 헛소리한다고 생각하고 측은한 마음에 그의 주사를 웃으며 받아준다. 이후 왕자안이 문 뒤에서 모자를 찾아내서 그 목소리가 여우임을 밝혀 자신의 체면을 세우지만, 그의 이야기는 문인이 얼마나 과거에 대해 압박을 받았는지를 보여준다. 포송령의 "왕자안이 하루에 과거 급제의 흥취를 다했으니, 여우의 은혜는 시험관에게 자기를 천거해 주는 은인과 같다(子安一朝而盡嘗之, 則狐之恩與薦師等)."라며 동병상련의 정서를 표현한다. 이러한 평가는 포송령 본인이 과거 합격을 위해 죽기 전날까지도 전전긍긍했기 때문에 내릴 수 있었을 것이다.

이후 그는 과거 참여자가 어떤 일을 겪는지를 세밀하게 묘사한다.

수재가 과거를 치르러 시험장에 들어가면, 누구나 일곱 가지 일을 비슷하게 겪는다. 처음 고사장에 들어가면, 수험생들은 맨발로 대나무

---

7   박종호, 『요재지이–성황신 임용고시 외』, 위즈덤커넥트, 2018(ebook).

바구니만 가지고 다니는데, 거지와 같은 몰골이다. 출석을 부를 때면 관리가 호통과 욕설을 하니, 마치 죄수와 같다. 시험을 치르는 숙사에 들어가면, 구멍마다 머리를 내밀고 방마다 발을 드러내고 있는 것이 늦가을 서리맞은 꿀벌 같다.[8]

과거에 참여하는 자는 부정행위 방지를 위해 소지품을 압수당하는데 심지어 버선도 빼앗긴 체로 필기구와 식기를 담은 바구니를 들고 죄수처럼 관리들의 호통을 들으면서 시험을 치르는 장소에 들어간다. 시험 장소는 번호가 붙여져 있는 호사(號舍)라고 하는 작은 공간이다. 이곳에서 낮에는 시험을 보고 밤에는 잠을 잔다.

[그림 4] 〈관방도(觀榜圖)〉 명·구영(仇英)

방은 세로 4척(약 121cm) 가로 3척(약 91cm)인 1.1제곱미터 정도 되는데[9] 방이 작다 보니 "구멍마다 머리를 내밀고 방마다 발을 드러내고" 있을 수밖에 없고, 게다가 시험의 압박에 시달리다 보니 수험생의 행색은 초췌할 것이다. 그래서 늦가을 서리를 맞아 비실대는 꿀벌 같다는 포송령의 수험생에 대한 묘사는 매우 절묘하고 재미있다.

또한 수험생이 시험을 마치고 나

---

8 박종호, 앞의 책, 2018(ebook).
9 商衍鎏, 《清代科擧考試述彔》, "每人居一間, 深四尺, 寬三尺."

와 합격자 발표를 기다리는 과정도 유머러스하게 묘사하고 있다.

> 시험을 마치고 나오면 정신이 혼미하여 천지를 분간하지 못하니 새장에서 나온 병든 새 같다. 합격자 발표를 기다릴 때는 풀이 바스락 거리는 소리만 들어도 놀라고 허황된 생각을 하게 되는데, 시험에 합격한 상상을 하면 득의양양하여 순식간에 누각이 눈앞에 펼쳐지지만, 낙방을 상상을 하면 실의에 가득 차 순식간에 뼈가 으스러져 가루가 되어버리는데, 안절부절하지 못하는 것이 마치 붙잡혀 묶여있는 원숭이 같다.[10]

또한 시험에 낙방한 사람들의 묘사 역시 핍진하고 유머스럽다.

> 불현듯 합격자 소식이 급속하게 사람들에게 퍼지고 그 명단에 자기 이름이 없는 것을 발견하면 갑자기 죽을 것 같은 울상을 지으며 약을 먹은 파리처럼 뭐라고 해도 아무 것도 느끼지 못한다. 처음에는 기죽고 의기소침하지만, 곧 시험관이 눈 먼 장님이라고 호통을 치기도 하고 붓이 잘 들지 않았다고 탓하며 책상 위의 책과 필기구를 집어 들고 불을 질러 버리는데 미처 태우지 못한 것은 밟아 부수고, 밟아 부수지 못한 것은 더러운 물에 던져버린다. 그리고 이제부터 머리를 깎고 산에 들어가 벽을 마주하리라고 하면서 "무릇", "일찍이"라는 어투가 그득한 팔고문 쪼가리를 자신에게 들이미는 자가 있다면 칼을 들고 쫓아갈 것이라고 호통친다. 하지만 잠시 시간이 흐르고 화가 가라앉으면 마치 알을 깨먹은 새가 나뭇가지를 물고 둥지를 만들어서 다시 알을 품을 수밖에 없듯이 다시 손끝이 간질간질해 지면서 붓을 찾는다.[11]

---

10 박종호, 앞의 책, 2018(ebook).

시험을 치른 다음 기대하는 보상이 없는 경우에 나타나는 여러 형태는 현재나 과거나 비슷하다.

〈엽 서생(葉生)〉은 문인의 과거 급제에 대한 무서운 집념을 보여 준다. 엽 서생은 산동성 회양(淮陽)에서 글재주로 이름이 높았지만, 과거에는 번번이 낙제했다. 회양 현령 정승학(丁乘鶴)은 엽 서생의 글재주를 높이 사서 북경으로 데려와서 아들의 가정교사로 삼는다. 엽 서생의 지도로 아들은 과거에 급제하여 부중주정(部中主政: 중앙 6부의 실무직)에 제수되고, 엽 서생 역시 과거에 급제하여 고향에 돌아간다. 하지만 그를 만난 아내가 놀라서 도망치는데 알고 보니 그는 이미 죽은 뒤였다.

> 당신은 이미 돌아가신 지 오래인데, 무슨 귀한 몸이 되셨다고 그러시나요? 당신의 관을 매장하지 못한 것은 집안이 가난하고 아들이 너무 어려서 그랬던 것이어요. 이제 아들도 성인이 되었으니, 묘소를 골라 당신을 위해 안장하겠사옵니다. 부탁드리오니, 이런 식으로 와서 산 사람을 놀라게 하지 마시어요." 이 말을 듣고 나서 엽 서생은 매우 슬프고 괴로웠다. 그는 천천히 방 안으로 들어갔는데, 관이 이미 그곳에 놓여 있는 것을 보고 곧장 뛰어드니 그의 형체가 종적도 없이 사라져 버렸다.[12]

이 이야기에 대한 포송령의 평가는 "혼백이 지기(知己)를 따라가

---

11 박종호, 앞의 책, 2018(ebook).
12 박종호, 위의 책, 2018.

느라 자기가 죽은 것도 잊었던 것인가?"라고 하고는 이어서 이렇게 말한다.

> 낙방한 사람은 세속에 비하당하여 아무런 소용이 없다. 일단 낙방 서생의 이름을 얻게 되면, 문장은 곳곳에 흠이 있게 된다. 가난하고 고달프니, 권세나 재물을 가진 소인의 모멸을 초래하는구나. 온 세상이 우매하고 거꾸로 돌아가니, 눈이 밝아 사람을 알아보는 백락(伯樂)[13]은 어디에 있는가? 지금 시대에는 재주를 아끼는 사람이 없으니 어찌 알아볼 사람이 있겠는가! 오히려 그 반대이니 사해(四海, 온 세상)가 망망(茫茫)하여 끝내 몸을 의탁할 곳이 없도다.[14]

엽 수재는 재능은 있으나 매번 과거에 합격하지 못한다. 아무도 그를 알아주지 않았지만, 오직 회양 현령 정승학만이 그의 재능을 아끼고 보살폈고 결국 과거에 급제한다. 이 서술에서 능력이 있는 자가 세상에 자신의 재능을 꽃피우지 못하는 이유가 능력 때문이 아니라 그 능력을 몰라주는 세상의 문제라고 말하는 포송령을 볼 수 있다. 만일 이 말이 세상과의 소통에 실패한 과대망상에 사로잡힌 하찮은 지역 문인의 헛소리가 아니라면, 우리는 청대 과거가 기득권에 의해 좌우되는 불합리함에 빠져있다는 비판을 들을 수 있다.

포송령은 과거 실패를 한탄하며 아래와 같이 읊었다.

---

13 백락(伯樂): 말(馬) 감정의 명인. 자신을 알아주는 사람을 의미한다.
14 박종호, 앞의 책, 2018.

그대와 함께 흩어진 신세로 곤궁한 길에서 눈물을 흘리네.
세상 어떤 이가 재주 있는 사람을 이해해 줄까?
與君共灑窮途淚, 世上何人解憐才?

— 포송령, 《중추미우, 숙희매재(中秋微雨, 宿希梅齋)》

홀로 농산으로 향하는 슬픈 제비여,
양웅에 대한 조소를 누구에게 풀어달라 할까?
獨向隴頭悲燕雀, 憑誰爲解子雲嘲.

— 포송령, 《생각을 읊다(咏懷)》

첫 시는 자신의 재능을 세상이 알아주지 않는 것에 대한 슬픔으로 정 수재의 이야기와 일맥상통한다. 두 번째 시는 양웅(揚雄)의 〈해조(解嘲)〉라는 작품과 관련이 있다. 서한(西漢)의 마지막 황제 애제(哀帝) 시기에는 타락한 정치가들인 정명(丁明), 부안(傅晏) 그리고 동현(董賢) 등이 정권을 농단하였는데 자신들에게 아부하는 자들에게 관직을 남발했다.[15] 당시 양웅은 〈태현(太玄)〉이라는 글을 지어 자신이 세상과 거리를 두고 있다는 것을 드러낸다. 이 작품은 천문학과 관련이 있는 책인데 "현(玄)"은 검다는 뜻이다. 하지만 이 글에 대해서 누군가가 "흰 것을 숭상하는(尙白)" 글이라고 비웃었다. 백색은 관직이 없음을 말한 것이지만 〈태현〉의 현(玄)은 곧 자미성(紫微星)으로

---

15 양웅(揚雄), 〈해조(解調)〉: "애제시기 정명(丁明), 부안(傅晏) 그리고 동현(董賢) 등이 권력을 잡았는데, 이들에게 들러붙은 사람들 가운데 어떤 사람은 2천 석이 되어 집안을 일으켰다(哀帝時, 丁、傅、董賢用事, 諸附离之者或起家至二千石)." 이천석은 한나라 시대 군수(郡守)의 봉록이다.

관직을 뜻하는 "자색 띠"인 자수(紫綬)와 이어진다.

즉 양웅의 이 작품이 "흰 것을 숭상한다"라는 말은 관직을 바라면서 쓴 글이라는 반어법식 조롱이다. 이에 양웅은 〈해조(解嘲)〉라는 작품을 통해 관직의 험난함을 말하고 자기 보전이란 가치를 내세운다. 따라서 이 구절은 양웅의 〈해조〉처럼 자신의 처지를 대변해 줄 사람을 찾을 수 없다는 뜻으로 자신이 과거에 매달리는 것이 관직을 위함이 아니라 다른 큰 뜻이 있다는 것을 아무도 몰라준다는 것이다.

[그림 5] 윤진미인도(胤禛美人圖)·청대

지식인의 존재에 대한 사회적 증명이 과거뿐이었던 상황에서 낙방은 사회적으로나 개인적으로 지식인에게 큰 타격을 입힌다. 포송령은 "과거 시험에 낙방하는 순간, 문장은 성한 곳이 없게 된다(一落孫山之外, 則文章之處處皆疵)."라고 하여 과거의 당락이 문학 평론의 표준이 되어서 아무리 좋은 글이라도 알아주는 사람이 없고 오히려 비판의 대상이 되어 버린다고 한탄한다. 그리고 결국 이러한 궁핍함과 모멸감은 작가를 "몸 기울여 돌아보니 사방에 머물 곳이 없네(側身以望, 四海無家)."라는 절망으로 밀어넣고 결국 슬픔 속에서 세상과 이별하게 된다.

뒤틀린 욕망으로서의 연애

《요재지이》에는 다양한 여성 귀신 이야기가 등장한다. 이들 가운데 일부는 인간에게 도움을 주기도 하지만 일부는 매우 공포스러운 행동을 한다.

〈움직이는 시체(屍變)〉는 죽은 여성이 귀신이 되어 사람들에게 공포를 주는 이야기이다. 산동성 북부에 있는 양신현(陽信縣)에서 한 노인이 현성에서 5·6리 떨어진 곳에서 여관을 운영했는데, 며느리가 며칠 전에 죽어서 시신을 방에 두고 있었다. 4명의 마부가 이 여관을 찾았을 때는 마침 방이 다 나가는 바람에 며느리의 시신이 있는 방에 투숙한다. 방에는 시신을 둔 침대인 영상(靈床)[16] 앞에 안석과 등불을 밝혀 놓았고 그 사이에는 휘장이 처져 있었다. 그리고 시신 위로는 등나무 껍질로 만든 황색 이불인 지금(紙衾)[17]이 덮여있었다.

그들이 자는 침대는 4명이 다닥다닥 붙어 잘 수 있는 일체형 침대였다. 마부들은 피곤에 찌든 터라 이것저것 가릴 것도 없이 침대에 누웠고 곧 잠에 곯아떨어졌다. 그런데 마부 한 사람이 시신이 있는 침대에서 끼익하는 소리에 눈을 번쩍 뜬다.

> 여자 시체가 침대의 휘장을 젖히더니, 침대에서 내려와 천천히 침실로 들어오는 것이었다. 여자 시체의 얼굴은 옅은 누런 색이었고 생초(生綃)로 만든 말액(抹額)을 쓰고 있었다. 그녀는 행상들이 자는 침대에

---

16 영상(靈床)은 초상(初喪) 시에 시체를 두는 침대이다.
17 지금(紙衾)은 등나무 껍질로 만든 종이 이불이다.

다가와서 몸을 구부리더니 세 사람에게 입김을 불었다. 그는 자기한테도 올 것이란 생각이 들자 크게 겁을 집어먹고는 이불을 머리끝까지 뒤집어쓰고 숨을 죽이고 귀를 기울였다. 얼마 뒤에 여자 시체가 그에게 다가와서 다른 사람들에게 했던 것과 똑같이 그에게 숨을 불어넣었다.[18]

이 글에 나타나는 묘사만으로는 어떤 여성인지를 파악하기는 어렵다. 다만 그녀의 핏기 없는 누런 얼굴은 죽은 사람의 얼굴이며, 비단을 끓여 표백하기 전의 노란 색의 생견(生絹)으로 된 말액(抹額)[19]을 하고 있었다는 것은 그녀가 염을 한 지 얼마 되지 않았다는 것을 말해준다. 그런데 그녀는 왜 죽지 못하고 마부들을 향해 걸어와 입김을 불었던 것일까? 그녀의 이 이해할 수 없는 행위는 마부에게 커다란 공포로 다가왔다.

그녀는 숨을 불고 다시 자기 자리로 돌아가 눕는 행위를 몇 차례 반복한다. 마부는 공포로 견딜 수 없어서 옆에 자던 사람을 흔들지만, 미동도 없었다. 그는 그녀가 영상에 누워있을 때 옷을 이불 속에서 입고 맨발로 도망친다. 여자 시체가 갑자기 일어나 앉더니 그를 쫓아왔다. 그는 소리를 질렀지만, 여관에는 아무런 기척도 없었고, 집주인의 방으로 도망치려 했지만, 귀신에게 따라잡힐까 봐 현성으로 달리기

---

18 박종호, 앞의 책, 2018.
19 말액(抹額)은 이마를 두른 두건이며 머리띠로 보면 된다. 서민들의 용품이었으나 후대로 가면서 모든 신분에서 사용한다. 끈을 뒤로 묶은 형태를 박두(朴頭), 〈그림 4〉와 같은 종류는 포두(抱頭), 일체형으로 두른 것을 늑자(勒子), 겨울에 담비 가죽으로 만든 것을 초복액(貂覆額)이라고 한다. 저우쉰(周汛), 『중국역대부녀장식(中國曆代婦女裝飾)』, 학림출판사(學林出版社), 1991. pp.111-113.

[그림 6] 요재전도(聊齋全圖)·화피(畵皮)

시작했다. 목탁 소리가 나는 절로 들어가려 했지만, 행색이 이상한 그에게 문을 열어주지 않았다.

그녀에게 따라잡힐 절체절명의 위기에 그는 주변에 있던 둘레가 120㎝~150㎝정도 되는 백양나무 뒤로 몸을 숨겼다. 나무를 사이에 두고 이쪽저쪽으로 돌아가며 실랑이를 벌이던 여자 귀신은 분노와 피로를 참지 못하고 뛰쳐올라 백양나무와 그를 동시에 끌어안고자 했지만, 나무가 너무 커서 양손이 닿지 못했다. 그녀는 나무를 끌어안은 채로 뻣뻣하게 굳어갔다. 마부도 힘이 다해 쓰러지고 만다. 얼마 뒤 절에서 스님이 나와서 거의 죽어있던 그를 구해주고 나무에 붙어있는 여자 시체를 발견한다.

현령(縣令)이 직접 시체를 찾으러 와서 사람들에게 여자 시체를 나무에서 빼내라고 명령했다. 하지만 양팔이 나무를 부둥켜안은 채 굳어있어서 빼낼 수가 없었다. 가만히 보니, 여자 시체의 양손 4개의 손가락이 갈고리처럼 되어 있었고 손톱이 나무에 파고들어 있었다. 여러 사람이 힘을 합쳐야 겨우 뽑아낼 수 있었는데, 그녀의 손톱이 꽂혀있던 자리는 구멍이 크게 나 있었다. 현령이 사람을 시켜 여관으로 보냈는데 시체가 사라지고 다른 세 사람은 죽어있었다.[20]

---

[20] 박종호, 앞의 책, 2018(ebook).

이 작품이 주는 공포를 살펴보면, 첫 번째는 여관집 며느리 귀신 때문에 3명이 죽고 나머지 한 사람도 거의 죽을 뻔했다는 것이다. 두 번째 공포는 그녀가 그들을 공격한 이유가 나타나 있지 않다는 것이다. 세 번째 공포는 사람들의 무관심이다. 여러 사람이 함께 힘을 합쳐서야 나무에 박힌 그녀의 손을 겨우 뽑아낼 수 있었다는 것은 그녀의 원한이 가진 깊이가 깊다는 것을 의미하지만, 아무도 그녀의 원한이 무엇인지 알지 못하고 또한 알려고도 하지 않는다는 점이다. 시아버지는 그냥 시체를 회수했고, 현령은 마부에게 다른 3명의 죽음과 무관하다는 증명서를 발급해 줄 뿐이다. 그리고 포송령조차 이 작품에 대해서는 평가하지 않고 있다. 그녀의 죽음은 이렇게 철저히 이해의 영역 밖으로 던져진 귀신 소동으로 마무리된다.

이 이야기는 팽목항의 세월호를 상기시킨다. 이 죽은 여성이 누구인지 어떻게 죽고 왜 죽었는지를 묻지 않듯, 299명이 사망하고 5명이 실종된 이 사고에서 한국 사회는 이를 사고로만 처리하려 했고 사회 구조적 책임이나 국가의 윤리적 실패가 공식적으로 충분하게 인정되지 않았다. 마치 시아버지나 현령처럼 한국 정부와 일부 언론은 제도적 처리나 금전 보상을 말할 뿐 진실된 애도나 원인 규명과 같은 사회적 책임은 회피했다.

백양나무의 손톱처럼 우리에게는 희생자 유족과 죽음에서 돌아온 생존자들이 실재한다. 그리고 4월 16일이 되면 망자의 고통이 다시 어둠의 수면 위로 떠오른다. 이런 점에서 포송령의 침묵을 다시 해석할 필요가 있다. 만일 그가 자의적으로 여성의 죽음을 비윤리적으로 해석하거나, 죽음의 원인을 규명해서 원인 제공자를 처벌했다면, 그녀는 대타자의 언어 속에서 사라져서 사회적 트라우마로 남지 못했을 것이다. 그의 진실에 대한 무지를 지킨 침묵은 세월호 사건의 정치화와 왜곡에 대한 저항을 담은 노란 리본과 같다. 고통에 대한 해석의 거부와 기억의 침묵적 재생산은 비단 죽은 자에 대한 기억일 뿐만 아니라, 죽은 자의 영혼이 산자를 구원해 주기를 바라는 마음일 것이다.

말없이 사람을 괴롭히는 여성 귀신은 〈귀신을 물다(咬鬼)〉라는 작품에서도 나타난다.

> 한 노인이 여름에 낮잠을 자다가 몽롱한 상태에서 어떤 여자가 휘장을 젖히고 들어오는 것을 보았다. 이 여자는 머리에 흰 띠를 두르고, 상복을 입고 있었는데 안방으로 들어갔다. 노인은 이웃집 여성이 집으로 찾아온 것으로 생각했다가도, 상복을 입고 남의 집에 들어올 수 있을까 하는 의심도 들었다. 이상하다고 생각하는 중에 여자가 안방에서 나왔다. 자세히 살펴보니, 그 여자는 대략 서른쯤 되어 보이는데, 노랗게 부은 얼굴에 미간을 찌푸리고 있었는데 섬뜩한 얼굴빛을 하고 있었다. 여자는 망설이는 듯하다가 차츰 노인의 침상으로 다가왔.
> 노인은 자는 척하면서 무슨 일이 일어날지 살펴보았다. 여자는 치마를 들치고 침대 위로 올라와 노인의 배 위에 앉았는데, 몹시 무거웠다. 노인은 정신이 뚜렷했지만, 손을 움직여봐도 손이 묶인 듯 움직이지 않았고, 발을 움직이려 해도 다리가 마비된 듯이 꼼짝도 하지 않았다. 급한 마음에 소리를 지르고 싶었지만 나오지 않았다.

여자는 입술을 그의 얼굴에 대더니, 광대뼈 코, 눈썹, 이마 등에 키스를 했다. 노인은 그녀의 입술이 얼음처럼 차가워서 한기가 뼈에 사무치는 느낌을 받았다. 노인은 다급한 중에 꾀를 내어, 그녀가 뺨 가까이 오면 호되게 깨물기로 했다. 과연 오래지 않아 뺨 가까이 입술이 다가왔다. 노인은 있는 힘껏 그녀의 광대를 꽉 깨물었고, 이가 살 속으로 파고들어 갔다. 여자는 아파서 도망치려 발버둥 치며 울부짖었다. 노인은 더 힘을 써서 깨물었다. 피가 뺨을 따라 흘러내리면서 베개를 적시는 것이 느껴졌다. 서로 안간힘을 쓰고 있을 때 마당에서 아내의 목소리가 들리자, 노인은 "귀신이야"하고 소리쳤고, 깨문 힘이 느슨해진 틈을 타서 여자는 갑자기 사라졌다.

> 부인이 급히 안방에 들어왔는데 아무것도 보이지 않았다. 부인은 남편이 악몽을 꾼 것이라 웃었다. 노인은 이 괴이한 일을 자세히 말하고는 베개 위의 핏자국이 증거라고 말했다. 두 사람이 살펴보니 과연 천장에서 떨어진 물 같은 것들로 베개와 이부자리가 젖어 있었다. 고개 숙여 냄새를 맡아보니, 아주 고약한 냄새가 났다. 노인은 속이 메스꺼워져서 심하게 토했는데, 며칠이 지나서도 입안에 악취가 남아있었다.[21]

이 이야기는 앞서 소개한 〈움직이는 시체〉와 내용이 흡사하다. 여성은 죽음과 관계하고 있으며, 또한 남성에게 다가와 에로틱한 행위를 한다. 그리고 남성은 이러한 여성의 행위에 두려움을 느끼고 저항한다. 그리고 그녀 역시 이렇게 행동하는 이유를 말하지 않고 있으며, 포송령 역시 이에 대하여 해설하지 않고 있다.

가만히 보면, 이 이야기는 남성의 억압된 성적 판타지와 관련하고

---

21 박종호, 앞의 책, 2018.

있다. 여성이 죽음과 관계하고 있는 것은 사회가 억압하는 남성의 성적 욕망이다. 현실 속에서 남성의 욕망은 제한되어 있지만 귀신의 영역에서는 그 고삐가 느슨하게 풀린다. 그러나 이 영역에서도 남성의 억눌린 자아는 주도적으로 욕망을 쟁취하는 대신 여성이 자신에게 다가오게 만들고 자신은 피해자 행세를 한다. 즉 여자 귀신의 욕망은 곧 남성의 욕망이 전이된 것으로서 남성은 귀신의 세계에서 여성이 주도적으로 다가오는 피동적인 성적 판타지를 꿈꾸는 동시에 여성에 대한 거부 반응을 통해 사회적 규율에 대한 자기 복종을 표현한다. 남겨진 핏자국에 대해 구토와 역겨움을 표시함으로써 도덕적 자아의 회복을 보이지만, 이 핏자국은 그의 억눌린 욕망의 흔적이 트라우마로 남은 것이다. 이처럼 《요재지이》의 공간에는 사회와 자아의 혼합이 만들어내는 섹슈얼 판타지가 존재한다.

남성은 사회적 자아의 눈치를 보면서 타자화되고 굴절된 형태로서의 자기 욕망을 추구한다. 이렇게 비굴하게 자기 욕망을 충족하는 공간에 출현하는 여성은 단지 남성의 욕망 충족을 위해서 타자적으로 소환된 대상이다. 그래서 여성의 원한이나 사연이 남성 판타지에서 공백으로 남겨진 것도 당연할 것이며, 이 또한 포송령의 성적 판타지와 무관하지 않을 것이다.

이러한 환상 속에서 일어나는 성적 판타지는 피동적 상태를 통해 남성의 예법의 규율을 보장한다. 하지만, 현실에서 적극적 성적 욕망의 충족은 가차 없는 심판의 대상이다. 《요재지이》에는 여성을 쫓아다니는 남성들을 소개하고 있는데 이 가운데 〈눈동자 사람(瞳人語)〉이란 작품이 있다. 이 작품은 장안(長安)의 방동(方棟)이란 서생이 신선이 사는 부용성(芙蓉城) 일곱째 아들의 신부에게 치근덕대다가 갑자기 눈에 흙이 들어가 실명하게 된 이야기이다. 이 이야기에 관한 포송령의 평가는 다음과 같다.

[그림 7] 〈요재전도·염앙(念秧)〉

> 경박한 사람은 종종 자기 자신을 욕보이는 짓을 하니, 참으로 가소로운 일이로다! 방동은 마침내 두 눈이 멀기까지 하였으니, 이는 귀신이 벌을 내린 것이라 할 수 있다. 부용성의 주인이 도대체 어떤 신(神)인지 모르겠지만, 감히 추측하건대, 보살의 현신은 아니었을까? 소인이 문을 열어 방동이 다시 앞을 볼 수 있게 된 것을 보면, 귀신은 비록 흉악하더라도 다른 사람이 잘못을 고치고 새사람이 되는 것을 어찌 용납하지 않겠는가![22]

방종한 행위를 하는 남성을 비판하는 이런 평가는 매우 보편적이며 여성에 대한 관점 역시 매우 통속적인 것이어서 어떤 특별한 관점을 제시한다고 보기 어렵다.

〈수망초(水莽草)〉[23]라는 작품은 귀신을 통해 남성의 성적 욕망과 부귀영화에 대한 욕망을 강압적으로 성취하는 내용인데 이 이야기

---

22 박종호, 앞의 책, 2018(ebook).
23 수망초(水莽草): 뇌공등이라고도 하며 화살나무과의 덩굴성 식물이다. 살충제로 쓸 정도로 독성이 강하나 미량을 달여 마시거나 외용약으로 사용한다. 소염 및 해독 효과가 있다.

에서 여성은 매우 슬프게도 남성적 폭력성 아래 굴종한다. 가난한 축(祝) 서생은 아름다운 구삼랑(寇三娘)의 유혹을 받아 수망초를 먹고 죽은 수망귀(水莽鬼)가 된다. 수망귀는 다른 사람에게 수망초를 먹여야 인간으로 환생할 수 있다.

귀신이 된 그는 그 복수를 위해서 환생한 구삼랑의 영혼을 억지로 끌어내 아내로 삼는다. 축 서생의 부인이 된 그녀를 찾아온 부모에게 그녀는 "소녀 이미 귀신이 되었으니 가난한 것이 무슨 문제겠어요. 축 서방과 시어머니께서 저를 대하시는 정이 두터우니, 소녀는 이곳에서 살기로 마음먹었어요"라고 대답한다. 구삼랑의 부모는 축 서생에게 백 근의 은덩이와 수십 필의 비단, 그리고 하인 두 명을 보태준다.

〈진정현의 민며느리(眞定女)〉라는 작품은 당시 여성의 인권뿐만 아니라 아동의 인권도 파괴된 모습을 보여준다.

> 진정현(眞定縣)의 성내에 한 고아 소녀가 있었는데, 예닐곱 살 무렵에 민며느리가 되었다. 일이 년 후, 남편이 그녀를 방으로 꾀어 같이 잤다. 그 후 임신하여 배가 점점 부풀어 올랐다. 소녀는 자기가 병이 났다고 생각하여 시어머니에게 알리니, 시어머니가 물었다.
> "뱃속에서 뭐가 움직이든?"
> 며느리가 대답했다.
> "움직여요."
> 시어머니는 참으로 이상하게 여겼으나, 여자아이가 너무 어려서 아직 단정할 수는 없었다. 그로부터 얼마 되지 않아, 과연 남자아이를 낳았다. 시어머니가 안도의 한숨을 내쉬며 말했다.

"주먹만 한 어린 엄마가 의외로 송곳같이 작은 아기를 낳았구나!"[24]

이 이야기는 고아가 된 만 6·7세의 여자 어린이가 민며느리가 되어 7·9세 때 성인 남성과 성관계를 가지고 임신하는 이야기이다. 현대적 관점에서 바라본다면 대부분의 나라에서 10세 미만의 아동을 결혼시킨다는 것은 범죄이며 부부관계가 성립하지 않기 때문에 이 남성은 남편이라는 관계가 법적으로 인정되지 않은 상태에서 7·9세 아동과 성관계 이후 임신을 시킨 셈이다.

이 이야기가 과거 봉건 사회에서 발생한 것이라는 점을 아무리 머리로 이해하려 해도 현대 사회를 살아가는 우리에게는 커다란 불편함으로 다가온다. 남성은 말할 것도 없거니와 단지 자손의 생성이란 측면만 고려하는 시어머니 역시 불편하다. 특히 "주먹만 한 엄마가 의외로 송곳같이 작은 아기를 낳았구나(不圖拳母, 竟生銍兒)"라는 말을 살펴보면 문법 구조나 단어에서 형식미와 수사가 일정하게 들어가 있어서 작가 역시 어린 아동에게 가해진 폭력이 아니라 임신이라는 사실을 신기하게 본다고 느끼게 한다. 그래서 현대적 눈으로 읽는《요재지이》는 심심풀이 땅콩처럼 읽히지 않는다.

이처럼《요재지이》에서 서술되는 여성 가운데 일부는 말할 권리를 빼앗긴 상태에 있지만, 일부 말을 할 수 있는 여성도 있는데, 대부분 남성을 도와준 여성이다. 〈뱀과 조련사(蛇人)〉는 뱀 조련사와 이청(二靑)과 소청(小靑)이라는 두 뱀에 관한 이야기다. 뱀 조련사는

---

[24] 박종호, 앞의 책, 2018.

두 뱀을 데리고 재주를 부려 먹고 살았는데, 뱀이 몸집이 커지면서 결국 모두 놓아주는 이야기다. 이 이야기는 겉으로 보기에 사람과 뱀의 관계를 매우 이상적으로 그리고, 포송령 역시 이 이야기를 통해 관계의 중요성을 설파한다.

> 뱀이란 어리석고 아둔한 동물일 뿐이지만 옛 친구의 정을 그리워하기도 하며, 또한 기둥을 쉽게 휘감듯 사람의 충고를 잘 따를 줄도 안다. 유독 기괴한 것은 오히려 사람이란 놈이다. 십 년 동안 깊이 사귄 친구, 혹은 수 대에 걸쳐 은혜를 베푼 주인일지라도 우물에 밀어 넣고 돌멩이를 던져 넣는 일이 한두 번이 아니다. 충고나 간언을 서슴없이 무시할 뿐만 아니라, 오히려 원수로 여기는 사람이 있다면, 이 두 마리 푸른 뱀의 이야기를 듣고 부끄러워해야 마땅하다![25]

포송령은 이 이야기에 나온 주인과 뱀의 관계를 이상적인 주종관계로 보고 천륜을 어기거나 주인과 노예 관계를 어긴 인물들을 "유독 기괴한 것은 오히려 사람이란 놈이다"라고 비판한다. 그러나 늙어 죽도록 뱀을 통해 돈을 벌어들인 뱀 조련사의 문제에 대해서는 침묵한다. 조련사가 뱀을 아끼고 사랑하는 것은 뱀이 돈을 벌어다 주기 때문이다. 이청이 작은 뱀과 함께 나타나자 뱀 조련사는 이청이 자신을 대신할 소청을 소개해 준 것으로 판단하는 부분은 지배자의 도덕 규율을 더없이 드러내고 있다.

《요재지이》에 나타난 연애를 보면 여성들의 남성에 대한 자세는

---

25 박종호, 앞의 책, 2018(ebook).

적극적이며 순종적이며 남성들은 여성들과의 진지한 만남 보다는 여성의 환심을 사는데 골몰한다. 포송령은 이러한 모습을 매우 만족한 듯이 서술하고 있지만, 사회적 체면 때문에 자신의 욕망을 드러내지 못하는 남성이 적극적인 여성을 통해 자신의 욕망을 충족하는 형태로서 문인 계급의 자만과 비겁함을 동시에 드러내고 있다.

[그림 8] 〈요재전도·동생(董生)〉

포송령의 여자 귀신 판타지는 〈영녕(嬰寧)〉이라는 작품에서 극한적 서술로 나타난다. 영녕은 아버지 진씨가 여우에 홀려서 낳은 아름다운 여성이며, 생모는 죽고 새어머니와 함께 본가에서 쫓겨나 있다가 여러 사연을 거치면서 왕자복(王子服)이란 수재와 결혼한다.

남자 주인공인 왕자복은 중국 고전소설에 단골로 등장하는 가난하지만 총명한 독서인 계층의 남성으로 여성에게는 일편단심을 보여준다. 이런 남녀 연애를 다룬 문언 소설은 그 주된 독자층이 남성일 것이므로 사실 남성보다는 여성 캐릭터의 창조가 가장 힘들고 어려운 부분이다. 이 작품은 이런 면에서 매우 성공적이라고 할 수 있다.

영녕의 특징은 매우 잘 웃는다는 점이다. 소설을 보면 그녀가 등장하기 전에 웃는 소리가 먼저 들린다. 우선 이 웃음은 그녀의 쾌활하고 천진한 모습을 나타낸다. 그녀는 어머니가 불러도 웃고, 야단을 쳐도 웃고 나이를 물어봐도 웃는다. 이런 점은 그녀의 나이가 16세라는 점을 감안하고 본다면 매우 자연스러울 수도 있지만, 웃음이 사건과 플롯에 관계하는 형태를 살펴보면 그녀의 웃음은 또 다른 의미를 지닐 수 있다.

그녀는 매우 모순되는 행동을 하면서 웃음으로 이를 덮는다. 왕자복과 첫 대면에서 "저 녀석이 두 눈에 쌍심지를 켜고 바라보는 것이 꼭 도적 같구나(個兒郎目灼灼似賊)!"라며 불쾌한 듯 말하지만, 사랑의 정표(情表)처럼 보이는 꽃을 던지고 웃고 떠든다. 그녀는 왕자복에게 관심을 주는 것도 아니고 주지 않는 것도 아닌 묘한 태도를 보인다. 왕자복이 무작정 그녀의 집을 찾아가서 그녀와 정원에서 만나는 장면이 있다. 이때 그녀는 나무 위에서 그를 발견하고 "미친 듯이 웃어서 떨어질 뻔(狂笑欲墮)"했다. 그리고 나무에서 다 내려왔을 때 실수로 땅에 떨어짐으로써 왕자복이 그녀의 손을 잡는 기회를 주었고, 이때도 계속해서 웃는다.

우선 그녀의 다소 모순된 언행은 왕자복이라는 남성의 주관적 관점에서는 그의 사랑과 관계하는 반응으로 해석되고 있다. 즉 그는 그녀에게서 그를 거부한다는 느낌이 아니라 그의 사랑에 반응한다고 해석할 수 있다. 하지만 그녀의 이러한 모순적 언행은 그에 대한 거부를 포함하고 있다. 즉 그녀는 중국 전통 소설에 일반적으로 등장하는 하나로 결합해서 떨어질 수 없는 두 사람을 전제로 서술된 것이 아니다.

그녀의 웃음은 인간 내면의 욕망을 직시한 포송령 본인의 인식과 생각을 대변한다. 왕자복은 기회를 틈타 그녀가 그와 만났을 때 땅에다 던져버린 꽃을 건네주면서 애정을 고백한다. 그런데 이 장면은 다른 어떤 고전소설에서도 보기 힘든 대사로 채워져 있다.

> 왕 서생은 그녀의 웃음소리가 멈추기를 기다렸다가, 소매 속의 매화를 꺼내서 그녀에게 보여주었다. 영녕이 꽃봉오리를 받아서 들며 말했다.
> "이미 시들었네요. 왜 계속 가지고 있어요?"
> 왕 서생이 말했다.
> "이것은 상원절 때 동생이 던진 것이기 때문에 간직하고 있었소."
> 영녕이 물었다.
> "그걸 간직한 의도는 뭐죠?"
> 왕 서생이 말했다.
> "사모하여 잊지 못한다는 뜻을 나타내려 함이오. 상원절에 그대를 만난 후부터 그대를 간절히 생각하느라 중병에 걸리기도 했소. 그때는 살아나지 못할 거로 생각하여 그대를 다시 볼 수 있을 줄은 꿈에도 생각하지 못했소. 이렇게 뜻하지 않은 행운으로 그대를 만났으니, 나를 가엾게 여겨 주시오."[26]

일반적으로 여기까지 대화가 진행되면 두 사람은 서로의 마음을 인지하고 사랑에 빠진다. 더욱이 문언소설의 주요 작가가 문인 계층이므로 문인 남성이 귀족 여성에게 사랑을 고백하고 가까워지는 서술은 거의 나타나지 않지만, 이 작품은 여기에서 그치지 않고 더 깊게 나아간다.

---

26 박종호, 『요재지이-저승 판관의 우정 외』, 위즈덤커넥트, 2019(ebcok).

영녕이 말했다.

"사소한 일이군요. 오빠가 돌아갈 때 정원의 꽃을 하인을 시켜 한 바구니 가득 채워 오빠에게 보내드리겠어요."

왕 서생이 말했다.

"동생은 바보야?"

영녕이 대답했다.

"내가 왜 바보인가요?"

왕 서생이 말했다.

"난 꽃을 사랑하는 게 아니라 꽃을 즐겨 들고 다니는 사람을 사랑한단 말이야."

영녕이 말했다.

"친척끼리는 정이 있기 마련인데, 굳이 사랑을 말할 필요가 있겠어요?"

왕 서생이 말했다.

"내가 말하는 사랑은 친척간의 사랑이 아니라 부부의 사랑이야."

영녕이 물었다.

"그게 뭐가 다른데요?."

왕 서생이 말했다.

"밤이 되면 같이 잠자리에 들지."

영녕은 고개를 숙인 채 한참 생각하더니 말했다.

"난 낯선 사람과 함께 자는 습관은 없어요."

말이 채 끝나기도 전에 하녀가 아무 소리도 없이 도착하자, 왕 서생은 놀라 허둥대며 도망쳐 버렸다.

잠시 후에 모두 집안에서 다시 만났다. 노부인이 영녕에게 물었다.

"어디 갔었느냐?"

영녕은 정원에서 이야기하고 있었다고 대답했다. 노부인이 말했다.

"밥이 준비된 지 오래인데, 뭐 그리 할 얘기가 많다고 끝도 없이 수다를 떨고 그러느냐."

영녕이 말했다.

"오빠가 나랑 같이 자고 싶대요."

왕자복이 매우 부끄러워 급히 그녀에게 눈짓을 보내자, 영녕은 미소를 지으며 더는 말을 하지 않았다. 다행히 노부인은 듣지 못한 듯, 또 쉴 새 없이 꼬치꼬치 캐물었다.

왕 서생은 급히 다른 말로 얼버무렸다. 그러고 나서 작은 소리로 영녕을 나무랐다. 영녕이 물었다.

"오빠가 아까 전에 그런 말을 했잖아요?"

왕 서생이 말했다.

"그건 다른 사람을 등지고 한 말이야. (역: 몰래 한 말이야)"

영녕이 따져 말했다.

"다른 사람을 등에 업었는데, 어떻게 어머니를 또 업을 수 있겠어. 더구나 잠자는 것도 평범한 일인데 뭐 꺼릴 게 있어요?"[27]

이러한 대화에는 여성의 천진난만함을 통해 남성이 표현하는 사랑의 수식을 한겹 한겹 벗겨내어 육체적 욕망이라는 극한까지 서술되어 있고, 나아가 이러한 욕망이 사회적으로 공표되기에 이른다. 이러한 서술은 사실 독자층과 전통 문인 작가의 체면을 고려하면 진행되기 어려운 부분이며, 동시에 사랑이라는 이름으로 전통적 윤리 체계에 도전하고 있는 면이 존재한다. 특히 작가가 이러한 도전적 서술을

---

[27] 박종호, 앞의 책, 2019(ebook).

[그림 9] 〈요재전도·섭소천(聶小倩)〉

남성의 이름으로 진행하는 것이 아니라 "감(憨)" 혹은 "치(痴)"라는 "아무것도 모르는" 혹은 "어리석은"이라는 수식을 단 여우 여성을 통해 진행한다는 점에서도 가부장적 남성 중심 체제를 전복하는 서술의 단초를 드러낸다. 즉 포송령은 귀신을 통해 지배체제를 공고하게 만드는 서술을 하고 있지만, 이 작품에서는 이러한 서술 방식을 벗어나 영녕이라는 존재를 통해 예법에서 완전히 자유로운 연애를 추구한다.

이 작품에서 매우 특이한 부분은 그녀에게 흑심을 품은 이웃집 아들을 그녀가 죽이는 부분이다. 그녀는 꽃을 좋아했는데, 마침 서쪽 집의 향기로운 꽃이 피는 나무가 담장을 넘어왔다. 그녀가 나무를 타고 올라갔을 때 이웃집 아들이 그녀의 모습을 보고 넋이 나갔다. 영녕은 그의 시선을 피하지 않고 웃음을 터트렸고, 이웃집 아들은 오해하여 음탕한 생각에 사로잡혔다. 그녀는 담벼락 아래를 손가락으로 가리키고 나무를 내려갔다. 밤이 되어 이웃집 아들이 그곳에 갔더니 영녕이 있었다.

그녀와 간음하려고 달려든 이웃집 아들은 아랫부분을 송곳으로 찌르는 듯한 통증을 느끼고, 너무 아파서 울부짖으며 땅바닥에 고꾸라졌다.

자세히 보니, 그것은 영녕이 아니라 벽에 기대놓은 고목 한 그루였고, 이웃집 아들이 교접하려고 한 것은 빗물에 흠뻑 젖은 나무 구멍이었다. 이웃집 아버지가 비명을 듣고 급히 뛰어나와 물어보았지만, 아들은 신음만 할 뿐 아무 말도 하지 않았다. 어머니가 와서야 사실을 알렸다. 등불을 켜고 그 구멍을 비추니, 안에 큰 전갈 한 마리가 있었는데 작은 게처럼 커다란 놈이었다.[28]

이웃집 아들은 그녀에 대한 오해와 자신의 욕정으로 죽음을 맞이한다. 그는 고목나무를 영녕으로 착각했고, 나무 구멍에 그의 페니스를 집어넣으려다 전갈에 찔린다. 사실 왕 서생과 그의 차이는 크지 않지만, 그 결과는 생사의 엄연한 구별이 있다.

이제 그녀의 웃음과 멍청함에 대해 생각해 보자. 그녀의 웃음은 남성에게는 쾌락의 징표로서의 환상이다. 또한 그녀가 결혼식 날 신부 화장도 못할 정도로 웃는 존재라면 그녀의 웃음은 예법이라는 상징계 질서를 부수는 힘을 지닌다는 것을 의미한다. 즉 그녀는 남성들의 상징계 대타자 체계를 무너뜨리는 구멍이다. 그래서 남성들은 그녀를 향한 끝없는 욕망에 시달린다. 즉 남성들은 그녀를 통해 결혼을 통한 지배 혹은 그녀를 통한 정욕 카타르시스를 성취하려 든다. 그러나 그녀는 남성에게 대상 a(Object petit a)의 환상을 보여주는 일종의 신기루와 같은 존재일 뿐이다.

그리고 둥근 구멍 속 전갈은 그녀에 대한 남성의 공포를 반영한다. 이것은 왕 수재나 이웃집 아들이나 모두 자신의 생명을 고통스

---

[28] 박종호, 앞의 책, 2019.

럽고 위험에 빠지게 하면서도 기꺼이 자신을 불태우고 사라지게 하는 죽음 충동(Death Drive)으로 인도한다. 전갈은 사대부들이 자신들이 억압하고 무시했던 여성이 짓는 웃음 뒤에 존재하는 그 무엇에 대한 두려움의 표현이다. 일부 학자는 전갈의 독으로 사람을 죽이는 이야기를 아름다운 이야기의 "사족(蛇足)"으로 평가하지만,[29] 여기에는 남성이 여성에게 느끼는 자기 파멸의 두려움이 나타나기 때문에 소설로서의 은유성이 매우 높다.

소설에서 이후에 나타난 영녕의 모습은 다른 작품에 나타나는 일반 여성과 다를 것이 없다. 그녀는 위의 사건으로 웃음을 잃었고, 계모인 진씨의 유골을 찾아 아버지와 합장하였다는 효의 이데올로기에 갇혀버린다. 여기에 그녀를 "멍청하다"라고 수식하는 의미가 있다. 사대부들은 실제로는 갑갑하게 자신을 억압하는 주변의 규율을 대신 파괴하는 쾌감을 주는 그녀를 좋아하지만, 그녀보다 자신을 우위에 둠으로써 자신들의 지배적 위치를 확인한다. 그래서 "어리석다"라는 말은 그녀의 일탈적 매력에 대한 계급적 지배를 표현하는 언어이다.

포송령은 마지막 "이사씨는 말한다"라는 부분에서 이렇게 평가한다.

> 그녀가 계속 멍청하게 웃는 것을 보면, 마치 진심이 없는 사람 같다. 그러나 담 밑의 장난을 보니 그녀의 총명함과 기지를 누가 능가할 수

---

[29] 蒲松齡, 趙伯陶注評, 『聊齋志異詳注新評』, 北京: 人民文學出版社, 2015.

있겠는가? 애절하게 귀신이 된 어머니를 그리워할 때는 그 웃음이 오히려 울음으로 변했다.

　나의 영녕은 웃음으로 자신을 숨긴 사람인가. 사서에서 어떤 사람이 산속에 '소의호(笑矣乎:웃음독버섯)'라는 풀이 있는데 그 냄새를 맡으면 웃음이 멈추지 않는다고 했다. 집에 이 풀을 심으면, 합환화(合歡花: 기쁨 꽃)도 망우초(忘憂草: 근심을 잊는 풀)도 무색해 지리라. 해어화(解語花: 말할 수 있는 꽃. 기생)는 교태가 싫다.[30]

포송령은 그녀를 "나의 영녕(我嬰寧)"이라고 부르면서 그녀에 대한 자신의 애착을 여과 없이 보여준다. 그는 그녀의 총명함과 기지 그리고 태도에 매혹되어 있다. 그는 그녀를 웃음으로 "자신을 숨긴 사람"이라고 생각한다. 즉 그녀의 웃음을 말을 잃어버린 자의 언어로서 바라보면서 동정하기 때문에 그는 그녀의 미소를 여자라는 젠더적 제약으로 인해 발생한 감정의 은폐 도구로 생각하는 것처럼 보인다.

마지막에 나타나는 "웃음 풀"의 비유는 꽃을 통한 쾌락의 구분이다. 합환화(合歡花)는 여성과의 육체적 관계이고 망우초(忘憂草)는 쾌락에 완전히 빠져있는 정신 상태를 말하는 것처럼 보인다. 그리고 "소의호"를 만일 작품 전반부에 나타나는 세상의 규칙을 비웃는 듯한 혹은 초월한 듯한 웃음에 비유한 것이라면, 그는 독버섯인 줄을 알면서도 이것을 좋아하는 것이다. 그의 작가적 광기와 애착이 이곳에서 드러난다. 비록 여성에 대한 식물적 비유라는 한계를 가지지

30　박종호, 앞의 책, 2019.

만, 여성을 통해 세상을 비웃고 넘어서는 자유를 꿈꾸고 있다. 즉, 이 꽃이 바로 '요재지이'의 근본 의의다.

나가며

문인은 제도를 생산했지만, 동시에 스스로를 종속시켰다. 이들에게는 자유연애가 허용되지 않았으며, 중매를 통한 결혼만이 예에 합당한 것으로 간주되었다. 공식 통로를 통해 만났던 여성에 대한 불만과 예쁜 여자와 결혼하고 싶은 욕망은 여자 귀신이라는 경계적인 존재를 생산하고 확산한 내적 동력이 되었다. 인간과 귀신의 연애는 따분한 사대부 계급의 삶에 모험과 애정을 동시에 부여했고 자신들의 굳건한 혹은 일상적 삶으로부터 탈주를 상상하게 했을 것이다.

이들은 연애 과정에서 다양한 상상을 가미한다. 그러나 근본적으로 여우 혹은 귀신은 모두 인간이 닿을 수 없는 상상의 존재이다. 따라서 이들의 연애는 모두 공허한 상상에 속한 일탈이며, 엄연한 현실계와의 구분이 존재한다. 즉 이들은 일탈하다가도 책을 덮는 순간 현실로 돌아와 뒷짐을 지고 자신의 현실적 지위에 대한 감각을 되돌리며 안도의 한 숨을 쉬었다.

소설 가운데 〈섭소천 이야기〉는 쉬커(徐克) 감독의 〈천녀유혼(倩女幽魂)〉이란 작품으로 잘 알려져 있는 작품이다. 이 소설에서 남자 주인공 영채신(寧采臣)은 "평생에 두 여자는 없다(生平無二色)."라며 평생 한마음으로 섭소천(聶小倩)이란 한 여자 귀신을 사랑할 것이라

맹세한다. 그러나 영채신은 이 말을 끝까지 지키지 못한다. 영채신은 과거에 급제한 다음 섭소천을 맞이하고도 다시 2명의 첩을 들인다. 이처럼 한 명의 여성에 대한 남성의 사랑 맹세는 과거를 통해 부여된 남성 권력과 종족 번식이라는 가부장적 이데올로기에 의해 소멸하고, 그 대상인 여성 역시 결혼 이후 자식 생산을 위한 제도적 존재로 전락하고 만다. 즉, 남성의 사랑의 언약은 가부장 규범에서 일탈한 언어이지만, 체제에 의해 그 배신의 비윤리성이 은폐되고 소멸한다.

[그림 10] 〈요재전도·섭소천(聶小倩)〉

    소설 속 서생들은 포송령을 비롯한 문인들의 자아 판타지가 집약된 존재다. 이들은 황금의 유혹은 쉽게 물리칠 수 있지만, 여자에 대한 욕망과 관직에 대한 욕망은 물리칠 수 없다. 그럼에도 소설 속 여성들은 이러한 남성을 위해서 모든 것을 바친다. 남성은 외적 유혹에 대해서 자신의 원칙을 지키고, 이러한 남성에 대해서 여성이 반하는 마음을 가진다는 것은 여성이 남성의 권위를 인정하고 그에 복속한다는 말이며 곧 현실의 자아가 상상의 공간에서도 여전히 작동하기를 바라는 문인 서생의 가냘픈 처지를 드러낸다. 소설 속 서생들은 자신의 욕망을 여성에게 투사하여 자신의 사대부 체면을 구기지 않는 선에서 연애 사건을 일으킴으로써 여성 뒤에 자신의 욕망을 숨긴다.

소설 속 여성들은 대부분 벌, 여우 등이 변한 정령이다. 이것은 중국의 사대부들이 여성과의 만남을 가지더라도 이것을 진실로 인정하는 대신 그녀들을 비현실적 존재로 변화시켜 자신의 실제 연애를 부정한 것이다. 즉 소설 속 여성이 아무리 아름답고 또 올바른 사회 관념을 가진 사람이라 하더라도 현실의 여성이 아니다. 앞서 살펴봤듯이 포송령은 귀신의 세계를 통해 과거 시험에 실패한 인생을 뒤집고자 했다. 즉 사람들이 무시하는 귀신과 요괴에 대한 저자의 이야기에 대한 글을 씀으로써 세계를 향해 투쟁적 글쓰기를 시작한 것이다. 그러나 이러한 욕망이 현실을 지배하는 이데올로기를 지향하고 있어서 그의 붓끝은 사대부적 체면을 떠날 수는 없었다. 비록 그가 과거 급제에 실패한 신분으로 길에서 오가다 들은 이야기를 소중하게 생각하고 또 새롭게 평가하지만, 작품 전체에 이러한 새로움을 심어내지는 못했으며, 그 결과 작품 전체에 일관된 사상을 투사하지는 못했다. 전체적으로 보면 그는 민담 혹은 전설 속에서 이야기 소재를 취한 다음 그 환상계의 질서를 문인의 혹은 사회의 지배 질서로 재배치한다.

예를 들면 〈영녕〉이라는 작품에서도 작품 전반부는 예교를 뛰어넘어 사랑을 쟁취하려 하지만, 작품 후반부에는 영녕을 효(孝)라는 지배 질서 속으로 편입시켜 버린다. 즉 많은 요괴와 귀신들이 현실계를 뒤집는 환상계의 출현처럼 나타나지만, 대체로 그 마지막은 성황신의 자격으로 귀신의 세계를 인간 세계의 법칙으로 판단한다.

그래서 《요재지이》는 귀신의 세계와 인간의 세계 사이를 일치시키려는 문인 관료적 자질을 세상에 드러내는 책이다. 이것이 그가 〈서문〉에서 "이러한 방탕하고 제멋대로 한 말들도 일말의 도리가 있을 수 있음을 인정하며, 그 사람의 성품만으로 그 말을 배척해서는 안 될 것이다(放縱之言, 有未可槪以人廢者)."라고 한 말의 의미이다. 이 소설이 성공한 원인 가운데 하나는 "뜬구름에 붓을 싣고, 고독한 분노 속에서 책을 쓴다(浮白載筆, 僅成孤憤之書)"[31]라는 자신의 감정에 대한 구속이 없는 자유분방한 서술에 있다고 생각한다. 만일 그가 과거에 급제한 다음 관료의 눈으로 귀신의 세계를 바라보았을 때 말할 권리가 박탈된 귀신의 세계를 이처럼 독립적이고 독특한 시선으로 바라볼 수 있었을까? 만일 그가 과거에 급제하고 관료로서 성공했다면, 그가 서문 끝에서 "나를 이해할 수 있는 지음(知音)은 오직 꿈속의 혼령일 것이다(知我者, 其在靑林黑塞間乎)."라고 선언하기는 어려웠을 것이다.

---

31 포송령(蒲松齡), 〈요재지이작자지(聊齋志異作者自志)〉.

8＿

색계(I), 상하이의 남과 여

> 그저 가볍게 묻는 말 한마디였다
> 어, 너도 여기에 있구나
> 惟有輕輕的問一聲
> 噢, 你也在這里嗎
> - 장아이링(張愛玲), 〈사랑(愛)〉

　리안의 〈색, 계〉는 중국 현대문학의 대표적 여성작가로 손꼽히는 장아이링(張愛玲, 1921~1995)의 동명 소설을 영화화한 것이다.
　사실 소설과 영화는 같으면서도 다르다. 그녀의 이 단편 소설은 두 사람의 사랑을 마치 선수들의 해프닝처럼 묘사하는 느낌이 있다. 비록 영화가 주인공 두 사람의 파격적인 정사 장면 때문에 유명해졌지만, 이러한 관심은 이 영화의 표면적 의미에 머문다. 아래에서는 감독 리안의 영화와 인생을 간략히 살펴보고, 영화의 이해를 위해 영화의 모티브가 된 소설의 작가 장아이링의 일생에 관해 간략히 살펴보도록 하겠다.

감독 리안

감독 리안(李安, 1954~)은 타이완(台湾) 출신의 미국 영화감독이다. 그의 집안은 상당히 부유했고 가정 환경도 좋았다. 그의 할아버지 리빈옌(李賓雁)은 타이완의 재력가였고, 아버지 리셩(李昇)은 유명한 교육자이자 정부 고위 관료였다.

[그림 1] 리안 감독

리안은 아버지를 가부장적으로 기억한다. 아버지 리셩은 그에게 공부를 종용했고, 장차 사회적 지위가 있는 교육자가 될 것을 요구했다. 하지만 그는 대학 입시에서 2번이나 떨어졌고, 결국 타이완예술전과학교(國立台灣藝術專科學校) 연극영화과에 들어가 연극을 배운다. 비록 부친의 기대와는 달랐지만, 여기서 그는 미래의 영화감독이 될 씨앗을 키우게 된다. 그는 자신의 청년기를 돌아보면서 이렇게 회고한다.

> 어릴 때 저는 책이나 숙제에 집중할 수 없었습니다. 저는 학교에서 나쁘지 않거나 형편없는 성적을 받았습니다. 왜냐하면 저는 항상 상상의 세계에서 즐거움을 찾았기 때문입니다. 저는 35년 동안 그 모든 에너지를 해방하기까지 기다려야 했습니다. 저는 억제되었고, 그 억제는 제가 영화 제작자가 되었을 때 해소되었습니다.[1]

---

[1] Elaine Lipworth, 〈Interview Ang Lee: My family values〉, 《Support the Guardian》, 2013.04. https://www.theguardian.com/lifeandstyle/2013/apr/

1979년 해군 복무를 마치고 아버지의 뜻에 따라 일리노이 대학교 어배너-섐페인 캠퍼스(University of Illinois at Urbana-Champaign)에서 연극 관련 공부를 했고 학사학위를 받는다. 하지만 그는 언어 장애 때문에 연극배우 대신 연출로 전공을 바꾼다.

이후 그는 석사 학위를 하면서 〈그 어스름한 호수에 있었다면(I Wish I was That Dim lake)〉이란 단편 영화를 찍었다.[2] 그리고 그의 졸업 작품 〈가느다란 선(Fine Line)〉[3]이 뉴욕 대학의 최고 영화상을 받는다. 그는 이 영화로 엔데버 엔터테인먼트(Endeavor Entertainment)의 주목을 받았지만, 대학을 졸업후 초기에는 직업적 감독으로서 뚜렷한 작품 활동을 하지 못하고 6년 동안 미국에서 작품 구상만 하면서 지내게 된다.

1990년대에 이르러 그는 자신의 첫 작품인 〈쿵후 선생(推手)〉(1991)을 세상에 내놓는다. 본래 대만 시나리오 공모전에 제출하려고 했지만 운 좋게 제작사를 만나 영화로 제작할 수 있었다. 그리고 이것이 그의 성공 신화의 신호탄이었다. 이 영화는 대만 제28회 금마장을 휩쓴다.[4]

26/ang-lee-family-values-life-pi
[2] 훗날 대만에서 골든 하베스트(Golden Harvest Awards)(1984) 단편영화 최고 각본상을 수상한다.
[3] 출입국 관리소의 검열을 피해 도망 다니는 중국인 불법 여성 노동자와 마피아를 피해 도망 다니는 이탈리아인을 그린 작품이다.
[4] 1.최고 감독상, 2.최고 남우주연상, 3.최고 여우주연상, 4.최고 여우조연상, 5.최고 각본상, 6.최고 촬영상, 7.최고 편집상, 8.최고 녹음상, 9.최고 영화 음악상, 10.비평단 특별상.

뒤를 이어 만든 〈결혼 피로연(囍宴)〉(1993)과 〈음식남녀(飮食男女)〉(1994)는 그의 감독적 입지를 탄탄하게 만들었다. 특히 〈음식남녀〉는 오스카 외국어영화상 후보로 지명된다. 이 세 작품은 모두 아버지와 자식 세대 간에 존재하는 갈등과 화해를 그린 작품으로 〈부친 3부작: father knows best〉으로 불리면서 그에게 아시아를 대표하는 감독이라는 지위와 함께 할리우드의 문을 두드릴 기회를 제공했다.

할리우드에 진출한 리안은 영국 제인 오스틴(Jane Austen)의 소설 작품을 영화화한 〈센스 앤 센서빌리티(Sense and Sensibility)〉(1995)를 감독한다. 이 영화는 베를린 영화제 작품상, 아카데미상 각색상(수상자: 엠마 톰슨)을 수상했다. 이후 〈아이스 스톰(Ice Strom)〉(1997), 〈라이드 위드 데블(Ride With The Devil)〉(1999) 등을 찍었는데, 〈아이스 스톰〉은 칸 영화제 각본상을 받았다. 그러나 흥행은 그다지 좋지 않았다.

그가 세계적인 명성을 확고히 한 작품은 왕두루(王度廬)의 원작 소설을 영화로 만든 〈와호장룡(臥虎藏龍)〉(2000)이다. 섬세한 감정선을 따라 표현되는 극중 인물과 사건, 그리고 동양적 신비주의가 표현된 무술 화면을 담은 이 영화는 세계적 흥행을 누렸고, 2억 1400만 달러의 흥행 수익을 냈다. 이로써 그는 작품성과 흥행성을 모두 담보할 수 있는 세계적 감독으로 우뚝 서게 된다.

이후 그는 〈헐크〉(2003), 〈브로크백 마운틴〉(2005), 〈색, 계〉(2007), 〈라이프 오브 파이〉(2013) 등과 같은 왕성한 작품 활동을 이어갔고 유수의 상도 휩쓸지만, 이후의 작품인 〈빌리린의 롱 하프타임 워크〉(2016), 〈제미니 맨〉(2019) 등은 관객들로부터 멀어지고 있다.

[표 1] 이안 감독의 영화 필모그라피

작품	연도	이안의 주요 국제 수상 기록
쿵후 선생	1991	
결혼 피로연	1993	제43회 베를린국제영화제 황금곰상
음식남녀	1994	제67회 아카데미상 외국어 영화상 후보
센스 앤 센서빌리티	1995	제46회 베를린 영화제 황금곰상
아이언 스톰	1997	
와호장룡	2000	제73회 아카데미상 최고 외국어영화상
브로크백 마운틴	2005	제62회 베니스국제영화제 황금사자상 제78회 아카데미상 감독상
색, 계	2007	제64회 베니스국제영화제 황금사자상
테이킹 우드스탁	2009	
라이프 오브 파이	2012	제85회 아카데미상 감독상
빌리 린의 롱하프타임 워크	2016	
제미니맨	2019	

전체적으로 보면 리안의 작품은 동서를 넘나들고 있고, 예술성과 통속성을 오가며, 가족, 무협, 멜로, 코미디, 문학, 액션 영화 등에도 두각을 나타냈기 때문에 감독으로서 대단히 넓은 필름 스펙트럼을 가지고 있다고 할 수 있다.[5] 그의 작품 풍격은 헐리우드 진출을 기점으로 크게 변화한다. 이것을 볼 수 있는 부분은 아버지로 대표

---

5 풍욱민·나준기, 「할리우드에서의 최근 아시아계 감독의 영향력 비교 연구: 이안(李安)과 봉준호(奉俊昊)감독을 중심으로」, 『조형미디어학』 25(3), 한국일러스 아트학회, 2022, pp.74-84.

되는 중국 문화 전통에 대한 변화된 태도이다.

감독 초기의 영화, 즉 '아버지 3부작'으로 알려진 〈쿵후 선생(推手)〉, 〈결혼 피로연(喜宴)〉, 〈음식남녀(飮食男女)〉는 가부장적인 전통 중국인 아버지와 새로운 서양식 문화에 익숙한 자식 세대 사이의 갈등을 코믹하게 그린 작품으로 감독만의 따뜻함과 코믹함, 그리고 여유로운 연출이 두드러지게 나타나는 수작들이다. 영화는 대체로 가부장적 윤리 체제의 서사가 서양식 자유주의 서사를 여전히 제압하지만, 시대적 한계 속에서 그 힘이 좌절되고 다시 변형되어 새로운 모습으로 나타나게 그려지면서 현대 사회 속에서의 전통에 적합한 위치를 찾기 위해 애쓰는 모습이 보인다.

할리우드로 자리를 옮긴 리안은 점차 중국 전통 서사를 탈피하게 되는데 이러한 경향을 잘 보여주는 작품이 〈와호장룡〉이다. 이 작품은 주인공인 위쟈오룽(玉嬌龍)이 가족과 스승이라는 전통적 권위를 벗어날 뿐만 아니라, 자유연애와 사랑의 쟁취라는 여성 서사의 전형조차 파기하고, 한 인간으로서 자유를 향해 비상하는 모습으로 대미를 장식함으로써 한 인간의 성장 과정과 가능성을 그리고 있다. 어쩌면 이는 자신과 상당히 닮아있다.

이후 그는 성소수자의 인생과 사랑을 다룬 〈브로크백 마운틴〉과 같은 작품을 통해 주변 서사에 무게를 두는 작품을 만든다. 하지만 인생철학이라는 주제 의식을 지닌 〈라이프 오브 파이〉를 경계로 리안의 작품에 대한 사람들의 관심은 점차 식어가고 있다. 영화적 완성도가 떨어진다는 것이 아니라 그의 서사가 주는 담백함과 아날로그적 감성이 현대의 디지털적 감성과 괴리되고 있기 때문이다. 감독의 영화가 아무리 훌륭하다고 하더라도 시대에 의해서 이들의 가진 감성, 인간과 인간의 접점에서 나타나는 서정적 서사가 대중과의 접점을 유실하면서 서서히 시대의 물결 속에서 이별을 고하고 있다.

장아이링과 왕자즈

앞서 말했듯이 〈색, 계〉는 현대문학가 장아이링(1920~1995)의 소설을 영화로 만든 것이다. 본래 소설이야 작가의 경험을 토대로 만들어진 것이지만, 소설 속 캐릭터들은 작가의 분신이 아니라 새로운 인격으로 바라볼 필요가 있다.

하지만 리안 감독은 영화 속 주인공 왕자즈와 소설가 장아이링의 관계를 서로 대단히 밀접하게 그려놓고 있다. 예를 들면 주인공과 아버지의 관계는 장아이링과 아버지의 관계를 그대로 옮겨놓은 것 같고, 또 두 사람은 1939년에 똑같이 중국에서 홍콩대학으로 건너가 수학했으며, 또 1941년 홍콩대학에서의 학업을 종료하고 상하이로 돌아오는 것도 동일하다.

[그림 2] 장아이링

상하이에서 다시 시작한 학업을 그만두고 새로운 일을 시작한 시기도 1942년으로 동일하다. 영화 주인공 왕자즈는 이 해에 충칭 군통(軍統)의 특수임무를 부여받고 본격적인 스파이 작업에 들어가고, 장아이링은 상하이의 성요한대학을 중퇴하고 상하이 공공조계(公共租界)[6]에서 발간한 나치 독일의 선전지 『XXth Century』에 글을 기고하면서 작가로의 삶을 시작한다. 특히 장아이링이 왕징웨이 정권의 선전부 차장이었던 후란청(胡蘭成)과 결혼한 것은 영화 속 왕자즈가 왕징웨이 정권의 특무조직 수장인 이 선생과 사랑하는 관계를 형성한 것과 비슷하다. 우리는 여기에서 그녀의 전 생애를 깊이 다룰 수는 없고, 그녀의 삶과 영화가 공통 분모를 이루는 시간을 살펴볼 것이다.

영화는 1939년에서 1942년 사이에 벌어진 일을 다루므로 여기서는 장아이링의 출생과 가정환경, 교육 그리고 첫 남편인 후란청과의 짧은 결혼 시기를 포괄하는 1920년대에서 1940년대까지의 장아이링에 관한 내용으로 그 범위를 한정한다.

근대 상하이

영화 〈색, 계〉에는 상하이의 근대사가 녹아있다. 영화와 관계하는 시대적 분위기를 살피기 위해서 근대 상하이의 역사와 정치적 배경 역시 간략히 살펴보자.

우선 상하이는 청대(淸代) 말까지 중국의 남동쪽에 있는 작은 어

---

[6] 공공조계는 영국과 미국이 1863년부터 각자 경영하던 상하이 지역을 통합하여 공동으로 관리하게 되면서 붙여진 명칭이다. 그리고 이 지역의 행정과 치안 그리고 사법을 담당한 것은 청정부가 아니라 공공조계의 행정기관인 공부국(工部局)이었다.

[그림 3] 제1대 상해 영사
조지 밸푸어

촌이었을 뿐 거대한 도시로의 성장이 기대되던 지역이 아니었다. 이 당시 중국 국내 경제의 중심은 남방 물산이 집중되는 항저우(杭州)였고, 국제 무역의 중심지는 광저우(廣州)였다.

하지만, 아편전쟁(1840~1842)으로 맺어진 '난징조약(南京條約)'(1842)은 상하이의 운명을 뒤집는다.[7] 이 조약에는 무역을 위한 5개 항구의 개방 요구조건이 있었고, 이 가운데 상하이가 포함된다.[8] 이후 포팅어는 다시 '호문조약(虎門條約)'을 통해 치외법권에 관한 담판을 진행하여 영국의 거주권과 사법권을 확보한다.[9]

---

7 청나라의 태자소보(太子少保) 애신각라 기영(愛新覺羅耆英, 1790~1858)은 현재 강소성(江蘇省) 남경(南京)에 정박한 콘월리스호(HMS Cornwallis)에서 영국의 제3대 중국 전권대사 헨리 포팅어(Henry Pottinger)를 만나 '남경조약(南京條約)'을 맺는다. 이 당시 김대건 신부가 프랑스 에리곤호의 함장 세실(Cécille)과 함께 '남경조약' 현장을 참관했다. 都珍淳, 「1842년 김대건의 南京條約 조인식 참관과 보고」, 『한국 근현대사 연구』 98, 한국근현대사학회, 2021, pp.99-136.

8 〈USC US-China Institute〉: His Majesty the Emperor of China agrees that British Subjects, with their families and establishments, shall be allowed to reside, for the purpose of carrying on their Mercantile pursuits, without molestation or restraint at the Cities and Towns of Canton, Amoy, Foochow-fu, Ningpo, and Shanghai, and Her Majesty the Queen of Great Britain, etc., will appoint Superintendents or Consular Officers, to reside at each of the above-named Cities or Towns. https://china.usc.edu/treaty-nanjing-nanking-1842

9 호문조약·제6조: 중화의 지방관은 영국 관사의 관리와 지방 민정과 지세에 따라 조계지의 경계선을 의논하여 정하고 그 경계를 넘지 않도록 하여 서로 영원한 안녕을 기약하라(中華地方官應與英國管事官各就地方民情地勢, 議定界址, 不許逾越, 以期永久彼此相安).《維基文庫》: https://zh.wikisource.org/zh-hans/%E8%99%8E%E9%96%80%E6%A2%9D%E7%B4%84

포팅어는 아편전쟁 당시 눈여겨보았던 조지 밸푸어(George Balfour, 1809~1894)를 상하이 영사로 삼는다. 밸푸어는 동인도회사 사관학교(Addiscombe Military Seminary) 출신으로 인도에서 포병장교 경력을 쌓아온 인물이었다. 1843년 상해에 도착한 밸푸어는 상해도태(上海道台) 궁모구(宮慕久)와 개항과 관련한 협상을 진행하여 11월 17일에 상해를 개방한다.

영국의 대표 상인 밸푸어는 1843년 상하이에 최초의 조계지를 설치하면서 당시로서는 주목받지 못했던 황푸강(黃浦江) 주변을 선택하였다. 이 지역은 강남(江南)의 핵심 도시인 소주(蘇州), 항주(杭州), 남경(南京) 등과도 거리가 멀고, 장강(長江) 하류 해안가의 작은 도시였기에 청나라 정치권력과의 직접적 연결도 미약했다. 특히 양잠 산업 등 운하를 기반으로 한 고부가가치 산업이 중심이었던 강남 지역에 비해 상하이는 농업 생산도 낮은 지역이어서 본래 경제적 중심지로서의 경쟁력이 약했다.

그럼에도 불구하고 밸푸어는 외부의 간섭을 피해 안정적으로 거점을 확보할 수 있다는 점에서 이 지역을 선택한다. 서양 상인들에게 아편 무역의 원활한 수행을 위해서는 청 정부의 간섭에서 벗어나는 것이 무엇보다 중요했다. 더불어 중국 내륙으로 진출하기 위한 교통의 요충지 확보와 자국 군대의 보호가 가능한 위치에 거주지를 설정하는 것이 필수적이었다. 이런 점에서 상하이는 항구에 인접하면서도 중국인과의 공동 거주를 피할 수 있는 공간이었기 때문에 서양인에게는 상당히 매혹적인 공간이었다.

특히 상하이는 중국 동해안 중부에 있기 때문에 남북 물류의 중간지로 기능할 수 있었고, 항구의 수심이 깊어서 바다에서 진입하는 증기선 운항에도 유리한 점이 있었다. 게다 청나라의 권력이 비교적 약했던 작은 도시로서 아직 본격적인 개발이 이루어지지 않았기에 외국 상인들은 기반 시설을 자율적으로 구축할 수 있었다. 이러한 조건들은 상하이가 제국주의적 도시로 발전하는 데 결정적인 요인으로 작용했다.

조계(租界)는 외국이 중국 영토 내 일정 지역을 임대해 자국의 행정권과 사법권을 행사하는 식민적 장치였다. 상하이에서는 난징조약(1842)에 이어 톈진조약(1858)과 베이징조약(1860)에 명시된 '자국민 보호권'을 근거로 영국, 프랑스, 미국이 조계를 형성하였고, 영국과 프랑스는 자국 군대를 파병하였다. 상하이에는 무역의 자유화를 위한 행정·치안·조세 조직인 공무국(工務局)이 설치되면서 도시 구조가 근대적으로 재편게 된다. 1920년대 상하이에는 상하수도 시설, 포장도로, 차량과 고층 백화점, 첨단 통신 기반을 갖춘 무역 및 금융 기업이 집결하는데, 오늘날 와이탄(外灘)에 즐비한 서양 건축물들이 이 시기의 흔적을 그대로 보존해 두고 있다.

본래 서양인과 청 정부는 모두 외국인과 중국인의 거주지를 엄격히 구분하기를 원했기 때문에, 초기 상하이 조계는 외국인 전용 공간이었다. 그러나 1851~1853년 사이 일어난 태평천국의 난으로 인해 후난성(湖南省) 우창(武昌)과 장쑤성(江蘇省) 난징(南京)이 격전지가 되자, 이 전란을 피해 수많은 중국인이 상하이로 대거 유입된다. 이로 인해 상하이 조계는 점차 중국인과 서양인이 공존하는 도시 공간으로 바뀌었고, 양자의 문화가 섞인 독특한 도시 문화가 형성되었다. 이른바 '상하이 문화(上海文化)'는 이러한 혼종성 속에서 탄생한 것이며, 제국주의, 근대화, 도시화, 난민 유입이라는 중층적 요소가 복합적으로 작용한 결과였다.

장아이링의 가정배경

장아이링의 부모는 모두 청나라 고위 관료의 후손들이었다. 그녀의 아버지 장즈이(張志沂, 1898~1953)[10]의 어머니, 즉 장아이링의 할머니는 청대말 정치 무대를 주름잡았던 리훙장(李鴻章)의 2째 딸 리쥐어우(李菊耦)였고, 증조할아버지 장인탄(張印坦)은 장쑤성(江蘇省)·안후이성(安徽省)·장시성(江西省)의 삼성(三省)을 관장하는 직책인 양강총독(兩江總督)이었다. 권력자 집안에서 자랐던 아버지 장즈이는 과거를 준비했었던 만큼 중국 문학에 대한 소양이 높았고 집안에 전해지는 예술품을 보고 자라면서 예술에 대한 감성도 갖고 있었으며 영어도 잘했다.

1915년 그는 남경에서 황쑤징(黃素琼)과 결혼하여 1916년에는 상하이에서 살았고 상하이에서 딸 장아이링을 낳고 다시 아들 장쯔징(張子靜)을 낳는다. 그는 북양정부교통총장(北洋政府交通總)이었던 이복 형 장즈쳰(張志潛)의 도움으

[그림 4] 장즈이(아버지)

---

10 부친은 장팅중(張廷重)이라고도 한다.

로 1922년에 톈진(天津) 조계지의 진포철로국(津浦鐵路局) 영문비서(英文秘書)가 된다. 이때가 장즈이의 전성기였다. 장쯔징은 이 시절을 이렇게 회고한다.

> 아버지와 어머니는 26세였다. 아버지와 재능이 있고 어머니는 아름다웠다. 이 시절이 전성기였다. 돈도 있고 여유로웠으며 아들과 딸도 있었다. 자가용도 있었고 운전기사도 있었으며 밥을 하고 잡일을 하는 하인도 많았다. 누나와 나는 모두 전담 보모도 있었다. 그 시절은 정말 위세가 대단했었다.
>
> — 장쯔징, 《나의 누나 장아이링(我的姊姊張愛玲)》

하지만 천진에서 장즈이는 아편과 여자에 빠진다. 거기다 이복형이 관직에서 해임되면서 직장을 잃고 1928년에 상하이로 돌아오게 된다. 이후 아내에게 이혼 당했으며 아편과 모르핀 그리고 여자로 가산을 탕진하고 살았고, 1953년에 14평의 자그마한 집에서 쓸쓸한 죽음을 맞이한다.

장아이링의 어머니는 황쑤징(黃素琼, 1898~1957)이다. 그녀는 무관 집안의 여성이었다.[11] 그녀는 발에 전족을 감은 전통 중국 여성이지만 사상적으로는 상당히 진보적인 모던 여성이었다. 그녀는 남편이 천진에서 아편과 여자에 빠

[그림 5] 황쑤징

---

11 조부 황이성(黃翼升)은 장강 중하류 7개 지역을 관장하는 군사 제독인 장강칠성수사제독(長江七省水師提督)을 지내면서 리훙장의 막하에서 활동했다.

지고 또 본인 스스로도 모던 여성으로서 새로운 삶을 갈구했기 때문에 1924년 미술을 배우러 유럽으로 떠나버린다. 장아이링이 4살 때의 일이다.[12]

1928년 남편이 직장을 잃은 뒤 유럽에서 상하이로 돌아온 그녀는 2년뒤 남편과 이혼한다. 이때 이혼 조건으로 장아이링의 대학 등록금을 요구한다. 그녀는 다시 1932년에 집을 나가 세계 여행을 다니다가 1948년 런던에 정착하여 살다가 죽는다. 그리고 자신의 골동품을 딸인 장아이링에게 남겨준다.

이처럼 장아이링은 유복한 가정에서 태어났지만, 부모와의 관계에 있어서 매우 복잡한 상황에 놓인다. 장아이링의 소설에는 가족에 관한 이야기가 섬세하게 그려지는데 그 이유가 그녀가 겪었던 가족문제 때문이라는 것이 지배적인 견해이다. 아버지는 아편과 여자 문제로 스스로 돌보지 못했으며 자식들에게는 권위적이었다. 특히 그는 재혼한 이후 장아이링과 극심한 갈등을 겪는다.

장아이링의 아버지에 대한 감정에는 미움도 있지만 연민도 존재한다.

> 나는 나의 아버지 집에서 그 무엇도 눈에 차지 않았다. 아편, 동생에게 《한고조론(漢高祖論)》을 쓰게 했던 나이 많은 선생, 장회소설, 이런 것들 속에서 흐리멍덩하고 잿빛의 어둠 속에서 삶을 이어 나갔다. 마치 조로아스터교의 이슬람 사람처럼 나는 세계를 빛과 어둠, 선과 악, 신

---

12 황쑤징은 유학을 통해 새로운 삶을 기대하면서 황이판(黃逸梵)으로 가명한다. 영어 이름 "이본(yvonne)"의 음역이다.

> 과 악마와 같은 두 부분으로 나누었다. 나의 아버지가 계신 곳은 악한 곳이다. 비록 때때로 나는 그곳을 좋아했지만 말이다. …… 내가 아는 것은, 아버지가 매우 적막할 때에 나를 좋아했다는 것이다. 아버지의 방은 오후가 영원히 지속되는 곳이었고, 그곳에 앉아있으면 계속해서 아래로 침몰해 들어갔다.
> 另一方面有我父親的家, 那里什麽我都看不起, 鴉片, 敎我弟弟作 "漢高祖論"的老先生, 章回小說, 懶洋洋灰撲撲地活下去. 像拜火敎的波斯人, 我把世界强行分作兩半, 光明與黑暗, 善與惡, 神與魔. 屬於我父親這邊的必定是不好的. 雖然有時候我也喜歡. …… 我知道他是寂寞的, 在寂寞的時候他喜歡我. 父親的房間里永遠是下午, 在那里坐久了便覺得沉下去, 沉下去.
>
> — 장아이링, 〈대조기(對照記)〉

그리고 어머니에 대한 장아이링의 기억 역시 매우 복잡하다.

> 처음부터 어머니라는 사람이 집에 없었기 때문에 허전함을 느끼지 못했다. 애초에 어머니는 집에 없었다.
> 最初的家里沒有我母親這個人, 也不感到任何缺陷, 因爲她很早就不在那里了.
>
> — 장아이링, 〈비밀 이야기(私語)〉

이 글에서 장아이링의 어머니에 대한 태도가 감정은 절제되어 있으며 이성적인 면이 강한 것을 볼 수 있다. 특히 "허전함을 느끼지 못했다"라는 말이 "애초에 어머니는 집에 없었다."라는 체념에서 나온 것처럼 그녀와 어머니의 관계는 선명한 선이 존재한다. 이것은 그녀가 매우 독립적 성격을 지닌 여자아이라는 점을 말해주기도 하지만 동시에 부모의 사랑을 받지 못했다는 것을 의미한다. 그녀는 어린 시절부터 부모와의 감정적 거리를 계속해서 벌려왔고 이를 차갑게 바라보고 있었다.

> 나의 어머니는 고결한 사람이었다. 돈이 있을 때도 돈을 입에 올리지 않았고, 나중에 경제적으로 심하게 압박받을 때조차도 돈을 가볍게 여기셨다. 이런 태도는 나의 반감을 샀고 내가 어머니의 반대 편을 향해 가도록 했다. 그래서 "배금주의"라는 말을 배우자마자 나는 배금주의자가 되었다.
> 我母親是個淸高的人, 有錢的時候固然絶口不提錢, 卽至後來爲錢逼迫得很厲害的時候也還把錢看得很輕. 這種一塵不染的態度很引起我的反感, 激我走到對面去. 因此, 一學會了"拜金主義"這名詞, 我就堅持我是拜金主義者.
>
> — 장아이링, 〈어린 아이의 말은 꺼리낌이 없다(童言無忌)〉

이 글은 어머니의 낭비에 관해 지적한 글이다. 그녀는 어머니가 돈이 없어도 자신의 욕망을 절제하지 않고 마치 돈에 초연한 듯이 생활하는 점을 비판한다. 그렇다고 장아이링이 어머니 황이판을 미워한 것은 아니다. 오히려 그녀는 어머니를 동경하는 듯한 인상을 준다.

> 나는 줄곧 로맨틱한 감정으로 나의 어머니를 사랑했다. 그녀는 아름답고 예민한 여성이었고, 나는 어머니와 만날 기회가 거의 없었다. 내가 4살 때 어머니는 유럽으로 갔고, 몇 차례 돌아오셨지만 또 가셨다.

아이의 눈에 그녀는 너무나도 멀리 있는 신비한 존재였다.

　我一直是用一種羅曼蒂克的愛來愛著我的母親的. 她是個美麗敏感的女人, 而且我很少機會和她接觸, 我四歲的時候她就出洋去了, 幾次回來了又走了. 在孩子的眼里她是遼遠而神秘的.

― 장아이링, 〈어린 아이의 말은 꺼리낌이 없다(童言無忌)〉

이 글에서 장아이링이 어머니에 대해 "로맨틱한 감정"을 느낀다고 한 것은 어머니와 딸의 관계라기 보다는 여성과 여성의 관점에서 어머니를 바라본 것이다. 그녀는 어머니의 경제관념을 받아들일 수는 없었지만, "아이의 눈에 그녀는 너무나도 멀리 있는 신비한 존재였다."라고 하면서 어머니와의 관계를 일종의 신비적 색채로 채운다. 이것은 어머니의 결정과 행동을 이해할 수 없고 또 그에 대해 아무것도 할 수 없었던 아이로서 느껴야했던 해석법이었을 수도 있다.

장아이링의 문학적 재능은 가정의 영향을 받은 것으로 보인다. 아버지 장즈이는 중국 고전문학과 역사에 박학했고, 전통 문인으로서 과거를 열심히 준비했던 사람이었다.

　나의 아버지는 일생동안 서재를 원을 그리고 돌면서 유창하게 글을 암송하셨다. 도도한 목소리는 끊이지 않고 단숨에 작품을 읽어내리셨는데, 낭송을 마칠 때면 목청을 길게 하여 목소리가 그쳐도 여운이 남았다. 침묵 속에서 몇 미터 안 되는 원을 둥글게 도시고는 다시 다른 작품을 암송하기 시작하셨다. 그것이 고문(古文)인지 아니면 근대 작품인지, 아니면 상주문인지는 알 수가 없었지만, 중복되는 것 같지는 않았다. 나는 아버지가 작품을 읊는 소리를 들으면서 마음이 아팠다. 아무 쓸모가 없었기 때문이다.

我父親一輩子繞室吟哦, 背誦如流, 滔滔不絕一氣到底. 末了拖長
　腔一唱三歎地作結. 沉默著走了沒兩三丈遠, 又開始背另一篇. 聽不
　出是古文、時文還是奏折, 但是似乎沒有重複的. 我聽著覺得心酸, 因
　爲沒有用處.
　　　　　　　　　　　　　　　　　　　　- 장아이링, 〈대조기(對照記)〉

　1905년에 과거제도가 정식으로 폐지되면서 중국 전통 문인들은 자신들의 문학 수련을 활용할 길이 막히게 되었다. 그녀의 아버지는 변화한 세계에 적응하기보다는 모든 것을 포기하는 쪽을 선택한다. 위의 글은 이런 아버지를 연민의 눈으로 바라보는 장아이링의 시선을 볼 수 있다.

　아버지는 장아이링에게 책을 사서 보는 것을 장려했다. 때로는 그녀에게《호적문존(胡適文存)》(1921 출간) 같은 책을 자신의 서재에서 읽도록 했으며, 장아이링이 14세 때 홍루몽을 개작하여 쓴 소설인《모던홍루몽(摩登紅樓夢)》에 제목을 붙여주기도 했다.

　장아이링의 문학에 대한 애호는 어머니의 영향도 있었다. 어머니도 남편처럼 독서를 상당히 좋아했으며 이런 점은 장아이링에게 영향을 주었다.

　　어머니가 있을 때면 매일 아침에 여자 하인이 나를 안고 어머니의
　침대로 갔다. 어머니의 침대는 동으로 만든 침대였다. 나는 장방형의
　푸른 비단 이불 위를 기어다니며 무슨 뜻인지도 모르는 당시(唐詩)를
　어머니를 따라 암기했다. 어머니는 일어나면 항상 기뻐하는 기색이 없
　었는데, 나와 얼마간 놀면서 마음이 쾌활해지곤 했다. 나는 어머니의
　침대 위에 엎드려서 글자를 익혔다. 매일 오후에 글자 2개를 배운 뒤에

야 녹두 과자를 먹을 수가 있었다.

有她的時候, 我記得每天早上女傭把我抱到她床上去, 是銅床, 我爬在方格子青錦被上, 跟著她不知所雲地背唐詩. 她才醒過來總是不甚快樂的, 和我玩了許久方才高興起來. 我開始認字塊, 就是伏在床邊上, 每天下午認兩個字之後, 可以吃兩塊綠豆糕.

– 장아이링, 〈혼잣말(私語)〉

아침에 어머니 황이판(黃逸梵)을 깨우기 위해서 하인들은 종종 장아이링을 어머니 침대로 데려갔다. 어머니는 장아이링에게 당시(唐詩)를 가르쳐줬고, 장아이링은 침대에서 듣고 술술 읊었다. 나중에는 사람들 앞에서 당시를 암송하기도 했다.

더욱 중요한 것은 어머니가 장아이링이 신식 교육을 받기를 원했다는 것이다.[13] 장아이링이 10세 때(1930) 맥타이어 스쿨(McTyeire School)이라는 여자학교에 입학한 것도 어머니의 주장 때문이다. 중국어로 중서여중(中西女中)이라고 불리는 이 학교는 1892년 감리교 선교사 영 존 엘런(Young John Allen, 1836~1907)과 로라 헤이굿(Loura Haygood)이 비숍(bishop) 홀랜드 맥타이어(Holland McTyeire, 1824~1889)의 도움으로 설립되었다.[14] 이 학교는 중국 여성만을 위

---

13 "어머니는 학교에서 함께 교육하며 다양한 교육을 받는 것이 좋다고 생각했다. 그래서 누나를 미국 교회가 세운 황씨소학 6학년에 편입할 것을 강하게 요구했다(母親認爲學校的群体教育才是健康、多元的教育, 于是堅決要送姊姊去美國教會辦的黃氏小學揷班入學六年級)." 張子靜, 『我的姊姊張愛玲』, 吉林出版集團, 2009(ebook).

14 맥타이어는 중국 내에서 상당히 폭넓은 사교 관계를 맺고 있었는데, 대표적인 인물이 쑹자주(宋嘉樹)이며 그의 딸들인 쑹아이링(宋靄齡), 쑹칭링(宋慶齡), 쑹메

[그림 6] 성마리아 여중(1937) 시절 장아이링(3열 4번째)

한 학교였고 농구, 하키, 야구, 그리고 시와 〈베니스의 상인〉과 같은 연극 수업도 있었다.[15]

장아이링은 20살 때(1931) 성마리아 여중(St. Mary's Hall)에 다니기 시작했는데, 1년 뒤에 학교 잡지 『풍조(風藻)』에 「불행한 그녀(不幸的她)」라는 소설을 기재했다. 그녀의 첫 번째 공식적 글쓰기가 시작된 것이다. 이후 장아이링은 다양한 글을 학교 잡지에 게재하면서 점차 글쓰는 사람으로서 싹을 틔웠다.

어머니는 이 해에 다시 상하이를 떠나 프랑스로 떠나버린다. 어머니가 프랑스로 떠난 2년 뒤(1934) 계속 아버지와 살던 장아이링은 아버지의 재혼을 맞이하게 된다. 아버지의 재혼 상대는 국민정부의

이링(宋美齡)이 모두 이 학교에서 수학했다.
15 〈McTyeire: The School for China's Daughters〉: They played basketball, hockey and baseball, acted in the "Merchant of Venice". https://www.historic-shanghai.com/mctyeire-school-for-chinas-daughters/

전임 총리인 쑨바오치(孫寶琦, 1867~1931)의 딸 쑨융판(孫用蕃)이었다. 쑨바오치는 자희태후(慈禧太後)가 의화단 운동으로 피난을 갔을 때 어가를 호위한 적이 있고, 또 위안스카이(袁世凱)가 권력을 잡았던 시기 외교 총장이 되었으며, 위안스카이가 죽은 후에도 국무총리를 지내다가 정계 은퇴 이후 상하이에 살다가 죽었다. 그는 청대 말에 어떤 큰 정치적 입장을 가진 인물이라기보다는 직업적 외교가나 정치가였던 것으로 보인다.

몰락해 가는 집의 계모가 된 쑨융판은 남편과 마찬가지로 아편을 피웠다.[16] 아버지의 결혼 이후 남동생 장쯔징은 "우리들의 유년기는 멈추었지만, 우리들의 상처는 여전히 커져만 갔다(我們的成長期結束了. 但是我們的創傷還在成長)."[17]라며 회고하고 있고, 장아이링 역시 이 시기가 매우 힘들었던 것으로 보이는데, 그 원인은 계모와의 관계가 파탄이 났기 때문이다. 계모와 관련하여 유명한 일화가 있다. 쑨융판은 장아이링의 키가 자기와 비슷하다는 말을 듣고 자기 옷 가운데 좋은 옷을 그녀에게 선물했지만, 장아이링은 그녀의 옷을 입는 것을 너무나도 싫어했다.

> 한때 계모의 통치 아래에서 살았던 적이 있다. 나는 그녀가 입고 남은 옷을 골라서 입어야 했다. 나는 그 검붉은 얇은 비단 치파오를 잊을

---

16 "이 아주머니는 일찌감치 아편을 피워서 청춘을 흘려보냈기 때문에 지체 높은 자제와 결혼이 어려웠다(這位老小姐早已有阿芙蓉癖, 因此蹉跎靑春, 難以和權貴子弟結親)." 장쯔징(張子靜), 앞의 책, 2009(ebook).
17 張子靜, 앞의 책, p.43.

수 없다. 그 치마는 소고기를 다진 색이었다. 그녀의 옷은 입어도 입어
도 끝이 없었다. 내 온몸에 동상이 걸린 것만 같았다. 겨울은 이미 지나
갔지만, 여전히 동상의 흔적이 남았다. 그것은 증오와 수치였다.

有一個時期在繼母統治下生活著, 揀她穿剩的衣服穿, 永遠不能忘
記一件暗紅的薄棉袍, 碎牛肉的顏色, 穿不完地穿著, 就像渾身生了
凍瘡; 冬天已經過去了, 還留著凍瘡的疤——是那樣的憎惡與羞恥.

- 장아이링, 〈어린아이의 말은 거리낌이 없다(童言無忌)〉

위의 기록에서 눈에 띄는 글자는 "통치"이다. 계모라는 입장에서 이런 어려운 집안에서 인간관계를 잘 가지고 간다는 것은 어려운 일이었을 것이다. 그리고 14살의 장아이링 역시 계모와의 관계를 잘 풀어나가기에는 아직 너무 어렸을 수도 있다. 장아이링은 중국인의 옷에 관한 글을 잡지에 실을 정도로 옷에 대해 매우 민감한 사람이었다. 그래서 "그녀의 옷은 입어도 입어도 끝이 없었다"라는 말은 그녀가 억지로 계모의 옷을 입고 다녔다는 것으로 이해할 수 있다. 이것은 쑨융판이 아이의 마음을 잘 헤아리지 못하고 있다는 것을 말해준다.

어쩌면 쑨융판은 자신이 좋아하는 옷을 장아이링이 반드시 좋아할 것이라고, 혹은 그렇게 되어야 한다고, 혹은 그렇게 만들고자 하는 욕망을 지니고 있었을지도 모른다. 아마도 쑨용판은 전통적 모녀 관념을 지닌 여성이었을 것이다. 모던한 삶을 동경하는 장아이링의 눈에 계모의 행동은 "통치"였다. 이들이 충돌을 빚는 것은 너무나도 당연했다.

어린 시절 장아이링의 모습을 살펴볼 수 있

[그림 7. 쑨융판]

는 자료가 있다. 성마리아 학교에서 졸업하는 학생들에게 개인적인 기호를 묻는 설문조사를 했고 장아이링은 이렇게 써냈다.[18]

[표 1] 장아이링의 설문지

좋아하는 음식	차사오볶음밥(叉燒炒飯)
가장 좋아하는 것	에드워드 8세
가장 무서워하는 것	죽음
가장 싫어하는 것	재능을 가진 여성이 갑자기 결혼하는 것
내가 늘 하는 말	저 또 잊었어요
특기	그림

장아이링이 좋아하는 "훈제 돼지고기 볶음밥"은 흔히들 말하는 "양저우(揚州) 볶음밥"이다.[19] 이것을 보면 장아이링은 먹는 것에 대해 대중적인 것을 선택하지만 또 요리의 특징을 아주 버리지는 않고 있다는 점을 볼 수 있다. 또 "저 또 잊었어요."는 그녀가 부족함이 별로 없이 자유분방한 생활을 하는 귀족 계층이면서 매번 하인들이 챙겨주는 환경에서 자랐기 때문에 교회 재단 소속 학교의 엄격한 규율을 마음에 두지 않거나 잘 맞추지 못했을 가능성을 보여준다.[20]

재미있는 것은 자신이 가장 좋아하는 사람으로 영국 윈저 왕조

---

18 陳子善, 『私語張愛玲』, 浙江文藝出版社, 1995, p.241.
19 고기를 광동식으로 훈제하는 "챠샤오(叉燒)"라는 조리법이 특징적인데, 대략 2024년 가격으로 50위안 정도(약 9천원) 하는 나쁘지도 좋지도 않은 볶음밥이다.
20 劉川鄂, 『張愛玲傳』, 長江文藝出版社, 2020(ebook). ebook은 페이지 표시가 없으므로 이하 ebook은 페이지 표기를 생략함.

2대 국왕인 에드워드(Edward) 8세를 꼽았다는 점과 가장 싫어하는 것으로 "결혼"을 꼽았다는 것이다.[21] 에드워드 8세의 가장 유명한 일화는 월리스 심프슨(Wallis Simpson)이라는 미국인 여성과 결혼했다는 점이다. 영국 왕실은 그녀를 도저히 왕비로 받아들일 수 없었고, 결국 그는 1936년 1월에 즉위해서 1936년 12월에 왕위를 포기하고 윈저 공작으로 복귀하여 결혼하는 세기적 로맨스를 만들어 냈다. 장아이링의 이 설문에 대해 일부 사람들은 "지고지순한 사랑에 대한 동경을 가지고 있다는 것을 분명히 말해주고 있다. 이것은 어쩌면 그녀 부모의 이혼이 인생의 비애를 느끼게 해준 것과 관련성이 있어 보인다.[22]라고 해석했다.

하지만, 시각을 좀 더 확장해 보면 이런 점이 또래 아이들과 매우 다른 특징을 드러낸다고는 생각되지 않는다. 차라리 그녀의 설문에서 "로맨스", "결혼" 그리고 "죽음"을 연결하고, 다시 이것을 가족관계로 확장한다면, 결혼의 수식어가 된 "재능 있는 여성"이 자기 어머니에 대한 자신의 마음을 표현하고 있는 것으로 볼 수 있다. 장아이링은 어머니가 재능이 출중한 여성이었고 자신에게 주어진 한계를 극복하고자 많이 노력했지만, 아버지를 만나 그 재능을 만개하지 못했다고 생각했을 것이다. 그녀가 작성한 설문에 담긴 메시지는 중국 전통

---

[21] 에드워드 8세는 영국 윈저 왕조의 제2대 국왕이다. 즉위 전부터 수려한 외모와 왕세자라는 지위로 인해서 많은 대중적 인기를 누린 인물이다. 그렇지만 정치적으로는 나치를 옹호하는 등의 합당하지 않은 행보를 하였는데 이 가운데는 인종주의적 견해를 강하게 표출하는 사건도 있다.

[22] 陳子善, 앞의 책, p.241.

사회 속에서 적당한 귀족과 결혼해서 살다가 죽는 여성을 원하지 않았고, 결혼은 자신의 재능을 꽃피워 줄 수 있도록 도와주는 사람과 하고 싶다는 소망을 담고 있다. 이런 점에서 그녀가 가지고 있는 결혼 관념에는 마치 그녀의 "볶음밥"처럼 세속적이지만 세속 가운데 자신의 귀족성과 재능을 돋보이게 유지할 기회로 삼고 있다는 것을 볼 수 있다.

장아이링, 1939 홍콩대학

1937년에 그녀는 성마리아 학교를 졸업하고 한때 미국 유학을 생각하기로 했지만 결국 영국 런던대학 유학을 준비한다. 그녀는 당시 자신의 생각을 이렇게 표현하고 있다.

> 나는 린위탕(林語堂)보다 더 유명해질 것이며 나는 가장 세련된 옷을 입을 것이다. 세계를 돌아다니다가 상하이에 있는 집에서 단순하면서도 통쾌하게 살아갈 것이다.
> 我要比林語堂還出風頭, 我要穿最別致的衣服. 周遊世界, 在上海有自己的房子, 過一種幹脆利落的生活.
> — 장아이링, 〈혼잣말〉

《생활의 발견(生活的藝術)》이란 책으로 유명한 린위탕(1895~1976)[23]

---

23 린위탕은 중국 푸젠성(福建) 사람이다. 부친이 기독교 목사였던 까닭에 그는 장아

은 해외 유학을 마치고 중국에 돌아와 베이징 대학 등 중국의 여러 대학의 강단에서 강의를 했는데, 그는 중국의 근대 지식인 사회에 "논어파(論語派)"라는 하나의 흐름을 형성한다. 논어파는 중국이 비교적 안정된 시기[24]에 출현한 현대문학의 한 유파이며, 이 이름은 그가 1932년에 상하이에서 창간한 《논어(論語)》라는 잡지에서 유래한다. 이 잡지는 초기에는 국민당 정권을 비판하는 어조를 지녔지만, 1935년부터 임어당이 "나를 중심으로 하는 한적한 격조(以自我爲中心, 以閑適爲格調)"를 주장하면서 정치에서 거리를 둔 개인의 유유자적한 삶을 유머로 표현하는 생활 철학으로 그 기조가 변한다.[25]

장아이링의 견해를 기록한 설문에는 이러한 논어파의 특징이 보인다. 그녀가 말한 "가장 세련된 옷"은 아마도 세계적 트렌드를 반영하는 옷일 것이다. (그녀의 특기가 "미술"이라고 한 것을 보면 그녀가 계모

이링이 다니던 상하이 성요한대학에서 학사학위를 받은 뒤에(1912) 미국 하버드(Harvard) 대학에서 비교문학 석사 학위를 취득하고(1921), 다시 독일의 라이프치히(Leipzig) 대학에서 저명한 중국학자 아우구스트 콘라디(August Conrady, 1864~1925)의 제자가 되어 언어학 박사 학위를 취득한다(1926).

[24] 1911년 신해혁명 이후 위안스카이의 북양정부(1912~1928)가 쑨원의 국민당을 압도하며 중국 정치의 헤게모니를 장악한다. 하지만 1927년 쑨원의 뒤를 이은 장제스(蔣介石)의 국민혁명군(國民革命軍)이 북벌(北伐)을 통해 베이징을 점령하고, 다음 해(1928)에 북양군벌의 내부 투쟁을 종식하고 북양정부를 장악한 장쉐량(張學良)이 국민혁명군에 복속됨으로써 북양군벌의 통치가 종식된다. 이로부터 1937년 중일전쟁(中日戰爭)의 시작을 알리는 루거우차오(盧溝橋) 사건(7.7 사변)이 일어나 중일전쟁이 일어나기 전까지 중국 사회는 안정된 시기를 맞이한다.

[25] 이후 린위탕은 1936년에 이미 미국으로 건너가 중국의 《논어》, 《노자》 등을 번역하며 유명세를 탔고 사회적으로도 성공해서 유네스코 예술부장(1948), UN총회 중국 대표 고문(1953)을 지냈으며 1966년 타이완으로 이주하여 홍콩 중문대학 교수를 지냈다.

와 옷 문제로 다툼이 생긴 것도 이해는 간다) "옷", "미술", "세계 여행" 그리고 "상하이에서의 한적한 생활" 등의 기록은 그녀가 혼란한 정치를 벗어나 자신의 삶에 집중하는 모습을 지니고 있다는 면을 알 수 있다.

비록 상하이가 영국과 미국의 조계라는 특징 때문에 중국이 당면했던 현실로부터 일정한 거리를 두고 있는 지역이라고 하지만, 그녀의 이러한 모습은 당시 상하이 상류와 중산층에 존재하는 빈약한 정치 의식을 일정 부분 드러내고 있다. 린위탕의 논어파가 삶에서 필요한 여유를 주장하면서 혼란과 고통의 시간을 이겨보려는 취지를 가지고 있으며 이러한 고아한 생활 속의 흥취가 중국 전통 속에 흐르는 삶에 대한 지혜를 지니고 있다고 하더라도, 당시 현실과 개인 사이에 놓인 망국의 위기의식을 유머로 치환시킴으로써 현실을 도외시하는 위험으로 이끌 수 있다. 그렇기 때문에 혁명문학을 주장하는 진영에서 이러한 노선을 반길 리가 없다. 노신은 이러한 린위탕의 견해를 "자잘한 골동품(小擺設)"이라며 비판하고 문학은 생존을 위한 무기가 되어야 한다고 지적한 적이 있다. 그가 말한 "자잘한 골동품"이란 거울 가구, 정교하고 아름다운 돌, 대나무 인형, 옥 세공 물품 같은 귀족적 품위를 상기시켜주는 귀족 계층의 자기 만족적 한계성이 짙은 노리개를 의미한다.[26]

장아이링과 계모 쑨융판 그리고 부친 장즈이의 아슬아슬한 관계는 1938년에 폭발한다. 이 해에 장아이링은 유학을 준비했고, 장아

26　魯迅,〈小品文的危机〉,《南腔北調集》.

이링의 유학을 돕기 위해서 어머니가 유럽에서 상하이로 돌아왔다. 장아이링은 집에서 멀리 떨어지지 않은 어머니의 집에서 2주간 머무르다 아버지가 있는 집으로 돌아간다. 계모는 자신에게 한마디도 하지 않고 집을 비운 장아이링에게 화를 내며 뺨을 때렸다. 장아이링은 계모에게 대들었고, 이런 장아이링을 아버지가 구타하고 방에 집어넣은 다음 열쇠로 문을 잠근다. 장아이링은 이때 마침 이질에 걸리게 되는데 아버지는 의사를 불러주지도 않았다. 병세가 호전된 다음 장아이링은 어머니의 집으로 도망쳐서 살게 된다. 장아이링은 아버지의 집을 나오던 순간을 이렇게 기억한다.

> 바람 한점 없는 날씨는 음력 1월 1일 가까이서 느껴지는 조막한 냉기가 흘렀고 가로등불 아래로는 잿빛 거리만 보일 뿐이었다. 하지만 이 얼마나 다정한 세계인가! 나는 길을 따라 걸음을 서둘렀고, 땅을 밟는 걸음 걸음은 모두 입 맞추는 소리였다.
> 沒有風, 只有陰曆年左近的寂寂地冷, 街燈下只看見一片寒灰, 但是多麼可親的世界啊!我在街沿急急走著, 每一脚踏在地上都是一個響亮的吻.
>
> – 장아이링, 〈혼잣말〉

아버지로부터 도망친 다음에 가장 먼저 문제가 되었던 것은 유학 경비 문제였다. 동생 장쯔징은 누나 장아이링이 아버지에게 유학 경비를 요청했지만, 경제적 상황이 나쁘지 않음에도 거절당했다고 기록하고 있다. 결국 장아이링은 아버지의 도움을 받지 못하고 어머니의 도움으로 상하이에서 런던대학 입학시험을 치뤘고 1939년 런던대

[그림 8] 장아이링·홍콩대학 시절

학의 입학증을 받게 된다. 하지만 이해 9월 1일 독일의 폴란드 침공으로 시작된 제1차 세계대전이 발발하면서 그녀의 영국행은 좌절된다. 결국 그녀는 런던대학의 입시 성적과 입학증을 가지고 1939년 영국 식민지인 홍콩(香港)에 있는 홍콩대학 문학원(중문과)에 입학할 수 있었다.

억눌려 지내야 했던 아버지의 집에서 벗어나 자유로운 홍콩에서의 생활은 장아이링에게 활력을 가져다주었다. 홍콩대학에 입학한 이후 1940년까지 장아이링의 대학 생활에 관한 기록을 보면 그녀는 열심히 공부하는 학생이었고, 영화도 보고 그림도 그리며 학창 시절을 보냈다. 또한 집안 사정으로 인해서 다른 친구들이 대부분 참여하는 여행에 경비를 아끼기 위해 가지 않겠다고 생각하는 깍쟁이였다.

하지만, 이런 평범하고 안락한 홍콩대학 생활은 오래가지 못했다. 1941년 일본이 진주만 공습과 동시에 영국의 식민지 홍콩을 급습하여 점령했기 때문이다. 이 공습으로 홍콩의 모든 행정이 마비된다. 홍콩대학도 폐교되었고 학생들도 혼란에 빠진다. 장아이링도 이 사건으로 매우 큰 충격을 받았으며 결국 학교를 그만둔다.

홍콩대학 진학은 본래 내 목표가 아니었다. 전쟁 후에 학교 인사는 모두 뒤바뀌었고, 영국은 패전의 곤경에 빠졌다. 졸업 이후 캠브리지대학으로 보내준다는 것도 그저 말뿐이었다. 결국 나는 진학을 포기했다. 이것은 내 어머니를 크게 실망시켰다.

  我在港大的獎學金戰後還在. 進港大本來不是我的第一志願, 戰後校中人事全非, 英國慘勝, 也在困境中. 畢業後送到牛津進修也不過是當初的一句話. 結果我放棄了沒去, 這使我的母親非常失望.

– 장아이링, 〈대조기〉

그녀가 이렇게 학업을 포기한 것에는 인생의 허망함에 대한 각성이 존재했다.

  시대라는 자동차가 요란하게 앞으로 달려간다. 우리는 이 시대라는 자동차 위에 앉아 어쩌면 그저 몇몇 익숙한 도로를 지나치겠지만 온 세상 가득한 불꽃 속에서 스스로 가슴 떨려 할 것이다. 하지만 안타깝게도 우리는 눈 깜짝할 사이에 지나치는 상점의 진열장 유리에서 자기 그림자를 찾으려 애쓸 뿐이다. ― 우리는 그저 이기심과 공허함, 부끄러운 줄 모르는 어리석음과 같은 창백하고 자그마한 자기 얼굴을 볼 뿐이다. 세상 그 누구도 우리와 같을 것이다. 하지만 우리는 각자 고독한 존재다.

  時代的車轟轟地往前開. 我們坐在車上, 經過的也許不過是幾條熟悉的街衢, 可是在漫天的火光中也自驚心動魄. 就可惜我們只顧忙著在一瞥卽逝的店鋪的櫥窗里找尋我們自己的影子――我們只看見自己的臉, 蒼白, 渺小: 我們的自私與空虛, 我們恬不知恥的愚蠢――誰都像我們一樣, 然而我們每人都是孤獨的.[27]

– 장아이링, 〈소진되고 남은 기록(燼餘錄)〉

---

27 初載一九四四年二月《天地》第五期, 收入《流言》.

[그림 9] 백명 머리베기 초과기록 무카이 106 - 105 노다
《동경일일신문》 1937.12.13.

이 글은 인생을 자동차에 앉은 사람에 비유한 글이다. "익숙한 도로"란 생사고멸과 같은 누구나 겪는 인생의 과정을 의미할 것이다. 이처럼 익숙한 길이지만 인간 생명의 "불꽃"은 저마다의 심장을 두근거리게 한다. 그러나 인생은 너무나 허무하다. 빠르게 나아가는 차 위에서 쇼윈도에 비친 자신의 흐릿하고 희미한 얼굴은 너무나 순식간에 지나치고 만다. 시간의 위력 앞에서 그 누가 자기 뜻대로 살아갈 수 있을까? 그리고 누군가는 인생에 각인된 자기 얼굴을 보았다고 할 수도 있지만, 그 얼굴은 모든 것이 아름다운 것이 아니라 어떤 부분에서는 창백하고 보잘것없는 모습으로 나타나며 이것도 또한 그저 비친 허상일 뿐이다. 그리고 결국에는 이러한 허상에 매달리다 죽음이 찾아오기에 각자 영원한 고독 속에 존재한다. 장아이링은 외부 세계에 의해 개인주의적 삶이 부서지면서 결국 개체의 불연속성에 대한 인식이 이끄는 존재의 허무함을 느꼈을 것이다.

그녀가 홍콩대학을 자퇴하고 상하이로 돌아가는 선택을 하게 된 것과 훗날 그녀가 촉망받는 현대 작가로서 성장한 것을 생각해 본다면 이러한 허무주의는 개체의 인생을 세계의 모든 것으로 생각했던 자가 그 어리석음을 벗기 위해서 겪어야 하는 세례일 수도 있다고 생각된다.

이상 살펴본 장아이링의 삶은 당시 중국인의 삶과 비교해 봤을 때 특별히 기구하다고 할 것이 없다. 이 당시 이러한 어려움은 보편적인 상황이었으며, 이보다 더한 사람들도 매우 많았다. 그녀의 글에서 가장 크게 느껴지는 부분은 개인주의적인 자기연민의 모습이 보인다.

특히 그녀의 기록에는 중국에서 일어난 중요한 일과 자신을 연계하는 것은 찾아보기 어렵다. 그녀가 유학을 준비하던 1937년과 1939년 사이 중국에서는 중일전쟁의 시작을 알리는 루거우차오(盧溝橋) 사변(1937.7.7)[28]과 난징 대학살(1937.12~1938.1)[29]이 발생했다. 이처

---

28 루거우치아오 사건은 1937년 7월 7일 일본군 사병 실종 사건이 도화선이 되어 벌어진 사건이다. "루(盧:노)"는 현재의 용딩허(永定河)를 지칭한다. "거우(溝)"는 수로를 뜻한다. 용딩허는 현재 베이징의 5환 서남쪽이자 허베이성(河北省)의 서북부에 자리잡고 있는데, 이 강이 자주 범람하자 청나라 강희 연간에 대규모 수로작업이 이루어졌고, 강의 이름을 "영원히 안정된 강"이란 용딩허(永定河)로 삼았다. "치아오(橋)"는 "다리"란 뜻이다. 즉 루거우치아오는 용딩허 수로 위에 건설한 다리이다. 일본은 의화단을 진압하고 맺은 신축조약(1901, 베이징 의정서)에 의거하여 중국에 병력을 주둔했는데 일본군과 중화민국 군대 사이에 루거우치아오가 있었다.

29 일본군은 민국정부가 있는 난징을 점령한 뒤 기관총으로 무차별 사격을 자행했고, 생매장하거나 휘발유로 태워 죽이는 등 잔학한 방법을 동원하여 30만여 명 이상을 살해하고 남경의 1/3에 해당하는 가옥을 파괴했다. 어린아이와 여성도 예외는 아

럼 장아이링이 유학을 결심하고 상하이를 떠나 홍콩에서 생활한 시기는 일본과 중화민국이 격렬하게 전쟁을 벌이던 시기임에도 그녀가 자신에게 집중한 것은 평범한 개인으로서는 문제 될 것이 없다. 그러나 외부 세계로부터 멀어짐으로써 시대적 정신과 교유하는 모습을 가지지 못한 것은 작가로서 큰 결함으로 느껴지지 않을 수 없다. 다만 의의를 찾는다면 문학의 의의를 자신의 삶과 긴밀하게 연결된 작은 세계 속에서 찾음으로써 거대한 서사 속에서 억눌린 인간 내면에 대한 이해를 높일 수는 있을 것이다. 그녀는 철저하게 자신의 경험을 중심으로 세계를 인식했던 작가처럼 보인다.

장아이링, 1942 상하이

[그림 10] 장마오위안

1942년 상하이로 돌아온 뒤에 그녀는 고모 장마오위안(張茂淵)의 집에서 생활했다. 고모는 그녀의 어머니와 그녀의 든든한 조력자였다. 장마오위안은 1924년 어머니와 함께 유럽으로 갔던 적이 있고, 또 1937년 장아이링이 아버지에게 유학 자금을 요청했을 때 장아이링의 편에서 도와주었다.

니었다. 뿐만 아니라 중국인 〈100명 머리 베기 대결〉을 벌인다. 《동경일일신문(東京日日新聞)》은 이 사진을 올려 사무라이 정신으로 찬양했다.

하지만 이때 그녀는 장아이링을 돌볼 만큼 경제적인 여유가 없었다. 본래 넉넉했던 재산은 투자실패로 인해 궁핍해졌고, 상하이의 양행(洋行), 전기회사 등에서 영어 번역을 하고 있었다. 그녀는 장아이링에게 학교를 다니고 싶다면 아버지를 찾아가도록 했다. 어머니 황이판이 남편 장즈이와의 이혼 조건에 장아이링의 대학 비용 조건을 넣어 두었던 것이다. 1938년 이후 4년간 소식이 없던 아버지와 딸의 만남을 동생 장즈징은 이렇게 회고하고 있다.

> 누나는 문으로 들어와 차갑게 앉아서 조금도 웃지 않았다. 거실에서 아버지를 만나고 간단하게 성요한대학에서 공부하고 싶다는 말만 했다. 아버지는 의외로 너그럽게 누나에게 입학 수속과 학과 변경을 먼저 하라고 했다. "학비는 내가 동생 편에 보내주마." 누나는 집에 온 지 10분도 안되어 사정을 이야기하고는 떠나갔다. 누나는 마지막으로 집으로 와서 다시 떠났다. 이후 누나와 아버지는 만남지 않았다.[30]

하지만, 장아이링의 대학 생활은 오래가지 못했다. 장아이링은 2개월만 다니다가 학업을 그만두게 된다. 학교가 자신의 공부에도 도움이 되지 않고 생활비를 벌어야 했기 때문이다. 그녀는 이 시기부터 평론과 컬럼을 신문과 잡지에 기고하며 살게 된다.

그녀는 독일인 언론인이자 작가인 클라우스 메너트(Klaus Mehnert)가 상하이에서 창간한 『XXth Century(20세기)』라는 영문 잡지에 「Chinese Life and Fashions」을 투고한다.[31] 이 글은 청대부터 1943년

---

30 張子靜, 앞의 책, 2008(ebook).

[표 2] 「Chinese Life and Fashions」에 실려 있는 장아이링의 삽화

까지의 중국 여성들의 패션 변천을 통해 중국 사회를 살피는 장아이링의 글과 삽화를 담고 있다. 이 글에서 눈에 띄는 점은 그녀가 시대적 분위기와 패션을 연결하는 말들이다.

예를 들어 만주족 지배 250여 년간 이어온 여성 복식의 획일성과 통일성을 "이것이 바로 만주족 치하 중국의 안정성, 획일성, 극도의 관습성(Such was the stability, the uniformity, the extreme conventionality of China under the Manchus)"이라고 하면서 신해혁명 이후에 비로소 여성 의상이 변화하기 시작했다고 말하는 부분, 또 신해혁명의 격동기에 나타난 넓은 복식에서 달라붙는 복식으로의 변화를 "이전에는 넓은 옷을 입고 침착하고 주체적이었던 여성들이 이제는 '곤경에 처한 소녀'처럼 행동하는 것이 자신에게 유리하다는 것을 알게 되었다(Women, formerly staid and self-possessed in their wide garments, now found it to their advantage to act the 'damsel in distress').", 원보령(元宝領, 길고 뻣뻣한 깃(〈표 11〉의 2번째)에 대해

---

31 장아이링이 이 잡지에 투고한 글은 서양인의 시각에서 중국에 대한 이해를 중국인이 제공하고 있다는 점에서 좋은 반향을 불러일으켰다.

"상단이 무겁고 불균형한 효과는 시대의 징후 가운데 하나였다(The top-heavy, unbalanced effect was one of the signs of the times)."라는 서술 등은 모두 시대적 분위기와 문화적 변화의 관계를 민감하게 감지하는 능력과 언어로 표현하는 상상력을 충분히 드러내고 있다.

특히 그녀는 "별로 가득 찬 하늘"이라고 말한 앞머리 형식과 청나라 말기의 기울어진 국운의 관계에 대해 문화적으로 뛰어난 설명력을 보여주고 있다.

> 지금 우리는 극도로 어울리지 않는다고 생각하겠지만, 이마에서 거의 수평하게 보이는 일 인치 정도의 앞머리가 몇 년간 유행했다. 알 수 없는 이유로 그것은 "별로 가득 찬 하늘"이라고 불렸다. 이러한 머리 모양의 일반적인 특징은 왕조에 대한 자신감, 행복한 무능, 철학과 지혜의 섬광인 천상의 왕국에 대한 어른스러운 오래된 상징적 표현인 자족감과 정주성을 부여하기 위해 의도된 것이다.[32]

장아이링이 포착한 것은 1910년대 머리카락이 이마 윗부분을 가로지르는 헤어스타일이다(그림 11). 그녀는 이 미적으로 조금 당혹감을 주는 머리 모양을 왕조의 멸망이 주는 불안감에 대한 정서적 반응으로 해석하고 있다. 그리고 이러한 변화를 종합적으로 설명하면서 다음과 같이 말했다.

---

32 Eileen Chang, 'Chinese Life and Fashions', *THE XXCentury Vol 4*, shanghai, 1943, pp.432-438.

> 혁명 이전 의상에서 개인은 형태에서 완전히 빠져있었다. …… 혁명 이후의 옷은 서서히 반대 방향, 즉 형상에 대한 형태의 종속을 향해 움직였다. 2년 전 입던 민소매 가운에는 팔과 목이 노출된 몸통 외에는 아무것도 남지 않았다. 1941년 소매가 다시 돌아온 것은 형태의 복귀를 의미한다. …… 다시 한번, 중국은 인생의 문턱에 서 있다.[33]

이 글에서 그녀는 중국 여성의 복장 변화를 통해 중국 전통 왕조 사회가 억눌렀던 여성의 욕망이 신해혁명 이후 점차 확장되었다가 1940년대에 다시 사회의 여성에 대한 억압이 점차 진행되고 있음을 포착하여 설명하고 있다.

[그림 11] 별로 가득 찬 하늘

이후 그녀는 "경극이라는 문화 요소를 통해 사생활의 결핍으로 군중 생활만이 강조되는 중국인의 문화"[34]를 분석한 「계속 살아있음(STILL ALIVE)」, 그리고 중국인의 대중 종교에 관해 소개한 「악마와 요정(DEMONS AND FAIRIES)」을 기고하여 서양 사람들에게 중국의 예술과 문화를 소개하고 있다. 「악마와 천사(DEMONS AND FAIRIES)」에서 장아이링은 중국인의 종교를 분석한다.[35] 비록 이 글이 중

---

33 Eileen Chang, *ibid*, pp.432-438.
34 權惠珍, 「장아이링 문학을 읽는 방법」, 『한국중어중문학회 학술대회 자료집』, 11, 한국중어중문학회, 2016, p.100.
35 이 글은 그녀의 산문집 《流言》에 〈중국인의 종교(中國人的中敎)〉라는 이름으로 실려 있다. 영어로 된 내용은 대부분 삭제되고 개요만 수록해 놓았다.

국 전통 고전에 대한 깊은 지식으로 중국의 종교를 설명한 것은 아니지만, 중국 문화에 종속된 존재로서가 아니라 서구 이성적 관점에서 분석하고 있다.

그녀는 서양 독자들에게 중국에 대한 인식을 자신만의 관점에서 균형감 있게 전달하는 데 일정 부분 성공을 거두었다고 보인다. 특히 그녀의 글 가운데 인간의 죽음과 심판에 관하여 심판의 관할권이 "명부(冥府)의 관할권은 진보된 문명 단계에 있는 중국 정부의 정확한 대응물이다(an exact counterpart of the Chinese jurisdiction at an advanced stage of civilization)."[36]라고 한 부분은 중국의 국가 이데올로기가 인간의 삶 뿐만 아니라 죽음의 영역까지 지배하고 있다는 매우 의미 있는 분석이다. 또한 그녀는 효(孝)라는 동아시아 문화의 핵심 이데올로기에 대해서 과도하다고 평가하고 비판한다.

> 부모의 유골에 대한 집착은 중국 효의 비정상적 발달로 설명할 수 있다. …… 자기희생의 열정으로 허벅지에서 살점을 잘라 아픈 부모를 위한 약국을 만드는 모범적인 아들들의 행동에 관한 연구는 그들이 광적인 효에 빠진 사람들임을 보여준다. 그들이 사후 부모의 안락함에 대해 과민해야만 한다는 것도 예상할 수 있다.[37]

효는 중국 사회의 근본 이념으로 수천 년을 존속해 왔기 때문에,

---

36 Eileen Chang, 'DAEMONS AND FAIRES', *THE XXCentury Vol 4*, shanghai, 1943, p.423.
37 Eileen Chang, *ibid*, p.423.

중국인으로서는 타인을 의식하는 효의 실천은 매우 자연스러운 문화적인 행동이다. 체제의 이데올로기인 효의 행위를 통해 자아와 체제의 관계는 더욱 긴밀해지고 나아가 효자라는 체제의 인정을 통해 내적으로나 외적으로도 체제와 합일을 이룰 수 있다. 즉 효는 자아의 강화에 도움이 되기 때문에 중국에서 이러한 소위 '과도한' 효의 경쟁은 당연한 일이었고 오히려 행하지 않는 것이 비정상인 인간으로 규정되었다. 이러한 경쟁적 효도의 실천을 비판한 그녀의 시각에서 중국인의 인식 체계를 탈출하여 서양화된 눈으로 중국의 문화 체제를 해부하고 있는 모습을 볼 수 있다.

『XXth Centry』[38]의 편집자 클라우스 메너트는 그녀를 이렇게 평가하고 있다.

> 〈중국인의 생활과 패션〉(1943년 1월)이라는 기사를 통해 독자들 사이에서 많은 호평을 받은 Eileen Chang(장아이링)은 대부분의 중국사람과는 달리 중국을 그저 당연하게 여기지 않는 중국인입니다.[39]

---

[38] 클라우스 메너트가 창간한 이 잡지는 독일 외무부와 요제프 괴벨스의 제3제국 선전부의 자금으로 아시아에서 나치의 영향력을 넓히기 위해서 운영되던 히틀러 정권의 선전지다. 위의 글과 같은 권호에 실린 클라우스 메너트의 〈전쟁과 혁명(WAR AND REVOLUTION)〉이란 글은 독일이 이끄는 전쟁을 인류를 위한 혁명으로 바라보는 뉘앙스를 풍긴다. 비록 이 당시 클라우스 메너트가 독일 정권의 권력 투쟁 속에서 위기에 몰려 있었고, 훗날 제 2차 세계대전이 종식된 이후 독일 책임론을 명확히 했다는 점을 고려하더라도, 글에 대한 책임은 그가 짊어져야 할 부분이 있다.

[39] Eileen Chang, *ibid*, p.423.

클라우스 메네트는 장아이링의 정신세계가 질적으로 전통 중국인과 상당히 다른 모습을 보여준다는 것을 인식했다. 그는 장아이링의 글이 서양인들이 미처 보지 못하는 중국 문화를 붙잡아서 서양인들에게 자세하고 섬세하게 설명해 주는 글이라고 여겼다.

하지만, 장아이링의 중국 문화에 대한 해석 가운데는 일부 부정적인 부분도 존재하고 있다. 즉 그녀는 내부 비판자의 시선을 넘어서 경멸적 시점을 보여주고 있다.

> 중국인들은 너무 쉽게 순응하기 때문에 스포츠맨 정신이 조금도 없다. 그들은 경주에서 한 사람이 목표에 도달하면 다른 사람들은 일제히 달리기를 멈춘다. …… 우리는 빈곤에 시달리는 중국에서 극빈자들이 도피 수단으로서의 자살이 거의 발생하지 않는 이유를 궁금해 하며, 믿을 수 없을 만큼 비참한 거지나 쿨리가 되느니 죽음이 더 낫다고 생각한다. …… 중국인들은 "좋은 죽음보다 나쁜 삶이 낫다"고 말한다. 물론 모든 것에는 한계가 있다. 지켜보는 자들(spectators)은 그 삶의 자리를 지구상의 지옥으로 혐오스럽게 바라보며 구걸자들이 다른 삶에서 지은 죄로 인해 고통을 받고 있다는 믿음을 통해서만 삶과 화해할 수 있다. 그러나 이러한 설명이 거지들에게 삶을 더 견딜 수 있게 하는지는 의문이다. 그렇다면 거지들을 위한 종교는 없는가?[40]

위의 글에서 "너무 쉽게 순응하기 때문에 스포츠맨 정신이 조금도 없다."라는 표현이나, "좋은 죽음보다 나쁜 삶이 낫다"라는 말은 중

---

40 Eileen Chang, *ibid*, p.423.

국인에게만 적용할 수 있는 말은 아니다. 특히 "우리는 빈곤에 시달리는 중국에서 극빈자들이 도피 수단으로서의 자살이 거의 발생하지 않는 이유를 궁금해 하며, 믿을 수 없을 만큼 비참한 거지나 쿨리가 되느니 죽음이 더 낫다고 생각한다"라는 말은 우월적 관점에서 중국인을 비하하는 서양인의 시각이 지나치게 들어가 있다. 현실을 절망 속에서 살아가는 중국인이 자신의 삶을 살아갈 만한 것으로 생각하는 이유를 자신과 거지를 비교하면서 자신의 처지를 더 나은 것으로 생각하기 때문이라고 한 것은 조롱에 가깝다. 이 부분은 앞서 살펴보았듯이 그녀의 "배금주의"에 대한 자기 긍정이 인간 존재의 가치 인식까지 나아간 것이다. 어쩌면 유복했던 어린 시절과 성장하면서 경험한 가정의 몰락 사이에 놓인 절벽에서 떨어짐으로써 생긴 히스테리적 낙상일 지도 모른다.

어쨌든 장아이링이 근대 서양과 전통 중국의 충돌에서 생겨난 혼란스럽고 불안한 시대를 살면서 과학과 민주라는 근대적 사회를 갈망하는 5·4 정신의 세례를 받아 중국 문화 전통을 벗어나는 기회를 얻어 중국을 새로운 시각으로 바라볼 수 있었던 것은 상당히 의미 있는 일이다. 다만 전통 중국의 문화적 한계를 비판하는 그녀의 시각이 민족과 국가의 존속이라는 새로운 시대적 공간으로 확장하는 대신 개인의 정신세계 속으로 침잠함으로써 시대적 의의를 쟁취하지 못한 것은 아쉬움으로 남는다. 뤼쉰은 『아Q정전』을 통해 중국의 열등한 민족성을 비판했지만, 그가 아Q를 바라보는 시각에는 인간적 따스함이 있다. 반면 위에 소개된 그녀의 비판에는 민족과 가족에 대한 친근함이 아닌 차가움이 느껴진다.

어쩌면 이는 중국의 페미니즘이 지니는 시대적 한계일 수도 있다. 5·4 신문화 운동을 이끌었던 계층은 과거제도 폐지의 위기를 극복하기 위해서 새로운 문물을 받아들인 남성 지식인들이다. 이들이 근대화를 추진한 동력에는 가부장적·국가적 권력의 상실이 가져온 지배계급의 위기의식과 함께 피지배계급인 농민 계층에 대한 장악을 유지하려는 속성이 이러한 따뜻함의 모습으로 나타나 지배와 피지배의 관계를 강화한 것일지도 모른다.

[그림 12] 기모노를 입은 장아이링

남성 지식인이 전통문화를 아무리 비판하더라도 이들은 지배층과 피지배층 사이에 놓인 전통적 지배 권력 시스템을 완전히 끊어버리고 자신의 신분적 하강을 받아들이는 신분적 자살을 선택하지는 않았다고 보인다. 즉 이들은 전통적 지배 구조를 완전히 대체하는 질서 구축이라는 시대적 헤게모니에 대한 소유 권리를 주장하면서 동시에 피지배층을 이끌어가는 지도자적 지위를 누리고 싶었다.

이에 비해 그녀는 전통의 보호에서 벗어나 자신의 인생을 스스로 책임져야 하는 한 명의 근대 여성이라는 입장에서 세상과 싸워야 했다. 그녀의 근대화가 정치적 참여에까지 나아가지 못했던 것은 당시 정치적 변동의 영향을 상대적으로 덜 받았던 상하이의 분위기, 그리고 정치에 대한 참여보다는 가정의 일에 집중하는 중국 전통 귀족 여성의 흐름, 나아가 여전히 남성이 중심이 되는 근대적 문화 현상이 그녀의 시각이 확장하는 것을 억누름으로써 5·4 신문화 운동의 참여자들보다 더 개인적이면서 덜 정치적인 모습으로 나타나도록 한 것이라고 보인다.

후란청과 왕징웨이

1943년부터 1952년까지 장아이링은 상하이에서 본격적으로 작가의 길을 간다.[41] 이 과정에서 그녀는 자신의 첫 번째 남편인 후란청(胡蘭成, 1906~1981)을 만난다.

후란청과 장아이링이 서로 만나서 결혼하는 이야기는 후란청이 쓴 《금생금세(今生今世)》에 자세하게 기록되어 있다. 이 기록에 의하면 후란청은 《천지(天地)》에 실린 장아이링의 소설 〈봉쇄(封鎖)〉를 보고 그녀에게 이끌리게 된다. 후란청은 《중국문학사화(中國文學史話)》를 저술할 정도로 중국문학에 일가견을 가지고 있었고 두 사람은 문학에 관한 이야기를 통해 상하이에서 계속된 만남을 이어가다가 1944년 결혼했다. 이때 장아이링은 24세, 후란청은 38세였다. 게다가 후란청은 아내도 있었다.

[그림 13] 후란청(胡蘭成)

---

41 현재까지 알려진 자료에 의하면 그녀는 일생동안 소설 38편, 산문 61편, 영화 대본 14편을 썼다. 또 《홍루몽의 악몽(紅樓夢魘)》과 《〈해상화열전)평주(〈海上花列傳〉評注)》와 같은 학술 작품도 있으며, 영미 문학을 번역하기도 했다.

주변에 상당한 충격을 주는 파격적 결혼이었지만 두 사람의 결혼은 오래가지 못했다. 후란청이 친일 정권인 왕징웨이(汪精衛) 정부에서 선전부 차장이자 행정원 법제국장을 지냈기 때문이다. 1945년 일본이 패망하자 그들은 2년 동안 함께 하다가 1947년 장아이링이 후란청에게 이혼을 통보하는 서신을 보냄으로써 이들의 관계는 종말을 고한다.

[그림 14] 왕징웨이

후란청이 복무했던 왕징웨이 정권은 〈색, 계〉의 중요한 정치적 배경이다. 왕징웨이(1883~1944)는 광둥(廣東) 산수이현(山水縣)에서 태어났다. 그의 본명은 왕자오밍(汪兆銘)이고 "징웨이"는 그의 호(號)이다. 이 호는 중국 고전인 《산해경(山海經)》에 나오는 새의 이름에서 따온 것으로 1905년 쑨원(孫文)의 동맹회 기관지 《민보(民報)》의 편집자가 되면서 사용하기 시작한 필명이다. 《산해경》에 의하면 징웨이는 삼황오제 가운데 염제(炎帝)의 딸이 동해에 빠져서 죽었다가 환생한 새이다. 이 새는 북쪽 발구산(發鳩山)에서 살면서 매일 서산(西山)의 돌과 나무를 부리로 물어 동해를 메우는 일을 통해 동해에 복수하는 새이다. 즉 왕징웨이에게 '징웨이'는 불가능해 보이는 혁명을 끝까지 완수하겠다는 그의 의지가 표명된 호이다.

어린 시절 천재적 재능이라는 수식어는 전통과 근대 사이에 활동했던 동아시아 문인들에게는 보편적 요소처럼 나타나지만 왕징웨이의 경우 뛰어난 문학적 재능을 보였다라는 평가를 받고 있다. 1904년 일본 호세이 대학(法政大學) 국비 유학 당시 그의 성적은 대단히 뛰어났다고 알려져 있으며 그의《쌍조루시사고(双照樓詩詞稿)》라는 시집에 대한 전문가의 평가는 대단히 높다.

1905년 그는 쑨원이 일본에서 조직한 중국동맹회(中國同盟會)의 창립 회원으로 활동하면서 중국 내에서 동맹회 조직을 만들고 암살단을 만드는 등 조직이 국민당(1925, 광저우)으로 발전하는 데 큰 역할을 담당했다. 왕징웨이를 유명하게 만든 사건은 그가 1910년 청나라 선통제 푸이의 아버지인 섭정왕 재풍(載灃, 1883~1951)을 암살하려다가 발각되어 종신형을 받은 사건이다. 아래의 시는 그가 옥중에서 그의 애인 천비쥔(陳璧君)에게 보낸 시로 알려져 있다.

〈가을밤(秋夜)〉

낙엽지는 빈 뜰 밤 피리 잦아들 때	落叶空庭夜籟微
꿈에서 옛 사람을 만나 서로 그리워하네.	故人夢里兩依依
서늘한 바람 이는 역수는 옛날 그대로인데	風蕭易水今犹昨
혼이 지나치던 단풍 숲은 지금은 어떠한가요?	魂度楓林是也非
땅에 들어가 다시 만나면 부끄럽지는 않겠지만	入地相逢雖不愧
두 곳으로 나뉘어 길이 없으니 어떻게 돌아갈까요?	擘山無路欲何歸
옛날 함께 술을 마시던 신정의 눈물을 추억하니	記從共洒新亭泪
참아도 눈물 자국이 옷에 흥건하네.	忍使啼痕又滿衣

왕징웨이는 1911년 신해혁명 이후 사면을 받지만, 황제의 아버지 암살미수 죄목은 죽음을 피하기 어려운 사건으로 보인다.

그는 옥중에서 밤을 알리는 피리 소리가 잦아드는 깊은 밤 꿈속에서 사랑하는 사람을 만났다고 쓰고 있다. 시에서는 사랑하는 사람을 이미 죽은 사람을 지칭하기도 하는 "고인(故人)"으로 쓰고 있는데 이것은 그가 죽음을 눈앞에 두고서 쓴 글이기 때문에 삶과 죽음을 생각했기 때문일 것이다. 이 시기는 아직 천두슈 후스 등이 문언문 형식을 탈피하고 구어체 문학으로의 전환을 주장했던 문학혁명(1910년대~1920년대)이 일어나기 전이기도 하겠지만 이 시가 지닌 지나친 고전주의적 감각으로 인해 시의 생동감은 조금 떨어진다.

"서늘한 바람 이는 역수는 옛날 그대로인데"라는 진시황을 암살하기 위해서 길을 떠나던 형가의 시에서 따온 것으로 그 내면적 의미는 혁명에 대한 자신의 변함없는 신념을 드러낸 것이다. "혼이 지나치던 단풍 숲은 지금은 어떠한가요?"라는 두보의 〈이백을 꿈에서 보다(夢李白)〉라는 시에서 따온 것이다. 두보는 이 시에서 "혼백은 푸르른 단풍 숲에서 왔다가, 어두운 관산으로 돌아가네(魂來楓林靑, 魂返關塞黑)"라고 하여 생사가 요원한 이백의 혼이 푸르른 단풍숲 가득한 고향 땅에서 왔다가(이백의 고향에는 단풍이 많았다) 돌아갈 때는 어두운 변경으로 돌아갔다는 것이다. 즉 그의 영혼이 나의 꿈에 찾아왔지만, 그가 어디에서 와서 어디로 갔는지 그가 죽었는지 살았는지 알 수 없다는 뜻으로 소식이 끊어진 그대가 어떻게 지내나요라며 안부를 묻는 말이다. "옛날 함께 술을 마시던 신정의 눈물을 추억하니, 참아도 눈물 자국이 옷에 흥건하네"라는 《세설신어》에 나오는 "신정루(新亭泪)"를 인용한 것이다. 북방 이민족의 압박에 장강을 건너 동진을 세운 사람들이 신정이라는 나루터에서 술을 마시며 시대를 슬퍼하며 운다는 것으로 이 글의 본래 의미는 사라진 고향 혹은 고국에 대한 슬픔으로 흘리는 눈물이다. 하지만 여기서는 두 사람이 함께했던 혁명을 위해서 함께 애썼던 추억을 의미하므로 두 사람의 개인적 공간에 대한 추억으로 바라보아야 할 것이다.

개인적으로 이 시는 첫 도입부가 상당히 좋은 작품이다. 하지만 감정을 전하는 중요한 부분이 모두 전고에 갇혀있다. 즉, 두 사람의 아름다운 시간에 대한 추억이 고전의 진부한 향기로 치환되어 신선함이 사라진 느낌이 강하다. 그래서 아쉬움이 더 크다.

어쨌든 그는 혁명 진영 내에서 입지가 탄탄했을 뿐만 아니라 쑨원의 신뢰도 대단해서 1925년 쑨원이 사망할 때 쑨원을 대신해서 유고를 작성할 정도였다. 그러나 쑨원의 사망 이후 국민당은 중국 공산당(1921년 성립)과 연합을 주장하는 국민당 좌파와 독자 노선을 주장하는 국민당 우파로 세력이 양분되었고 결국 1927년 전통적 국민당 세력인 좌파 우한(武漢) 국민정부와 군권을 앞세운 장제스의 우파 난징(南京) 국민정부로 각자 독립하게 된다. 왕징웨이는 좌우 국민당을 아우르는 수장으로 활동하려 하지만 자신의 정치 기반이 두 세력을 압도하지 못했기 때문에 오히려 좌우의 권력 투쟁의 흐름 속에서 이리저리 표류할 뿐이었다. 이 과정에서 결국 그는 자신이 극렬히 반대했던 일본을 끌어들인다. 1937년에 중일전쟁이 발발하고 일본이 상하이·난징·우한·광둥 등지를 점령하자 장제스는 국민정부의 기반을 충칭(重慶)으로 옮기지만 왕징웨이는 충칭을 벗어나 일본을 등에 업고 난징 국민 정부를 세운다.(1940)

왕징웨이가 만주국(滿洲國)의 푸이(溥儀)처럼 완전한 일본 괴뢰정부의 수장으로 활동한 것은 아니라는 평가도 있다.[42] 왕징웨이는 상하이를 중심 거점으로 삼아 활동하면서 일본으로부터 공공조계지에 대한 통치권을 받아내기도 했고 또 쑨원의 국민당을 상징하는 청천백일기(靑天白日旗)를 사용할 수 있는 권리도 보장받았다. 그러나 난징 대학살의 주범인 일본에 협조하는 행위를 자행했던 것은 아무리 중국의 통일과 부흥을 위해서라는 명분을 주장한다고 하더라도 쑨원의 후계자로서 부적합한 행위였다. 아무리 그에게 우호적인 사람이라 할지라도 그를 개인적인 권력욕에 휘둘린 존재라는 평가로부터 구해줄 수 없었다.[43]

이처럼 왕징웨이 정부의 노선은 친일이었기 때문에 후란청이 역임했던 선전부 차장의 역할은 일본 제국주의 선전과 관련이 있었을 것이고, 이 점은 그의 도의적 측면을 매우 허약하게 만든다. 이런 점에서 장아이링의 현실 속 사랑은 그녀의 소설처럼 비현실적이면서 동시에 개인적이다. 〈색, 계〉의 주인공 왕자즈와 이 선생의 관계 역시 이러한 자신의 일관된 사랑의 개념이 녹아있다고 평가할 수 있다. 이제 영화 〈색, 계〉 속으로 가보도록 하자.

---

[42] John Boyle, 《China and Japan at War 1937~1945──The Politics of Collaboration》: 일본 만주 괴뢰정부의 강덕황제(헨리 푸이)만이 어쩌면 유일하게 괴뢰라는 명칭을 조금도 망설임 없이 적용할 수 있는 일본의 협력자일 것이다 (Japan's Manchurian puppet, the Emperor K'ang-te (Henry Pu-yi), is perhaps the only Japanese collaborator to whom that term can be applied without reservation).

[43] 위잉스(余英時), 〈쌍조루시사고·서(双照樓詩詞稿·序)〉, "왕징웨이는 본질적으로 틀림없는 시인이다. 이 시인이 처음에는 열사의 길을 걸어갔지만 이로 인해 권력의 세계에 빠져 생을 마감했다는 것은 불행이다(汪精衛在本質上應該是一位詩人, 不幸這位詩人一開始便走上"烈士"的道路, 因而終生陷進了權力的世界).", 《天地圖書有限公司》, 香港, 2012, p.28.

9_

색계(II), 불가능한 가능성의 영역

천만 명의 사람 중에 당신이 만나야 할 사람을 만나는 것은
천만 년의 끝없는 시간의 황야 속에서
한 걸음도 빠르지도 늦지도 않게
마침 딱 맞춰 도착한 것이다.
於千萬人之中遇見你所要遇見的人
於千萬年之中時間的無涯的荒野里
没有早一步 也没有晚一步
剛巧趕上了
- 장아이링, 〈사랑(爱)〉

앞에서는 장아이링의 일생을 간단하게 살펴보았다. 아래에서는 영화의 진행을 중심으로 영화를 읽어보도록 하겠다. 우선 영화를 보면 무언가 먹먹한 느낌을 지울 수 없다. 감독은 자신을 철저히 객관적으로 유지하려는 듯하지만 실제로는 플롯의 구조에 강력하게 개입하면서 두 사람의 사랑을 평가하는 우리의 시선을 한곳으로 몰아넣는다. 그러면서 이미 예고된 결말이 가지는 슬픔과 탈출구 없는 사랑의 진행이 관객을 괴롭힌다. 혼돈의 세계가 개인에게 가하는 잔인함,

시대가 탄생시킨 민족주의 거대 서사 아래에서 부정되는 개인적 세계, 폭력적 섹스 앞에 고통받는 여성, 굴절된 욕망이 이끄는 사랑, 그리고 이 관계가 이어질 수 없는 것에 대한 아쉬움, 거대한 세상으로부터 치열하게 도피하면서 자신들의 파괴적인 사랑을 이어가는 무모함, 세상으로부터 도망쳤다가도 다시 세상으로 돌아가야 하는 운명, 이러한 것들이 인간의 욕망과 세상의 법칙 사이에서 거대한 알력을 형성하여 관객을 압도한다.

[그림 1] 〈색, 계〉

이 영화는 욕망이 뒤집으려는 세계와 이 욕망을 내버려두지 못하는 세계 사이에서 발버둥 치다 죽음으로 심판받는 한 쌍의 연인을 보여준다. 냉혹한 법칙이 지배하는 세상에서 실현 불가능한 욕망을 향해 돌진해 가는 두 사람의 어리석음을 바라보며 자신의 현명한 선택이 이끄는 현실의 안전성을 느끼며 안도의 한숨을 내쉴지도 모른다. 하지만 생의 유한성에도 불구하고 세상의 법칙에 굴종하면서 욕망을 포기하고 살아가는 자신 모습에 대한 처량함을 동시에 느끼게 된다. 아래에서는 영화의 진행에 맞춰 영화에 대한 해석을 시도해 보도록 하겠다.

마작(麻雀), 부인들의 전쟁터

영화의 시작은 부인들의 마작판이다. 마작은 4명이 총 136개의 패(중국 남방은 144개)를 가지고 모두 16번의 게임을 통해 점수를 다투는 놀이다.

영화에서 이 씬은 전체 서사의 시작이며 주인공의 현재 상황을 설명해준다. 아름답게 꾸며진 소품과 연기자의 열연이 화면의 서사를 꽉 채워서 보기에는 즐겁고 화려하다. 모든 것이 그렇듯이 첫 장면은 전체 서사의 분위기를 잡는 매우 중요한 부분이어서 감독이 가장 세심하게 처리하는 부분 가운데 하나다.

이 영화에서 첫 장면은 마작이라는 조금은 생소한 놀이 문화 그리고 어지럽게 펼쳐지는 부인들의 세밀하고 밀도가 높은 언어들 긴박한 대화와 감정선을 따라가는 것이 쉽지 않다. 게다가 부인들의 대화는 소설의 내용을 빌려온 부분도 있지만 리안 감독이 여성들의 관계를 전체적으로 새롭게 다듬어낸 부분도 있다.

우선 설명이 되어야 할 부분은 주인공 왕자즈(王佳芝)의 신분이다. 왕자즈는 타겟인 이(易) 선생에게 접근하기 위해서 홍콩의 사업가 마이씨(麥)의 부인[1]으로 위장하여 이 선생의 부인에게 접근하고 있다. 물론 영화 초기에는 그녀가 신분을 숨긴 스파이라는 것을 알려주지 않는다. 그녀가 어떻게 이 3명의 고위 관직자 부인들과 마작을 하게 되었는지는 설명이 되지 않지만, 권력과 경제는 동전의 앞

---

[1] 이하 서술의 일관성을 위해서 마이 부인을 왕자즈로 서술한다.

[그림 2] 좌에서 우로: 이(易) 부인 / 마(馬) 부인 / 량(梁) 부인 / 마이(麥) 부인

뒷면처럼 한 몸인 까닭에 그녀가 참가한 것이 남편의 사업에 유리한 정보를 얻거나 인맥을 형성하기 위해서라는 것은 쉽게 알 수 있다.

전체적으로 보면 이(李) 부인이 이 모임의 주인이며, 함께 마작하는 마(馬) 부인과 량(梁) 부인은 모두 이 부인의 눈치를 본다. 이 부인의 남편 이 선생의 직업은 "76호"라고 불리는 특무 기구[2]를 관장하는 직책이다. 76호는 이 조직이 상하이 제스필드로 76호[3]에 있었기에 붙여진 명칭인데, 이 조직은 독일의 게슈타포(Gestapo)·일본의 특별고등경찰·한국의 대공분실과 비슷한 조직으로 왕징웨이 정권을 위해 항일투사, 충칭 국민당, 공산당 등을 포함한 반체제 인사들을 암살·납치·고문하는 일을 수행하는 조직이다. 잘 알려진 것처럼 〈색, 계〉의 모티브는 이 조직을 만들고 관리했던 딩모춘(丁默邨)이란 인물, 그리고 미인계로 그를 암살하려한 정핑루(鄭蘋如)의 이야기다.[4]

---

[2] 정식 명칭은 중국 국민당 중앙집행위원회 특무위원회 특공총부(中國國民党中央執行委員會特務委員會特工總部)라는 긴 명칭이다.

[3] 현재 상하이 완항두(萬航渡)로 435호이다.

[4] 이에 관한 사실은 이를 직접 취재했던 정길화의 〈영화《색, 계》와 '76호' 딩모춘〉(《Pd JOURNAL》, 승인: 2007.11.19, 접속: 2024.02.12)을 참고. https://www.pdjournal.com/news/articleView.html?idxno=13989 다만 이 기사에서 딩모

[그림 3] 딩모춘·정핑루 / 왕자즈·이 선생

이 부인은 비록 왕자즈와 이 선생의 관계에 긴장감을 조장하는 역할을 하지만 비중은 매우 낮다. 영화와 소설 모두 그녀를 먹는 것을 좋아하고 뚱뚱하며 사치스러우며 마작으로 하루 종일 시간을 보내는 여성으로 묘사한다. 소설에서는 이 부인이 이 선생을 "샤오 리(小李)"라고 부르는 데 이는 이 부인이 이 선생보다 나이가 많다는 것을 의미한다. 이러한 서사는 이 부인의 여성적인 매력이 사라진 상태라는 것을 은연중 암시하여 이 선생의 여성 편력과 미묘한 관련성을 보여준다.

왕자즈는 최근 량 부인의 남편이 양곡 관리자로 승진했다는 이야기를 화제로 꺼낸다. 그런데 양 부인은 "무슨 대단한 벼슬도 아니에요. 쌀창고 지기일 뿐이지(啥了不起的官嘍, 管大米的)"라고 겸손하게 말하는 것 같은데, 갑자기 화면이 이 부인의 쓸쓸한 미소를 클로즈업해준다. 이 장면은 량 부인이 이 부인에게 남편의 승진을 청탁했

춘을 남의사(藍衣社, Blue Shirts Society, BSS) 계열로 본 것은 오류다. 딩모춘은 장제스의 군사위원회 조사통계국 출신이며 군통은 남의사와 다른 계열로 알려져 있다.

을 가능성에 대한 암시를 넣고 있다. 즉 량 부인의 푸념은 남편의 승진을 위한 로비를 했지만, 기대하던 직책보다 못한 직책을 얻었다는 불만을 이 부인에게 표시한 것이다. 그렇다면 왕자즈가 량 선생의 승진 이야기를 꺼낸 이유를 알 수 있다. 왕자즈는 이 부인의 공로를 드러내서 이 부인의 호감을 사고 싶었다.

마(馬) 부인은 량 부인에게 어려운 시절이니만큼 "이 부인 말만 들으면 된다구요(你聽易太太的話就對了)"라며 량 부인의 허술하고 신중하지 못한 말을 단속하는 듯하지만 그녀의 말에 담긴 전제는 경제 상황의 위기가 없다면, 량 선생이 승진한 직책이 실제로 별 볼일이 없어서 매우 실망스러운 직위란 점, 그리고 이 부인이 나중에 알아서 잘해줄 것이라는 의미를 담고 있다. 즉 그녀는 이 부인에게 은근히 압력을 행사하여, 량 부인의 편을 들어준 것이다. 이 부인은 량 부인을 책망하기보다는 마 부인에게 한마디 한다.

> 내 말을 들으라고? 내가 보살도 아닌데. 그나저나 당신(마 부인)은 내 말을 좀 들어야겠어. (남편이) 운수를 담당하게 되었으니 자주 집을 비울 거야. 너를 들판에 풀어 놓은 셈이지.[5]

이 말은 자신의 지위를 넘어서려는 마 부인에게 보내는 경고다. 여기에는 쓸데없는 말을 해서 자신을 곤란하게 하지 말라는 의미, 그리고 바람을 피우지 말라는 의미 등 다양한 각도로 해석될 수 있는 여지가 있지만 전체적으로 그녀에게 선을 넘지 말고 조신하게 지내

---

5 리안, 〈색, 계〉.

라는 의미를 전달하고 있다. 마 부인도 이 부인의 눈치를 흘끔 보면서 친척들 청원을 들어주느라 바쁘다는 핑계를 대며 꼬리를 내린다.

이 부인은 이 작은 승리를 쟁취하고 분위기를 전환하기 위해서 왕자즈에게 부인들이 정치를 다 한다고 왕자즈가 오해할 것이라고 하며 웃어넘기려 한다. 이에 량 부인이 "일본 사람들은 죽어도 모를 거야. 일본 천황의 머리 위에도 하늘이 또 있다는 것을요(日本人可沒想到, 天皇頭上也還有個天)."라고 하며 세계 정치가 여인에 의해 좌우된다는 너스레를 떨며 이 부인의 비위를 맞춤으로써 첫 번째 판이 끝난다.

잠시 웃음이 일어나고 마작 분위기가 느슨해지자, 이 부인이 뭘 좀 먹자고 이야기한다. 량 부인은 본래 말을 조심스럽게 하지 않는 성격이어서 음식을 더 먹으면 뚱뚱해질 것 같다고 이야기하다가 이 부인의 얼굴을 보면서 말을 잇지 못한다.[6] 이 부인이 뚱뚱한 사람이라는 의미를 대화로 보여주는 대목이다. 이 부인은 곤란한 상황을 자신에 대한 조소로 넘어가려 한다.[7] 이때 왕자즈는 "지금은 무엇을 사두면 좋을까요? 이 부인(那現在屯什么好呢 易太太?)"이라고 말하며 화제를 돌려서 이 부인에게 집중된 시선을 거두어들여 이 부인을 곤경에서 구해준다.

---

6 리안, 〈색, 계〉 대사: (량 부인) 먹고 싶지만 그럴 수 없어요. 더 먹을 수 없다구요. 살이…(要不得 可不能再吃了 胖得…)

7 리안, 〈색, 계〉 대사: (이 부인) 지금 이때는 물건을 사재기해야 하는데, 나는 다른 재주가 없으니, 몸에다가 사잴 수 밖에요(現在時興屯東西. 我們沒別的本事, 就往身上屯吧).

이어서 마 부인은 어제 이 부인과 왕자즈 둘이서 '슈위'에 간 것을 화제로 꺼내 이 부인에게 반격한다. '슈위'에서 슈(蜀:촉)은 쓰촨(四川)을 의미하고 "위(腴: 유)"는 "살지고 기름지다"라는 표현이니 영화에 따르면 고위층이 자주 가는 사천 요리 집이 된다. 마 부인의 이 말은 '슈위' 모임에서 자기를 의도적으로 배제한 것이 아니냐는 불만이다. 이 부인은 마 부인을 부르지 않은 것을 둘러대기 위해서 왕자즈가 가본 적이 없어서 같이 갔다는 핑계를 댄다. 왕자즈는 자기가 안 가봤다고 하자 사람들이 무시한다고 말하며 이 부인의 말에 맞장구를 쳐준다. 이 부인은 홍콩에도 슈위 지점이 2개나 있지만 홍콩과 쓰촨 주방장들이 사이가 좋지 않고 홍콩 사람들도 매운 것을 좋아하지 않는다고 하면서 왕자즈와 함께 슈위에 간 것이 그녀를 의해 어쩔 수 없이 간 것임을 주장한다. 그러면서 왕자즈에게 "안 그래요? 매웠죠? 어제."라며 묻는다. 당연히 왕자즈는 "매워 죽을 뻔 했어요(辣得我呀)"라고 답한다.

왕자즈는 이 부인에게 맞장구를 칠 때마다 마 부인의 눈치를 힐끔 보는데, 소설에 의하면 이 부인과 왕자즈를 연결한 사람이 마 부인이기 때문이다. 이렇게 두 사람이 주거니 받거니 하며 마 부인을 희롱하는 것은 마작에서도 나타난다. 대화가 끝나자마자 왕자즈가 버린 패를 이 부인과 마 부인이 동시에 경쟁하지만, 마 부인이 손을 빼면서 이 부인이 점수를 낸다. 이때 마 부인은 왕자즈와 이 부인 두 사람의 긴밀한 협력관계를 느끼고 기분이 나빠서 침을 뱉는다.

마 부인은 계속 이 부인이 의도적으로 자신을 떨어뜨린 것이라는 뉘앙스의 말을 계속한다.

마 부인		이 부인에게 손님이 있다고 해서 한 이틀 안 간다고 한 건데.
이 부인		손님을 모신다고 약속은 했는데 손님이 가질 않아서 숨어 지냈어.
마 부인		그러면 며칠 전에 전화로 시간이 없다고 한 것은 누구였죠?
이 부인		그날은 아니야. 마이 부인 마중을 나갔지. 못 믿겠으면 마이 부인에게 물어봐. 마 부인, 내가 그날 너한테 밥 한 번 사려고 했는데, (당신이 오지 않은 것은) 일부러 그런 거지.

이 부인의 변명은 어찌 봐도 궁색하다. 화가 잔뜩 치민 마 부인은 마이 부인이 내놓은 패를 이 부인이 가져가려는 데도 양보하지 않고 자신이 가져가 점수를 만들어 버린다. 모두가 아연실색한 상황에서 의기양양한 마 부인의 담배 한 모금 씬은 그녀가 이 부인의 말을 믿지 않는다는 것을 보여준다.

숨 가쁘게 움직이는 마작판처럼 4명의 여성은 저마다 바쁘게 인간관계의 마작을 두고 있다. 이 인간관계의 마작판은 이 부인이 왕자즈에게 "나중에 자주 와. 오면 있을 곳도 있으니까. 그렇지(以後你勤來來. 來啦也有地方住, 對吧)?"라는 말로 왕자즈가 승리한다. 왕자즈는 이로써 자신의 타겟인 이 선생을 근거리에서 접근할 수 있는 공간을 확보하게 된다.

이 장면은 어찌 보면 왕자즈가 가까운 거리에서 이 선생을 접근할 공간을 이 부인으로부터 얻어내는 것이 중심 줄거리다. 이안 감독은 이 줄거리를 위해 소설에서는 "검은 망토(黑斗篷)"라며 이름도 없는 두 부인의 캐릭터를 새롭게 창조하여 이 장면을 구성했다. 어쩌면 왕징웨이 정권에서 숨 가쁘게 돌아가는 정치 상황에 따라 부인들의 삶 역시 필사적으로 살아가고 있다는 것을 의미할 수도 있다.

하지만, 이 장면의 의미는 그녀들이 자신의 신분적 위치 때문에 일반적인 사람들의 삶과 동떨어진 자신들만의 세계 속에서 갇혀있다는 것을 보여주기 위함이다. 이를 위해 영화는 부인들의 마작 테이블을 "클로즈업"하여 보여줌으로써 주변의 배경을 삭제시킨다. 즉 이 장면은 당시 상하이 여성들의 좁은 세계, 즉 고관의 부인이 되어 남편의 지위를 이용해서 친구와 인척들 사이에 권력을 쥠으로써 마치 세상의 모든 것을 거머쥔 듯하지만, 사실은 마작과 같은 놀이, 여성들 사이의 섬세한 질투, 비싼 보석과 각종 사치로 자신을 과시하는 것에 몰두하는 여성일 뿐이라는 것을 전달한다.

이 장면은 왕징웨이 정권의 문제를 전달하는 면도 있다. 이러한 메시지는 소설이 좀 더 분명하다.

> 좌우에 있는 두 부인이 입은 검은색 망토의 접힌 칼라 아래에 보이는 무거운 금목걸이는 두 선으로 깃을 잠그고 있다. 항일전쟁 중의 상하이는 외부 세계와 단절되어 몇몇 현지 패션을 유행시켰다. 점령 지역에서 금은 비정상적으로 귀했다. 이렇게 굵은 금 사슬은 매우 고가이면서 대단히 고급스러워서 거리에서 과시할 수 있었기 때문에 왕징웨이 정부 관료 부인들의 제복이 되었다. 아마도 충칭(重慶)의 영향을 받아, 검은색 대형 망토가 가장 위엄 있고 단정하다고 여겼을 것이다.
> 左右首兩個太太穿著黑呢斗篷, 翻領下露出一根沉重的金鍊條, 雙行橫牽過去扣住領口. 戰時上海因爲與外界隔絶, 興出一些本地的時裝. 淪陷區金子畸形的貴, 這麼粗的金鎖鍊價値不貲, 用來代替大衣紐扣, 不村不俗, 又可以穿在外面招搖過市, 因此成爲汪政府官太太

的制服. 也許還是受重慶的影響, 覺得黑大氅最莊嚴大方.

- 장아이링, 〈색, 계〉

이 부분은 부인들의 패션을 대단히 세밀하게 묘사함으로써 1940년대 왕징웨이 정부의 고위직 부인들이 자신의 부와 권세를 드러내기 위해 사치스러운 의식주 생활을 한다는 것이다. 이러한 사치는 고위직의 안정된 경제 상황을 대외적으로 홍보하는 효과가 있겠지만 민중의 삶과 동떨어진 모습을 드러내고 있고, 동시에 이들의 허영심과 사회적 지위에 대한 욕망을 드러내고 있다. 이러한 이들의 행위는 선망과 동경에서부터 분노와 비판에 이르기까지 다양한 사회적 반응을 일으켰을 것이다. 어떻게 보면 이들의 과시적 부는 왕징웨이 정권의 반민족적 행위로 인해 강력한 비판적 관점을 조장했을 수도 있고, 중국의 전통적인 정치 시각에서 여성의 정치 관여와 부패가 가져오는 망국의 불안한 전조를 상기시켰을 수도 있다. 특히 정권 내부적으로도 투명한 공정성의 문제를 일으켰을 것이기 때문에 이 장면은 화려함 속에 불안한 분위기의 메시지를 전달한다.

이(易) 선생

왕징웨이 정권의 불안을 직접적으로 전달하는 존재는 이 선생이다. 이 선생은 마작판의 화려함과 달리 어두운 지하 철창에서 자신의 모습을 드러낸다. 영화에서 보여주는 왕징웨이 정권은 장제스의 충

[그림 4] 씬 배경으로 왕징웨이의 청천백일기와 소황기(小黃旗)가 보인다.

칭 민국정부와 갈등을 보여주는 대신 일본과의 갈등을 중심축으로 가지고 간다. 이 메시지는 충칭으로 전달된 무기를 추적하는 과정에서 이 선생은 일본 헌병 다이죠 장군과 갈등을 빚는 것으로 보여준다.

왕징웨이 정권은 일본의 대동아공영권에 흡수되어 일본과 정치적 행보를 나란히 했다는 이유로 마오저둥의 중국과 장제스의 대만은 왕징웨이 민국정부를 친일 괴뢰 정부로 규명하고 있다.

앞서 '장아이링과 후란청'에서 기술했듯이 왕징웨이는 선통제(宣統帝) 푸이와 달리 독립적인 미래 중화민국을 건설하려는 정치적 야망뿐만 아니라 능력도 갖추고 있었기 때문에 왕징웨이 정권은 일본과 적극적으로 이용당하고 이용하는 관계를 형성할 수 있다. 이것을 상징적으로 드러내는 것이 청천백일기를 사용한 것이다. 일본은 왕징웨이의 군대가 충칭의 장제스 정부와 동일한 청천백일기를 사용하는 문제를 지적하면서 만주국처럼 북양 군대의 오색기(五色旗)를 사용할 것을 요구했지만 왕징웨이는 이를 거절하고 국기의 윗부분에 화평반공건국(和平反共建國)이라는 작은 깃발을 넣어서 충칭의 깃발과 구별했다(그림 4).

즉 영화는 청천백일기와 일본과의 갈등을 드러냄으로써 중국인의 고정관념에서 파렴치하고 냉혹한 인물로 인식되는 이 선생의 위치를 다소 민족주의적으로 이동시킨다. 하지만 노란 소황기 위에 쓰인 "화평"이라는 단어는 왕징웨이 정부의 친일 행보를 전달하는 글자이기 때문에[8] 왕징웨이 정권과 이 선생이 친일파라는 사실은 여전히 움직일 수 없다.

왕자즈, 1939 홍콩대학

주인공 왕자즈는 장아이링의 삶과 일치하는 부분이 많다. 우선 왕자즈와 아버지의 관계를 보면 장아이링이 떠오르지 않을 수 없다. 왕자즈의 아버지는 남동생은 영국에 유학을 보내지만, 그녀는 여성이라는 이유로 영국 유학을 지원해 주지 않는다. 이는 장아이링의 아버지가 홍콩대학 학비를 지원해 주지 않은 것과 비슷하다. 다만 소설에서는 왕자즈의 아버지가 홍콩대학 학비와 상하이에서 대학 학비는 지원하고 있다.

왕자즈는 1939년 홍콩대학을 다닌다.[9] 장아이링이 런던대학을 포

---

8 영화 배경의 1년 뒤인 1943년에는 이 소황기를 제거하여 자신의 정치적 정통성을 강조한다. 다만 "화평"이란 쑨원이 1911년 신해혁명시기 주전파의 논리를 물리치며 "지금 중국이 만일 화평으로 혁명의 성공을 갈무리할 수 있다면 이 또한 세계에 전무한 선례를 열 수 있을 것인데도 어찌 거병을 말하는가(今日中國如能以和平收革命之功, 此亦足開世界未有之例, 何必以兵)?"(廣東社會科學院歷史研究室、中國社會科學院近代史研究所中華民國史研究室、中山大學歷史系孫中山研究室合編,《孫中山全集》第一卷, 北京: 中華書局, 1981, p.570)라고 한 것에서 유래한다. 다만 왕징웨이 정권의 화평은 일본과 함께 걷는 걸음을 의미한다.

기하고 홍콩대학으로 수학한 시기와 일치한다. 홍콩에서 왕자즈의 삶은 학업과 역사 연극을 통해 매우 활기찬 모습을 띤다. 아마도 왕자즈의 인생에서 가장 아름다웠던 순간이었을 것이다. 잠시 그녀는 쾅위민(鄺裕民)에게 호감을 품기도 했고, 주변에 마음을 나눌 친구를 두기도 했다. 그러나 쾅위민은 자기 형이 일본군에 의해 죽게 되자 커다란 부채 의식을 지니고 자신의 욕망을 애국적 민족주의로 포장하여 사유화함으로써 자신의 학우들을 점차 파멸의 길로 몰아간다.

이들의 문제는 의욕만 컸을 뿐 사회적 연대를 이루지 못했던 것에 있다. 이들은 주변의 사람들을 정치적으로 미숙한 존재로 여기고는 이들로부터 도움을 받을 수 없다고 생각하면서 자신들이 실현하거나 혹은 짊어질 수 없는 상상된 성과에 집착하고 있다. 사실 장아이링이 홍콩대학에 입학했을 때 홍콩대학 중문과에는 후스(胡適)의 추천으로 소설가 쉬디샨(許地山, 1893~1941)이 교수로 재직하고 있었다. 쉬디샨은 5·4 신문화 운동의 선봉이 되었던 문학연구회(文學硏究會)의 발기인이자 일본에 대항하는 힘을 기르기 위해 조직했던 중화전국문예계항적협회(中華全國文藝界抗敵協會) 홍콩 분회 상무이사였다.

주인공 왕자즈는 자신의 그룹이 결정한 미인계의 주인공 역할을 받아들인다. 쾅위민이 왕자즈에게 연극을 같이하자고 할 대 나누는

---

9 중국 내륙에서 장제스의 충칭 군대의 이동을 바라보면서 애국심을 북돋우던 젊은 여성이 갑자기 영국 지배하의 홍콩으로 옮겨가 공부하는 장면은 언뜻 이해되지 않는 부분이다. 소설에 의하면 왕자즈는 광저우(엄주) 링난대학(령남대학)에 다녔는데, 광저우가 일본에 의해 함락되기 전에 링난대학이 홍콩으로 옮겨가면서 링난대학 학생들이 홍콩대학의 강의실을 빌려 수업할 수 있게 되었다는 설명이 있다.

대사가 흥미롭다.

> 쾅위민   새 극단을 만들 건데 내일 오후에 단원을 모을 거야. ……
> 사람이 적으니까 같이 하자.
> 라이슈진   입센의 《인형의 집》을 공연한다면 괜찮아. 나는 로라의 대사는 외울 수 있거든.
> 쾅유민   이런 시절에 누가 부르주아들 껄 보겠어? 우린 애국적 저항 연극을 할 거야.

입센의 《인형의 집》은 세계적인 반향을 불러온 헨릭 입센의 소설로서 중국도 예외는 아니었다. 아내와 어머니 이전 한 사람의 인간이라는 입센의 사상을 중국에 소개한 사람은 신문화운동의 선봉자였던 후스(胡适)다. 1918년에 그가 번역한 이 소설은 1920년대 중국 페미니즘 운동의 전성기를 상징하는 작품이 되었다.[10] 하지만 실제로는 남성 지식인들의 강한 반발을 불러왔다. 중국에서도 루쉰을 비롯한 수많은 작가와 사상가들이 로라에 대해서 비관적이며 조소했다. 쾅위민이 《인형의 집》을 부르주아의 작품으로 일축하면서 보여주는 태도는 당시 분위기를 전달한다. 연극의 성공으로 인해 암살 작전 실천으로 발전하는 과정에서 아무도 쾅위민의 주장에 반대할 수 없었다. 그렇게 되면 그 사람은 반민족주의자가 되어 버리는 모순적 파멸의 늪이 기다리고 있다.

---

10 John K. Fairbank, *The Cambridge History of China Volume 12, Rebooklican China, 1912-1949, Part 1*, Cambridge: Cambridge University Press, 1983.

[그림 5] 〈바그다드의 도둑〉, 〈의혹〉, 〈페니 세러네이드〉

왕자즈를 비롯하여 쾅위민 자신도 민족의 생존이라는 현실에 대한 감정적 몰입으로 인해서 인간의 존엄이라는 또하나의 커다란 주제와 애국적 구국 운동이라는 긴급한 현실 사이에서 합당한 균형을 잡아내지 못했고 그 결과 모든 사람이 불행으로 진입하는 계기가 된다. 왕자즈는 원하지 않던 사람과의 육체관계로 인해 큰 상처를 입었으며 이는 왕자즈로서는 결코 극복되지 못하는 상처였다. 소설의 묘사는 영화의 이 장면들에 대한 압축된 설명을 해주고 있다.

> 지금 생각해 봐도 마치 바늘에 찔린 것처럼 혐오스러운 눈으로 그녀를 가늠하는 그들의 눈빛이 눈앞에 아른거렸다. 그들은 뭔가를 안다는 듯한 미소를 짓고 있었고 그중에는 광유민(鄺裕民)도 포함되어 있었다.
> 就連現在想起來, 也還像給針扎了一下, 馬上看見那些人可憎的眼光打量著她, 帶著點會心的微笑, 連鄺裕民在內.
>
> — 장아이링, 〈색, 계〉

그녀는 자신의 과거를 받아들이지도 못했고 자신의 학우들과도 화해하지 못했다. 그녀는 애국이라는 이름 아래에서 소화되지 못한 상태로 바늘처럼 자신을 계속 찔러온 것이다.

연극단의 이 선생 암살 사건과 장아이링의 삶이 연계되는 부분은

1941년 일본의 홍콩 점령일 것이다. 영화에서 이 선생 암살은 1941년에 일어났는데 바로 이 시기에 일본이 홍콩을 점령한다. 학교는 휴업했고 대학은 방황하는 대학생들로 가득했다.

> 학생들은 아무것도 하지 않고 하루 종일 함께 밥먹고 포커를 치고 절망적인 감정 속에서 순간적인 연애를 했다. 남학생들은 여학생의 침대 위에서 포커를 쳤고, 대낮에도 여자 기숙사를 찾아와 나뒹굴었다. 새벽의 고요함 속에서 이따금 교태스럽게 거절하는 목소리도 들렸다. "안돼! 안된다고! 싫어! 나 싫다고!" 나머지 사람들은 습관이 된 듯이 아무렇지도 않게 여겼고 아무도 불평하지 않았다.[11]

자신을 지탱해 주던 것이 사라진 것을 느낀 학생들은 자포자기했다. 사회가 뒤바뀐 혼돈 속에서 학생들은 억눌린 사회적 욕망을 충족시켰다. 홍콩에서 왕자즈가 학우에 의해 몸을 잃는다는 이야기와 항일 투쟁 활동과 같은 소설 내용의 창작은 어쩌면 홍콩대학에서 일본 점령을 경험하고 대학생들의 무기력함을 직접 눈으로 보았던 장아이링의 개인적 삶과 연결하고 있다. 장아이링은 주인공인 왕자즈가 임무에 실패한 원인 가운데 하나로 이 사건을 든다.

> 왕자즈의 동요에는 원인이 있다. 첫 번째 암살 시도가 실패로 돌아가는 과정에서 부인도 잃고 병사도 잃어버리는 피해를 본다. 그녀는 기혼 여성으로 위장하기 위해서 동료 학생과의 관계를 통해 처녀성을 잃는

---

11 劉川鄂, 앞의 책, 2020(ebook).

다. 그녀가 몸을 잃은 사건을 대하는 몇몇 학우들은 매우 비열한 태도를 보였다. 적어도 그녀에게는 그런 인상을 심어주었다. 심지어 그녀가 호감이 있던 쾅위민조차도 비열하게 나왔기 때문에 그녀는 큰 상처를 입는다. 그녀는 심지어 그녀가 속았다고도 생각했고 자신의 고통을 말로 표현하지도 못했기 때문에 마음에 콤플렉스가 있었다. 그렇지 않았다면 보석 상인의 집에서 한순간 마음이 동요하여 큰 잘못을 범하지는 않았을 것이다.

王佳芝的動搖, 還有個原因. 第一次企圖行刺不成, 賠了夫人又折兵, 不過是爲了喬裝已婚婦女, 失身於同夥的一個同學. 對於她失去童貞的事, 這些同學的態度相當惡劣--至少予她的印象是這樣--連她比較最有好感的鄺裕民都未能免俗, 讓她受了很大的刺激. 她甚至於疑心她是上了當, 有苦說不出, 有點心理變態. 不然也不至於在首飾店里一時動心, 鑄成大錯.

- 장아이링, 〈양털은 양의 몸에 난다. -《색, 계》를 담론하다〉[12]

위의 말 가운데 "속았다"라는 의미는 그녀와 자기 위해서 학생들이 고의적으로 그녀의 육체를 빼앗는 상황을 조장했다는 의미일 것이다. 실제로도 그러한 가능성을 부정할 수도 없다. 나아가 장아이링이 이 글에서 이야기하는 왕자즈의 감정은 주변에 의해 궁핍한 삶으로 내몰린 상처입은 존재가 자신을 보호하고 사랑해 주는 존재라고 인지되는 사람을 만났을 때 발생하는 일 순간의 감정적 폭발을 이야기하고 있다.

---

12 張愛玲, 「羊毛出在羊身上—談色, 戒」, 『張愛玲全集07·華麗園』, 北京十月文藝出版社, 2019(ebook).

왕자즈, 1942 상하이

　홍콩대학에서의 암살 실패로 왕자즈와 친구들은 뿔뿔이 흩어진다. 왕자즈는 다시 상하이로 돌아와 외숙모 집에서 살면서 대학에 다닌다. 영화에서는 이 일이 3년 뒤라고 했는데 3년이라는 말은 1939년 이후 3년인 1942년이 된다.[13]

　그녀가 돌아온 상하이의 공공조계는 완전히 일본이 장악한 상태다. 학교에서는 영어 대신 일본어가 교과목이 되었으며, 거리에는 거지들이 득실대고, 암살로 공격받은 사람들의 시체가 보인다. 이러한 열악한 환경 속에서도 그녀는 영화에 대한 애호를 지니고 살아간다.

　영화에서 영화관을 걸어가는 왕자즈의 배경으로 나타나는 영화 포스터는 영화 〈색, 계〉의 구성과 의미를 은유적으로 전달하고 있다(그림 37). 도시 바그다드를 배경으로 왕국을 빼앗긴 왕자 아마드와 마법사 자파의 대결을 그린 마이클 파월(Michael Powell, 1905~1990)의 〈바그다드의 도둑(月宮宝盒, The Thief of Bagdad)〉(1940)은 그녀의 항일 투쟁을 나타내고 있고, 남편이 자신을 살해할지도 모른다는 아내의 의심을 담은 알프레드 히치콕(Alfred Hitchcock, 1899~1980)의 〈의혹(suspicion)〉(1941)은 이 선생 암살과 사랑 사이에서 선을 넘나드는 그녀의 곤혹을 미리 이야기해주고 있으며, 마지막으로 조지 스티븐스(George Stevens)의 〈페니 세러네이드(Penny Serenade)〉(1941)는 고난을 이겨내는 소시민적 행복한 결혼 생활에

13　만일 1941년 이후 1944년이라면 백일청천기의 소황기가 없어야 한다.

대한 왕자즈의 꿈을 담고 있다. 이것은 그녀가 선택한 영화가 〈페니 세러네이드〉라는 것으로 표현된다.

영화관에서 영화를 관람하는 씬은 시대의 분위기를 전달한다. 왕자즈는 영화의 두 주인공인 줄리 가드너(Julie Gardiner, 아이린 던)과 로저 아담스(Roger Adams, 캐리 그랜트)의 달달한 대화를 지켜보는데, 갑자기 영화가 중단되고 〈세계영화신문(世界電影新聞)〉이 방영된다. 이것은 시대적 서사가 개인의 행복을 집어삼키는 상황을 보여줌으로써 중국의 현재 상황을 암시하고 있다.

이 장면은 또한 뉴스를 보는 시민들의 반응을 통해 당시의 정치 분위기를 전달하고 있다. 일본은 1937년 상하이 사변을 일으켜 상하이를 손에 넣지만, 영국과 미국이 관리하던 공공조계의 행정과 치안까지 손대지는 못했다. 하지만 1941년 12월 진주만 공습을 단행하면서 공부국의 수장을 일본인 오카자키 가쓰오(岡崎胜男, 1897~1965)로 세워 본격적으로 상하이를 지배했고, 자신들의 정책을 대신 해줄 중국인으로 왕징웨이를 선택한다. 왕징웨이 정권은 앞서 말한 대로 자신의 정치적 존속을 위해서 일본을 선택했다. 그 결과 왕징웨이는 중국 사람들에게 제국주의 일본을 선전하는 역할을 담당한다. 이 장면에서 영국과 미국의 제국주의를 비판하면서 동아시아와 동남아시아가 영미에 대항하기 위해서는 일본을 중심으로 한 하나의 공동체를 이루어야 한다는 일본의 대동아공영권을 선전하는 뉴스와 이를 연설하는 왕징웨이를 볼 수 있다. 이 뉴스를 접하는 사람들은 거짓과 선전으로 점철된 왕징웨이의 연설에 분노하며 이 뉴스를 비판하는데 영화는 이를 통해서 왕징웨이 정권의 가식과 중국 민중의 왕징웨이 정권과의 괴리를 보여준다.

왕자즈는 상하이에서 과거 친구들을 차례로 만나게 된다. 이들은 자신들의 행위로 인해 이미 충칭 군통 소속 라오우(老吳)의 지휘 아래 장제스 정권의 스파이로 활동하고 있었고, 이들은 다시 왕자즈에게 임무의 지속을 요구한다.

그녀가 다시 이 선생 암살 제의를 받아들인 것은 과거 자신의 삶에서 일어난 사건이 현재적 의미로 다가오도록 한다. 이것은 그녀가 아버지에게 보낸 편지로 알 수 있다. 비록 라오우가 이 편지를 바로 불살라 버렸지만, 이 편지의 내용이 아버지에게 자신은 잘 있으니 걱정하지 말고 나중에 영국에서 만나자는 내용일 것으로 추측할 수 있다. 하지만 충칭의 군통 공작원 라오 우가 아버지에게 보내달라는 왕자즈의 마지막 편지를 내용도 보지 않고 소각하는 것을 보면 약속한 영국 유학이 단지 그녀에게 동기 부여의 목적만 존재할 뿐 약속을 지킬 생각은 없어 보인다. 이것은 그녀가 성공과 실패 어느 쪽이든 이용당한 후 버려질 것임을 암시한다.

아마추어로 구성된 인원으로 왕징웨이 최고 정보기관인 76호의 책임자를 암살하려는 라오우의 시도는 정신나간 계획이자 무리수다. 그런데도 라오우가 이 작전에 매달리는 것은 역시 민족주의 이데올로기로 포장된 개인적 복수를 위한 지푸라기 하나라도 잡아보려는 심정일 것이다. 그에게 어쩌면 왕자즈는 잃어도 아깝지 않은 버리는 카드였을 지도 모른다. 하지만 그는 이 작적이 성공할 수 있었던 것이 어쩌면 전문적이지 않은 풋풋하고 어설픈 모습 때문일 것이란 생각은 해보지 않은 것 같다. 입장을 바꿔서 보면 이 선생 역시 이토록 풋풋하고 어설퍼 보이는 여성이 목숨을 건 첩보원일 가능성에 대해 크게 의심하지 않았을 것이다.

반지, 세속과 성(聖) 사이

반지를 뜻하는 중국어인 계지(戒指)는 첫 글자가 "경계의 계(戒)"와 같다. 즉 반지는 사랑의 서약으로 한 존재의 욕망을 한 대상에 묶어두는 금기와 계율의 표식이다. 따라서 반지는 사랑에 대한 두 사람의 서약이면서 동시에 욕망과 금기의 대립적 의미가 정반합의 결과를 통해 사랑으로 변환되는 것을 상징한다.

반지는 소설과 영화의 줄거리 전환에 핵심적 역할을 한다. 반지의 의미는 영화에서 두 가지로 제시된다.

첫 번째는 허영과 사치이다. 영화 초반에 클로즈업 된 부인들의 손가락에는 커다란 반지들이 마작 테이블 위로 유려하게 패를 섞는다. 반지는 곧 왕징웨이 정부의 서열이자 부인들의 자기 과시다. 다이아몬드를 이야기하는 부인들의 대화 속에서 왕자즈는 반지를 바라본다.

> 이 부인   너(마 부인)의 이 반지 좋네. 이 반지 몇 캐럿이야? 3캐럿?
> 마 부인   이 반지 좋아요? 나는 이 반지 모양이 구식이고 유행도 지난거라서요. 요 몇일 가져가서 좀 바꾸려고 해요.
> ……
> 이 부인   몇일 전에 핀편이 왔는데 손에 5캐럿짜리를 가지고 있었

이 부인	어. 크긴 큰데 광택이 이것 만 못해. …… 핀펀의 물건 몇 개는 밖에서는 못사. 저번에 그 옐로우 다이아몬드는 이이가 안 사주더라. 지금 그게 얼마나 한다고.
이 선생	당신이 끼고 있는 다이아몬드 반지는 십 캐케럿이 넘잖소. 게다가 타원형 다이아몬드도 아니고. 다이아몬드도 돌일 뿐이잖소.

이 시선의 의미는 소설에서 좀 더 분명하게 나타난다.

> 왕자즈는 마작 테이불 위가 반지 전람회 같다는 생각이 들었다. 오직 그녀만이 다이아몬드 반지가 없었다. 끼고 다니는 것은 비취반지였고, 이럴 줄 알았다면 비웃음만 사는 반지를 끼지도 않았을 것이다. 이들은 눈을 치켜뜨고 그녀를 무시했다.
> 牌桌上的確是戒指展覽會, 佳芝想. 只有她沒有鑽戒, 戴來戴去這隻翡翠的, 早知不戴了, 叫人見笑––正眼都看不得她.
>
> – 장아이링, 〈색, 계〉

 상류 사회가 물질적으로 구성된다는 것은 익숙한 사실이며, 상하이 왕징웨이 정부의 상류 여성의 세계 역시 존재 가치는 물질에 기반하고 있다. 다이아몬드 반지를 끼지 않은 사람은 이 부인 사회에서 무시를 당한다. 우리는 자신의 부를 자랑하는 부인들을 통해 자신의 진실한 가치 추구와 무관한 세속적 가치의 추구를 본다. 어쩌면 그녀들은 인생의 가치를 부와 명예로 규명함으로써 매 순간 사회적 가치를 통해 자신의 허전함을 채워나가고 있다.

어쨌든 이 부인이 상하이에서뿐만 아니라 세계적으로도 비싼 노란색 다이아몬드를 그것도 5캐럿이나 하는 것을 전쟁 상황에서 구매하려는 것은 일반인으로서는 이해할 수 없는 허영과 사치다. 이 선생이 반지를 사달라는 부인의 요구를 점잖게 거절한 것은 합리적으로 보인다. 다만 이 선생

[그림 6] 영화 〈색, 계〉의 반지

이 이 부인의 요구를 거절한 이유는 곱씹을만하다. 그는 이전에 5캐럿 옐로우 타원형 다이아몬드보다 더 비싼 10캐럿의 라운드 다이아몬드를 그녀에게 선물했다. 위의 대사를 보면 표면적으로는 이미 더 비싼 것을 가지고 있으니, 그보다 못한 다이아몬드를 살 필요가 없다는 것이지만, 한 갓 돌에 불과한 것에 돈을 쓰기 싫다는 의미가 있다.

두 번째 반지의 의미는 사랑이다. 이 선생은 부인의 요구는 거절하면서도 왕자즈에게는 고가의 다이아몬드 반지를 선물한다. 이 두 사람에게서 반지는 여타 부인들이 생각하는 가치와는 다르다. 이 선생은 스스로 반지의 가치를 알지 못한다고 했다. 이런 그가 그녀에게 반지를 선물한 것은 표면적으로는 왕자즈를 기쁘게 하기 위함이지만 내부적으로는 다이아몬드를 돌처럼 바라보는 자신의 관념을 포기하고 다이아몬드를 통해 두 사람의 관계가 현실 속에서 이루어질 것을 상상하고 희망하는 징표라고 할 수 있다. 반면, 왕자즈에게 이 반지는 표면적으로는 이 선생을 제거할 수 있는 신호이지만 왕자즈는 이것을 거부한다. 즉 반지는 이들이 꿈꾸고 있는 비일상의 세계가 일상의 구속을 거부하는 상징으로서 곧 비일상성이 일상을 전

복하는 욕망을 상징하는 상징물이 된다.

이렇게 해석되는 이유는 보석이 세속적 가치에 의해 그 가치가 좌우되는 물건이기 때문이다. 즉 반지가 두 사람의 사랑을 상징한다면, 반지의 힘은 두 사람의 사랑을 도피의 공간에서 현실의 세속 공간으로 끌어내리는 힘을 지니므로, 반지는 두 사람의 사랑이 어떻게든 현실로 떨어지게 된다는 것을 의미한다. 두 사람에게서 반지는 두 사람의 관계가 어둠에서 밝음으로, 비일상성에서 일상성으로의 전환을 상징함과 동시에 이러한 것이 이루어지기를 바라는 욕망의 표현이다. 즉 반지는 왕자즈가 이 부인의 삶을 살아가고 이 선생이 그녀의 남편으로서 살아가는 것에 대한 약속이다.

소설에서는 이 반지가 그녀를 흔들어서 임무 대신 사랑을 선택하도록 만든 결정적 소재다. 영화도 이 반지를 소설과 비슷한 도구로 사용하고 있다. 이 선생이 준 반지를 받은 왕자즈가 감정의 표현을 최대한 억제하고 "도망가요"라고 말하는 장면은 상당히 절제된 짙은 감정을 드러내고 있다.

영화 전반적으로 감정에 대한 표현, 즉 감독은 이 영화의 감정적 표현에 매우 신중하고 절제하는 태도를 유지한다. 예를 들어 왕자즈가 홍콩대학 연극반에서 애국주의 운동을 선택할 때도, 그리고 미인계 암살 계획을 결정한 모습에 대해서도 리안은 인물들의 감정을 폭발적으로 표현하지 않았으며, 그녀가 이 선생에 대한 고뇌에 차 있을 때도 향수와 커피잔에 묻은 입술자국 그리고 손떨림을 통해 감정을 간접적으로 전달하는 등 절제된 화면을 통해 인물의 감정과 고뇌를 전달한다. 이것은 영화의 모든 인물에게도 적용된다.

리안은 충실하게 소설의 구조를 따라 영화를 만들었다. 하지만 이러한 객관적 감정 표현을 드러내는 대신 두 사람의 사랑이 형성되는 과정에 깊숙이 개입하여 반지와 "도망가요"의 드라마틱한 힘을 반감시켰는데, 그것은 두 사람이 상하이의 일본식 술집에서 왕자즈가 이 선생을 위해 노래를 부르고 이 노래를 들은 이 선생이 눈물을 흘리는 장면이다. 이 장면은 두 사람의 사랑에 대한 세속적 상징성을 가진 반지와 대립하는 정신적인 사랑을 강조한 부분이다. 왕자즈의 노래는 다음과 같다.

땅 끝에서 바다 끝까지,	天涯呀海角
그대를 찾고 또 찾네.	覓呀覓知音
나는 노래하고 그대는 악기를 연주했지.	小妹妹唱歌郎奏琴
그대여, 우리는 한 마음,	郎呀咱們倆是一條心
아! 아!	哎呀哎呀
그대여, 우리는 한 마음.	郎呀咱們倆是一條心
동산에서 북녘을 바라보니,	家山呀北望
눈물이 흘러 옷깃을 적시네.	淚呀淚沾襟
나는 그대를 지금까지 그리워하네.	小妹妹想郎直到今
그대여, 고난을 함께 했던 우리 깊은 사랑이여,	郎呀患難之交恩愛深
아! 아!	哎呀哎呀
그대여, 고난을 함께 했던 우리 깊은 사랑이여,	郎呀患難之交恩愛深
인생에서 어느 누가 …	人生呀 誰不 …
청춘을 아끼지 않으리!	惜呀惜青春
나는 실,	小妹妹似綟
그대는 바늘, 그대여!	郎似針 郎呀

함께 이어져 떨어지지 않으리!	穿在一起不离分
아! 아!	哎呀哎呀
그대여 …	郎呀 …
함께 이어져 떨어지지 않으리!	穿在一起不离分

– 톈한(田漢), 〈천애가(天涯歌)〉

이 노래는 1937년 위안무즈(袁牧之) 감독의 〈거리의 천사(馬路天使, Street Angel)〉라는 영화의 주제가 〈천애가(天涯歌)〉다.[14] 이 노래의 의미를 살펴보면 사랑하는 두 사람이 헤어진 이후 홀로 고향에 남은 여성이 떠나간 남성을 그리워하며 부르는 노래다.

"땅끝에서 바다 끝까지 그대를 찾고 또 찾네"라는 말에서 이 여성이 이미 남성과 헤어진 것을 알 수 있고, 헤어진 이후 계속해서 그를 찾고 있음을 알 수 있다. 또한 두 사람이 한마음으로 "나는 노래하고 그대는 악기를 연주했지."라는 구절에서 두 사람이 음악을 통해 서로의 사랑을 확인했음을 서술하고 있다.

하지만 이어지는 구절인 "동산에서 북녘을 바라보니, 눈물이 흘러 눈물이 옷깃을 적시네"라는 말에서 여성이 홀로 고향에 남아 떠나간 남성을 그리워하고 있는 모습을 통해 두 사람이 이제는 함께할

---

14 〈거리의 천사(馬路天使, Street Angel)〉(1937)는 위안무즈(袁牧之) 감독의 영화로 1930년대 상하이(上海)에서 샤오윈(小雲)과 샤오홍(小紅)이라는 자매가 각각 가수와 기녀로 생활하면서 겪는 사랑과 고난을 통해 당시 사회상을 반영하는 좌익 영화이다. 〈천애가(天涯歌)〉의 작곡가는 톈한(田漢)이다. 톈한은 위안무즈 감독의 〈풍운아녀(風雲兒女)〉(1935)의 주제가인 〈의용군진행곡(義勇軍進行曲)〉도 작곡하였는데, 이 노래는 현재 중국의 국가이다.

수 없음을 노래하고 있다. 그리고 이 여성은 실현되기 어렵겠지만 마지막 남은 삶을 남성과 바늘과 실처럼 이어져서 영원히 함께하기를 바라는 희망을 노래하고 있다.

왕자즈의 현재 신분과 〈거리의 천사〉의 샤오홍·샤오윈의 처지는 비슷하다. 거리로 내몰린 샤오홍과 샤오윈 자매처럼 왕자즈는 시대와 주변에 떠밀려 위험

[그림 7] 거리의 천사

한 임무를 수행하고 있지만 그녀의 마음속에는 사랑하는 사람과 함께 하는 꿈을 꾸고 있다. 이 선생은 이 노래를 들으면서 떨리는 손과 입으로 술잔을 들어 술을 마시고, 왕자즈는 그의 손을 가만히 잡는다. 이것은 두 사람의 사랑을 예술적으로 승화하는 장면이다.

하지만 두 사람에게 이 술집은 일본군을 위한 술집으로 이질적 공간이다. 이 공간에서 두 사람이 사랑을 확인한다는 것은 곧 두 사람의 사랑이 자신의 뿌리 공간에서 인정받을 수가 없는 고립된 사랑임을 드러낸다. 즉 두 사람의 사랑은 일본의 상하이 지배 속에서 유지될 수 있을 뿐이다. 이들이 원하는 삶이란 일상의 삶이지만 외부로의 확장이 단절된 뿌리 없는 꽃이다.

이 장면에는 장단점이 있다. 우선 단점은 극적 클라이막스를 두 부분으로 분리한다. 즉 두 사람의 사랑이 반지로 확인되는 소설의 서사에는 집약과 함축이 존재한다. 소설은 두 사람의 사랑이 가진 무게를 독자 스스로 해석하는 공간을 마련해 주지만 영화에서는 감

독에 의해 두 사람의 사랑에 대한 평가의 무게추가 이미 지고지순한 사랑으로 옮겨져 있다. 그래서 이 첨가된 씬은 두 사람의 사랑에 대해 집중하도록 하는 소설의 구성을 파괴하고 관객의 시선을 감독의 의도에 맞춰 옮겨지도록 함으로써 영화의 구성적 밀도를 상당부분 훼손시켰고, 왕자즈의 마지막 대사인 "도망가요"의 힘을 절반 이하로 하락시켜 영화적 카타르시스를 감소시켰다.

장점은 이후 극의 자연스러운 전개를 돕는다. 이 장면은 두 사람이 서로를 위하는 마음을 확인하고 이루어질 수 없는 사랑에 대해 눈물을 흘리는 장면이다. 만약 이 사랑의 확인 씬 없이 두 사람의 사랑을 반지로 축약했다면 반지에 너무나 많은 축약이 들어가기 때문에 관객들은 왕자즈와 이 선생의 사랑을 세속적 사랑으로 오해할 여지가 있다. 따라서 이 장면에는 이 선생의 반지 선물과 왕자즈의 내적 갈등이 일어나는 원인과 결과에 대한 중간 과정으로서 관객들이 인과의 관계를 논리적으로 받아들이도록 하는 감독의 배려가 실려있다.

왕자즈와 이모청(이 선생)

왕자즈는 이 선생의 주변을 맴돌며 이 선생을 유혹하고 이 선생은 그녀의 유혹을 따라 움직인다. 영화가 처음의 유혹 과정을 긴장감 있게 보여주는 것은 사실이지만 암살자와 타겟이라는 두 사람의 관계가 가져오는 긴장감보다는 이 선생의 부인에게 들킬지도 모른다는 코믹 멜로처럼 그린다.

두 사람이 함께 육체적으로 관계하는 순간은 매우 긴장감이 있다. 이 긴장감은 왕자즈가 실수해서 발각될지도 모른다는 긴장보다 이 선생의 폭력적 성행위 때문이다. 이처럼 영화는 왕자즈와 이 선생이 사랑에 빠지는 과정을 매우 폭력적으로 묘사한다. 이는 리안의 과거 영화와 매우 다른 성격으로 나타나서 보기가 힘들고 영화가 끝나는 무렵에 느껴지는 표현하기 힘든 그 무엇이 마음을 짓누르지 만든다. 여기에는 아마도 폭력과 순종이라는 다소 받아들이기 어려운 인간의 모습이 묘사되기 때문일 것이다.

이 선생이 이토록 폭력적으로 왕자즈를 대하는 이유는 그의 삶 자체가 폭력을 수단으로 결과를 이루는 방식으로 구성되어 있기 때문이다. 즉 그는 수많은 스파이를 만났을 것이고 수많은 반체제 인사들을 고문하면서 폭력만이 그들로부터 진실을 혹은 자신이 원하는 말을 받아낼 수 있는 방식이었을 것이다. 즉 그의 폭력적 행위는 왕자즈의 진실을 검증하는 과정이었을 것이다.

이 첫 번째 만남은 왕자즈가 이 선생과의 관계를 지속할지 여부와 자신의 신분 노출의 여부가 판명되는 가장 혹독한 시련이었을 것이다. 다만 영화는 폭력적인 이 선생의 모습이 화면 전체를 압도하면서 이러한 자신을 숨겨야 하는 왕자즈의 절박함보다는 폭력에 굴복하는 여성의 모습이 두드러져 불편함으로 다가온다.

이러한 폭력적 정사 장면은 소설이 아닌 리안의 영화에서만 나타난다. 소설에 나타난 이 선생은 이런 모습이 아니다.

그는 그녀를 보지 않은 채 얼굴에 그려진 미소는 슬픔을 약간 담고 있었다. 그는 중년 이후 이러한 이상한 만남을 갖게 될 것이라고는 전혀 생각하지 못했다. 물론 이것이 권력의 마법이기는 하다. 이것도 괜찮지 않은가. 권력은 자신과 어느 정도 떼어놓을 수 없는 것이다. 예물이란 여자에게 반드시 줘야 하는 것이지만, 너무 일찍 주면 그녀를 얕보는 것처럼 보인다. 이것이 사실이라는 것을 알면서도, 자아도취적인 생각을 하지 않는다면 어쩔 수 없이 실망을 느끼게 된다.

他不在看她, 臉上的微笑有點悲哀. 本來以爲想不到中年以後還有這樣的奇遇. 當然也是權勢的魔力. 那倒還猶可, 他的權力與他本人多少是分不開的. 對女人, 禮也是非送不可的, 不過送早了就像是看不起她. 明知是這麼回事, 不讓他自我陶醉一下, 不免憮然.

— 장아이링, 〈색, 계〉

위의 글에서 이 선생은 그녀와의 관계를 "권력의 마법"으로 이해하고 "이것도 괜찮지 않은가(那倒還猶可)"라고 말하는 것은, 그녀와의 관계에서 권력이 핵심이라는 것을 말해준다. 이 선생은 중년 남성이 나이 어린 여성에 대한 매혹의 감정을 가지고 상대 여성을 붙잡기 위해서 계산적으로 반지를 제공한 것이다. 하지만 리안의 이 선생은 이런 모습을 가지지 않는다. 만일 리안이 첨가한 일본군 술집 장면이 없었다면 위의 해석이 가능하겠지만, 이 장면으로 인해 리안이 그리는 이 선생은 왕자즈와 깊은 사랑을 나누는 존재가 되었다.

이 선생은 성격의 변화가 많고 행적 또한 비밀스러운 인물이다. 비밀스럽다는 것은 그의 직업이 비밀 임무이기도 하거니와 우리는 이 선생의 이름을 영화에서 한 번도 들을 수 없다. 그는 단지 이 선생으로 불리는 이름없는 존재다.

그는 직장과 가정에서 완전히 다른 사람으로 행동한다. 직장에서는 차갑고 잔인하게 반정부 인사들을 고문하고 죽이지만 가정에서는 다정한 남편으로 살아간다. 이러한 이중성은 그의 가면적 삶을 보여준다. 즉 그는 직장에서 자신의 본래 얼굴 위에 76호 특무장으로서 잔인한 고문자의 가면을 쓰고 있다가 집으로 돌아와 제일 먼저 거울을 보면서 직장의 가면을 벗고 다정한 남편의 가면을 쓴다.

또한 그는 어둠을 싫어하지만, 어둠 속에 존재한다. 그는 사실 어두운 곳을 싫어하고 두려워하지만 어쩔 수 없이 주변의 힘에 의해 어두운 지하실에서 어두운 일을 하고 있다.

왕자즈   이 선생님은 바쁘신 분이라서. 영화 보려면 한가해야죠.
이 선생   그게 아니라 난 어두운 곳이 싫어요.

그리고 이 선생은 직장 밖에서도 늘 어둠 속에 있다. 그의 집은 총을 든 경비들이 경계를 서고 있으며, 집의 커튼을 쳐서 저격에 대비하고, 차량에서 집으로 이동할 때도 매우 빠른 속도로 움직이다. 그리고 그는 미리 정해진 동선 밖으로 움직이지도 않는다. 그는 집에서 이 선생으로만 불릴 뿐 그의 본명으로 불린 적이 없다. 그는 철저히 자신을 숨기고 어둠 속에서 움직이며 집으로 와서는 가면을 쓰고 살아가는 존재다. 이런 점에서 이 선생의 영화적 위치는 매우 독특하다. 만일 이 선생에게서 인간적인 면을 걷어낸다면 그는 어둠과 죽음 그리고 폭력에 관여하는 이름 없는 존재로 매우 특이하다

못해 신비로운 인물로 그려진다.

영화에서는 두 사람의 섹스를 다소 과할 정도로 길게 표현한다. 하지만 그도 그럴 것이, 두 사람은 모두 자신을 숨기고 있기 때문에 육체관계 외의 방식으로는 두 사람의 서로에 대한 감정을 표현할 방법이 없다. 즉 일상성 속에서 두 사람이 만남을 위해 가지는 행위는 조작되고 의도된 몸짓이며 두 사람이 눈빛으로 교환하는 마음 역시 거짓된 속삭임이다. 한 사람은 상대를 죽이기 위해 접근했고 또 한 사람은 자신의 욕망을 충족하기 위해서 접근했다. 이 과정 가운데 어느 하나도 상대방에 대한 진실한 관심이라고 할 수 있는 것이 없다. 두 사람에게서 가장 진실한 만남은 육체를 통해서만 이루어질 수 있을 뿐이다.

이렇게 보면 두 사람은 일상성 속에서의 만남이 비정상이며 비일상성 속에서의 만남이 정상으로 바뀌어 있다. 따라서 영화의 제목인 색·계에서 색은 욕망·육체·죽음을 상징하며, 계는 경계·이성·생존을 의미한다. 색과 계는 서로와 대립하는 의미를 지니면서 서로를 억압하는 성격이지만 색과 계의 관계가 폭력적 섹스를 통해 통합의 길로 지양된다는 설정이 이 영화의 제목이 가지는 숨어있는 의미이다. 따라서 이 색과 계라는 두 글자는 붙여 쓸 수 없으며, 또한 그 결과가 사랑인지 아닌지를 파악하는 것은 관객의 몫이라고 생각한다.

두 사람의 대립적 관계가 육체적 관계를 통해 정신적 관계로 진행되는 과정에서 나타나는 공간은 장아이링의 소설에서 자주 사용되는 단절된 공간이다.

장아이링의 소설 속 공간은 종종 현실적 공간과 비일상적 공간으로 양분 되어있는데 이 두 공간의 관계는 "비일상적 공간은 일상의 논리를 재배열하면서 이 속에서 세계 전체를 재구성하는 양상을 띤다. 비일상의 영역은 일상으로 가득 찼지만 그것(=일상)으로 전환되지 않으며 현실적으로 가능한 다른 세계를 구성하는 중요한 계기로 자리한다. …… 장아이링의 텍스트에서 일상/비일상의 통상적인 구분의 경계는 새롭게 정해지면서 현실 전체의 그물망을 흔들어 놓고 있다."[15]라는 말로 정의될 수 있다. 즉 일상의 균열에서 잉태된 비일상이 일상을 전복하는 것이다.

[그림 8] 영화 〈색, 계〉

영화 〈색, 계〉에서도 이러한 현상이 일어난다. 두 사람은 서로 만나기 위해서는 타인의 눈을 철저히 피해야 했기 때문에 두 사람의 만남은 모두 철저하게 비밀스러운 공간에서 이루어진다. 따라서 두 사람이 만나는 공간은 일상에서 은폐된 공간이자 추방된 공간이며 이 공간 속에서 이들은 일상성의 상징계 권력이 막아놓았던 다양한 모습들을 두 사람의 만남과 대화 그리고 섹스를 통해 분출한다. 두 사람의 만남이 길어질수록 폭력과 감내라는 시련의 과정은 이들을 점차 사회적 상징계로부터 멀어지게 함으로써 이들에게 감추어졌던 욕망을 불러오게 한다. 왕자즈에게는 사랑하는 사람과의 따뜻한 오

---

15 박자영, 「일상이 봉쇄되는 그 순간: 장아이링 소설에 입문하는 한가지 방법」, 『중국문화연구』 6(6), 중국문화연구학회, 2005, p.272.

후의 쇼핑을 바라보는 눈 속에서, 그리고 그녀가 여러 영화 가운데 〈페니 세러네이드〉를 선택함으로써 그녀의 감추어진 소박한 욕망을 드러냈고, 이 선생 또한 그를 억압하는 어두운 현실이 추방한 소박한 삶을 일상으로 되돌리는 욕망을 그녀와의 저녁 식사에서 밝힌 적이 있다.

> 이 선생   이런 가벼운 대화는 내게는 정말 귀중한 것이오. 내가 만나는 자들은 모두 사회지도층들이오. 온 종일 국가대사를 논하고, 국가 대사를 입에 걸로 살죠. 나는 그들이 뭐라 하는지 신경 안 써요. 그들의 눈에서 나는 같은 걸 보거든요.
> 왕자즈   뭐를요?
> 이 선생   두려움. 그런데 당신은, 당신은 다른 사람과 많이 달라요. 당신은 두려움이 없죠. 안 그래요?

위의 말을 통해 이 선생 역시 왕자즈를 통해 자신의 욕망을 드러냈다. 그는 어두운 곳이 싫지만, 상하이에서 가장 어두운 곳에서 일해야 하며 두려움이 지배하는 왕징웨이 정부의 고위직들과 함께 일해야 한다. 이 당시 중국 어디에도 안전을 보장받지는 못했겠지만 왕징웨이 정부는 다른 세력에 비해 지지기반이 허약하여 일본에 의지해야 하는 상황이며 스스로 정국을 주도하는 위치에 있지 않았다. 그는 그를 억압하는 상황에서 벗어나고 싶은 욕망 속에서 하루하루를 버티고 있다. 〈색, 계〉는 이러한 두 사람이 현실에서 추방된 공간이자 봉쇄된 공간에서 육체적 관계를 통해 서로를 이해하여 하나된 존재로서 사랑을 표현하고 있다. 이러한 개인적 인생을 통해 표현되는 사랑은 서로의 상처를 돌봄으로써 일정한 의의를 획득한다. 그러나 이러한 의의가 뒤집으려는 세계는 너무나 거대하다. 왕자즈는 중국 민족의 독립과 혁명 동지를 버려야 하고 이 선생은 현실적 모든 안전장치를 버려야 한다. 이러한 점 때문에 두 사람의 사랑은 현실로 옮겨지기 어렵다. 이들이 자신들만의 비밀스러운 공간으로 옮겨가는 것도 세상의 비난을 피하기 위함이며 세상으로부터 간섭받지 않으려는 모습이다. 하지만 이들의 욕망은 시간의 흐름 속에서 사사로운 공간에 머물지 못하고 점차 세상으로 나올 수밖에 없다.

이 작품이 사람들에게 충격과 불편함으로 다가오는 원인 가운데 하나는 반민족주의적 친일파인 이 선생과 민족주의자인 왕자즈 사이를 이어주는 사랑이라는 불편한 다리 때문이다. 인간은 철저하게 사회로부터 격리되어 개인의 삶만을 살 수도 없지만 인간의 모든 부분을 사회적 상징계로 환원하는 것도 불가능하다. 사랑에는 인간의 과거 경험, 현재의 욕망, 그리고 미래의 소망 등이 함께 뒤섞여 하나의 혼돈을 이루고 있기 때문에 사랑을 하나의 틀로 해석한다는 것 자체가 어쩌면 불가능한 것일지도 모른다.

사랑과 같은 인간관계 속에서 나타나는 일종의 정신적 공간에서는 두 사람의 세계가 만들어지고 이 세계는 확실히 외부의 세계와 단절되어 별도의 세계를 형성할 수도 있다. 이것은 나치 독일의 유대인 살인마들이 가정에는 충실하고 다정한 아버지였다는 점에서도 나타난다. 마찬가지로 이 선생이 민족주의자와 반체제 인사들을 고문하는 잔혹한 인간임에도 왕자즈와의 관계를 통해 자신의 욕망에 대한 실현의 키를 가지고 있는 여성으로 그녀를 대했다. 이 새로운 관계에서 그는 반민족주의자·친일주의자가 아니라 그저 한 사람이 되었고, 이는 왕자즈 역시 마찬가지였을 것이다.

왕자즈의 일생을 돌아보면 그녀는 소박한 일상적인 삶을 꿈꾸는 소시민적 여성이다. 하지만 긴박한 시대적 변화 속에서 아버지에게 차별적 대우를 받으며 버림받았고, 그녀는 대학 친구들에게 배신당하고 이용당했다는 상처를 크게 입고 있다. 분명히 그녀가 접근하는 대상은 친일파 매국노였지만 연기가 현실이 되고 현실이 비현실이 되면서 그녀는 점점 자신의 연기와 현실을 구분하지 못한다. 한간(漢奸)이든 민족의 영웅이든 시정의 잡배이든 그녀에게는 큰 문제가 아니게 된 것이다.

영화 평론가 이동진은 이 영화의 섹스 장면에 대하여 점차 폭력이 걷히고 여성이 주동하는 섹스 장면을 통해 사랑의 깊이가 깊어짐을 표시했다고 한다.[16] 리안 역시 이 점을 언급한 적이 있다.

> 왕자즈는 사랑에 빠질 필요가 있습니다. 그래서 우리는 이 선생이 그녀를 껴안는 신을 넣었습니다. 그녀는 태아 같은 자세를 취합니다. 그는 그녀에게서 활력을 쥐어 짜내는 듯 보입니다. 그리고 그녀는 가슴이 뭉클해집니다.[17]

---

16 이동진, 〈21세기 최고의 베드신 BEST 10〉, 《B tv 이동진의 파이아키아》, https://www.youtube.com/watch?v=m8AGq4MBv1k&embeds_referring_euri=https%3A%2F%2Fwww.fmkorea.com%2F&embeds_referring_origin=https%3A%2F%2Fwww.fmkorea.com

17 카를라 레이 풀러, 『이안, 세계를 넘는 스토리텔러』, 윤철희 역, 마음산책, 2019, p.29.

리안은 이 선생이 폭력적 섹스를 통해 왕자즈의 변형을 이루어낸 것이라고 말한다. 다시 말해서 리안은 이 선생을 일종의 신비주의적 힘을 지닌 존재로 표현하고 있다. 즉 이 과격한 섹스의 표현은 앞서 언급했듯이 이 선생의 삶과 관계한 것으로, 판타지 영화에서 현실에서 판타지로 넘어가는 과정에서 나타나는 터널 통과와 유사하다. 왕자즈에게 이 과정은 이 선생의 외부 공간에서 이 선생의 내부로 들어가는 터널이 된다. 단지 그 관문의 형태가 폭력적 성행위인 점이 이 영화의 특색이라고 할 것이다.

이 영화에서 누가 누구를 더 사랑했느냐고 따지는 종속적 관계로 사랑을 따지는 것은 물질계의 사랑 해석법이다. 물질계의 사랑에는 지배와 종속의 관계가 존재하지만 두 사람이 가졌던 사랑의 관계는 서로의 목숨을 건 사랑이었기에 이러한 셈법으로 환원되기 어렵다. 영화적 구조에서 본다면 두 사람은 이미 호흡 하나 손짓 하나가 모두 의심과 거짓으로 점철된 관계 속에서 살아가기 때문에 아무것도 가리지 않는 육체적 사랑의 모습이 두 사람에게는 유일한 진실의 모습이 될 것이다.

영화 마지막 부분에서 왕자즈가 이 선생을 은밀한 사랑의 공간에서 탈출시키고 거리를 걸을 때 나타나는 신비한 광경은 마치 왕자즈가 이 선생과 함께 쇼핑하는 듯한 모습으로 표현된다. 만일 그가 도망가지 않고 또 그가 보통 사람이었다면 그녀는 그와 함께 거리를 거니는 오후를 가졌을 것이며 보통의 차를 타고 집으로 함께 돌아가는 일상의 행복을 누렸을 것이다. 그녀가 타고 돌아가는 인력거가 행복해 보이는 것은 그녀의 마음이 이루고 싶었던 소망을 상상으로 실천한 뒤에 느껴지는 행복일 수 있다. 그리고 인력거를 타고 돌아가는 길의 봉쇄는 곧 비일상의 파괴이며 곧 일상의 회복이자 사랑의 종식이다.

색과 계, 사랑과 심판

영화 〈색, 계〉에서 색은 그녀가 이 선생에게 다가가는 무기다. 그녀는 성적 매력을 통해 이 선생을 유혹한다. 그 목표는 이 선생이 그녀에 대한 의심을 완전히 풀어버리도록 만들고, 그의 동선을 암살조에게 노출하는 것이다. 따라서 색은 유혹이며 죽음이다. 이 선생에게서 색은 자신의 계획을 벗어난 움직임을 뜻하며, 마치 먹이에 홀린 짐승처럼 차츰차츰 덫을 향해 다가가는 것이다.

계는 이 색에 대한 경계이자 폭력이다. 이 선생은 반정부 인사들을 잡아들이고 고문하고 암살하는 일을 하는 특무기관의 수뇌다. 그에게서 경계는 곧 진실이자 자신의 생명 그리고 국가를 유지하는 수단이다. 그는 인간을 믿는 대신 권력과 폭력을 믿는다. 이러한 그가 자신의 상대 여자에게 폭력을 행사한 것은 매우 논리적이다. 그의 폭력을 견딘다는 것은 곧 그에게 있어 그녀가 그를 좋아한다는 진실에 가깝다.

리안이 그리는 사랑의 최대 적은 상징계의 대타자다. 리안의 이 영화에서 두 사람의 사랑이 현실 속에서 이루어지려면 그가 그리는 공간이 비현실적 상하이가 되어야 하며 이 세계와는 독립된 하나의 세계가 되어야 하지만 실상은 그렇지 않다. 세상의 법칙이 이 두 사람의 사랑을 가만히 놓아둘 리가 없다. 이것은 영화가 개봉된 이후 중국에서 왕자즈를 연기한 연기자 탕웨이(湯唯)에 대한 분노로 알 수 있다. 연기자 탕웨이는 중국에 살지 못하고 결국 홍콩으로 옮겨 갔고 지금도 한국에서 가정을 꾸리며 살고 있다. 하물며 왕자즈의 사랑은 민족 감정으로는 결코 허용될 수 없는 사랑이다. 어쩌면 인간은 본질적으로 허구와 현실을 구분하지 못하며 역사적 유전자의 한계를 벗지 못하는 존재일지도 모르겠다.

상징계가 왕자즈에게 내린 심판은 두 가지다. 왕자즈는 이 선생의 자동차를 타고서 약속 장소로 이동하면서 창문을 통해 일본에 의해 고통받는 민족의 모습을 생생하게 눈으로 보면서 민족적 감정과 사랑의 감정으로 인해 갈등하지만 결국 이 선생을 놓아줌으로써 자신의 행위가 민족적 감정으로부터 용서받지 못할 것을 알고 있다. 마지막 장면에서 그녀는 학우들로 이루어진 배심원들로 구성된 현실의 상징계로부터 정신적 심판을 받는다. 그래서 그녀는 돌아갈 곳이 없다.

또한 그녀는 왕징웨이 정권으로부터 물리적 심판을 받는다. 그녀는 임무 실패시 독약을 소매에 넣어두고 있지만 굳이 잡혀서 이 선생의 손으로 죽음을 맞이하기를 원한다. 그녀가 마지막으로 지키고자 했던 것은 사랑이기에 그녀가 독약을 먹고 죽는다면 이것은 그와의 사랑이 맺은 결과를 받아들이는 것에서 도피한 것이며 동시에 그에게서의 도피다. 그녀는 그에게 영원히 기억되는 존재로서 죽음을 선택한다.

현실로 탈출한 이 선생도 그녀의 이런 마음을 알고 있다. 관객은 영화 전체에서 이 선생의 본명을 알지 못한다. 오직 이 선생이 왕자즈의 처형을 명령하는 문서에 서명하는 장면을 통해 이 선생의 이름이 "모청(墨成)"임을 알게 된다.[18] 즉 처형 명령을 자신이 내림으로써 그녀에게 자신의 이름이 무엇인지 알려주는 것이며 타인의 명령이 아닌 자신의 이름으로 죽음을 명한다. 그녀는 본래 이 선생에게서 한 번 죽었다가 다시 살아난다. 그녀가 그를 사랑할 때부터 민족에 대한 열렬한 애정을 가졌던 그녀는 이 선생에 대한 감정으로 다시 새로운 사람이 되었다. 그리고 그러한 그녀의 삶을 그가 거두는 것은 그녀에 대한 영원한 기억으로 그에게 남을 것이다. 그 또한 그녀가 어디론가 사라지고 또 타인에 의해 죽임을 당하거나 타인의 여자가 되는 것보다는 자신이 죽이는 것이 낫다고 생각했을지도 모른다. 그가 반지를 자신의 것이 아니라고 하는 것은 책임의 회피가 아니라 반지는 그녀에게 준 것이니 그녀의 것이라는 뜻일 것이다. 즉 그는 자신의 사랑을 부정하지 않았다.

영화에서 왕자즈가 "도망가요"라고 하고 이 선생이 도망치는 장면은 김기덕의 영화 〈악어〉를 오버랩하게 만든다. 이 영화의 주인공 악어는 자신이 사랑하는 여인과 같이 죽기 위해서 강물 속에서 수갑까지 차지만 곧 후회하고 수갑을 벗기 위해 바둥거리다 어이없게

---

[18] 굳이 출처를 말하자면 《주역·계사전》의 "신묘함을 밝히는 것은 그 사람에게 있고, 묵묵히 이것을 이루며 말하지 아니하여도 믿는 것은 덕행에 있다(神而明之存乎其人, 默而成之, 不言而信, 存乎德行)."이다. 영화와 별 관계는 없어 보이지만 굳이 말하자면 두 사람의 사랑이 가지는 말할 수 없음과 실존의 믿음 그리고 사랑의 행위를 의미한다고 해석될 수도 있을 것이다.

죽는다. 죽음을 맞이한 남과 여의 마지막 모습이 너무나 대조적으로 또한 영화적으로 비슷하게 그려진다. 더욱이 이 모청이란 사람 자체가 권력과 폭력으로 얼룩진 세속적 인물이어서 생을 더 탐했을 가능성은 부정하기 어렵다. 장아이링의 소설에서 이 선생은 자신이 돈과 권력이 있어서 예쁘고 어린 여자가 접근한다고 생각할 정도로 세속적 인물이다. 어쩌면 이런 이야기가 훨씬 더 솔직한 것일지도 모르겠다.

이들의 사랑은 여전히 미스테리다. 다만 성적 해방이 이들에게 자유를 부여하고, 다시 이 자유의 감각이 자아를 얽어맨 현실의 족쇄를 풀어내는 결단이 되고 있다. 또한 사랑의 대상을 선택하는 것은 삶의 영역에 속하는 것이지 객관 영역에 속하지 않는다.[19] 삶의 영역과 관계한다는 것은 사랑하는 대상의 선택이 현실적 판단이 아니라 상징계로부터 제한된 영역에 대한 해방에서 나타난다는 것이다. 우리가 결혼을 위해 연봉을 타진하고 재산을 셈하는 것은 더 부유한 삶을 위한 경제적 교환 가치로서 상대를 인수분해한 값을 구하는 것이며 이는 이 세계에 대한 현실적 생존의 유리함에 대한 경제가치의 타산이다. 그리고 체제에 적응하기 위해서 자신의 욕망을 굴절시켜 대타자의 명령과 일치하려는 삶은 늘 인간을 구속한다. 사랑하는 대상은 해방자의 신분으로 상대의 억압된 욕망을 풀어줌으로써 대상의 현재를 구원하고 미래의 행복을 약속하는 환상의 존재다. 물론 현실에서 그러한 사람은 없을 것이다. 다만 자기 스스로가 자신에 대한 존재적 의의와 그 확장에 대한 키워드를 투사할 뿐이다.

---

[19] 조르주 바타유, 『에로티즘』, 조한경 역, 민음사, 2009, p.31.

이들의 사랑이 가지는 의의는 무엇일까. 우선, 두 사람에게 있어 시대적 가치를 부여할 수는 없다. 즉, 그들이 바라는 평범한 삶은 주변 환경에 의해 불가능한 상황이다. 그럼에도 불구하고, 이들은 불합리한 시대를 뒤로 하고 잠시 자신들 만의 공간을 사랑이라는 이름으로 확보하여 민족 서사와 역사 서사, 그리고 국가 서사를 뛰어넘는 개인 서사를 초월적으로 창조했다는 점에서 감독의 개인주의적이고 애정지상주의를 살펴볼 수 있다. 실제로 이러한 서사는 중국의 초기 여성주의 운동의 대표적 테제와 맞물려 있다.

그러나 이들의 욕망은 현실로의 복귀를 크게 갈망한다. 이 선생은 상하이에서 가장 화려한 세속적 가치의 상징인 다이아몬드 반지를 그녀에게 선물한다. 이것은 두 사람이 현실에서 사랑의 환상 공간으로 도피했다가 다시 현실로 복귀하는 신호와 같다. 그리고, 이 신호는 거대한 사회 구조 속에서 찢겨나갈 미래의 참혹한 결과에 대한 미적인 상징에 대한 기호이다.

장아이링의 문학은 종종 "시대의 방관자" 혹은 "건강한 개인주의"라는 언어로 표현된다.[20] 긍정적 수사를 떨쳐낸다면, 이 말은 그녀가 시대의 흐름과는 떨어진 상태로 인간을 바라보고 있다는 의미다.

그녀의 소설에서 가장 중심이 되는 테제는 사랑이지만 이 사랑은 지배 질서가 정지된 공간에서 신비롭게 나타났다가 다시 지배 질서에 의해 추방되는 모습으로 나타난다. 이것은 그녀의 소설집 《신전기(新

---

20 權惠珍, 「장아이링 문학을 읽는 방법」, 『한국중어중문학회 학술대회 자료집』11, 한국중어중문학회, 2016, p.99, p.101.

傳奇)》에 나타난 그림과 유사하다(그림 9). 장아이링의 이 소설집 표지에는 이목구비가 없는 여성이 창문을 통해 구식 가정을 들여다보고 있다. 장아이링은 〈독자에게 말하는 몇 마디(有幾句話同讀者說)〉에서 이렇게 썼다.

[그림 9] 소설집 《신전기》의 표지

청나라 말에 유행했던 사녀도 한 장을 빌려 썼다. 한 여인이 그윽이 골패를 부리고 있고, 유모는 옆에 앉아서 아이를 안고 있는 모습이 가치 명망 높은 가문의 저녁 일상의 한 장면을 보는 것 같다. 그러나 난간 밖에는 뜻밖에도 걸맞지 않은 인간의 형상이 있다. 마치 귀신의 출현과도 같은 그것은 현대인으로 매우 호기심에 차서 안쪽을 주시하고 있다. 만약에 여기에 사람을 불안하게 하는 부분이 있다면, 그것은 내가 만들고 싶어 했던 분위기이다.

借用了晚清一張時裝仕女圖, 畫著個女人幽幽地在那裡弄骨牌, 旁邊坐著奶媽, 抱著孩子, 仿佛是晚飯名家常的一幕. 可是在欄杆外, 很突兀地, 有個比例不對的人形, 像鬼魂出現似的, 那是現代人, 非常好奇地孜孜往裡窺視. 如果這裡有使人感到不安的地方, 那也正是我希望造成的氣氛.[21]

이 그림은 청말 화가 오우여(吳友如)의 〈이영금석(以永今夕)〉을 바탕으로 장아이링이 개작한 이미지이다.[22] 내부에는 한 여인이 골패를

---

21 張愛玲, 『有几句話同讀者說』, 北京: 北京十月文藝出版社, 2012, p.268.

[그림 10] 오우여 〈이영금석〉

부리고 있고, 유모는 아이를 안고 있다. 이 구성은 명망 있는 가문의 평온한 일상, 즉 조화롭고 질서 잡힌 전통 가족의 저녁 풍경을 연출한다. 그러나 이 조화로운 공간 바깥, 창틀 너머에는 이상한 인물이 불쑥 등장한다. 이 인물은 비정상적인 비율과 감각 기관이 없는 '얼굴 없는 존재'로, 전통적 공간에 속하지 않은 외부자이다.

이 그림은 '집의 안과 밖'이라는 공간적 구도와 '무면귀'와 같은 형상으로 그려진 창틀의 여성을 통해, 억압된 욕망과 상징계의 경계를 시각적으로 표현하고 있다. 무엇보다 중요한 것은 집 안의 질서와 조화 속에서, 이 여성이 철저히 배제된 외부자로 형상화되어 있다는 점이다.

첫째, 창틀 밖의 여성은 공간적으로 분리된 위치에 놓여있다. 이 공간적 분리는 단지 거리의 차이가 아니라, 전통적 상징계로부터의 추방을 상징한다. 이 여인은 질서 있는 일상으로 재현된 집 안의 구성과는 이질적인 존재로, 그 자체로 현실이 배제하고 억압한 욕망의 잔존물이다. 전통은 사회의 상징 체계로서 현실을 조직하는 권력이다. 이 권력은 이질적인 존재의 개입을 불편하게 여기지만, 동시에

---

22 呂文翠, 「民初海上「百美圖」時尙敍事與性別文化的塑形嬗變」, 『淸華中文學報』, 第十四期, 2015, p.425.

그것을 완전히 추방할 수 없다. 이 여성은 배제되었지만 동시에 귀환하는 존재이며, 전통의 조화를 해체할 가능성을 내포한 불온한 개입자다. 그녀는 단순히 창틀 밖에서 관찰하는 자가 아니라, 이 세계를 위협하고 재구성할 수 있는 귀신처럼 돌아오는 그 무엇(the Thing)이다.

둘째, 이 인물의 이목구비가 제거되었다는 점은 중요하다. 감각 기관의 부재는 그 대상을 알아보지 못한다는 것이며, 이는 감각 주체의 대상에 대한 지각과 감정의 소외를 의미한다. 즉 무면귀란 인식의 맹점으로 존재하는 외부자의 시각화이다. 전통 공간 내부의 사람들은 이 존재를 인식하지 못하며, 따라서 이 존재의 감정을 해석할 수 없다. 즉 그녀는 체제 내부에서조차 인식이 허락되지 않으며, 그로 인해 현실 인식에서 누락된 존재, 즉 사회적 배제의 형상으로 남는다. 바로 이 점에서 이 여성은 체제 안의 사람이 상상조차 할 수 없게 만든 체제 밖으로 밀려난 상징체이며, 제도와 규범의 그림자 아래 존재하는 불가사의한 욕망이다. 따라서, 무면귀의 얼굴은 감각의 부재가 아니라, 욕망의 억압이 남긴 '비어 있음'의 표상이다. 이는 전통적 질서가 인식하지 못하는 것, 그리고 억압된 욕망이 귀신처럼 되돌아오는 것의 얼굴 없는 형상이다.

〈색, 계〉에서 주인공들의 사랑 역시 현실이라는 억압적 질서 속으로 침입하는 욕망의 발현이며, 시대의 서사가 짓누른 감정이 폭력적 애정 관계를 통해 흔연히 드러내는 모습이다. 그러나 마치 집의 내부로 진입하지 못한 채, 창틀이라는 공간적 경계선에 머무르는 무면귀 처럼 이들의 사랑은 결국 체제의 안으로 들어오지 못한다. 사랑은 자기만의 폐쇄된 세계 안에서 영원처럼 반복적으로 되돌아오는 환영이다. 〈색, 계〉의 사랑은 시대와 역사에 의해 억제된 채, 현실 내부로 진입하지 못하고 창틀 너머에 머무르는 '사랑의 귀신'이다. 이 사랑은 억압당한 욕망의 귀환이자, 시대가 끝내 처리하지 못한 트라우마로 남는다.

장아이링은 이 인물을 "호기심에 차서 안쪽을 주시하는 존재"로 묘사했다. 그러나 이 인물은 장아이링 그 자체가 아니다. 만일 이 귀신이 그녀 자신이라면, 이는 단순한 '관찰자'가 아닌 우월한 시선의 소유자, 다시 말해 전통과의 거리 설정을 통해 자기 고립적 인식 공간을 구축한 주체가 되고 만다. 만일 이 귀신이 그녀라면 이는 단순한 '관찰'이 아니라 자신과 이 공간 사이에 일정한 거리를 설정하는 인식적 태도, 즉 자신을 전통으로부터 구별하려는 우월적 자의식이 되고 만다. 게다가 이 우월성은 모순된다. 그녀 또한 이 세계의 외곽에 있는 '존재하는 형상'일 뿐, 완전히 분리되거나 초월하지 못한 채 존재론적 주변부에 머무는 불완전한 자아이기 때문이다.

게다가 이 귀신은 현실 공간에 비해 지나치게 크게 묘사되어 있다. 이것은 단순한 비례의 일탈이 아니다. 오히려 그것은 억압된 욕망의 과잉 표출, 또는 현실로부터 단절된 자아의 내면적 확장을 의미한다. 그녀는 세상과 조화를 이루지 못하는 자기 세계를 과시적이고 신적인 위상으로 확대한다. 그러나 이 자기 긍정은 철저히 고립된 감정의 폭로일 뿐, 현실을 바꾸지 못한 채 귀신처럼 존재하는 자의 그림자로 머물게 된다.

결국 장아이링은 이 귀신의 형상으로 근대를 말하려 한 것이 아니라, 이 귀신의 형상 자체를 응시하고 서술 가능한 거리에서 인식한 작가로 이해해야 한다. 이는 그녀가 주체로서 전통과 근대의 경계에 선 관찰자였음을 시사한다.

10_

자객 섭은낭, 우리는 누구인가

> 개가 가자 돼지가 왔네
> 개는 집이라도 보는데
> 돼지는 처먹기만 하니
> 돼지가 개만도 못하네
> 狗去猪來, 狗會看家
> 猪只會吃, 猪不如狗
> - 2차 세계대전 후 타이완 유행어

허우샤오셴(侯孝賢, 1947~)은 타이완(台湾)의 영화감독이다. 그는 시적이면서 강렬한 서정성을 영상으로 표현하는 감독으로서 세계적인 거장으로 인정받는다.

그의 영화적 특징은 롱테이크(Long Take)[1]와 정적인 카메라 워크 그리고 미니멀리즘적인 연출 스타일이다. 이러한 기법은 영화적 서

---

1 롱테이크(Long Take): 장면을 중단 없이 촬영하는 기법이다. 마치 강렬하고 생생한 기억처럼 오랜 시간 이어지는 화면을 통해 인물의 감정 변화를 세밀하게 관찰할 수 있으며, 동시에 현장감과 긴장감을 극대화할 수 있다.

사에 간결하면서도 많은 공백을 남기고, 동시에 서정성이 짙은 화면을 연출함으로써 인물에 집중하는 서사를 구성한다. 이것이 전체 영화 서사를 단순하게 보이게 하지만, 오히려 은유적 표현으로 나타나면서 영상의 의미를 풍부하게 만들고, 관객은 이러한 은유적 공백을 통해 영화를 더 적극적으로 해석할 수 있다.

[그림 1] 허우샤오셴

그의 이러한 연출 방식은 그가 주목하는 타이완의 역사와 사회를 파고드는 집약된 힘으로 작용하여 관객에게 강렬한 서정적 체험을 선사한다.

그는 광둥성(廣東省) 매이현(梅縣)에 있는 한 객가(客家) 가정에서 태어났다. 허우샤오셴의 아버지는 광둥성 매현의 교육과장(教育科長)과 시정부 주임비서를 지냈고 어머니는 고등교육을 받은 여성으로서 매이현의 교사였다. 중국에서 부족하지 않았던 삶의 조건을 유지했던 허우샤오셴 가족은 1948년에 타이완 가오슝(高雄) 펑산(鳳山)으로 이주한다. 광둥성은 1940년부터 중국에서 친일 매국노로 알려진 왕징웨이 정권이 장악한 곳이었다. 일본의 패전(1945) 이후 1946년 제2차 국공내전이 발생했고, 1949년 10월에 인민해방군이 광둥성에 진입한다. 허우샤오셴 가족의 이주는 이러한 복잡한 정치적 변동과 국공내전의 영향을 크게 받았다.

타이완 생활은 어려움의 연속이었다. 아버지는 병에 걸려 허우샤오셴이 12살 되던 해에 돌아가셨고, 5년 뒤에는 어머니마저 구강암으로 세상을 떠났다. 청년기의 허우샤오셴은 학업에 흥미를 느끼지

[그림 2] 허우샤오셴과 차이친 〈청매죽마(青梅竹馬)〉, 1985

못했고, 도박에 크게 빠져있었다. 그는 도벽 때문에 아버지의 손목시계를 도박 자금으로 사용하기도 했다. 그는 이러한 상황에서 대학 자격시험에 응시했으나 보기 좋게 낙방해 버린다.

방황과 일탈을 거듭하던 그는 고등학교를 졸업하고 군대에 입대한다(19세). 그는 군 복무 중에 우연히 접한 영국의 사실주의 영화 〈업 더 정션(Up the junction)〉(1968)에 깊은 감명을 받고 진로를 영화로 결정한다.[2]

전역 후 그는 국립타이완예술대학교(國立台灣藝術大學) 영화학과에 입학한다(1969). 졸업 이후 전자계산기를 팔던 그는 어렵사리 은사의 추천으로 영화 감독 리싱(李行)의 〈마음은 천 갈래(心有千千結)〉(1973)에서 현장 기록을 담당하는 스크립터(scripter)로 참여하면서 영화 제작의 길로 들어선다. 이후 그는 조감독과 대본 작가 등의 경력을 쌓으며 마침내 감독으로 데뷔한다.

그의 초기 작품은 상업적 멜로 영화였지만,[3] 점차 시각을 사회로

---

2 《鳳凰衛視·兩岸三地著名導演講述華語電影的興衰起伏》(2010.04.12), "〈업 더 정션〉은 영국 영화다. …… 나는 병영일기에 "나는 이후 10년 안에 영화판에 들어갈 것이다."라고 썼다.(《十字路口》是一個英國片, …… 我的憲兵日記就寫, 我以後准備花十年的時間, 進入電影行業)." https://phtv.ifeng.com/program/zmdfs/201004/0412_1655_1601558_2.shtml

3 첫 번째 작품 〈귀여운 여인(就是溜溜的她)〉(1981)은 재벌 가정의 답답함을 벗어나고자 시골 이모 집으로 도망친 판원치(潘文琦)와 출장을 나온 엔지니어 구다강

돌린다. 〈샌드위치맨(兒子的大玩偶, The Sandwich Man)〉(1983)은 그 첫 신호였다. 이 작품은 하나의 주제로 허우샤오셴을 비롯한 세 명의 감독이 황춘밍(黃春明)의 소설을 각자 1편씩 맡아 하나의 주제로 엮은 앤솔로지 영화(Anthology Film)이다.[4] 이 영화에서 허우샤오셴은 생계를 유지하기 위해서 영화 광고 광대 역할을 하는 큰수(坤樹)와 이를 바라보는 아기의 관계를 보여줌으로써 경제 발전 이면에 숨겨진 서민들의 고단한 삶을 보여주었다. 〈샌드위치 맨〉에 담긴 3편의 영화는 기존 영화가 다가가지 못한 사회적 금기의 경계선 너머로 렌즈를 확대함으로써 타이완 사회에 충격을 가져다 주었고, 타이완에서 커져가는 민주화에 대한 열망과 보수적 가치에 대한 비판을 반영했다. 그래서 이 영화는 '타이완 뉴웨이브(台灣新潮, Taiwan's New Wave)'의 시작을 상징하는 작품으로 평가받는다.

이후 감독의 시선은 점차 자기 내면과 사회의 관계를 다루는 쪽으로 심화한다. 그는 자신의 성장기와 타이완의 근대화를 다룬 4부작 〈펑꾸이에서 온 소년(風櫃來的人)〉(1983) · 〈동동의 여름방학(冬冬的假期)〉(1984) · 〈동년왕사(童年往事)〉(1985) · 〈연연풍진(戀戀風塵)〉(1986)

(顧大剛)의 만남과 이별을 다루는 작품이다. 두 번째 작품 〈유쾌한 바람(風兒踢踏踩)〉(1982)은 여자주인공 사진사 샤오신후이(蕭幸慧)를 둘러싼 레지던트 의사인 구진타이(顧金台)와 광고 감독 뤄지에원(羅介文)의 삼각관계를 다룬다.

[4] 허우샤오셴을 제외한 나머지 두 작품은 다음과 같다. 정좡샹(曾壯祥), 〈샤오치의 그 모자(小琪的那頂帽子)〉: 샤오치와 주변 인물을 통해 산업화 시기에 급격히 변화하는 타이완 사회 속에서 한 가정이 직면한 경제적 · 사회적 갈등을 다루는 영화다. 완런(萬仁), 〈사과의 맛(苹果的滋味)〉: 미국 해병대 장교의 차에 치인 장아파(江阿發)의 삶을 통해 타이완 사회의 불평등과 외세에 의해 정치 · 경제적으로 지배되는 타이완에 대한 비판적 시각을 보여준다.

[그림 3] 〈동년왕사〉

을 감독한다. 이전 작품들이 타인의 삶에 대한 작가주의적 개입이라면, 이 작품들은 감독 자신과 사회에 대한 성찰이라고 할 수 있다.

이 작품 가운데 〈동년왕사〉는 허우샤오셴 감독의 삶이 많이 반영된 작품이다. 주인공 아샤오(阿孝) 가족은 1947년 중국에서 타이완으로 이주한다. 하지만 부모 세대는 영원히 타이완에 머물 생각이 없다. 아버지는 곧 귀향할 생각으로 무게가 가벼운 대나무 가구만 장만했지만, 아샤오가 소학교를 졸업하는 그해 폐렴으로 눈을 감는다. 그리고 치매에 걸린 할머니는 툭하면 아샤오에게 본국으로 가는 길을 안내하라고 한다. 아샤오는 점점 사회 폭력에 익숙해져가고, 누나는 시집을 가버리고 형도 직장을 구해 집을 떠난다. 그리고 어머니가 암으로 돌아가시게 되자 할머니는 아무도 돌보지 않는 상태에서 개미가 들끓는 시신으로 죽음을 맞이해 있다. 가족들의 비참한 죽음은 청년기 아샤오의 짧은 몽환적 청춘의 꿈을 부수고 시릴 정도로 차가운 시각을 부여한다. 이 영화는 1986년 베를린 영화제(36회)의 국제비평가연맹상(FIPRESCI Prize)부문 가운데 실험적이고 독창적인 영화를 소개하는 섹션인 "Forum of New Cinema(비경쟁부문)"에 출품되어 예술성을 인정받게 된다.

허우샤오셴 감독에게 국제적인 거장의 명성을 가져다준 작품은 "타이완 3부작", 혹은 "비정 3부작"으로 알려진 〈비정성시(悲情城市)〉

(1989)·〈희몽인생(戱夢人生)〉(1993)[5]·〈호남호녀(好男好女)〉(1995)[6]이다. 이 작품들은 타이완 초기 역사의 격동기를 살아갔던 사람들의 이야기를 사실적이면서 서정적으로 보여준다.

특히 〈비정성시〉는 중국에서 타이완으로 이주한 린(林)씨 집안의 4형제 린원슝(林文雄)·린원량(林文良)·린원칭(林文淸)·린원허(林文和)의 삶을 통해 타이완 현대

[그림 4] 〈비정성시〉

사의 어두운 과거라 할 수 있는 '2·28사건'을 다룬 작품으로 타이완 내부적으로도 커다란 논쟁을 불러왔으며 세계적으로도 작품의 중요성을 인정받아 1989년 제46회 〈베니스 국제영화제〉에서 '황금사자상'을 수상한다.

이후 허우샤오셴은 〈남국재견(南國再見)〉(1996), 〈해상화(海上花)〉(1998), 〈밀레니엄 맘보(千禧曼波)〉(2001), 〈카페 뤼미에르(珈琲時光)〉(2003), 〈쓰리 타임즈(最好的時光)〉(2005) 등을 내어 놓았다. 이 영화에 대한 비평가의 평점은 높았지만, 관객들의 외면을 받는다. 이러한 현상은 그의 작가주의가 영화를 지배하게 되면서 새로운 시대의

---

5 〈희몽인생(戱夢人生)〉(1993): 대만의 전통 인형극 명인 리톈루(李天祿, 1910~1998)의 삶을 바탕으로 한 전기 영화이다.
6 〈호남호녀(好男好女)〉(1995): 여배우 량치우성(梁秋生)과 그녀가 연기하는 영화 인물 장주쥔(江竹君)을 현실과 허구가 뒤얽히는 복합적 서사로 보여줌으로써 기억과 역사의 문제를 섬세하게 탐구한 영화다.

흐름을 반영하는 것에 익숙하지 않게 되었기 때문일 것이다.

이 장에서 다룰 작품은 중국 당(唐)나라 시대 자객 이야기를 다룬 〈자객 섭은낭(刺客聶隱娘)〉이며, 허우샤오셴은 이 영화로 2015년 제68회 칸 영화제 감독상을 수상한다. 이 작품은 그의 마지막 작품이 될 가능성이 높다. 2023년 〈서란허 위에서(舒蘭河上)〉를 제작하는 과정에서 알츠하이머병을 진단받기 때문이다.[7] 현대 사회를 주목하던 감독이 돌연 당나라 시대를 작품으로 삼은 이유는 무엇일까?

전기 <섭은낭>

〈섭은낭〉은 당(唐)나라 배형(裴鉶)의 〈섭은낭(聶隱娘)〉이라는 전기(傳奇) 소설을 영화화한 작품이다.[8] 배형은 출생과 사망 시기를 알 수 없고, 878년에 어사대부로서 성도절도부사(成都節度副使)가 되었으며 《전기(傳奇)》[9]라는 소설 작품을 썼다는 정도가 알려진 인물이다.

영화는 배형의 소설에서 영화 전반부에 나오는 두 번의 암살, 그리

---

7 〈'비정성시' 허우샤오셴 타이완 감독, 알츠하이머로 영화계 은퇴〉, 《연합뉴스》, 2023.10.26. https://www.yna.co.kr/view/AKR20231026074600009
8 영화 전반부에 나오는 두 번의 암살, 그리고 영화의 주요 등장인물은 대체로 원작의 내용을 가져온 것이다.
9 이 배형의 소설 제목인 '전기'를 당송(唐宋) 문인들의 단편 소설을 지칭하는 용어로 삼는다. 우리에게 친숙한 작품으로는 당나라 이공좌(李公佐)의 〈남가태수전(南柯太守傳)〉, 심기제(沈旣濟)의 〈침중기(枕中記)〉 등이 있다.

고 영화의 주요 등장인물을 그대로 가져왔을 정도로 원작에 충실하다. 하지만 배형이 지은 소설이 여우와 귀신 등의 이야기로 구성된 위진시대의 '지괴소설(志怪小說)'에 비해 서사에 살이 붙었다고 해도 편폭이 짧으며, 작품의 구성이나 플롯이 섬세한 것은 아니다. 〈섭은낭〉의 내용 역시 당나라 번진(藩鎭)과 관련한 간단한 역사적 사실을 배경으로 섭은낭의 신기한 도술과 행적을 기록하고 있다. 그래서 이 영화가 비록 배형의 시대

[그림 5] 삼십삼검객·섭은낭

배경과 작품 구조를 빌려왔지만 인물 관계나 행적 그리고 대화의 내적 의미는 새롭게 창작되어 있다.

이 영화에는 중국 고대 문화의 농도가 상당히 짙게 응축되어 있다. 영화 속 인물들의 의복과 도구들은 출토 문물과 중국 고대 명화(名畵)를 참고하여 꼼꼼하게 고증한 흔적이 보이며, 일부 사물들은 중국 문화에 대한 일정한 지식이 없다면 이해하기 어려운 것도 몇 가지가 있다. 하지만 대체로 그 상징적 의미들을 인물들의 대사를 통해 풀어주기 때문에 문화적 접근은 그다지 어렵지 않다. 하지만 영화가 시대 배경으로 삼는 번진과 절도사에 관한 선행학습이 없다면 당나라 정부와 번진의 절도사가 대립하는 이유가 설명되기 어렵다. 또한 감독의 영화가 가진 특징인 축약과 압축이 서사에 발생하면서 그 속을 풀어내는 것이 어렵다고 느껴질 수 있기 때문에 이러한 역사적 사실에 대한 이해는 이들의 대사를 풍부하게 만들어줄 수 있다.

절도사(節度使)와 번진(蕃鎭)

〈자객 섭은낭〉은 첫머리에 당나라 역사를 언급한다.

> 8세기 중엽 당제국은 날로 쇠약해 져갔다. 조정은 변경을 따라 번진을 설치해서 중앙을 둘러쌌다. 시간이 흐르자 번진의 독자적으로 행동했고, 이는 조정과 조정과 미묘한 관계를 형성했다. 그 가운데 가장 강력했던 번진이 위박(魏博)이었다.[10]

여기에서 언급한 8세기는 당나라 시대 안사(安史)의 난이 종식된 이후인 당대종(唐代宗)과 당덕종(唐德宗) 시기이다. 그리고 위박(魏博)은 하북삼진(河北三鎭)이라 불리는 당나라 번진으로 위박절도사가 관리하는 지역이다. 이처럼 이 영화는 당나라 조정과 이를 둘러싼 번진(蕃鎭)과의 갈등이라는 역사적 사실을 소재로 삼아 실제 역사 인물들을 등장시키고 있어서 이 시대의 역사에 익숙하지 않은 사람은 영화의 서사에 닿는 것이 다소 제한된다. 그래서 영화와 관련한 역사를 이해하는 것은 영화의 감상에 일정한 도움이 된다. 아래에서는 당나라 시대 절도사(節度使)라는 직책과 이들이 관리했던 번진(蕃鎭), 그리고 영화의 주된 무대인 하북삼진(河北三鎭)과 관련한 역사를 간략히 소개하겠다.

당나라 초기 특히 당태종(唐太宗), 무측천(武則天) 그리고 현종(玄

---

10 〈자객 섭은낭〉: 八世紀中叶, 唐帝國日益衰微. 朝廷於國境邊陲設置藩鎭, 屛障中央. 日久, 藩鎭各行其是, 是與朝廷若卽若离, 其中最强的是"魏博".

宗) 시대에는 서북쪽과 동북쪽을 향한 팽창 정책으로 서북방과 동북방에 군사 활동이 빈번하게 일어났다. 당나라는 군대의 신속한 행동과 지속적인 확충을 위해서 일정 지역을 하나의 군사 단위로 묶었는데 이것이 번진(藩鎭)이다. 그리고 이 번진을 관리하는 총책임자로서 절도사를 두었다.

변경의 번진은 외부의 적에 기민하게 대처해야 했기 때문에 독자적인 군대 동원권과 이를 위한 행정처리의 권한이 절도사에게 부여되었다. 이처럼 절도사가 황제의 허락 없이 군대를 동원할 수 있다는 점은 기민하고 효율적인 군대 운용에 장점이 있었지만, 절도사의 권력과 병력이 비대해지면서 반란의 위험도 커졌다. 그래서 효율적인 절도사 관리가 필요했지만, 태평성대가 이어지면서 중앙의 절도사에 대한 통제력이 느슨해졌고, 한 사람의 절도사가 여러 번진을 총괄해 버리는 위험한 일도 생겨났는데, 안사의 난을 일으킨 안록산(安祿山, 703~757)이 바로 이러한 케이스였다. 그는 현종(玄宗, 685~762) 시기 평로(平盧)·범양(范陽)·하동(河東)의 동북삼진(東北三鎭)을 통괄하는 삼진 절도사였다.[11]

---

11 평로(平盧)는 지금의 요녕성(遼寧省) 조양시(朝陽市)이고, 범양(范陽)은 지금의 북경(北京) 서남쪽이며, 하동(河東)은 지금의 산서성(山西省) 태원(太原) 서남쪽이다.

안사의 난

주동자인 안록산과 사사명(史思明, 703~761)의 첫 글자를 따서 이름 붙인 안사의 난(安史之亂, 755~763)[12]은 당현종 시기 8년 동안 이어진 내란이다. 이 사건으로 당나라는 급속하게 쇠퇴의 길을 걷는다.

사실 당현종은 자신의 전임 지도자였던 측천무후(則天武后, 624~705)의 통치를 기반으로 당나라의 중흥을 이끌었기 때문에 그의 전반기 통치 시대는 개원성세(開元盛世)라는 평가를 받을 정도였다. 그러나 그의 후반기 시대는 양귀비(楊貴妃, 719~756)와 안사의 난으로 상징되는 어두운 시대이다. 그래서 그는 양극단을 오가는 평을 듣는 황제이다.

일단 당현종의 치적에 관한 것은 잠시 논외로 하고 여기서는 안사의 난을 잠시 언급하도록 하겠다. 안록산은 중앙아시아 소그드(Sogd)인으로 본래 성씨는 강(康)씨이고 이름은 알락산(軋犖山)이었다. 어린 시절 아버지가 돌아가셨고 어머니가 돌궐인 안연언(安延偃)에게 재가하면서 성을 안씨로 바꾸고 이름도 록산으로 바꾼다. 그는 중앙아시아의 여러 언어에 능통했고 전투도 뛰어났다. 그는 유주절도사(幽州節度使) 장수규(張守珪, ?~739)의 양자가 되어 각종 변방 전쟁에서 공을 세우면서 승승장구했고, 결국 현종과 양귀비의 신임

---

[12] 안사의 난(安史之亂, 755~763): 양귀비(楊貴妃)의 친척인 양국충(楊國忠)의 횡음무도를 처단하여 황실을 바로잡는다는 것을 대의로 삼아 삼진절도사 안록산(安祿山)과 평로병마사(平盧兵馬使) 사사명(史思明)이 일으켰기 때문에 안사의 난이라 불린다.

을 얻어 15만 대병을 거느린 장악한 삼진절도사가 된다.

안록산은 직급이 높아지면서 양귀비(楊貴妃)의 친척인 양국충(楊國忠)과 충돌이 발생한다. 본래 현종 후기 조정은 환관 이림보(李林甫, ?~752)와 양귀비의 친척 오빠인 양국충(楊國忠, ?~656)[13]이 권력을 2분하고 있었다. 하지만 이림보가 사망하면서 장안의 권력이 양국충에게 흡수된다. 양국충은 당시 관직을 40여 개나 겸직하고 있었다.

양국충은 장안(長安)의 중앙 관료로서 현종 곁에 바짝 붙어 있을 수 있고, 여기에다 양귀비의 지원 사격을 받고 있었기 때문에 권력 투쟁에 매우 유리했다. 그는 현종에게 안록산의 모반을 끊임없이 이야기했다. 비록 현종이 양국충의 말을 듣지 않고 안록산에 대한 절대적 신임을 보여주기는 했지만, 안록산으로서는 여간 불안한 것이 아니었다. 안록산은 결국 양국충 타도를 외치면서 군대를 일으켜 장안(長安)으로 진격한다. 현종은 섬서성(陝西省) 장안에서 사천성(四川省) 청도(靑都)로 피난을 떠났고, 마외역(馬嵬驛)에서 양귀비(楊貴妃)와 양국충(楊國忠)을 자결시킨다.

안사의 난은 반란군의 실패로 귀결된다. 안사의 난에서 반군의 지도자들은 매우 비참한 최후를 맞이한다. 안록산은 755년 낙양에서

---

13 양국충은 양귀비의 먼 친척으로 본명은 양쇠(楊釗)이다. 국충(國忠)이라는 이름은 당현종이 하사한 이름이다. 양국충은 지방의 하급 관원의 아들로 방탕한 청년기를 보냈던 인물이다. 그는 도박 등으로 집안의 눈총을 사서 사천으로 쫓겨나다시피 종군했는데, 당시 산천 지역을 관할한 검남절도사 장구겸경(章仇兼琼)이 자신의 검남절도사 지위를 유지하기 위해서 양국충을 이용해 양귀비 라인에 들고자 양국충을 장안에 파견한다. 이후 점차 자신의 권력을 강화하여 이림보와 대결하는 국면까지 이른다.

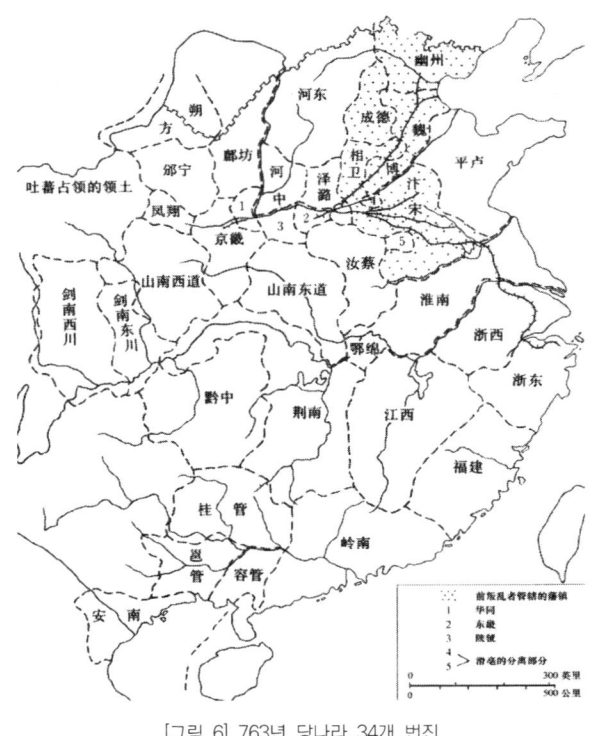

[그림 6] 763년 당나라 34개 번진

대연황제(大燕皇帝)에 오르고 756년에 장안을 함락시켰지만, 후계자 문제를 능숙하게 처리하지 못하여 둘째 아들 안경서(安慶緒)에게 죽임을 당한다(757).[14] 안경서는 대연황제를 자칭하지만, 안록산의 유능한 참모이자 군인이였던 평로병마사(平盧兵馬使) 사사명이 장악한 하북성 군대의 지지를 받지 못하고 결국 사사명의 손에 죽는다(759).

---

14 안경서는 안록산의 애첩 단씨(段氏)가 낳은 아들 안경은(安慶恩)과 후계자 지위를 두고 경쟁했다.

사사명은 대단히 우수한 장수였는데 761년 낙양 인근 전투에서 정부군을 몰살시켜 승기를 잡는다. 하지만 그 역시 아들 사조의(史朝義, ?~763)에게 죽임을 당한다(761). 사조의는 낙양에서 아버지 사사명을 이어 대연황제(大燕皇帝)가 되지만, 당나라와 회흘(回紇) 연합군에 의해 낙양이 무너진다. 그는 본거지인 범

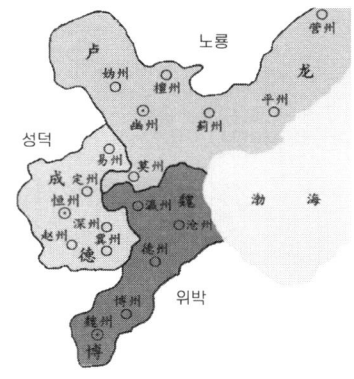

[그림 7] 하북삼진(763)

양으로 도망갔지만, 자신의 부하였던 장충지(張忠志)·전승사(田承嗣)·이회선(李懷仙) 등이 배신하면서 죽음에 이르고, 안사의 난이 종식된다.

반란군 세력을 제압할 힘이 없었던 당 조정은 안사의 난에 가담했던 사람들을 처벌하지 않고 사면해 주는데 사조의를 배신했던 3인방들도 자신의 세력 기반이 있는 곳의 절도사가 된다. 장충지는 이보신(李寶臣)이라는 이름까지 하사받고(762) 성덕절도사(成德節度使)가 되어 하북성 서부를 관할하게 되었고, 전승사는 하북성의 중남부를 관할하는 위박절도사(魏博節度使)가 되었으며, 이회선은 북부를 다스리는 노룡절도사(盧龍節度使)가 된다. 이들이 차지한 지역이 모두 당나라 행정구역상 하북도(河北道)에 속했기 때문에 하북삼진(河北三鎭)이라 불렸다.

하북삼진은 표면적으로는 당나라에 공을 세워 귀순하는 형태를 보였지만, 안사의 난에서 반란의 핵심 주역들이었기 때문에 당 조정

과의 갈등이 완전히 해소될 수가 없었다. 이들은 각자 절도사라는 타이틀을 쥐고서 당 조정으로부터 독립적인 지위를 통해 자신들의 안전을 도모했다. 당시 번진의 절도사는 당 중앙이 파견하는 것이 아니라 절도사의 아들이 지위를 세습했고, 번진에서 거둔 세금은 중앙으로 보내지는 대신 번진의 병력 강화에 사용되었다.

위박의 역사

위박절도사 전승사(田承嗣, 705~779)는 하북성(河北省) 출신으로 처음 안록산(安祿山)이 이끄는 노룡군(盧龍軍)의 선봉장이 되어 낙양(洛陽)을 함락시키는 전공을 올렸다. 그러나 반란군의 패배가 짙어진 763년 사조의를 배반하고 당나라에 투항하여 위박절도사가 된다.

775년 전승사는 자신의 서쪽에 있는 상위진(相衛鎭)으로 출격하여 자신의 세력을 7개의 주(州)로 확장한다. 당 조정에서는 이러한 행동을 반역이라고 간주하고 9개의 번진 군사로 조직된 군대를 보내 위박을 공격한다. 전승사는 번진 연합군의 공격으로 연패를 거듭하여 위주(魏州)에 고립된다. 하지만 번진 연합군 가운데 전승사와 하북성을 3분했던 성덕절도사 이보신(李寶臣, 718~781)[15], 노룡절도사

---

15 이보신(李宝臣, 718~781): 자는 위보(爲輔)이며 당나라 범양(范陽) 사람이며, 본명은 장충지(張忠志)이다. 그는 배신의 아이콘인데, 안록산의 반란에 참여했고 (755), 안경서가 안록산을 죽인 다음에는 안경서를 따랐고, 758년 당 조정이 안경서를 포위했을 때는 조정에 투항했고, 759년에는 당 조정을 배신해서 사사명에게

이회선(李懷仙, ?~768)¹⁶은 모두 안사의 난을 일으킨 죄의 낙인이 있다. 이들은 자신들의 미래 역시 당나라 조정의 토벌 대상으로 전락해 버릴 것이란 생각에 위박의 편에 서서 당 조정에 대항해 버렸고, 당 조정은 이들을 모두 사면할 수 밖에 없었다.

이러한 국면을 뒤흔든 것은 새로운 군주인 당덕종이 등극하면서 시작된다. 779년 위박절도사 전승사가 죽자 당대종은 그 후계자로 조카 전열(田悅, 751~784)이 위박절도사가 되는 것을 허락해 준다. 하지만 대종을 이어 즉위한 덕종(德宗, 재위: 779~805)은 절도사 인사권을 통해 절도사들을 제어하려 했다. 당조정은 성덕절도사 이보신이 죽은 뒤에 아들인 이유악(李惟岳)이 세습하려 하자 불허한다(781). 이유악은 다시 주위의 절도사에게 도움을 청한다. 여기에 위박절도사 전열이 가담하고 다시 산동성 동쪽을 맡고 있던 치청절도사(淄青節度使) 이정기(李正己)¹⁷ 그리고 호북성(湖北省) 서북부를 맡고 있던 산남동도절도사(山南東道節度使) 양숭의(梁崇義)가 참여한다.

이들의 반란 초기에는 당덕종이 우위를 점한다. 781년 7월 치청의 이정기가 죽고 아들 이납이 절도사를 승계하면서 치청의 사기가 꺾였고, 8월에는 산남의 양숭의가 당 조정이 파견한 회서절도사(淮西節度使) 이희열(李希烈)에 의해 죽임을 당한다. 그리고 다음 해인

투항했다가 761년 사사명의 아들 사조의(史朝義)가 아버지를 죽이고 대연황제가 되자 762년 다섯 주를 당 조정에 바치며 투항한다.
16 이회선(李懷仙, ?~768): 당나라 영주(營州) 유성(柳城) 출신의 서역인이다. 본래 그는 안록산·사사명의 부하였지만, 763년에 사조의(史朝義)를 죽이고 조정에 귀순하여 노룡절도사가 된다.
17 이정기(733~781)는 고려인이다.

782년에는 성덕의 장수 왕무준(王武俊)이 이유악을 암살하고 조정에 투항해 버린다. 4개 번진 연합군이었던 반란군에서 위박 혼자 조정과 대항하는 형세가 되어버린다.

당 조정은 이처럼 유리한 고지를 선점했지만 절도사의 내홍을 적절하게 이용하지 못했다. 당 조정은 번진을 약화하여 자신의 힘을 강화할 생각만 했지 번진과의 적절한 관계를 유지하여 자기편으로 끌어들이려는 생각은 없었다.[18] 결국 성덕의 왕무준과 이희열이 조정의 대우에 불만을 품고 다시 위박과 함께 칼을 조정으로 돌려버린다.[19] 그리고 하북삼진 가운데 절도사 지위를 인정받아 안적인 절도사 지위를 가졌던 노룡절도사 주도(朱滔)마저 당 조정의 목표가 "하삭을 쓸어버리려 할 것이며 그대의 자손이 세습하는 것을 허락하지 않을 것이다(欲掃除河朔, 不令子孫嗣襲)"[20]라는 위박 사절의 말에 흔들려 다시 위박·성덕과 연계하면서 재차 하북삼진 연합군을 형성한다. 782년 말에 이들은 모두 각자 왕이 된다.[21] 이들의 정치적 독립은 다른 사십여 개의 번진에 일정한 영향을 미치지 않을 수 없었다.

위기의 순간 육지(陸贄, 754~805)가 등장한다. 육지는 품계도 없

---

18 崔瑞德,《劍橋中國隋唐史, 589-906》, 中國社會科學院歷史研究所, 北京: 中國社會科學出版社, 1990.
19 당 조정은 왕무준이 성덕을 바치자 재빨리 성덕을 3개 주로 쪼개버리기만 하고 왕무준에게는 아무런 보상을 하지 않는다. 또한 산남의 양숭의를 격파한 회서의 이희열(李希烈)에게도 마찬가지로 적절한 보상을 주지 않았다.
20 《舊唐書》卷141, 中華書局, 1956, p.3843.
21 노룡의 주도는 기왕(冀王)이 되었고, 위박의 전열은 위왕(魏王)이 되었고 성덕의 왕무준은 조왕(趙王)이 되었다. 치청의 이납(李納)은 제왕(齊王)이 되었고, 회서의 이희열은 건흥왕(建興王)이 된다.

는 일개 한림학사(翰林學士)였지만 세태를 읽는 능력과 정치력이 탁월했다.[22] 그는 덕종에게 천하를 조정 아래에 두려는 생각을 버리고 왕을 선언한 하북의 절도사들에 대한 사면령을 제안한다. 결국 덕종이 이 안건을 수용하면서 하북삼진의 절도사들은 절도사 세습을 인정받는 대신 왕의 지위를 반납하기로 타협한다.

이 일은 당 조정 스스로가 지방 번진 장악의 실패를 인정한 사건이 되어 조정의 절도사들에 대한 통제력 약화를 의미할 것 같았지만, 오히려 번진 내부의 권력 투쟁을 조장함으로써 번진 스스로 자멸하는 결과를 낳았다. 즉 번진은 당나라 조정과의 타협으로 외부로의 발전을 스스로 억제해 버린 것이다.

784년 노룡의 주도는 형인 주차를 돕기 위해서 위박의 전열에게 함께 서쪽으로 진군할 것을 요청한다. 전열은 이를 들어주는 척하면서 실제로는 군대를 움직이지 않는다. 당 조정에서는 급사중(給事中) 공소부(孔巢父)가 전열을 검교상서우복야(檢校尙書右僕射) 및 제양군왕(濟陽郡王)으로 임명하는 임명장을 들고 위박을 찾는다. 그러나 전열에게 평소 불만을 품고 있던 그의 6째 동생 전서(田緖, 764~796)가 전열을 죽인다.

전서는 전승사의 아들이다. 어찌 보면 그가 절도사 지위를 물려받는 것이 장자상속제에 부합하는 것일 수도 있었다. 하지만 아버지는 조카 전열을 선택했고, 이것은 그에게 살의를 품게 했을 것이다. 전

---

22 그는 덕종 정원(貞元) 8년(792) 지공거(知貢擧)가 되어 후대 문학 거두가 되는 한유(韓愈)를 비롯하여 이관(李觀)·구양첨(歐陽詹) 등 23인의 우수한 인재를 선발했다. 이들은 용호방(龍虎榜)이라 불린다.

서는 자신의 열망을 이루지만 정통성을 상실한 상태였다. 그는 자신의 권력을 위해 전열 일가와 그 일파를 모조리 죽이는 무리수를 두었고, 이것은 노룡절도사 주도에게 공격의 빌미를 주었다.

노룡의 주도가 자신을 공격하자 전서는 당 조정에 투항하여 위박절도사의 지위를 인가받고 당 조정과 함께 주도를 퇴각시킨다. 당덕종은 대종의 10번째 딸인 가성공주(嘉誠公主)를 그에게 하가(下嫁)시키고 부마도위에 봉한다. 하지만 그는 33세의 나이로 죽고 그의 셋째 아들 전계안(田季安, 781~812)가 가성공주의 전폭적인 지지로 15세의 나이로 위박절도사가 된다(796).

전기의 자는 계안(季安)이며, 소의사마(昭義司馬) 원의(元誼)의 딸을 아내로 맞이했고 왕승종(王承宗)의 반란 토벌에도 참여한다(809). 하지만 그는 주색에 빠졌고 몸에 병이 났으며 잔혹한 성품의 소유자였다. 《신당서(新唐書)》에 의하면 구강(丘絳)이라는 사람의 아버지가 전계안의 분노를 샀는데, 전계안은 우선 그를 좌천시켰다가 다시 불러들이면서 길가에 구덩이를 파고 그가 도착하자 생매장 시켰다.[23] 그는 결국 812년 32세 때 병에 걸렸고 포악한 정치로 주변 부장들을 죽인다. 국정이 흔들리는 순간 전원씨가 나서서 전계안을 몰아내고 아들 전회간(田懷諫)을 계승자로 삼는다. 결국 전계안은 같은

---

23 전역(錢易), 《남부신서·병(南部新書·丙)》. 진사 구강(丘絳)은 한때 전계안(田季安)의 종사(從事)로 일했으나, 훗날 같은 부(府)에 속한 후장(侯臧)과 갈등하며 권력을 다투었다. 이에 분노한 전계안은 구강을 파면하여 읍위(邑尉)를 다스리게 한 뒤, 사람을 시켜 길 앞질러 구덩이를 파서 다리게 했다. 구강이 도착하자 그를 구덩이 속에 밀어 넣고 생매장하였다.(有進士丘絳者, 嘗爲田季安從事, 後與同府侯臧相持爭權, 季安怒, 斥絳攝下邑尉, 使人先路穴以待, 至則排入而瘞之).

해 9월에 사망한다.

그러나 전회간은 위박을 통치할 수 있는 나이가 아니었고, 전권을 장사칙(蔣士則)이 농단하면서 위박은 다시 혼돈에 빠진다. 결국 위박절도사의 친위부대인 아군(牙軍)이 전회간을 몰아내고 전홍(田興, 764~821)을 절도사로 옹립한다. 그는 자신의 지위에 불안을 느끼고 당 조정에 귀의하였고 홍정(弘正)이라는 이름을 하사받는다.

821년 전홍정이 조정의 명으로 성덕절도사가 되지만 성덕군도지병마사(成德軍都知兵馬使) 왕정주(王廷湊)에게 살해당한다. 전홍정의 아들 전포(田布)는 당 조정에 의해 위박절도사가 되어 성덕의 왕정주를 향해 총력전을 벌이지만 위박병마사(魏博兵馬使) 사헌성(史憲誠)이 번진의 독립을 요구하며 일으킨 쿠테타에 의해 자결한다. 이로써 위박 전씨의 세습이 종료된다.

이상의 당나라 역사를 살펴보면 안사의 난 이후 당나라 조정과 번진들 사이에는 모종의 알력이 있다. 특히 위박·노룡·성덕의 절도사들은 반란군 수장들로서 당나라에 귀순하여 절도사가 되었기 때문에 당나라 조정도 이들을 불신했고 그들도 당 조정을 믿을 수 없었다. 그래서 당 조정은 부단히 이들을 압박했고 이들도 이에 응해 당 조정의 압박을 벗어나 독자적 지위를 유지하려 했다.

[표 1] 8세기 중엽 ~ 9세기 초기 하북 3진 절도사표

AD	성덕(成德)절도사	위박(魏博)절도사	노룡(卢龙)절도사
761			이회선(李懷仙, 761~768)
762			
768		전승사(田承嗣, 763~779)	주희채(朱希彩, 768~772)
772	이보신(李宝臣, 762~781)		주차(朱泚, 772~774)
775			
779			
781	이유악(李惟岳, 781~782)	전열(田悅, 779~784)	주도(朱滔, 775~785)
782			
784	왕무준(王武俊, 782~801)	전서(田緒, 784~796)	
785			
786			
801	왕사진(王士眞, 801~809)		유제(劉濟, 785~810)
809		전계안(田季安, 796~812)	
810	왕승종(王承宗, 809~820)		
811			
812		전흥(田興, 812~820)	유총(劉總, 810~821)
821	전흥(田興, 821)	이소(李愬, 821)	
822	왕정주(王廷湊, 822~834)	전포(田布, 822)	

    이러한 역사적 사실과 영화의 관계를 인물과 사건으로 구분해서 생각해 보았을 때 우선 영화 인물의 구성을 보면 대체로 전계안과 관계하는 인물들과 사건들은 대체로 역사 인물이며 역사적 사실이다. 앞서 살펴봤듯이 전계안이 어머니라 부르는 가성공주는 실제로 위박절도사 전서에게 하가(下嫁)했던 공주이며 전계안이 위박절도사가 되는 것을 적극적으로 지지했던 여성이다. 하지만 그녀는 전계

안의 생모는 아니다. 영화에서도 그녀를 어머니라 부를 뿐 생모라는 점을 분명하게 언급하지 않는다. 또한 명주자사 원의가 위곽절도사 전서에게 투항한 것도 역사적 사실이며, 전계안이 명주자사의 딸을 부인으로 맞이한 것도 역사적 사실이다. 하지만, 영화에서 섭은낭을 중심으로한 무협과 관련한 인물들과 사건들은 대부분 허구이다. 섭은낭, 섭은낭의 사부이자 가성공주의 쌍둥이 가신공주, 섭은낭의 아버지와 어머니, 섭은낭과 대결하는 정정아와 공공아, 그리고 부경소년(負鏡少年)은 모두 허구이다. 이런 사실을 놓고 볼 때 섭은낭은 허구가 사실과 만나서 형성된 사상과 감정의 매개체다.

이상을 통해 나타난 역사적 배경과 인물의 관계를 생각해 보면 다음과 같은 사실을 유추해 볼 수 있다.

우선 이 영화가 선택한 당나라의 역사적 상황은 타이완의 근대사에 나타난 상황과 유사한 부분이 있다. 예를 들면 안사의 난은 안록산과 사사명이라는 서역인들이 일으킨 전쟁으로 과거 중국 근대사에서 발생했던 군벌의 할거, 국공내전 등에 비견될 수 있는 거대하고도 복잡한 사건들이다. 또한 안사의 난이 종식된 다음 당 조정과 대립하는 인물들이 절도사가 된 것은 1949년 이후 타이완에서 마오저둥과 대립했던 장제스 정권이 세워진 것과 비슷하다.

더 주목할 부분은 안사의 난 이후 당 조정과 번진이 갈등했던 역사적 상황이 현재 중국이 타이완과의 관계를 정의하는 "하나의 국가 두 가지 체제"라는 "일국양제(一國兩制)"이다. "일국양제"는 덩샤오핑(鄧小平)에 의해 제시된 개념인데(1982), 공식적으로 "일국(一國)"은 중국과 타이완(홍콩·마카오 포함)이 하나의 국가라는 것을 전제한다

[그림 8] 〈자객 섭은낭〉 인물 관계도

는 것이고, "양제(兩制)"라는 것은 중국의 사회주의와 타이완의 자본주의라는 경제체제를 지칭한다. 그러나 이 말은 중국이 주도하는 두 국가의 관계라는 대전제 하에서 타이완 정부를 인정한다는 말로 읽힌다. 이러한 관계는 당정부에 복속한다는 것을 전제로 번진 절도사의 독립적 지위를 인정한 것과 매우 유사하다.

따라서 위박절도사 전계안은 당정부와 대립하고 있고, 섭은낭의 사부인 도고는 당 조정을 대변하는 존재다. 그리고 섭은낭은 이 두 사람 사이에서 협이라는 가치를 실천하는 존재다. 만일 섭은낭이 허우샤오셴 감독의 정치적 입장을 보여주는 인물이라면 감독의 정치적 성향이 어떤지를 생각해 볼 수 있다. 그러나 허우샤오셴은 이러한 정치적 견해를 밝히는 것에 상당히 조심스럽다. 그는 자신의 영화가 정치적으로 이용되는 것을 거부한다.

그는 자신의 예술 영역에서의 활동을 통해 마치 섭은낭처럼 먼

곳에서 이들을 지켜볼 뿐이다. 감독이 타이완과 중국의 관계 증진을 주장하는 국민당을 지지하는지 아니면 타이완의 독립을 주장하는 민주당을 지지하는 지는 분명하지 않다. 다만 그의 영화에 대한 탐구가 타이완의 정체성에 관한 치열한 질문이라면 섭은낭은 타이완의 독자적 가치와 자율적 가치에 대한 존중과 애정의 표현을 하게 될 것이다.

프롤로그

이 영화는 무협이라는 장르로 표현되었지만, 인물의 절제된 대사와 행동을 통해 보면 감독의 영화적 특징인 미니멀리즘적인 부분을 계승하고 있다. 영화의 대사는 특별히 과거를 설명하거나 혹은 사물을 설명하는 말을 제외하면 별다른 이야기가 없다.

이 영화는 협객이 출현하고 정치적 문제와 암살 등이 얽히고설켜 있기 때문에 충분히 무협 영화의 요소를 충족하지만, 협의를 표현하는 협객의 칼날이 가누는 목표가 잘 드러나지 않는다. 영화의 주인공 섭은낭은 고전 무협처럼 아버지나 스승의 복수와 같은 전통 이데올로기를 위해 칼을 휘두르지 않는다. 그렇다고 사랑을 위해서 혹은 특별한 개성으로 인해서 칼을 휘두르지도 않는다.

허우샤오셴 감독은 한 인터뷰에서 섭은낭(聶隱娘)의 섭(聶)이라는 글자가 '세 개의 귀(耳)'로 구성된 것에 흥미를 느껴 영화로 만들 생각을 했다고 언급했다.[24] 즉 이 영화는 세 번의 암살 지령을 받아(聶)

암살을 수행하다가 결국 은거(隱)를 선택하는 여자(娘)의 이야기이다.

그녀의 3번의 암살을 살펴보면 첫 번째와 두 번째의 성질이 대립하고 있고, 세 번째가 첫 번째와 두 번째 성격을 포함하고 있으며, 그 최종 결과가 은거(隱居)라는 현실의 초월로 이어져서 전체 구성이 일종의 무협식 변증법처럼 보이기도 한다. 아래에서는 세 번의 암살이 가지는 의미 속에서 섭은낭의 칼이 간직한 의미를 영화 내용을 통해 분석하고, 그녀가 은거할 수 밖에 없는 상황을 추적하여 그 의의를 해석해 보고자 한다.

첫 번째 암살과 두 번째 암살

섭은낭의 첫 번째 암살과 두 번째 암살은 모두 소설의 내용을 빌려온 것이다. 또한 이 두 장면은 도고가 섭은낭을 트레이닝 시키는 과정이기에 흑백으로 처리되어 있다. 하지만, 이 두 번의 암살에는 이 영화가 표현하는 폭력의 의미를 정과 반의 각도에서 함축적으로 표현하고 있다.

---

24 〈When Minimalism Meets the Martial Art Tradition: An Interview with Hou Hsiao-hsien〉, "The Assassin is inspired by the novel called Nie Yin Niang (聶隱娘). Nie (聶) is 3 ears (耳); Yin (隱) means hiding; Niang (娘) is a lady. Her name is Nie Yin. So in the beginning, I thought these three ears are interesting and could be made into a movie.", 《Senses of Cinema》, June, 2015. https://www.sensesofcinema.com/2015/feature-articles/hou-hsiao-hsien-interview/

섭은낭의 첫 번째 암살은 고위 관료(절도사)를 암살하는 것이다. 첫 번째 암살의 이유는 절도사의 패륜이다. 도고(道姑)[25]는 패륜 절도사로 추정되는 고위 관료(절도사)[26]를 타겟으로 지정하고 섭은낭에게 암살을 지시하며 이렇게 말한다.

> 저 관료는 자기 아버지를 독살하고 친형을 장살(杖殺)했지. 용서받지 못할 죄다. 나를 위해 저자의 머리 부분을 찌르되 자신이 죽는 것도 모르도록 해라.[27]

이 서술에 따르면 타겟의 죄는 중국 전통 이데올로기인 효제(孝弟)의 가치를 어긴 것이다. 따라서 이 암살은 패륜적 절도사를 응징하는 것이며, 이는 번진을 장악한 절도사의 도덕적 정당성을 부정하고 있다. 그리고 "자신이 죽는 것도 모르도록 해라"라는 암살의 방식은 다른 절도사들에게 심리적 충격을 주어 공포를 유발한다.

또한 이 암살이 이루어진 과정을 살펴보면 사부와 제자라는 전통 체제의 권위 구조에 의해 수행되고 있음을 알

[그림 9] 자객 섭은낭

---

25 도고는 여자 도사(道士)를 지칭하는 말이다.
26 謝海盟, 『行雲紀: 刺客聶隱娘拍攝側彔·道姑與公主』, 廣西師范大學, 2015.
27 〈자객 섭은낭〉: 此僚置毒弒父, 杖殺胞兄, 罪無可逭. 爲我刺其首, 無使知覺.

수 있다. 그런데 고대 사회에서 관리의 가족에 대한 살해 책임을 민간이 물을 수는 없다. 봉건 제도 하에서 귀족 가문의 권력 다툼 속에서 아버지와 형을 죽인 귀족 관료에게 사회적 책임을 묻는 것은 황제의 권한이다.

도고는 당황실의 공주로서 위박절도사에게 시집간 가성공주와 쌍둥이 자매 가신공주이다. 따라서 이 암살은 당나라 조정에 의해 발동되고 있다. 이런 점에서 이 암살은 당 조정의 도덕성을 강화함으로써 중앙 권력의 권위와 질서를 재확립하려는 의도를 가지고 있고, 그 목적이 당중앙의 번진 장악에 있다.

두 번째 암살 역시 절도사가 그 대상이다. 섭은낭은 절도사가 아이와 함께 노는 장면을 계속 바라보다가 절도사가 아이를 안고 잠든 사이에 모습을 드러낸다. 그런데 섭은낭은 절도사가 자기 아들과 함께 있는 것을 보고서 차마 죽이지 못하고 되돌아간다. 섭은낭은 자신의 스승인 도고에게 암살을 실행하지 않은 이유를 이렇게 보고한다.

절도사의 어린 아들이 어여쁜 것을 보고 차마 손을 쓸 수가 없었습니다.[28]

섭은낭은 한 가정의 아버지를 해침으로써 그 아들을 불행하게 할 수 없다는 말이며, 곧 타겟의 삶으로 들어감으로써 타겟을 차마 죽이지 못한 것이다.

---

28 〈자객 섭은낭〉: 見大僚小兒可愛, 未忍心下手.

이 말을 들은 도고의 가르침은 매우 비정하다.

> 나중에 이런 자들을 만나거든 먼저 그가 사랑하는 사람의 목숨을 끊고 표적을 죽여라. 너의 검술은 이미 완성되었으나 도심이 굳지 못하구나.[29]

도고의 이 말은 타겟에게 깊은 상처를 준 다음 그를 죽이라는 말이다. 그리고 이러한 비정한 행위를 아무렇지 않게 할 수 있어야 도심이 뛰어난 것이라고 말한다. 즉 두 번째 암살에서 나타나는 협의는 인간적 감정을 지켜야 한다는 점이다.

첫 번째 암살과 두 번째 암살을 살펴보면 상당히 대칭을 이루고 있음을 알 수 있다. 첫 번째 암살은 절도사의 야외 행차에서 이루어지지만, 두 번째 암살은 절도사의 관사에서 발생한

[그림 10] 첫 번째 암살

---

[29] 〈자객 섭은낭〉: 已後遇此輩, 先斷其所愛, 然後殺之. 汝今劍術已成. 而道心未堅. 이 언어는 배형의 원문과 매우 유사하지만 단어 하나가 다른데 아주 다른 느낌을 준다. 배형 〈섭은낭〉: "나중에 이런 자들을 만나거든 먼저 그가 사랑하는 사람의 목숨을 끊고 표적을 결단하라"(已後遇此輩, 先斷其所愛, 然後決之). 영화는 "살(殺)"이라는 인간과 동식물을 포함한 일체 생명을 죽이는 행동을 묘사하는 언어를 사용하지만 소설은 "결(決)"이라는 "물길을 끊다"라는 은유적 표현을 사용한다. 그 결과 소설의 언어는 잔인함이 수사적으로 포장되어 귀족적 살인이라고 느껴지게 하지만 영화의 언어는 타겟에 대한 직접적인 살해 표현을 통해 도고의 암살 지령을 더 냉혹하고 잔인하게 만든다.

[그림 11] 두 번째 암살

다. 이러한 공간의 차이는 섭은낭의 시선에 두 가지 차이점을 만드는데 전자는 외부에 시선을 투사하여 당 조정과 절도사라는 정치적 관계에 두게 하지만 후자는 시선을 내부로 침투시켜 인간적 삶을 미시적으로 관찰하게 한다. 그래서 전자의 암살은 절도사의 권력을 보여주고, 후자의 암살은 가족 관계 서사를 보여준다. 후자에서 절도사의 아들이 나비가 어디에서 왔다가 어디로 가는지 알 수 없다는 말은 인간의 삶이 가진 모호성, 유약함, 그리고 아름다움을 드러낸다. 섭은낭의 암살이 실패하는 까닭은 그녀가 죽이는 대상이 절도사가 아니라 인간임을 인지하기 때문이다.

두 번째 차이는 암살 방식의 차이다. 첫 번째 암살에서는 타겟의 무지각 상태를 요구하지만, 두 번째 암살에서는 타겟이 처절한 절망 속에서 죽기를 요구한다. 이런 점에서 도고는 이미 인간적 감정이 없는 상태이며, 이는 섭은낭의 성격과 충돌하고 있다.

세 번째는 전자와 후자의 암살이 추구하는 사회 윤리적 의미가 서로 충돌하고 있다. 전자의 경우 부모와 형제에 대한 사회 규약인 효제(孝弟)의 이데올로기를 수호하지만, 후자는 아버지와 자식의 관계인 효자(孝慈)의 관계를 파괴한다. 이것은 도고의 암살 지령이 사회 윤리적인 모순을 일으키고 있다는 것을 의미한다. 첫 번째 암살(그림 10)은 도고와 섭은낭이 함께 있으면서 그 가치를 공유했다면, 두 번째 암살(그림 11)은 도고와 섭은낭의 위치가 안과 밖이라는 공간적 차이를 발생시키면서 가치 공유의 실패를 드러낸다. 따라서 도고가 섭은낭에게 "도심이 굳지 못하다(道心未堅)"라고 말하는 것은 곧 섭은낭에게 이러한 모순을 느끼지 않아야 한다는 것을 말해주는 것이다. 이러한 상황은 섭은낭에게 인간적 감정 없이 임무만 수행하는 존재가 될 것인가의 문제를 야기한다.

네 번째, 소설에서는 이 관료가 죽어야 할 이유를 모호하나마 설명해 주는데[30] 영화에서는 아예 설명하는 장면을 삭제했다. 이것은 암살자와 암살 대상 사이에 관계 설정을 하지 않겠다는 감독의 의도된 장면이라고 보인다. 그 결과 이 두 암살 장면은 폭력의 지령과 수행 사이에 존재하는 문제들을 보여준다. 즉 이데올로기를 공유하는 집단의 폭력이 어떻게 지시되고 수행되는가에 대한 문제, 그리고 암살 대상에 대한 아무런 인간적 배려가 없는 권력의 폭력적 지시 앞에 놓인 인간의 선택 문제를 제기한다.

세 번째 암살: 전계안

첫 번째 암살 장면이 체제 속에서 시행되는 암살을 보여준다면, 두 번째 암살은 이러한 체제에 대한 회의와 갈등이 섭은낭의 내면에

---

[30] 배형, 〈섭은낭〉: 이 고위 관료에게는 죄가 있으니 여러 사람을 이유없이 해쳤다. 너는 밤에 그의 방에 들어가 그의 머리를 잘라 오너라(某大僚有罪, 無故害人若干, 夜可入其室, 決其首來).

형성되어 체제를 벗어나는 형태를 보여준다. 그 다음으로 일어나는 세 번째 암살은 첫 번째와 두 번째의 암살이 일으키는 상호 모순을 조화시켜 초월적 지향점인 은거(隱居)의 가치를 획득하는 서사여야 하므로 매우 중요한 서사가 된다.

우선, 도고는 세 번째 암살 대상으로 전계안(田季安)을 지목한다. 그렇다면 그녀는 왜 전계안을 지목하는 것일까? 여기서 참조할 단서는 도고(道姑)가 실제로는 가신공주(嘉信公主)라는 황실의 인물로서,[31] 전계안의 아버지에게 시집간 가성공주(嘉誠公主)와는 쌍둥이 자매라는 관계에 있다는 점이다.[32] 이것은 도고의 암살지령은 가성공주와 가치관념을 공유하고 있다는 것을 은유한다.

영화에서는 섭은낭의 어머니 섭전씨(聶田氏)[33]가 섭은낭에게 옥결(玉玦)을 돌려주면서 이 옥결에 담긴 사연을 이야기해주는 장면이 있다.

> (이 옥결은) 공주마마가 신분을 낮춰서 위박으로 하가(下嫁)하실 때

---

31 가성공주는 역사 속 실존 인물이다. 그녀는 당대종(唐代宗)의 10번째 딸로서 위박절도사 전서(田緒)에게 하가(下嫁)했던 여성이다. 하가는 신분이 높은 황족이 격을 낮추어 시집가는 것을 의미한다. 그녀가 이렇게 번진으로 하가한 이유는 전서가 위박절도사가 되기 위해서 당 조정에 반기를 든 자신의 사촌 형이자 위박절도사인 전열(田悅)을 죽이고 당 조정에 귀순했기 때문이다. 위박절도사 전승사는 아들에게 절도사 지위를 물려주지 않고 용맹하고 지략이 뛰어난 조카에게 물려준다. 전서의 이러한 행동을 볼 때 그는 아버지를 원망했을 것이며 그의 사촌형도 미웠을 것이다.
32 謝海盟, 앞의 책, 2015.
33 남편의 성을 먼저 쓰고 자신의 성을 뒤에 쓴다.

선황께서 망춘정(望春亭)에 친히 행차하시어 전별하실 때 하사하신 것이란다. 결(玦)자는 "굳은 결심"이란 뜻을 담고 있지. 선황께서 공주에게 하명하신 것은 반드시 굳은 결심으로 위박을 잘 지키고, 위박이 황하와 낙수를 한 발짝도 못 넘게 하란 것이었지.[34]

위에서 공주마마는 가성공주다. 옥결의 결(玦)자는 옥에 갈라진 결을 내다는 의미로 본래 아름답고 단단한 옥과 같은 마음에 새긴 굳은 결심 혹은 이러한 결심을 하는 행위로서 결단(決斷)을 의미한다.[35] 즉 이 옥결에는 위박이 당나라 조정에 반기를 들지 못하도록 하라는 황제의 명령이 담겨있다. 황제는 공주가 타는 가마인 염적(厭翟) 대신 황제가 타는 금근거(金根車)로 바꿔주는 파격적 대우를 통해 딸을 적진으로 보내는 아픔과 간절한 부탁을 담는다.

공주의 "굳은 결심"은 두 가지로 타나난다. 위박으로 시집을 온 가성공주는 자신의 지위를 드러내지 않고 위박절도사의 아내로서 최선을 다하는 모습을 보인다. 그녀는 황궁에서 공주를 대하는 예절

---

34 〈자객 섭은낭〉: (이 옥결은) 공주마마가 신분을 낮춰서 위박으로 하가(下嫁)하실 때 선황께서 망춘정(望春亭)에 친히 행차하시어 전별하실 때 하사하신 것이란다. 결(玦)자는 "굳은 결심"이란 뜻을 담고 있지. 선황께서 공주에게 하명하신 것은 반드시 굳은 결심으로 위박을 잘 지키고, 위박이 황하와 낙수를 한 발짝도 못 넘게 하란 것이었단다(這玉玦是汝公主娘娘, 當年降嫁魏博的時候, 先皇幸望春亭臨餞所賜. 玦, 寓爲決絶之意. 是先皇欽命公主, 必以決絶之心堅守魏博, 不讓魏博跨越河洛一步).

35 《좌전·민공2년(左傳·閔公二年)》: "위의공(衛懿公)이 석기자(石祁子)에게 결(玦)을 주었다(公與石祁子玦)." 두예(杜預)〈주(注)〉: "결(玦)은 옥결(玉玦)이며, …… 이것으로 결단해야 함을 보인 것이다(玦, 玉玦 …… 玦, 示以當決斷). 항우가 유방을 죽이기 위해서 홍문에서 만나 연회를 했을 때 범증이 유방을 죽이자는 신호를 옥결로 표시한 적이 있다."

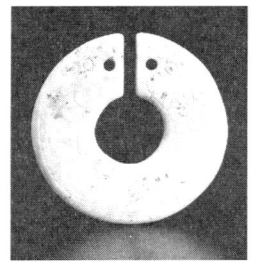

[그림 12] 옥결

을 폐하고, 따라온 사람들의 신분을 평민으로 돌렸다. 이 모든 행위는 자신의 공주 신분을 버리고 위박절도사의 아내가 되었음을 표시하는 것이다. 만일 그녀가 공주 신분을 유지한다면 이는 그녀의 정체성이 당 조정에 있음을 표시하는 것이며 주인을 물어버린 낙인이 있는 위박절도사에게 큰 부담이 되었을 것이다. 이로써 그녀는 당 조정의 공격을 막는 위박의 방패이자 위박절도사의 반란을 감시하는 당조정의 눈으로서 존재할 수 있었다.

두 번째는 방법은 위박 절도사의 후계자를 당 조정에 순종적인 인물로 길러내는 것이다. 그녀는 전서의 아들 전계안과 섭은낭에게 옥결을 나누어주면서 이들이 훗날 당 조정을 위해 충성할 것을 기대한다.[36]

하지만 전계안은 가성공주의 유지를 받들어 당왕조에 복종하기보다는 위박의 독립을 주장하는 인물이다.

첫째 그는 옥결을 완전히 다르게 해석한다.

---

36 역사적으로 보면 실제로 가성공주는 전서의 아들 전계안을 총애했다. 전계안의 어머니는 가성공주의 시첩이며, 가성공주는 자녀가 없었기 때문에 마치 그를 아들처럼 길렀다. 모계 신분이 미천했고 형제 서열 3위인 그가 위박절도사가 된 것에는 가성공주의 영향력이 컸다고 보인다. 즉 가성공주는 전계안을 교육하여 당왕조에 충성하는 번진의 절도사가 되기를 염원한 것이다.

> 이 한 쌍의 옥결은 어머니가 시집올 때 선황께서 주신거지. 내가 관례를 하던 그해 어머니께서 옥결을 나와 요아에게 나눠 줬어. 축하 선물이라고 했지만, 사실은 혼인의 증표였어. 어머니는 요아가 성년(15살)이 되면 결혼시키려 했지.[37]

전계안이 해석하는 옥결은 사랑의 징표이다. 전계안은 옥결을 통해 섭은낭이 자신을 죽이러 온 이유를 사랑에 대한 배신으로 설명한다. 하나의 대상에 대한 다양한 해석은 가능하지만 적어도 전계안은 가성공주가 부여한 의미를 부정하고 있다.

전계안에 대한 묘사는 이 영화의 백미다. 전계안에 대한 묘사는 권력과 애정이라는 두 가지 축으로 나타나며, 이는 각각 섭은낭의 첫 번째와 두 번째 암살 타겟에 존재하는 특징을 모두 보여주고 있다.

위박의 권력 투쟁은 도사청(都事廳) 회의와 이 회의로 인해 발생한 전흥 암살 사건으로 묘사된다.

사건의 발단이 된 것은 성덕절도사 직위 계승 문제였다. 성덕의 왕사진(王士眞, 759~809)이 죽은 뒤, 그의 아들 왕승종이 절도사의 지위를 계승하기 위해 당 조정의 허가를 요청한다. 하지만 당 조정은 성덕절도사가 차지한 덕주(德州)와 체주(棣州) 땅을 정부에 돌려주면 허락하겠다는 입장을 밝힌다.[38] 당 조정은 성덕절도사의 관할

---

37 〈자객 섭은낭〉: 這對玉玦是當年阿母降嫁魏博時先皇所賜. 在我冠礼那一年, 阿母將玉玦分賜了我與窈七. 名爲賀礼, 實有婚約信物的意思. 阿母的本意是要窈七笄年之後完婚.
38 실제 역사에서 왕승종은 이 거래에 응하여 절도사가 되었고, 설창조가 덕주와 체주를 관할했다.

지를 빼앗아 성덕의 힘을 약화시키고, 다시 당 조정에 우호적인 설창조(薛昌朝)를 두 곳의 보신군절도사(保信軍節度使)로 삼아 하북의 절도사 세력을 견제하려는 것이다.

위박에서는 주전론과 주화론이 대립하는데, 이때 전계안의 삼촌인 전흥(田興)이 성덕과 보신군이 알아서 서로 균형을 잡고 대치할 것이기 때문에 경거망동하지 않으면 아무 일이 없을 것이라 말한다. 전계안은 전흥의 판단을 듣고 불같이 화를 내며 전흥을 중앙에서 지방인 임청(臨清)으로 좌천시킨다.

이와 연계되어 일어난 전흥의 암살은 다음과 같다. 전계안은 임청까지 전흥를 호위할 사람으로 섭은낭의 아버지 섭봉을 선택하는데, 그에게 거듭 조심하라고 타이르면서 생매장 사건을 들먹인다. 또한 그는 자신의 아내 전원씨(田元氏)에게 전흥을 호위하는 사람이 섭봉이라는 것을 알려주고 생매장 사건을 다시 들먹인다. 전흥이 임천으로 가는 과정에서 전흥의 암살 사건이 일어나지만, 섭은낭이 이들을 막아낸다.

이 두 사건을 해석할 때 가장 관건이 되는 것은 전계안이 화를 낸 이유에 주목해야 한다. 전계안이 대노한 이유는 섭봉의 해석을 통해 본다면 전흥의 너무나 명확한 판단력 때문이다. 이것은 전계안이 전흥을 자신에게 도전할 수 있는 위험 세력으로 판단했다는 것을 의미함과 동시에 당조정에게 반기를 든 자신과 전흥의 주장이 대립하고 있음을 의미한다.[39]

---

39 실제 역사서에도 전계안이 폭정을 일삼자 원씨가 나서서 전계안을 몰아내고 자신

섭봉은 전계안의 심복이다. 섭봉은 번진에서 절도사의 호위를 담당하는 도우후(都虞侯)지만 도사청 회의에서 아무런 의견도 제시하지 않았을 정도로 전계안의 눈치를 본다. 따라서 전계안이 특별히 "고모부"라 부르면서 섭봉에게 조심하라고 한 것은 적당히 응대해서 전흥의 암살에 동조하라는 암묵적 메시지다. 실제로 전흥을 제거하려는 자객들은 섭봉을 묶어두기만 하고 전흥만 생매장하려 한다. 실제 자객이라면 자신들을 본 섭봉을 가만히 둘 리가 없다. 전계안은 고모부인 섭봉을 죽임으로써 자기에게 우호적인 세력을 없애고 싶지는 않았을 것이다.

섭봉이 섭은낭에게 "애초에 도고에게 널 맡기는게 아니었어(當初眞不該讓道姑把你帶走)"라는 말은 다소 중의적으로 들린다. 즉 아버지로서 너에게 미안한 일을 했다는 것과 또 하나는 딸이 가신공주의 제자로서 위박의 독립에 반대하는 진영에 서있는 상황이다.

전흥의 암살을 실패한 다음 정정아(靜靜兒)가 나타지만 섭은낭에 의해 저지된다. 정정아는 전계안의 아내 전원씨가 자객으로 변장한 것이다.[40] 전원씨가 전흥을 노리는 이유는 전흥이 자기 아들이 절도사 지위를 계승하는 데 걸림돌이 된다고 생각했다고 보인다. 그녀는 이미 전계안의 사랑을 잃었기 때문에 아들의 절도사 지위다저 흔들리고 있었다. 따라서 전계안과 전원씨는 모두 전흥이 자신들을 위협하는 존재로 판단하고 협력한 것이다.

의 아들 전회간을 위박절도사의 후계자로 삼았다고 되어있다.
40 징징아(靜靜兒)는 전원씨 본인이다. 謝海盟의 앞의 책(2015) 참조.

전계안이 전원씨에게 칼을 들이대며 분노한 것은 한 편으로는 전원씨가 자신의 사부 공공아(空空兒)에게 부탁하여 임신을 숨기고 있는 전계안의 첩 호희(胡姬)를 독이 든 종이 인형으로 유산시키려 했기 때문이겠지만, 또 한 편으로는 그녀가 암살에 실패했기 때문이다.

전계안이 섭봉과 전원씨에게 생매장[41] 운운하며 과거 사건을 언급한 것은 자신이 전흥의 생매장을 진행할 것이기 때문에 자객을 저지하지 말고 동조하라는 신호이다.

이상의 서술을 놓고 본다면, 전계안은 첫 번째 암살 원칙에 따른다면 죽어마땅한 인물이다. 그는 자신의 지위를 위해서 삼촌을 암살하려 했다는 점에서 효제(孝弟)의 원칙을 어겼다. 또한 그는 가성공주의 유지를 부정하고 위박의 독립적 지위를 유지하려 한다. 하지만 그에게는 아들에 대한 사랑과 호희(胡姬)에 대한 애정을 충실하게 보여주는 면이 있다. 섭은낭의 두 번째 암살에서 나타난 모습을 통해 본다면 전계안을 죽일 수가 없다.

---

41 역사적으로도 생매장 사건은 전계안이 저지른 것이다. 《남부신서·병(南部新書·丙)》: "구강(丘絳)이라는 사람이 전계안을 위해 일을 했다. 나중에 같은 부의 후장(侯臧)과 서로 양보없는 권력을 다투게 되었다. 전계안이 노하여 읍위(邑尉)를 총괄하도록 시켰고, 사람들을 시켜 먼저 길에서 구덩이를 파고 기다린 다음 구강이 도착하면 그를 구덩이에 넣고 생매장시켰다(有進士丘絳者, 嘗爲田季安從事, 後與同府侯臧相持爭權. 季安怒, 斥絳攝下邑尉, 使人先路穴以待, 至則排入而瘞之)."

결: 섭은낭의 은거

우선 섭은낭의 출신 배경부터 따져보자. 섭은낭의 본명은 섭요(聶窈)이며 영화에서 '요 아가씨(窈娘)' 혹은 '요 일곱째(窈七)', 혹은 '일곱째 아가씨(七娘)'로 불린다. 그녀의 아버지는 섭봉(聶鋒)이며, 위박의 군사를 관리하는 도우후이다. 그리고 그녀의 어머니는 섭전씨(聶田氏)이므로 위박절도사의 핏줄로서 위박절도사 집안의 사람이다. 하지만, 한편으로는 가신공주(嘉信公主)의 전임 읍창사녹사(邑倉司錄事)다. 관직에 관한 자세한 내용을 알 수는 없지만 녹사는 기록관이므로 읍의 곡식 창고인 읍창(邑倉)의 일을 기록하는 일을 맡았던 것으로 추정된다.

전원씨의 아버지 명주자사 원의(元誼)가 귀순하는 일이 없었다면[42] 그녀는 전계안과 결혼했을 것이다. 전계안의 아버지인 위박절도사 전서는 위박의 성장을 위해서 자신의 아들 전계안과 원의의 딸을 정략결혼 시킨다. 전계안은 이러한 상황을 거부할 수 없었고, 결국 섭은낭은 사랑을 잃고 다시 위박을 떠나 도고에 의해 암살자로 길러진다.

영화에서 섭은낭을 데리고 간 도고는 당 조정의 입장을 대변하는

---

[42] 전원씨의 아버지는 명주자사 원의(元誼)를 모티브로 한다. 그는 소의절도사(昭義節度使) 이포진(李抱眞, 733~794)의 부하로서 소의절도사의 관할지인 명주(洺州)의 자사(刺史)였다. 그는 이포진이 죽은 뒤에 이포진의 아들 이함(李緘)이 절도사를 승계해야 한다고 주장했으나, 병마사(兵馬使) 왕건휴(王虔休)가 이를 반대하고 스스로 절도사 후보가 된다. 원의는 왕건휴와 전쟁을 벌였으나 패하여 위박에 투항했고, 전계안의 아버지 전서는 아들 전계안을 원위절도사 원씨와 결혼시킨다.

[그림 13] 고사방은도(高士訪隱圖)·당인(唐寅)·명대

존재다. 그녀는 마치 황제의 명을 수행하듯이 천륜을 어지럽힌 자, 그리고 절도사로서 당 조정에 반기를 든 자에 대한 암살을 지시하며, 그 방식도 매우 잔혹하고 비인간적인 방식으로 처단할 것을 요구한다. 어쩌면 도고의 입자에서 이들은 당 조정을 어지럽히는 간신 혹은 인간의 도리를 저버린 존재들이다.

이런 점에서 섭은낭과 위박의 관계를 보면 자신이 태어난 곳은 당 조정에 반하는 위박에서 태어나지만 성장은 당 조정을 대표하는 곳에서 이루어진다. 이런 점은 그녀가 당 조정과 위박 사이에 에서 갈등하는 존재임을 의미한다.

영화에서는 섭은낭과 가성공주 그리고 전계안 사이에 깊은 원한이 있는 것으로 서술된다. 어머니 섭전씨는 이렇게 말한다.

너의 공주마마가 세상을 뜨기 전까지도 줄곧 마음에서 놓지 못하신 일이 바로 너에게 차마 못 할 짓을 한 것이란다.[43]

그리고 전계안은 옥결을 보며 섭은낭이 자신을 죽이러 왔다고 생각한다.

내가 자길 알아보길 바란 거야. 그런 다음 나를 죽이려는 거겠지. 내가 이유를 분명히 알고 죽으라는 거지.[44]

영화에서 제시되는 여러 상황을 통해 유추해 본다면 가성공주와 전계안은 섭은낭의 사랑을 저버린 감정적 빚이 있다. 그런데 이것이 "차마 못할 짓(屈叛)"이며 또 죽어야 할 이유가 되는 것일까? 그녀의 사랑이 그토록 중요한 것일까?

영화는 그렇다고 이야기하는 것 같다. 가신공주(도고)와 섭은낭의 관계는 "푸른 난새가 겨울을 보며 춤을 춘다"라는 〈청란무경(靑鸞舞鏡)〉설화[45]를 통해 유추해 볼 수 있다.

카피사[46] 국왕이 난새를 얻었는데 삼년이나 노래를 부르지 않았지. 왕비께서 이렇게 말했지. "난새는 동료를 보면 운다고 하는데 벽거울을

---

43 〈자객 섭은낭〉: 汝公主娘娘去世前, 一直放心不下的, 是當年屈叛了阿窈.
44 〈자객 섭은낭〉: 她就是要我認出她來, 才取我性命. 要我死的明白.
45 청란무경은 남조 송의 범태(范泰)가 지은 「鸞鳥詩序」(『藝文類聚』 卷九十)에 최초로 보이며, 유경숙(劉敬叔)의 『이원(異苑)』(卷三)에도 보인다.
46 카피사국(Kapisa, 罽賓國)은 아프카니스탄 베그람 지방에 위치했던 국가다.

보여줌이 어떠신지요?"왕이 그 말을 따라 했지. 난새는 거울에 비친 모습을 보고 서럽게 울면서 밤새도록 춤을 추다 죽고 말았지.[47]

난새는 왕의 궁전에 있었으니 잘 대우받았을 것이다. 그러나 삼 년 동안 왕이 아무리 잘해줘도 울음을 울지 않았다. 이것은 자기의 공간과 자유를 빼앗긴 존재의 슬픔이다. 그리고 "같은 무리를 보면 운다"는 것은 같은 무리에 대한 그리움이다. 그리고 거울을 통해 본다는 것은 곧 자신과 같은 모습을 가진 다른 존재, 즉 자신이 사랑하는 대상을 만난다는 것이지만, 그 사랑은 거울에 비친 존재일 뿐 실체가 아니다. 그래서 거울에 비친 모습이란 일종의 희망 혹은 상상으로 존재하는 대상을 의미하며, 곧 사랑이 실현되지 못하는 슬픔으로 인해 죽음을 맞이한다는 것이다.

사랑을 잃은 섭은낭을 가신공주가 있는 도관으로 보냈기 때문에 청란(靑鸞)은 곧 위박을 떠나게 된 섭은낭을 은유한다고 할 수 있고, 거울 속에 비친 모습은 곧 전계안과의 이루어질 수 없는 사랑을 의미한다. 이것이 "차마 못 할 짓"이라는 것이다. 하지만 섭은낭은 청란이 가성공주라고 이야기한다.

> 공주님이 저에게 금 타는 법을 가르쳐 주면서 "청란이 거울을 보며 춤을 춘다"라는 말을 했죠. 공주님이 바로 청난이에요. 혼자서 장안에서 위박으로 시집와서 아는 사람 하나 없었죠.[48]

---

47 〈자객 섭은낭〉: 罽賓國王得一鸞, 三年不鳴. 夫人曰"常聞鸞見類則鳴, 何不懸鏡照之?"王從其言. 鸞見影悲鳴, 終宵奮舞而絶.

위박은 본래 당 조정에 대항하는 번진이다. 위박에서의 공주는 자신의 생각을 나눌 사람이 없는 난새와 같다. 그리고 자신의 한스러운 위박에서의 삶에서 섭은낭과 전계안이 자신의 뜻을 이어갈 수 있는 존재라 여겨 옥결을 전해 준다. 따라서 가성공주에게 전계안과 섭은낭의 관계는 현경에 비친 자신의 모습이다. 하지만 전계안은 가성공주와의 약속을 어기고 위박의 독립을 추구하는 군주가 되었다. 이것이 곧 가신공주가 전계안을 죽이려는 이유이다. 좀 더 음모론을 써 보면 어쩌면 가성공주와 가신공주는 전계안이 배신할 것을 미리 대비해서 섭은낭과 전계안 사이를 이간하여 섭은낭을 암살자로 키운 것일 수도 있다. 또한 전계안이 옥결을 "섭은낭과의 사랑"으로 해석하고 죽음까지 연상하는 이유는 그 스스로가 섭은낭과의 결혼을 부정했기 때문일 수 있다. 왜냐하면 섭은낭과의 결혼 자체가 가성공주가 만든 틀 속에 갇히는 것이 되기 때문에 그의 정치적 야망과 위배되는 행위다.

영화에서 묘사하는 섭은낭은 여성 무사의 모습이다. 말은 적고 행동은 신중하며 약자를 돕고 악인을 처단한다. 이런 보편적 서사를 제외한 또 하나의 특징은 그녀가 아이들을 사랑한다는 점이다. 그녀는 아이를 만나면 암살하지 못한다. 두 번째 암살에서 타겟인 절도사는 아들과 놀다가 잠이 들었다. 암살을 위한 가장 좋은 순간이지만, 섭은낭은 아이를 생각해서 차마 절도사를 죽이지 못한다. 그녀는 전

48　〈자객 섭은낭〉: 娘娘教我撫琴說: "青鸞舞鏡". 娘娘就是青鸞. 一個人從京師嫁到魏博, 沒有同類.

계안이 회의를 끝내고 아이들과 노는 장면을 물끄러미 바라보기만 했고, 전계안과 전원씨 사이에서 태어난 아들 예아(禮兒) 앞에 나타나지만, 암살 행동을 하지 않는다. 그리고 전계안의 자식을 임신한 호희를 도와주었고, 자신의 배우자로 선택한 부경소년은 아이들과 잘 어울린다. 그녀는 어쩌면 잃어버린 아이가 있었던 것이 아닐까? 이러한 모습은 그녀가 "갓 태어난 어린아이의 순수한 마음"인 적자지심(赤子之心)[49]을 가진 존재임을 드러내고자 하는 것이라고 보인다.

섭은낭의 첫 번째와 두 번째 암살 행위를 통해 전계안을 바라본다면, 전계안에게는 자신의 권력 유지를 위해서 당 조정에 반기를 들고 정적을 살해하는 잔혹한 정치가의 면모도 있고, 또한 사랑하는 자식과 애인을 위해 검을 드는 다정한 가장의 모습도 있다. 이 가운데 전자는 죽어야 하는 이유이며 후자는 살아야 하는 이유다. 이 두 가지 모순 속에서 섭은낭은 위박을 위해서 전계안을 죽이지 않는 것을 선택한다.

섭은낭	전계안을 죽인다면 아들이 아직 어려 위박에 필경 난이 있을 것입니다. 제자는 죽이지 않겠습니다.[50]
도고	검의 도는 혈육의 정이 없으니, 성인이 세상과 근심을 함께 하는 도와 다르다. 너는 지금 검술은 완성했지만, 인륜의 정만은 끊지 못했구나.[51]

---

49 《맹자·이루하(孟子·离婁下)》: 대인이란 어린아이의 마음을 잃어버리지 않은 존재다(大人者, 不失其赤子之心者也).
50 〈자객 섭은낭〉: 殺田季安, 嗣子年幼, 魏博必亂, 弟子不殺.

섭은낭의 말을 보면, 그녀가 전계안 암살을 거부한 것은 과거의 사랑 때문도 아니며, 또한 그가 보여준 아들과 애인에 대한 사랑 때문도 아니다. 그녀가 그를 살려준 것은 위박을 위해서다. 즉 섭은낭이 제시한 암살 거부 이유는 당 조정이 위박의 수많은 사람들을 죽여가면서까지 중앙집권화를 진행할 필요가 있느냐는 것이다. 도고의 말처럼 그녀의 검은 적자의 마음을 가진 검으로서 인륜의 가치를 수호하는 검, 즉 인간다운 삶을 추구하는 검이다.

도고의 "검의 도"는 무정(無情)의 검이다. 그러나 그 검의 자루를 당 조정이 들고 있고, 검 끝을 번진에 겨누고 있기 때문에 정치적인 검이며 세속적인 검이다. 특히 "인륜의 정"을 끊어야 한다는 논리는 그녀가 내린 첫 번째 암살의 근거를 부정하는 모순을 드러낸다. 즉 도고는 당 조정과 번진의 갈등이라는 정치적 상황 속에서 자신의 검이 가야할 길을 반성하지 않고 기계적 상태에서 당 조정의 명령을 받아 번진을 향해 칼을 후두르는 일개 자객의 초라한 모습을 가진다.

그녀는 왜 은거를 선택한 것일까? 당 조정과 위박에 있다면 그녀는 자신이 원하지 않더라도 이쪽과 저쪽의 위치에 서게 된다. 그러나 당 조정을 위해서 암살을 수행할 생각이 없으며, 그렇다고 위박에서 전계안의 권력 투쟁을 위한 존재로 살아갈 생각도 없다. 그녀는 이미 전흥을 암살하려는 전계안의 계획을 막아섬으로써 전계안과 맞섰고, 도고의 전계안 암살 지령을 거부함으로써 당 조정과 대립했다. 이것은 그녀가 진영의 논리가 아니라 자기 윤리 원칙에 따

---

51 〈자객 섭은낭〉: "劍道無親, 不與聖人同憂. 汝今劍術已成, 唯不能斬絶人倫之情."

른 자신의 검을 사용한 것이다. 이 두 공간 어디에도 그녀가 추구하는 인륜의 검은 쓰일 곳이 없다. 그녀에게 어쩌면 은거는 필연적 선택이었을 것이다.

이 영화의 마지막 대사는 다소 생뚱맞다. 섭은낭이 도고와의 관계를 단절하고 돌아왔을 때 신라로 가는 길을 안내하는 사람은 이렇게 그녀를 평가한다.

정말 약속을 잘 지키는군![52]

신의는 협객이 목숨을 걸고 지키는 가치이다. 대화 환경 속에서 신의의 의미는 마경소년에게 자기가 그를 신라까지 전송하겠다는 말을 지켰다는 것이다. 그리고 영화 서사의 맥락에서는 그녀가 도고와 맺은 스승과 제자의 관계를 끊고 돌아왔다는 것을 의미한다. 자신의 중국에서의 삶을 포기하고 새로운 땅으로 가겠다는 결심을 지켰다는 것이다.

하지만 그녀가 검에서 추구했던 전통 윤리의 가치는 지키지 못했다. 즉 부모와 자식의 관계, 스승과 제자의 관계, 그리고 국가와 자신의 관계라는 측면에서 그녀의 은거에 대한 신용 평가는 마이너스 점수다. 하지만 신의라는 말을 현대적 관점에서 바라본다면, 그녀는 자신의 윤리적·정치적 진정성에 대한 "적자지심"의 판단을 근거로 전통 인륜의 관계가 형성하는 수직적 압력을 물리쳤다. 즉 그녀의

---

52 〈자객 섭은낭〉: 好講信用!

검은 타인과 친족을 해치면서까지 자신의 이익을 취하지 않으며, 동시에 타인의 가족을 자기 가족처럼 사랑하는 보편적 사랑을 추구한다. 또한 국가가 가족의 가치를 억압할 때 국가에 항거할 수 있으며 올바르지 않은 스승의 명령도 거부할 수 있다. 그래서 그녀의 약속은 곧 자신과의 약속이다.

그녀의 배우자 선택과 은거는 더욱 난해하다. 영화에서는 섭은낭이 거울 가는 소년이라는 뜻의 "마경소년(磨鏡少年)"과 함께 신라(新羅)로 가는 것으로 그녀의 은거를 묘사했다.

원작 소설에서는 마경소년이 아니라 거울을 지고 다니는 소년이란 의미의 "부경소년"이 이름이고, 섭은낭의 남편으로 나온다. 영화에서는 섭은낭이 마경소년을 왜 선택했는지를 전혀 설명해 주지 않는다. 영화에서 마경소년은 전흥이 전원씨의 암살집단에 의해 죽임을 당하려고 할 때 갑자기 출현해서 전흥을 도와주는 역할로 나온다. 그가 전흥을 알고 구해준 것인지 아니면 그저 타인의 위기를 보고 도와준 것인지는 알 수 없지만, 이러한 행위가 협의적인 느낌으로 다가오기는 한다. 또 하나의 장면은 마경소년이 아이들과 함께 있는 장면이다. 원작의 이름을 바꾼 것은 감독의 의도가 브착된 것이다. 거울을 든다가 아니라 거울을 닦는다는 의미를 선택한 것은 이미 수양의 의미, 교육의 의미를 내포한다. 따라서 마경소년이 아이들과 함께 거울을 닦는다는 의미는 곧 후대를 위한 교육의 의미를 담는다. 따라서 섭은낭이 말하는 것은 곧 미래를 위해서 할 일은 아이들의 교육이며, 무슨 정치적 이념을 실천하는 것이 아니라고 말해주는 것 같다.

[그림 14] 자객 섭은낭

마지막으로, 영화에서는 섭은낭이 "거울 가는 소년"이라는 뜻의 "마경소년(磨鏡少年)"과 함께 신라(新羅)로 가는 것으로 은거를 묘사했다. 중국 여성이 일본인과 결혼하여 한국에서 여생을 보낸다는 이야기는 무엇을 의미하는 것일까?

영화의 대본에 의하면 마경소년은 왜국인(倭國人)이다. 영화에서는 섭은낭이 마경소년과 함께하는 이유를 설명해 주지 않는다.[53] 원작 소설에서는 마경소년이 아니라 거울을 지고 다니는 소년이란 의미의 "부경소년(負鏡少年)"이다. 거울을 닦는다는 의미를 선택한 것은 수양의 의미와 교육의 의미를 내포한다. 따라서 마경소년이 아이들과 함께 거울을 닦는다는 의미는 곧 후대를 위한 교육의 의미를 담는다.

그녀가 은거의 위치로 신라를 선택한 것은 무엇 때문일까? 아마도 감독은 중국이라는 공간을 벗어나는 것을 완전한 은거의 모습으로 생각한 것 같다. 인륜의 검을 중국에 그대로 두기에는 첨예한 권력 투쟁이나 얽히고설키게 되는 인간관계의 고통을 피할 수가 없었다고 보았기 때문일까? 하지만 중국인과 일본인이 한국으로 와서 은거하면서 교화를 펼친다는 생각은 한국의 민족 감정선을 거스르는 불편함을 준다. 이렇게 한국에 오기 전부터 분란을 만들어서야

---

53 영화에서 마경소년은 전흥이 전원씨의 암살 집단에 의해 죽임을 당하려고 할 때 갑자기 출현해서 전흥을 도와주었고, 또한 그녀가 정정아와 대적하기 전에 아이들과 함께 거울을 닦는 모습을 보여줄 뿐이다.

은거를 제대로 할 수 있을 것인가.

나오며

1945년 일본의 패망 이전 타이완은 50여 년 간 일본의 통치를 받았다. 〈비정성시〉에서 나타나는 나레이션에는 "소화(昭和)"라는 말이 자연스럽게 이용되고 있고, 타이완인들이 여러 일본인들과 자연스럽게 어울리는 모습이 보인다. 일제 강점기 50년 동안 타이완에서는 일본에 대한 감각이 한국과 달리 상당히 친근한 느낌을 준다.

일본의 패망 이후 나타난 권력의 공백을 채운 것은 본토에서 파견된 장제스의 국민당이다. 이들은 각종 권력 기구를 독점했고, 자신들의 권력을 유지하기 위해서 기존 세력을 탄압 했으며, 이 과정에서 '2·28 학살'이라는 엄청난 짓을 저지른다.

'2·28 사건'은 다음과 같다. 1945년 일본이 물러가고 장제스의 민국정부가 타이완을 지배한다. 국민정부의 타이완 행정관 천이(陳儀)[54]는 부족한 정부 재정을 확충하고 타이완에서의 국민당 지배를 확고히 하고자 정치적으로는 타이완인을 일본에 부역한 친일 분자인 한간(漢奸)으로 다루면서 경제적으로는 차별적 임금제도를 도입하고 과중한 세금징수와 몰수를 실시한다. 당시 타이완에서는 일본

---

54 천이(陳儀): 국민당 계열이었으나 훗날 공산당에 투항하여 무장봉기를 기획했다. 그래서 타이완에서는 비난받지만, 중국에서는 애국인사로 평가받는다.

[그림 15] 「공포의 검열(恐怖的檢査)」, 1947. 황룽찬(黃榮燦, 1916~1952)

을 개로, 국민당 정부 인사를 돼지로 비유하며 "개가 가자 돼지가 왔네(狗去豬來)"라는 말이 유행했다. 이러한 국민정부의 타이완인에 대한 압박이 지속되면서 나타난 것이 '2·28 사변(1947)'이다.[55]

1947년 2월 27일 린쟝마이(林江邁)라는 40세 가량의 여성이 타이베이(台北) 시내 톈마찻집(天馬茶房) 근처에서 담배를 팔다가 경찰에 체포된다. 당시 담배는 타이완 전매국(專賣局)의 전매하는 상품이었기 때문이다. 하지만 체포 과정에서 전매국 소속 조사관이 여성에게 가혹한 폭력을 행사했고 이를 학생들이 항의하자 경찰이 학생들에게 총을 쏘아 한 명이 사망한다.

다음 날인 2월 28일 동맹 파업과 휴업이 시작되었고 시위대가 총

---

[55] 임승권, 「허우샤오시엔의 《悲情城市》에 관한 재조명」, 『미디어와 공연예술연구』 11(3), 2016, pp.223-244.

통부를 향해 청원서를 제출하러 가는 도중 경찰이 기관총을 난사한다. 과격한 충돌이 이어지면서 계엄령이 선포되었고 군대가 투입된다. 정확한 사망자 수는 아직도 밝혀지지 않았으나, 5월 16일까지 78일 동안 이어진 시위 속에서 정부 집계에 따르면 약 1만 8천 명에서 2만 8천 명의 시민이 목숨을 잃었다.[56]

[그림 16] 리덩후이

1949년 본토에서 쫓겨난 장제스의 국민당이 대규모로 타이완에 들어온다.[57] 이들은 타이완을 단지 자신들이 다시 중국 본토로 들어가기 위한 거점 정도로 생각했지, 자신들의 고향으로 여기지는 않았다. 이들은 자신들의 정치적 목적을 위해서 계엄을 선포하고 반공을 정치 이데올로기화한다. 장제스는 1949년 5월 재차 계엄령을 선포했고 1987년까지 40년 동안 지속된 계엄 사회를 이용한다. 그는 공포정치를 통해 타이완의 관심을 내부 문제에서 반공 이념 문제로 전환했고, 이 과정에서 발생하는 문제를 백색 테러로 해결했다.

장제스의 사망 이후 그의 아들 장징궈(蔣經國, 1910~1988)가 집권한다. 장징궈는 장제스와는 달리 반공 이데올로기보다는 타이완의

---

56 장제스의 아들 장징궈가 사망한 이후 총통이 된 리덩후이(李登輝)의 명령으로 대만 행정원(行政院)이 1992년에 작성한 〈2·28 사건 연구 보고·부록(二二八事件研究報告)·附彔〉에 근거한다.
57 당시 본토에서 대만으로 옮겨온 인구는 2백만 명으로 대만 전체 인구의 20%를 차지한다. 류영하, 『대만 산책』, 이숲, 2022, p.213.

문제에 집중한다. 그의 통치시기 타이완은 아시아의 용이라 불릴 만큼 경제적으로도 발전했고, 점차 민주화의 길을 개척해 나갔다는 평가를 받는다. 그는 장제스의 아들로서 행동할 수 있는 정치적 자율성이 그다지 많지 않았다.

하지만, 자신의 후계자로 외성인이 아니라 내성인 리덩후이(李登輝, 1923~2020)를 지목한다. 그는 정권의 안정적 이양을 위해서 죽을 때까지 계엄을 유지하여[58] 권력을 자신에게 집중하고 총통인 채로 죽음으로써(1988) 부통령인 리덩후이에게 정권을 이양한다. 장징궈의 뒤를 이은 리덩후이의 집권은 민주화의 바람을 크게 불어왔다. 리덩후이는 총통이 된 이후 타이완 역사상 최초로 총통 직선제를 도입했고, 자신이 이러한 직선제를 통해 총통이 됨으로써 시민 기반의 권력자가 된다. 그는 이를 기반으로 타이완 내 정치적 자유를 확대하는 중요한 개혁을 추진했다. 그러나 그는 장징궈의 유산을 받았던 관계로 국민당과 외성인 지배 구조의 해체에 적극적인 행보를 할 수가 없었다. 외성인들은 여전히 국민당의 핵심 권력 구조를 유지하며, 정치와 경제의 중요한 분야에서 영향력을 행사했다.

중국의 국제적 힘이 강화되면서 타이완의 민주화 문제는 다시 중국 본토와의 관계에 긴장감을 일으켰다. 아이러니하게도 전통적으로 반공을 주장했던 골수 국민당은 중국 본토로 흡수되는 것을 지지하게 되었고, 민주진보당이 타이완의 독립을 주장하게 된다. 이처럼 외성인들이 중국 본토와의 통일을 지지하는 이유는 타이완의 독립

---

[58] 장징궈는 죽기 반년 전인 1987년 7월 15일에 타이완의 계엄령을 해제했다.

보다 자신들의 기득권 구조를 유지하는 것이 더 중요해졌기 때문일 것이다. 즉 외성인 엘리트들은 중국과의 통일을 지지함으로써 중국 정부를 이용해 내성인들을 억눌러 자신들의 기득권을 유지하게 되었고, 또한 중국의 국가주의와 사회주의는 타이완의 민주주의와 자유주의를 위배한다는 점 때문에 타이완의 국민적 지지를 받기 어렵다는 것을 잘 아는 중국 정부로서는 기득권인 외성인을 이용해 통일론을 효과적으로 유지하고, 타이완 내의 독립 지향적인 본성인 세력을 견제할 수 있다는 장점이 있다. 하지만 장기적으로 볼 때 이러한 타이완 외성인의 정치 행보는 자립이 아닌 부속의 형태로 귀결될 것이고, 결국에는 자신들의 운명 결정 자유권을 포기하는 것이다.

타이완의 역사를 살펴보면 여러 지배 세력이 등장했지만, 이들을 몰아낸 것은 타이완인이 아니다. 그래서 타이완의 기득권 구조는 크게 바뀌지 않고 주인만 바뀌는 역사가 지속되었다. 타이완의 독작적인 주체성과 자주성은 지금까지도 끊임없이 위협에 노출되어 있다. 현재 타이완의 형세를 내성인의 관점에서 바라본다면 1945년 이후 출현했던 "개가 가고 돼지가 왔다(狗去猪來)"에서 "다시 이리가 넘본다(狼又眈眈)"가 되었다. 개는 일본이고 돼지는 장제스이며, 이리는 마오쩌둥의 후신이다. 하지만 중국 정부가 아무리 힘으로 누른다고 하더라도 타이완인의 저항을 쉽게 꺾지는 못할 것이기에 타이완 지배를 단기간에 확실히 가져갈 수 없을 것이다.

타이완은 근대 역사에서 정치적으로 독립된 자신의 생각, 즉 자신을 위한 발전을 선택하는 역사의 주체로서 존재한 적이 별로 없다. 15세기 이래 타이완에 진출했던 스페인·네덜란드·포르투갈을 필두로, 17세기 초 반청복명(反淸夏明)을 꿈꾸며 타이완에 입성했던 정성공(鄭成功, 1624~1662)과 1683년 정성공의 후예를 섬멸하여 중국의 통일을 이룬 청나라, 그리고 1945년 이후 타이완의 지배계층을 형성했던 민국정부, 청정부로부터 타이완을 영원히 할양받아 1895년에서 1945년까지 지배했던 제국주의 일본, 그리고 1949년 자리잡은 장제스 등은 대체로 타이완을 발전시키기 위해서 타이완으로 온 집단이라기보다는 자신들의 꿈을 실현하기 위해서 타이완을 찾아온 사람이다. 이들은 타이완을 목적이 아니라 수단으로 여겼던 존재들이다. 즉 청대 말기까지 타이완으로 옮겨온 한족 엘리트들에게 타이완으로의 이주는 본토 회귀를 전제로 한 이동이기 때문에 이들에게서 타이완 정체성을 기대하기는 어렵다.

정체성이 한 지역과 연계한 진실한 삶의 터전을 위한 가치관이 되기 위해서는 이러한 중국 본토 중심의 역사에서 탈피해야 한다. 임승권에 의하면 〈비정성시〉는 타이완의 정체성을 묻는 작품이다.[59]

이 나라 사람들은 스페인, 네덜란드, 영국, 청조, 일본 등의 지배를 받아 자신이 주인공이 된 적이 없었다. 물론 시대와 환경으로부터 받은 영향은 있으나, 어느 시대에나 사람을 움직이게 하는 것은 오히려 오랜 시간에 걸쳐 키워진 이곳 사람의 개성이 아닐까 한다. 저 혼란의 시대에 타이완인이 어떻게 행동을 했던가 하는 것을 통해 인간을, 타이완인을 그려보고 싶었다.[60]

---

[59] 임승권, 앞의 논문. p.241.

허우샤오셴 감독은 타이완이 역사적으로 피지배의 지위에 머물러 자기 말을 할 수 없었다 하더라도 과거를 걸어온 자취 속에서 타이완적 정체성이 형성되었다고 주장한다. 즉 장제스 정권이 타이완에서 일으킨 폭력과 탄압이 중국과 다른 타자적 존재로서의 타이완이 되게 함으로써 자기 독립적 정체성을 강화시켰다는 것이다. 이 말을 따른다면 오늘날 중국이 강조하는 하나 된 중국은 이러한 다른 중국으로서의 타이완 정체성 형성에 밑거름이 될 것이다. 즉 타이완의 정체성은 현재 중국 본토로부터의 이탈성을 전제하고 있다.

하지만 타이완 사람들이 외부 정치로부터 독립해서 자신을 위한 삶을 선택하는 자유가 가능할까? 아마도 그것은 섭은낭과 같은 무협에 관한 상상 혹은 은거를 빙자한 이주밖에는 답이 없을지도 모른다.

영화에서 난새 이야기는 타이완 상황을 매우 풍부한 상상으로 제공한다. 이것은 내성인과 외성인 모두에게 해당할 수 있는 이야기다. 타이완으로 이주한 본토인들은 타이완에서 본토의 삶을 꿈꾼다. 그러나 이들에게 본토는 결코 도달할 수 없는 곳이다. 그래서 이들은 아예 타이완 사람들에게 자신들의 가치를 따를 것을 강요하지만 그토록 허다한 삶의 양태에 자신의 가치를 투사한다는 것은 불가능한 것이거니와 너무나 폭력적이다. 그렇다고 내성인도 중국의 힘을 마냥 부정할 수는 없다. 당 조정이 계속해서 위박을 압박하듯이 중국은 계속해서 타이완의 이권을 침해하려 할 것이다. 위박이 적당히

---

60 조영현, 「候孝賢의 《最好的時光》과 時空探索」, 『중어중문학』 43, 중어중문학회, 2008, pp.433-464.

당조정의 구색을 갖춰 줌으로써 당 조정의 압박을 피해서 가듯이 타이완의 길도 이와 같다고 생각한다면 섭은낭의 해외 은거에는 현실 도피의 성향이 짙어 보인다.

    이 영화는 저항과 투쟁으로 자신의 현재 삶을 성취한다는 주제를 제시하지만, 이러한 이상을 현실에 두지 않고 은거에 두었기 때문에 현실에서 은퇴를 직감한 감독의 마지막 무대 인사처럼 짙은 아쉬움을 남긴다.

마치며

　이 책은 주류 중국 문학의 주변을 살펴보면서 중국 문학의 거대 서사 속에서 잊혀진 존재들의 이야기를 들어주고 싶은 생각으로 시작했다. 하지만 정작 나 스스로는 주변의 작은 일들을 돌아보지 못했다. 나는 늘 중심이 되고자 했고, 주변에 머물러야 하는 상황이 불편했다.
　그러나 시간이 흐르고 나이가 들면서 주변화되는 나 자신을 발견하게 되었다. 나보다는 타자가 중심이 되는 흐름에 어쩔 수 없이 들어선 나를 보게 되었고, 중심을 잡으려 하는 내가 허약하고 비겁하다는 사실을 아주 조금 알게 되었다.
　나는 시간 속에서 중심을 바라보면서 주변을 자주 망각한다. 그러나 주변에 있던 이들이 하나둘 사라지고, 점차 좁은 공간 속에 나 자신을 가두면서 나의 존재가 미비하다는 것을 조금씩 느끼게 되었다. 그제야 나는 중심의 인력에서 나 자신을 조금씩 떨어뜨릴 수 있었고, 내가 중요하다고 생각하는 것보다 그렇지 않은 것을 돌아보는 삶이 필요하다고 생각되었다.
　현재 중국 고전문학에서 과거의 주류가 비주류로 밀려나고 있는 현상은 분명히 존재한다. 하지만 고전문학은 학습의 어려움 혹은 고아한 정취라는 이름으로 자신을 수식하며 이를 부정한다. 그러나 현대 민주 사회에서 누가 왕에게 충성하는 자의 말을 듣고 감동할 수 있을까? 누가 봉건 사회를 유지했던 이데올로기에 경탄과 전율을 느낄 수 있을까? 인간에 대한 이해와 사회에 대한 통찰이 새롭게 깊어진 지금에 고대 이데올로기에 기반한 고전문학이 시대 정서와의 결합하는 것이 가능할까? 어쩌면 주류에 밀려 주변화된 존재에게 관심을 가져야 하지 않을까?

귀신, 여성, 협객은 중국 문학에서 언제나 존재해 왔지만, 그들의 목소리는 주류 서사의 목소리 속에 가려지고 억압되었다. 그들은 항상 주류 권력의 시선 속에 마땅한 모습으로 창조되었고 그에 마땅한 말을 하도록 강요받았으며, 자기 입으로 자신에 관해 말할 권리를 갖지 못했다.

고전문학 연구는 주류가 구축한 권위를 걷어내고 이들이 은폐한 사실을 다시 걷어 올릴 때 비로소 단순한 과거의 유산이 아니라, 오늘을 살아가는 우리의 동시대 문학으로서 재평가될 수 있지 않을까? 하늘과 땅이 운행되는 저 아름다움을 이제 저 별들과 풀꽃들에서 돌려주는 것이 어떨까? 뭇별들을 하나의 궤도 안에 두는 지배적 아름다움은 천지라는 이름 아래 별들을 속박하여 만든 아름다움이 아닐까? 꽃이 피고 지는 것은 계절의 명령이 아니라 저 꽃들의 자유가 되어야 하지 않을까? 적어도 문학이라면 자연의 얼굴을 반쯤 부수고 천지를 향해 웃음 짓는 아름다운 조각이 되는 것보다는 있는 그대로의 돌로 남는 것이 낫지 않을까?

천지는 침묵하게 내버려두자. 나는 저 하늘의 별들과 피고 지는 꽃들의 숨결과 몸짓이 천지를 향한 몸짓이 아니란 것을 잘 듣고 잘 볼 수 있을까? 저 늙고 병들어 탐욕스러운 천지에게 묶여 별과 꽃이 빛을 잃고 시들어버리는 세계를 더는 돕지 않을 수 있을까?

   아주 조금씩, 조심스럽게.

저자 씀.

서주영

경북대학교 강사, 대구대학교 인문과학연구소 연구교수이다. 북경사범대학에서 박사학위를 받았다. 현재 중국 문학과 중국공간 의식과 관련한 연구를 진행하고 있으며, 논문으로는 「왕소군 형상의 문학적 전형」, 저서로는 『모빌리티와 고향의 재탄생』 등이 있다.

대구대학교 인문과학연구소 동아시아도시인문학총서 17
방황하는 영혼과 흩어진 그림자
중국문학의 시·협객·전설·여성·귀신

2025년 8월 29일 초판 1쇄 펴냄

기획 대구대학교 인문과학연구소
지은이 서주영
발행인 김흥국
발행처 보고사

책임편집 이찬형
표지디자인 김규범

등록 1990년 12월 13일 제6-0429호
주소 경기도 파주시 회동길 337-15
전화 031-955-9797
팩스 02-922-6990
메일 bogosabooks@naver.com
http://www.bogosabooks.co.kr

ISBN 979-11-6587-906-8 93820
ⓒ 서주영, 2025

정가 33,000원
사전 동의 없는 무단 전재 및 복제를 금합니다.
잘못 만들어진 책은 바꾸어 드립니다.

이 저서는 2022년 대한민국 교육부와 한국연구재단의 지원을 받아 수행된 연구임(NRF-2022S1A5C2A04093315).